표정의 심리학

표정의 심리학

우리는 어떻게 감정을 드러내는가?

폴 에크먼

허우성·허주형 옮김

EMOTIONS REVEALED

바다출판사

미국 국립정신보건연구소의 버트 부스, 스티브 푸티, 린 허프먼,
스티브 하이먼, 마티 캐츠, 스티브 코슬로프, 잭 메이저, 몰리 오리베리, 베티 피케스,
엘리 루빈스틴, 스탠 슈나이더, 조이 슐터브란트, 후세인 투마, 로우 윈코프키

그리고
로버트 세머와 리오 시걸에게
이 책을 바칩니다.

이번 개정판이 특히 기쁜 이유는 독자들이 더 나은 감정생활을 하도록 도와줄 새로운 아이디어, 통찰 그리고 연구 성과를 공유할 기회를 주었기 때문이다. 초판이 나온 후 4년이 흘렀다. 나는 맺음말과 후기를 다시 쓰고 완전히 새로운 장인 10장 '거짓말과 감정'을 추가했다. 거짓말을 할 때 감정의 역할에 대한 나의 최근 생각을 정리한 장으로, 특히 진실성을 평가할 때 감정신호가 어떻게 도움을 주는지를 강조했다. 10장은 지난 수 년간의 내 경험을 반영하는데, 그동안 나는 내 연구 결과를 국가 안보에 어떻게 활용할 수 있을지 알아보며 대부분의 시간을 보냈다.

내가 이 책을 집필한 목적은 사람들이 감정과 관련된 네 가지 핵심 기술을 향상시키는 데 도움이 되고자 하는 것이었다. 그래서 책 안에 여러 제안이나 연습 방법을 포함했다. 이런 제안과 연습 방법이 여러분에게 도움과 자극이 되었으면 한다. 네 가지 기술이란 다음과 같다.

첫째, 당신이 감정적이 되는 순간을 더 의식적으로 자각하는 기술이다. 심지어 당신이 말이나 행동을 하기 전에 말이다. 이는 습득하기 아주 어려운 기술이다. 이 책은 그것이 어려운 이유를 2장에서 설명하고 있다. 그리고 자신의 감정에 대한 자각을 증진시키는 데 도움이 되는 연습 방법을 3장에서 소개하고 있으며, 개별 감정을 다루는 5장부터 8장까지의 일부 절에서도 그러한 연습 방법을 소개한다. 이런 자각의 기술을 발전시키면 언제 감정적이 될지를 선택할 수 있을 것이다.

둘째, 당신이 감정적이 될 때 어떻게 행동할지를 선택함으로써 타인에게 피해를 주지 않으면서도 당신의 목표를 달성하는 기술이다. 모든 감정적 사건의 목적은 우리가 목표를 빠르게 달성하도록 돕는 데 있다. 그런 목표에는 사람들에게서 위안을 얻거나 나를 공격하는 사람을 겁주어 쫓아버리는 것 등 수많은 종류가 있다. 감정적 사건에서 최선의 방법은 우리와 관련 있는 사람들에게 피해를 주거나 문제를 일으키지 않는 것이다. 이 기술은 익히기 쉽지 않지만, 연습하면 삶의 일부가 될 수 있다. (이 주제에 대한 정보와 연습 방법은 4장부터 8장까지에서 논의된다.)

셋째, 타인이 어떻게 느끼는지에 대해서 더 민감해지는 기술이다. 감정은 모든 중요한 인간관계의 핵심이다. 따라서 타인이 어떻게 느끼는지에 대해 민감할 필요가 있다. 이 책에서 읽고 배운 자신과 타인의 감정을 읽는 기술을 더 발전시키고 싶다면, 나의 웹사이트 https://www.paulekman.com에서 유료로 온라인 훈련을 해볼 수 있다.

넷째, 타인의 감정에 대해 당신이 얻은 정보를 조심스럽게 이용하는 기술이다. 이는 때로 당신이 식별한 감정에 대해 그 사람에게 물어보는 것일 수도 있고, 타인이 느끼고 있는 것을 인정하는 것일 수도 있으며, 당신이 인지한 바에 비춰서 당신 자신의 반응을 재조정하는 것일 수도 있다. 당신의 반응은 상대가 누구인지 그리고 그 사람과 당신이 이제까지 어떤 관계를 맺어왔는지에 따라 달라질 것이다. 가족, 직장동료, 친구 관계에서 이 반응을 어떻게 변형시켜갈지 5~8장의 마지막 절들에서 설명할 것이다.

감정은 우리 삶의 질을 결정한다. 감정은 우리가 마음을 쓰는 모든 인간 관계에서 생긴다. 그것은 직장에서, 친구 사이에, 가족을 대할 때 그리고 가장 친밀한 관계에서 생긴다. 감정은 우리의 목숨을 구할 수도 있지만 정말로 해를 끼칠 수도 있다. 감정은 우리가 현실적이고 적절하다고 생각하는 방식으로 행동하게도 하지만, 나중에 몹시 후회할 방식으로 행동하게 만들기도 한다.

예를 들어 당신이 칭찬을 예상하고 보고서를 제출했는데 상사가 흠을 잡는다고 하자. 당신은 자신의 일을 변호하는 대신 두려워하며 순종할 것인가? 그렇게 행동하는 것이 당신을 더 큰 화로부터 보호할까, 아니면 당신이 상사의 의도를 오해한 것일까? 당신은 자신이 느끼는 바를 감추고 '프로답게 행동'할 수 있는가? 상사는 이야기를 시작하면서 왜 웃었을까? 당신을 호되게 꾸짖을 것을 예상하고 기분이 좋았던 것일까, 아니면 곤혹스러워하는 웃음이었을까? 상사의 웃음은 당신을 안심시키기 위한 것이었을까? 웃음은 전부 같은 것일까?

배우자가 당신과 아무런 상의도 없이 엄청나게 고가의 물건을 샀다는 사실을 발견하고 따진다고 해보자. 그때 남편이 보이는 것이 두려움인지 혐오인지, 아니면 남편이 보기에는 '지나치게 감정적인 당신의 행동'이 그치기를 기다리며 얼굴을 찌푸린 것인지 당신은 알 수 있는가? 당신은 감정을 느낄 때 남편이나 다른 사람들이 느끼는 것과 같은 방식으로 느끼는 것일까? 다른 사람들은 아무렇지 않아 하는 일에도 당신은 화를 내거나 두려워하거나 슬퍼하는가? 그런 감정에 대해 당신은 무엇을 할 수 있는가?

열여섯 난 딸이 귀가 시간보다 두 시간이나 늦게 들어오는 소리를 들었다고 해보자. 그러면 당신은 화를 내겠는가? 무엇이 그 분노를 유발한 것일까? 딸이 늦는다는 연락을 해오지 않았다는 사실을 시계를 볼 때마다 깨달으며 당신이 느꼈던 두려움 때문인가? 아니면 딸이 귀가하기를 기다리는 동안 잠을 이루지 못했기 때문인가? 다음 날 아침 딸에게 그 이야기를 할 때 화를 잘 다스려서, 당신이 실제로는 귀가 시간 따위는 신경 쓰지 않는다고 딸이 생각하도록 하겠는가? 아니면 딸은 당신의 억눌린 화를 보고 방어적으로 나올까? 당신은 딸의 표정을 보고 그녀가 당혹스러워하는지, 죄책감을 느끼는지, 조금 반항적으로 나오는지 알 수 있는가?

나는 이런 문제들에 답하기 위해서 이 책을 집필했다. 내 목표는 독자들이 감정생활을 더 잘 이해하고 향상시키는 데 도움을 주는 것이다. 우리 삶에서 감정이 얼마나 중요한지 생각해보면, 우리(학자와 일반인 모두)가 아주 최근까지 감정에 관해 거의 아는 것이 없었다는 사실은 여전히 놀랍다. 그러나 감정이 우리에게 어떻게 영향을 미치는지 그리고 우리가 자신과 타인의 감정신호를 어떻게 인지하는지에 대해 완전히 알기는 어려울 것이다. 그것은 감정 자체의 성질 때문인데, 이 책에서 이 모든 점에 대해 설명할 것이다.

감정은 순식간에 시작될 수 있고, 실제로도 그런 경우가 많다. 너무나 순식간에 시작된 나머지, 어느 순간 감정이 일어났을 때 의식적인 자아는 그것에 관여하지도 못하고 심지어 우리 마음속의 무엇이 그 감정을 유발했는지도 모른다. 감정이 일어나는 속도는 긴급 상황에서 우리의 생명을 구할 수 있다. 하지만 과잉반응을 할 때 감정은 우리의 인생을 망칠 수도 있다. 우리를 감정적으로 만드는 대상을 통제하기는 어렵다. 그러나 감정의 유발요인을 약간 변화시키고, 감정적일 때 우리의 행동방식을 변화시키는 것은 (비록 쉽지는 않지만) 가능하다.

나는 40년 이상 감정을 연구해왔다. 가장 주목해온 것은 감정의 표현이었고, 최근에는 감정의 생리학에도 주목하고 있다. 나는 정신과 환자, 일반인, 성인, 어린이들을 대상으로 해서 그들이 과잉반응하거나, 약하게 반응하거나, 부적절하게 반응할 때 그리고 거짓 혹은 진실을 말할 때의 표정을 조사했다. 미국만이 아니라 다른 여러 나라 사람을 대상으로 하였다. 1장 '문화를 초월한 감정'에서, 내가 다루는 내용의 토대가 된 이 연구를 상술할 것이다.

2장에서는 다음과 같은 질문을 던질 것이다. '우리는 감정적이 될 때 왜 그런가?' 우리를 감정적으로 만드는 것을 변화시키기 위해서는 이 질문에 대한 답을 알아야 한다. 개별 감정을 유발하는 것은 무엇인가? 특정 유발요인을 제거할 수 있는가? 우리가 목적지까지 먼 길로 빙 둘러가고 있다고 아내가 지적한다고 해보자. 이렇게 지적당하고 운전 능력을 비판받게 되면 내 속에서 짜증, 심지어 분노가 끓어오를 수 있다. 우리는 왜 그 정보를 감정적으로 수용할 수밖에 없는가? 우리는 왜 그렇게까지 동요할까? 그런 사소한 일로 감정적이 되지 않도록 변할 수 있을까? 이러한 문제들을 2장 '우리는 언제 감정적이 되는가?'에서 다룰 것이다.

3장에서는 우리를 감정적으로 만드는 대상을 언제 어떻게 바꿀 수 있는지 설명한다. 첫걸음은 나중에 후회할 행동을 하도록 만드는 뜨거운 감정의 유발요인을 확인하는 것이다. 또한 특정한 유발요인을 변화시킬 때 저항감이 느껴지는지, 아니면 비교적 쉽게 약화시킬 수 있는지 확인할 필요가 있다. 감정의 유발요인을 바꾸거나 약화시키는 데 항상 성공할 수는 없다. 하지만 감정 유인이 어떻게 형성되는지 이해한다면 우리를 감정적으로 만드는 대상을 변화시킬 기회가 많아질 것이다.

4장에서는 감정적 반응들―표정, 행동, 생각―이 어떻게 형성되는가를 설명할 것이다. 짜증이 목소리나 얼굴에 나타나지 않도록 조절할 수 있을까? 왜 때때로 감정은 억제 불능의 폭주 열차처럼 느껴질까? 우리가 감정적으로 행동할 때 그 행동을 더 예민하게 자각하지 않는 한 가망이 없다. 누군가가 우리가 한 일에 대해 항의를 하거나, 나중에 곰곰이 생각해보았을 때 비로소 그 사실을 깨닫는 경우가 아주 많다. 4장에서는 우리가 어떤 감정을 가질 때 어떻게 하면 거기에 더욱 주의를 집중할 수 있을지 설명한다. 주의를 집중하면 감정적이면서도 건설적인 방식으로 행동할 수 있을 것이기 때문이다.

파괴적인 감정적 사건을 줄이고 건설적인 감정적 사건을 늘리기 위해 우리는 각 감정에 얽힌 사연과 그 감정이 무엇에 관한 것인지를 이해해야 한다. 개별 감정의 유발요인, 타인과 공유하는 유인과 자신만의 유인을 알게 되면 우리는 그 감정이 가지는 영향력을 줄일 수 있을 것이다. 아니면 최소한 특정 유인이 왜 그토록 강력한지, 그래서 우리의 삶에 미치는 영향력을 줄이려고 노력해도 왜 꿈쩍도 하지 않는지 알 수 있다. 개별 감정은 저마다 우리 신체에 독특한 패턴의 감각을 일으킨다. 그런 감각 패턴을 더 잘 숙지한다면, 감정적 반응이 일어나는 초기에 그 감정을 따라갈지 간섭할지 선택할 기회가 생길 것이다.

또한 개별 감정은 저마다 독특한 신호를 가지고 있다. 그중에서 가장 읽기 쉬운 것이 얼굴과 목소리에 나타나는 신호다. 목소리 신호에 관해서는 아직 연구해야 할 것이 많지만, 개별 감정을 다루고 있는 이 책의 각 장에 실린 사진들은 가장 미세하고 놓치기 쉬운 표정들을 보여준다. 그 표정들은 감정이 막 시작되었을 때와 그것이 억제되었을 때를 알게 해준다. 어떤 감정이 일어나는 초기에 그것을 알아볼 능력이 있다면 다양한 상황에서 사람들을 더 잘 상대할 수 있고, 그들의 느낌*에 대한 우리 자신의 감정적 반응도 적절하게 조절할 수 있을 것이다.

각 장은 슬픔과 고통(5장), 분노(6장), 놀람과 두려움(7장), 혐오와 경멸(8장), 여러 종류의 즐거운 감정(9장)에 대해 서술하며, 여러 절에 걸쳐 다음과 같은 내용을 다룬다.

- 감정을 유발하는 가장 보편적이고 구체적인 유발요인들.
- 감정의 작용. 그 감정이 어떤 도움을 주고 어떤 문제를 일으키는가?
- 감정이 정신장애와 어떻게 연관되어 있는가?
- 감정과 관련된 신체감각 자각 능력을 향상시키는 연습 방법. 이 연습 방법은 독자들이 감정적일 때 어떻게 행동할지 선택할 수 있는 폭을 넓혀준다.
- 타인의 감정을 나타내는 가장 미세한 신호를 찍은 사진들. 이 사진들을 참고하면 독자들은 타인이 느끼는 감정을 더 잘 자각할 수 있다.
- 직장 관계, 가족 관계, 친구 관계에서 다른 사람이 어떻게 느끼고 있는지에 대한 정보를 활용하는 방식에 대한 설명.

* '느낌'은 feelings의 역어다. 에크먼은 feelings를 emotions와 때때로 혼용하고 있다. 이 점에서 안토니오 다마지오Antonio Damasio의 용법과는 다른 것으로 보인다.(옮긴이)

부록에 있는 표정 읽기 테스트는 이 책을 읽기 전에 당신이 미세한 얼굴표정을 얼마나 잘 인지할 수 있는지를 알아보기 위한 것이다. 책을 다 읽고 나서 당신의 표정 읽기 능력이 얼마나 향상되었는지 알기 위해 테스트를 다시 해볼 수도 있을 것이다.

당신이 관심을 갖고 있는 감정을 이 책이 다루고 있지 않아 의아해할 수도 있다. 나는 우리가 알고 있는 감정 중에서 모든 사람이 경험하는 보편적인 감정을 다루기로 선택했다. 당혹감, 죄의식, 수치, 부러움은 보편적일 수 있지만, 이것들을 다루는 대신 명확하게 보편적 표정을 갖고 있는 감정들에 초점을 두었다. 사랑은 즐거운 감정에 대한 장에서 그리고 폭력, 증오, 질투는 분노를 다루는 장에서 논의할 것이다.

과학은 지금도 우리들 각자가 감정을 경험하는 방식에 대해 천착하고 있다. 어떤 사람들은 왜 더 강렬한 감정적 경험을 가지거나 더 빠르게 감정적이 되는 경향이 있을까? 과학은 이러한 의문을 추적하고 있다. 나는 맺음말에서 우리가 감정 연구에서 무엇을 배우고 있는지, 무엇을 배울 수 있는지에 대해 서술하고 감정에 대한 이런 정보를 자신의 삶 속에서 어떻게 활용할지 다룰 것이다.

감정이 인생에서 차지하는 중요성은 아무리 강조해도 지나치지 않다. 나의 스승인 고 실번 톰킨스Silvan Tomkins 박사는 감정이 우리 인생에 동기를 부여한다고 말했다. 우리는 긍정적인 감정의 경험은 최대한 많이 그리고 부정적인 감정은 최소한으로 경험하도록 인생을 조직한다. 항상 성공하는 것은 아니지만 적어도 우리가 추구하는 방향은 그러하다. 톰킨스는 감정이 우리가 내리는 모든 중요한 결정의 동기라고 주장했다. 1962년의 서술인데, 당시는 아직 행동과학에서 감정은 철저히 무시되고 있었다. 감정 이외에 다른 동기들도 분명히 존재하기 때문에 실번이 과장한 부분은 있다. 그러나 감정은 우리 인생에서 정말로 중요하다.

대부분의 심리학자들은 꽤 단순하게 식욕, 성욕, 생존의지를 우리의 삶을 추동하는 강력하고 근원적인 동기들로 간주해왔다. 하지만 감정은 이런 동기들을 상회할 가능성이 있다. 사람들은 당장 먹을 수 있는 유일한 음식이 혐오스럽다고 느껴지면 그것을 먹지 않을 것이다. 그래서 죽을지도 모른다. 하지만 다른 사람들은 같은 음식을 맛있게 먹을 수도 있다. 전자의 경우 감정이 식욕을 이긴 것이다! 성욕은 감정의 영향을 아주 쉽게 받는 것이 분명하다. 두려움이나 혐오가 방해한다면 절대로 성적 접촉을 하지 않으리라. 접촉한다고 해도 성행위를 절대 끝낼 수 없으리라. 감정은 성욕도 이긴다! 절망감은 생존에 대한 의욕조차 압도해서 자살로 이끌기도 한다. 감정이 생존의지조차 이긴 것이다!

간단히 말해 사람들은 행복하기를 원하고, 극장 같은 안전한 공간이거나 소설 속이 아니라면 대부분의 사람들은 두려움이나 분노, 혐오, 슬픔, 고뇌를 경험하고 싶어하지 않는다. 그러나 뒤에 설명하겠지만 우리는 이런 감정들 없이는 살 수 없었다. 중요한 것은 그런 감정들을 가지고도 어떻게 하면 더 잘 살 수 있느냐 하는 것이다.

차례

개정판 서문   6

머리말   8

1   문화를 초월한 감정   17

2   우리는 언제 감정적이 되는가?   43

3   어떻게 하면 감정적이 되지 않을까?   77

4   감정적 행동 다스리기   99

5   슬픔과 고통   147

6   분노   187

7   놀람과 두려움   243

8   혐오와 경멸   277

9   즐거운 감정들   303

10   거짓말과 감정   337

맺음말: 감정과 함께 살아가기   364

후기   373

부록: 표정 읽기 테스트   378

감사의 말   403

옮긴이의 말   405

주   411

찾아보기   435

나는 지난 40년 동안 감정에 대해 연구해왔다. 그 연구를 통해서 배운 것 중 우리 자신의 감정생활을 향상시키는 데 도움이 된다고 생각하는 모든 것을 이 책에 담았다.

이 책에 쓴 거의 대부분이 나의 과학적 실험이나 다른 감정 과학자들의 연구에 의해 지지받고 있지만, 전부가 그런 것은 아니다. 나의 연구 목적은 특히 얼굴표정에 나타나는 감정을 읽어내어 판독하는 전문기술을 개발하는 것이었다. 이 전문기술 때문에 나는 낯선 사람, 친구, 가족의 얼굴에 나타난 표정, 거의 대다수의 사람이 놓치곤 하는 미세한 표정을 읽을 수 있었다. 이를 통해 실험으로 증명할 수 있는 것보다 훨씬 많은 것을 알게 되었다.

앞으로 내 관찰에만 근거해서 글을 쓴 경우에는 "내 관찰에 의하면" "나는 ~이라 믿는다" "나는 ~라고 생각한다"라는 구절을 사용할 것이다. 과학적 실험에 기초해 기술하는 경우에는 내 주장을 지지하는 구체적인 연구를 미주에 인용할 것이다.

이 책에 쓰여 있는 것 가운데 많은 부분은 얼굴표정에 대한 내 비교문화 연구에 영향을 받았다. 이 연구가 제시한 증거는 심리학 전반에 대한 내 견해, 특히 감정에 대한 내 견해를 영구적으로 바꾸었다. 파푸아뉴기니, 일본, 브라질, 아르헨티나, 인도네시아, 구소련 등의 여러 지역에서 얻어낸 연구 성과를 통해 감정의 본질에 대한 내 견해를 발전시킬 수 있었다.

표정은 타고나는가 습득되는가?*

나는 1950년대 후반에 연구를 시작했을 때 얼굴표정에는 전혀 관심이 없었다. 당시 내 흥미를 끈 것은 손의 움직임이었다. 나는 손의 움직임을 분석하는 방법을 통해 신경증 환자와 우울증 환자가 손을 움직이는 방식이 다르다는 점을 확인하였으며, 치료를 통해 환자가 얼마나 개선되었는지를 알아냈다.[1] 1960년대 초에는 우울증 환자들이 보여주는, 종종 급격하게 변화하는 복잡한 얼굴의 움직임을 직접 정확하게 측정하는 도구조차 없었다. 나는 어디서부터 시작해야 할지 몰랐고, 그래서 시작조차 하지 않았다. 25년 후 얼굴의 움직임을 측정할 방법을 개발하고 난 뒤, 예전의 환자 기록 영상을 다시 보고 중요한 사실들을 발견할 수 있었다. 이는 5장에서 설명할 것이다.

만일 1965년에 두 차례의 행운이 찾아오지 않았다면 나는 내 연구의 초점을 얼굴표정과 감정으로 전환하지 않았을 것이다. 첫 번째의 행운으로, 나는 미국 국방부 관할의 상급연구기획국ARPA: Advanced Research Projects Agency으로부터 이문화 간의 비언어적 행동 연구를 위한 연구비를 받았다. 내가 이 연구비를 요청한 것도 아니었다. 하지만 당시 일어난 어떤 스캔들―대게릴라전을 위장하기 위해 이용되었던 연구 프로젝트―때문에 ARPA의 중요한 프로젝트 하나가 취소되었고, 그것을 위해 준비되었던 자금은 해당 회계연도 안에 논란의 여지가 없는 국외 연구 프로젝트를 위해 사용되어야 했다. 우연히 나는 이 자금의 지출을 담당했던 인물의 사무실에 들렀다. 태국 여성과 결혼한 그 남성은 태국인 아

---

* 원전에는 없지만 이해를 돕기 위해 중간중간 소제목을 달았다.(옮긴이)

내와 자신 사이에 존재하는 비언어적 소통방식의 차이가 인상적이라고 여겼다. 그는 내가 무엇이 보편적이고 무엇이 문화에 따라 달라지는지 연구하기를 원했다. 나는 처음에는 망설였지만 그 도전에서 물러설 수는 없었다.

우선 나는 표현과 몸짓이 사회적으로 습득되고 문화에 따라서 다르다는 믿음을 가지고 그 프로젝트를 시작했다. 내가 처음에 자문을 구했던 마거릿 미드Margaret Mead, 그레고리 베잇슨Gregory Bateson, 에드워드 홀Edward Hall, 레이 버드위스텔Ray Birdwhistell, 찰스 오스굿Charles Osgood 같은 학자들도 동일한 믿음을 가지고 있었다. 나는 찰스 다윈이 반대 주장을 펼쳤다는 사실을 기억해냈지만 그가 틀렸다고 확신했기 때문에 그의 책은 구태여 읽어볼 생각도 하지 않았다.

두 번째 행운은 실번 톰킨스를 만난 일이었다. 그는 당시 감정에 대해 두 권의 책을 집필한 참이었다. 거기에서 그는 얼굴표정이 타고나는 것이며 모든 인류에 보편적이라고 주장했지만 이 주장을 뒷받침할 증거는 갖지 못했다. 만일 우리가 비언어적 행동에 관한 논문을 같은 학술지에 동시에 기고하지 않았다면, 나는 그의 저서를 읽거나 그를 만날 일도 없었을 것이다. 실번의 연구 주제는 얼굴이고, 내 연구 주제는 몸짓이었다.[2]

나는 실번이 가진 생각의 폭과 깊이에는 정말 감명받았지만, 표정이 타고나는 것이며 따라서 보편적이라는 그의 믿음은 다윈의 것과 마찬가지로 대체로 틀렸을 것이라고 생각했다. 나는 이 논쟁에 대립하는 두 편이 있음을 발견하고는 기뻤다. 즉 100년쯤 전에 같은 주장을 폈던 다윈만이 미드와 베잇슨, 버드위스텔, 홀과 대립하는 것은 아니라는 사실 말이다. 이 문제는 여전히 살아있었다. 저명한 과학자들이나 원로 정치가들 사이에 치열한 논쟁이 있었다. 나는 나이 서른 살에 이 문제를 최종적으로 해결하기 위해서 노력할 수 있는 기회와 자금을 얻었다. 표정이란 보편적인 것인가, 아니면 언어와 마찬가지로 개별 문화마다 다른 것인가? 참으로 매력적인 물음이었다! 누구의 주장이 옳은 것으로 증명되든 상관이 없었다. 비록 실번 쪽이 옳을 것이라고는 생각하지 않았지만.*

나는 최초의 연구에서 칠레, 아르헨티나, 브라질, 일본, 미국, 이렇게 다섯 문화권에 속하는 사람들에게 사진을 보여준 뒤, 각 사진 속 표정에서 어떤 감정이 보이는지 판정해달라고 하였다. 모든 문화권에 속하는 대다수가 동일한 판정을 내렸는데, 이는 표정이 정말로 보편적일 수도 있음을 시사한 것이었다.[3] 실번에게 지도를 받은 또 한 명의 심리학자 캐럴 이저드Carrol Izard는 다른 문화권을 연구하고 있었는데, 거의 같은 실험으로 같은 결과를 얻었다.[4] 실번은 나와 캐럴에게 상대에 대해 한 마디도 말해주지 않았다. 그래서 혼자만이 이런 연구를 하는 것이 아님을 알았을 때 처음에는 그를 원망했다. 하지만 두 사람의 독립된 과학자가 같은 것을 발견한 일은 과학을 위해서는 좋은 일이었다. 다윈이 맞는 것 같았다.

그런데 한 가지 문제가 있었다. 그렇게 많은 똑똑한 사람들이 얼굴표정이 문화에 따라서 다르다고 생각하고 있는데도, 어떻게 우리는 얼굴표정에 어떤 감정이 나타나는지에 대해서 상이한 문화권 사람들이 서로

---

* 내가 기대했던 것과 정반대의 결론을 얻은 셈인데, 그것은 이상적인 일이다. 행동과학 분야에서 이루어지는 발견은 과학자의 예상을 입증할 때보다 뒤집을 때 더 신용할 수 있다. 대부분의 과학 분야에서는 그 반대다. 과학자들이 미리 예측한 대로 이루어지는 발견이 더욱 신뢰받는다. 왜냐하면 같은 결과가 나오는지 여부를 확인하기 위해 많은 과학자가 실험을 반복하는 전통에 의해서, 편견이나 오류의 가능성을 저지할 수 있기 때문이다. 그러나 안타깝게도 그런 전통은 행동과학에는 존재하지 않는다. 최초로 실험했던 과학자에 의해서도, 다른 과학자에 의해서도, 실험이 반복되는 것은 드물기 때문이다. 그런 안전장치를 갖고 있지 않은 행동과학자들은 저도 모르게 발견하고 싶었던 것만을 발견할 가능성이 높다.

동의한다는 사실을 발견한 것일까? 일본인이나 중국인 혹은 이외의 문화에 속하는 사람들의 얼굴표정이 아주 다른 의미를 지니고 있다고 주장한 사람들은 단순한 여행자들이 아니었다. 표정과 몸짓 연구를 전문으로 하며 존경받는 인류학자인 버드위스텔(마거릿 미드의 제자)은 다음과 같이 쓴 적이 있다. "많은 문화권 사람들이 불행할 때 웃는다는 것을 발견하고는 다윈의 주장을 폐기했다."[5] 버드위스텔의 주장은 주류 문화인류학이나 대부분의 심리학에서 우위를 차지하고 있던 견해, 즉 감정표현과 같이 사회적으로 중요한 것은 무엇이든 모두 학습의 산물임에 틀림없고, 따라서 개별 문화에 따라 다르다는 견해와 일치했다.

나는 표정이 보편적이라는 우리의 발견과 문화권별로 다르다는 버드위스텔의 관찰을 '표시규칙display rules'이라는 개념을 도입하여 서로 융화시켰다. 표시규칙이란 사회적으로 학습되며 종종 문화권별로 상이한 표정관리에 관한 규칙이며, 누가 누구에게 언제 어떤 감정을 보여줄 수 있는지에 대한 규칙이다. 관중이 있는 대부분의 운동경기에서 패자가 스스로 느끼는 슬픔이나 실망을 보여주지 않는 것도 이 때문이다. 이 규칙은 "그 능글맞은 웃음 좀 지우지 못하겠니"와 같은 부모의 충고에 잘 나타나 있다. 표시규칙의 지시에 따라 우리가 느끼는 감정의 표현을 축소거나 과장하거나 완전히 숨기거나 다른 감정으로 위장하게 된다.[6]

나는 이 공식을 일련의 연구를 통해 테스트해보았다. 이 연구에서 일본인과 미국인에게 수술 영상과 사고 영상을 보여주고 반응을 살펴보았는데, '혼자 있을 때'는 일본인도 미국인도 같은 표정을 짓지만, 연구자가 동석한 자리에서 영상을 보면 미국인보다 일본인 쪽이 부정적인 감정을 미소로 위장한다는 사실이 드러났다. 즉 혼자 있을 때는 타고난 표정이, 공공의 장소에서는 관리된 표정이 각각 나오는 것이다.[7] 인류학자와 대부분의 여행자들은 공적인 장소에서의 행동을 관찰하게 되므로, 나는 표시규칙이 어떻게 작용하는지에 대한 나름의 설명과 증거를 찾을 수 있었다. 그와는 반대로 상징적인 몸짓, 즉 수긍의 뜻으로 고개를 끄덕이거나 부정하는 뜻으로 머리를 흔들거나 오케이를 뜻하는 몸짓 등은 문화권별로 다르다.[8] 그 점에서 버드위스텔과 미드를 위시하여 대부분의 행동과학자들은 옳았지만, 얼굴에 의한 감정표현에 관해서는 틀린 것이다.

여기에는 한 가지 맹점이 있었는데, 내가 이를 알아차렸다면 내 연구결과를 기를 쓰고 부정할 버드위스텔과 미드도 마찬가지로 이 맹점을 알아볼 수 있을 터였다. 나와 이저드가 조사했던 사람들은 모두 영화 스크린과 텔레비전 브라운관에 나온 찰리 채플린과 존 웨인을 보고 서양인이 가진 얼굴표정의 의미를 배웠을 수도 있다. 여러 문화에 속하는 사람들이 백인 사진에 나타난 감정에 대해 의견 일치를 보이는 이유가 미디어에 의한 학습이나 다른 문화권 사람들과 접촉해봤기 때문이라고 설명할 수도 있었다. 따라서 나는 영화도 텔레비전도 잡지도 보지 않고 외부인들과 접촉도 거의 없는 문화, 시각적으로 고립된 문화가 필요했다. 만일 그런 문화의 사람들이 내가 보여주는 얼굴표정 사진을 보고 칠레, 아르헨티나, 브라질, 일본, 미국 사람들이 보았던 감정과 동일한 감정을 읽어낸다면, 나의 주장이 옳다는 사실을 입증할 수 있으리라.

원시문화가 보여준 얼굴표정

내게 석기시대 문화를 소개해준 사람은 칼턴 가이듀섹Carleton Gajdusek이라는 신경학자였다. 그는 파푸아뉴기니 고원지대와 같이 완전히 고립된 지역에서 10년 이상 연구를 계속해왔다. 그는 쿠루병이라는 불가사의한 질병의 원인을 규명하기 위해 노력하고 있었는데, 쿠루병은 이러한 문화권 중 한 곳에서 지역 주민의 절반 정도를 사망시킨 질병이었다. 현지 사람들은 쿠루병이 사악한 주술 탓이라고 믿고 있었다. 내가 도착했을 때 이미 가이듀섹은 이 병이 바로 지연성 바이러스 때문이라는 사실을 알아낸 상태였다. 이 바이러스는 증상이 나타날 때까지 수년 동안 체내에 잠복한다(AIDS가 이런 종류의 바이러스 중 하나다). 그는 이 병이 어떻게 전염되는지 아직 알지 못했다. (이후에 식인 행위가 전염경로가 된다는 사실이 판명되었다. 이곳 사람들은 적이 전투에서 죽었다고 해도 적은 먹지 않았다. 전투에서 죽은 적이라면 건강 상태가 양호했을 가능성이 높다. 그런데 그들은 어떤 질병, 대개는 쿠루병으로 죽은 동료들만 먹었다. 먹을 때 가열처리를 하지 않았기 때문에 질병은 쉽게 전염되었다. 가이듀섹은 몇 년 후 지연성 바이러스의 발견으로 노벨상을 받았다.)

다행스럽게도, 가이듀섹은 석기시대 문화가 머잖아 사라질 것을 깨닫고 두 문화권 사람들의 일상생활을 10만 피트 이상의 영화 필름으로 촬영해놓았다. 촬영한 뒤로는 이 영상을 다시 보지 않았다. 한 번 다 보는 데 6주에 가까운 기간이 소모될 분량이었던 것이다. 그때 내가 합류했다.

과학적인 이유로 자신이 촬영한 영상을 검토하고 싶어하는 사람이 나타났다는 사실에 가이듀섹은 기뻐했고 나에게 복사본을 빌려주었다. 나는 동료 월리 프리센Wally Friesen과 여섯 달에 걸쳐 조심스럽게 이 기록 영상을 검토했다. 기록 영상에는 얼굴에 의한 감정표현이 보편적임을 증명하는 두 가지 강력한 증거가 담겨 있었다. 하나는 그 안에서 낯선 표정이 하나도 보이지 않았다는 점이다. 표정이 완전히 학습되는 것이라면, 다른 지역과 고립되어 살아가는 사람들은 우리가 전혀 본 적 없는 진기한 표정을 보여주어야 마땅하다. 그런 표정은 하나도 볼 수 없었다.

하지만 이같이 익숙한 표정이 사실은 아주 다른 감정을 보여주는 신호일 수도 있었다. 그런데 영상이 어떤 표정이 나타나기 전후의 사건을 항상 보여주지는 않았지만, 보여주는 경우에는 우리의 해석이 옳았음을 확인할 수 있었다. 만일 얼굴표정이 개별 문화권마다 다른 감정을 나타낸다면, 그 문화에 익숙하지 않은 완전한 외부인은 그 표정을 제대로 해석할 수 없어야 할 것이다.

나는 버드위스텔과 미드가 이 주장을 어떻게 반박할지 생각해보았다. 그들이 이렇게 말할 것이라고 상상했다. "새로운 표정이 전혀 없다고 문제될 것은 없다. 당신들이 실제로 본 표정은 정말로 다른 의미를 지녔기 때문이다. 당신이 정확하게 해석한 이유는 표정을 짓는 사회적 맥락에서 힌트를 얻었기 때문이다. 당신은 표정이 지어지기 전, 후, 혹은 그와 동시에 벌어진 사건과는 따로 그 표정을 본 적이 한 번도 없었다. 그랬다면 그 표정이 무슨 의미인지 알지 못했을 것이다." 이 허점을 메우기 위해 우리는 실번을 미 동부에서 불러와 우리 연구실에서 일주일을 함께했다.

그가 도착하기 전 우리는 영상을 편집하여 모든 사회적 맥락을 잘라내고 클로즈업한 영상의 얼굴표정만 보여주었지만, 실번은 조금도 어려워하지 않았다. 그의 해석은 그가 본 적이 없었던 사회적 맥락과 전부 일치했다. 더욱이 그는 자신이 어떻게 그 정보를 얻었는지도 정확히 알고 있었다. 월리와 나는 개별 표정에 어떤 감정적인 메시지가 담겨 있는지를 느낄 수 있었지만, 우리의 판단은 직관에 근거한 것이었다. 우리는 웃음을 제외하고는 얼굴의 무엇이 그 메시지를 담고 있는지를 정확히 지적할 수 없었기 때문이다. 실번은 스크린에 가까이 가서 구체적으로 어떤 근육의 움직임이 그 감정을 전하고 있는지 정확하게 지적했다.

우리는 그에게 이 두 부족의 전체적인 인상에 대해서도 물었다. 한 부족은 꽤 우호적으로 보인다고 그는 말했다. 반면에 또 한 부족은 격노하기 쉽고, 피해망상까지는 아니더라도 아주 의심이 많으며 동성애자처럼 보인다고 말했다. 그가 묘사한 것은 바로 앙가족이었다. 그의 설명은 앙가족과 함께 일했던 가이듀섹이 말한 내용과 일치했다. 그들은 현지에서 정부 주재소를 유지하려는 오스트레일리아 정부 관리들을 반복해서 공격했다. 인근 사람들은 앙가족을 지독하게 의심이 많은 사람들로 알고 있었다. 그리고 앙가족 남성들은 결혼할 때까지 동성애적 생활을 했다. 몇 년 후 생태학자 이레나우스 아이블 아이베스펠트Irenäus Eibl-Eibesfeldt 는 그 부족과 같이 일하려고 하다가 그야말로 목숨을 부지하기 위해서 달아나야 했다.

실번과의 만남 이후 나는 얼굴표정 연구에 전념하기로 결심했다. 나는 뉴기니에 가서 당시 내가 옳다고 믿었던 생각, 적어도 어떤 얼굴표정들은 보편적이라는 생각을 뒷받침해줄 증거를 찾으려고 했다. 그리고 얼굴의 움직임을 측정하는 객관적인 방법을 개발하고 싶었다. 그렇게 되면 실번이 아주 예리하게 발견할 수 있었던 것을 어떤 과학자라도 얼굴 움직임에서 객관적으로 도출할 수 있을 것이다.

포레족 연구를 시작하다

1967년 말 나는 포레족을 연구하기 위해 파푸아뉴기니의 남동부 고원지대로 갔다. 포레족 사람들은 해발 2100미터에 위치한 고지대의 작은 마을들에 흩어져 살았다. 나는 포레어를 몰랐지만 한 미션 스쿨에서 피진어pidgin(혼성어)를 습득한 소년 몇몇의 도움을 받아 영어에서 피진어를 경유해 포레어로, 또 포레어에서 피진어를 경유해 영어로 돌아올 수 있었다.

나는 얼굴표정 사진들을 가지고 갔다. 그 대부분은 내가 글을 읽고 쓸 수 있는 문화권을 연구할 수 있도록 실번이 준 사진들이었다(32쪽 사진이 그중 세 장이다). 가이듀섹의 영상에서 몇몇 포레족 사람들의 사진도 골라 가져갔는데, 이는 백인의 얼굴표정을 해석하는 것이 그들에게 다소 어렵지 않을까 생각해서였다. 그 부족 사람들이 사진이란 것을 본 적이 없어서 사진을 전혀 이해하지 못할 거라는 걱정도 했다. 사진을 본 적이 없는 사람들은 그것을 해석하는 방법을 배워야 한다고 몇몇 인류학자들이 주장한 바 있었다. 하지만 포레족에게는 그런 문제가 없었다. 그들은 사진을 금방 이해했다. 그 사람들에게는 사진 속 인물이 포레족이든 미국인이든, 어느 인종이든 큰 차이가 없는 것 같았다. 문제는 내가 그 사람들에게 해달라고 요청한 사항이었다.

그들에게는 문자가 없었으므로 목록을 주고 사진에 나타난 감정에 맞는 단어를 고르라고 할 수 없었다. 만일 감정 단어 목록을 그들에게 읽어준다면 그들이 그 목록을 기억하고 있는지, 또 읽어주는 단어의 순서가 그들의 선택에 영향을 미치지 않는지 하는 점을 일일이 고민해야 했을 것이다. 그래서 나는 각 얼굴표정에 대한 이야기를 하나씩 만들어달라고 부탁했다. "지금 일어나고 있는 일, 이 사람이 이런 표정을 짓기 전에 일어난 일, 앞으로 일어날 일을 말해주세요"라고 말이다. 그것은 매우 어려운 일이었다. 통역 과정이 문제였을 수도 있고, 아니면 그들은 내가 무엇을 듣고 싶어하는지, 또는 내가 왜 이런 요구를 하는지 짐작조차 못했을 수도 있다. 어쩌면 포레족 사람들은 평상시 모르는 사람에 대한 이야기를 지어내는 행위 자체를 하지 않을 수도 있다.

내가 원하는 이야기를 듣기는 했지만, 한 사람씩 나에게 이야기를 해주는 데는 긴 시간이 걸렸다. 한 세션이 끝나면 그들이나 나나 모두 녹초가 되었다. 내가 요구하는 일이 쉬운 일은 아니라는 소문이 돌았을 텐데도 지원자가 부족하지는 않았다. 내 사진을 보아줄 만한 강력한 보상이 있었기 때문이다. 자원하는 사람들에게 비누 한 개나 담배 한 갑을 주었다. 그들에게는 비누가 없었으므로 그것을 아주 귀하게 여겼다. 그들 부족은 직접 담배를 재배하여 파이프로 피우고 있었지만, 내가 가지고 있는 궐련형 담배를 더 좋아하는 것 같았다.

그들의 이야기는 대체로 각 사진이 보여주고 있다고 생각되는 감정과 일치했다. 예를 들어, 읽고 쓰기가 가능한 문화권의 사람이 슬픔이라고 판단한 감정이 나타난 사진을 보고 뉴기니 사람들은 그 사람의 아이가 죽었다고 대답하는 경우가 빈번했다. 그러나 그들이 이야기를 만들어내는 과정은 서툴렀다. 게다가 여러 이야기가 하나의 특정 감정에 상응한다는 사실을 증명하는 것도 쉬운 일이 아니라는 생각이 들었다. 다른 방식을 시도해봐야 한다고 생각했지만 그 방법을 몰랐다.

나는 그들의 자연스런 표정도 촬영했다. 인근 마을에 사는 친구들을 만났을 때 나타내는 기쁜 표정을 포착할 수 있었다. 나는 감정을 유발하는 여러 상황도 준비했다. 두 남자가 악기를 연주하는 것을 녹음한 뒤, 그 두 사람이 녹음기에서 나오는 자신들의 목소리와 음악을 생전 처음 들었을 때 드러내는 놀람과 기쁨도 촬영했다. 심지어 몰래 준비해간 고무칼로 한 소년을 찌른 다음, 그 소년의 반응과 주변 친구들의 반응을 영화 카메라에 담았다. 그들은 그것을 아주 재미있는 장난이라고 생각했다(물론 어른들한테 그런 장난을 칠 만큼 어리석지는 않았다). 이렇게 촬영한 필름은 내 주장을 뒷받침할 만한 증거가 되지 못했다. 표정은 문화권에 따라 다르다는 견해를 지지하는 이들은 내가 보편적인 표정이 나타난 몇몇 경우만을 골라서 촬영한 것이라고 얼마든지 반론할 수 있기 때문이었다.

몇 달 뒤에 나는 뉴기니를 떠났다. 그다지 어려운 결정은 아니었다. 대화가 그리웠다. 부족 사람들 중 누구와도 이야기를 나눌 수 없었기 때문이다. 음식도 그리웠다. 이 부족의 토박이 음식을 좋아하리라 생각했지만 그것은 오판이었다. 우리가 아스파라거스에서 버리는 부분과 비슷한 그 무언가, 그리고 참마가 정말 지겨워졌다. 내 인생에서 가장 신나는 모험이었지만 확실한 증거는 얻지 못한 것이 아닌가 하고 걱정이 들었다. 이런 문화가 앞으로도 장기간 고립된 채로 있지 않으리라는 사실 그리고 이와 비슷한 문화권이 전 세계적으로도 몇 군데 남아 있지 않다는 사실을 알고 있었다.

집으로 돌아온 나는 심리학자 존 더실John Dashiel이 1930년대에 어린 아이들이 얼굴표정을 얼마나 잘 해석하는지 연구하기 위해서 사용한 기술을 우연히 알게 되었다. 너무 어려서 글을 읽을 수 없으므로, 그는 아이들에게 단어 목록을 주고 선택하라고 할 수가 없었다. (내가 뉴기니에서 했던 것처럼) 아이들에게 이야기를 지어내라고 하는 대신에, 더실은 영리하게도 아이들에게 이야기를 읽어주고 일련의 사진을 보여주었다. 아이들은 그 이야기에 맞는 사진을 한 장 고르기만 하면 되었다. 나는 그 방법이 내 연구에도 통할 것을 알았다. 뉴기니 사람들이 지어낸 이야기를 다시 읽으면서 각 감정표현에서 가장 빈번하게 나오는 이야기를 골랐다. 그것들은 상당히 단순했다. '친구가 와서 기쁘다.' '화가 나서 싸우려고 한다.' '자식이 죽어서 매우 슬퍼하고 있다.' '싫어하는 무언가를 혹은 냄새가 지독한 무언가를 보고 있다.' '새로운 것이나 예상치 못한 것을 지금 보고 있다.'

두려워하는 표정을 보여주는 사진에 가장 자주 나오는 이야기에는 문제가 있었는데, 그 이야기에는 위험한 멧돼지 한 마리가 등장했다. 그 이야기가 놀람이나 분노와 연관되지 않도록 하려면 이야기를 바꿔야 했으므로, 다음과 같이 수정했다. "어떤 사람이 혼자 집에 앉아 있고 마을에는 아무도 없다. 집에는 칼도 도끼도 활도 화살도 없다. 멧돼지 한 마리가 집 앞에 서 있고, 그 사람은 멧돼지를 보고 아주 무서워한다. 멧돼지는 문 앞에서 꼼짝 않고, 그 사람은 멧돼지가 자기를 물까봐 무서워한다."

나는 사진 세 장을 한 세트로 구성하여 이야기를 하나씩 할 때마다 보여주었다(다음 페이지의 사진들이 그중 한 세트다). 피험자는 적절한 사진을 가리키면 된다. 나는 여러 세트를 만들었는데 어떤 사진도 중복해서 나타나지 않도록 했다. 그렇게 하지 않으면 소거법으로 사진을 선택하는 경우가 있기 때문이다. "아, 저건 자식이 죽은 사람의 사진이었고, 저 사진은 여자가 싸움을 할 것 같다고 말한 거였고, 그러니까 이 사진이 멧돼지에 관한 것이 분명해." 이런 식으로 말이다.

나는 1968년 후반에 이야기와 사진 그리고 자료 수집을 도와줄 동료들과 함께 뉴기니로 돌아갔다(이번에는 통조림 음식도 준비했다).[9] 우리가 돌아온다는 소식은 미리 널리 퍼진 듯했다. 가이듀섹과 그의 영화제작자 리처드 소렌슨(그는 전해에 나를 많이 도와주었다)을 제외하면 뉴기니를 방문하는 외부인이 극히 드문 데다 다시 방문하는 사람은 더 드물었기 때문이다. 우리는 몇몇 마을은 직접 여행했지만, 우리의 부탁이 아주 간

  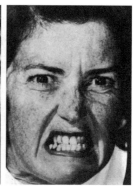

단하다는 소문이 나자 멀리 떨어진 마을의 사람들까지 우리를 찾아오기 시작했다. 그 사람들은 우리가 제시하는 과제를 좋아했으며 비누와 담배를 받고 역시 아주 기뻐했다.

우리 팀의 누구도 무심코 피험자들에게 어떤 사진이 정답인지 미리 알려주는 일이 없도록 각별히 주의했다. 한 세트의 사진을 투명한 비닐에 붙여놓고, 각 사진 뒤에 코드 번호를 적어 뒷면에서 볼 수 있게 했다. 우리는 어느 코드 번호가 어느 표정에 해당하는지 알 수 없었고, 계속 모르게끔 했다. 각 사진은 피험자를 향해 있고 번호를 받아 적는 사람은 사진 앞면을 볼 수 없도록 제시했다. 이야기를 들려주면 피험자는 사진을 지적하고, 우리 중 한 사람이 선택된 사진의 코드 번호를 기재하는 식이었다.*

단 몇 주 만에 300명이 넘는 지원자가 나왔다. 이는 그 문화권에 사는

---

* 우리가 세심한 주의를 기울였음에도, 표정은 타고난 것이 아니라 학습되는 것이라는 견해를 지지하는 학자 중 한 사람은 15년이 지난 뒤에도 우리가 어떤 식으로든 피험자들에게 어떤 사진을 선택할지 미리 알려주었을 것이라고 주장했다. 그는 우리가 어떤 방법으로 그랬을진 몰라도 어쨌든 우리가 그렇게 했을 것이라고 생각했는데, 표정이 문화에 따라서 다르다는 신념을 포기할 수 없었기 때문일 것이다.

사람들의 약 3퍼센트에 달했고 통계적 분석을 하기에 충분한 수였다. 행복, 분노, 혐오, 슬픔에 대해서는 결과가 분명했다. 두려움과 놀람은 잘 구별되지 않았다. 즉 사람들이 두려운 이야기를 들었을 때는 두려워하는 표정만큼이나 자주 놀라는 표정을 골랐고, 놀람에 해당하는 이야기를 들었을 때도 마찬가지 비율로 두려워하는 표정을 골랐다. 그러나 두려움과 놀람은 분노, 혐오, 슬픔, 기쁨과는 확연히 구분되었다. 오늘날까지도 나는 어째서 두려움과 놀람이 구별되지 않는지 알지 못한다. 이야기 자체에 문제가 있었을지도 모른다. 아니면 이 두 개의 감정이 그 사람들의 생활에서는 너무나 자주 뒤섞여서 서로 구별되지 않을 수도 있다. 읽고 쓰는 문화에서는 놀람과 두려움의 표정이 구별된다.[10]

피험자 중 23명을 제외한 전원이 영화나 텔레비전, 사진을 전혀 본 적이 없었다. 그들은 영어나 피진어를 말하지도 이해하지도 못했으며, 서양인 거주지와 정부 도시에 살아본 적도 없었고 백인을 위해 일해본 적도 없었다. 예외인 23명은 모두 영화를 본 적이 있고, 영어를 할 줄 알았으며, 1년 이상 미션 스쿨을 다녔던 사람들이다. 그러나 외부 세계와 거의 접촉이 없었던 피험자 대다수와 접촉이 있었던 소수 간에는 전혀 차이가 없었고, 남성과 여성 간에도 역시 차이는 없었다.

우리는 첫 실험에 비해 피험자에게 더 어려운 실험 한 가지를 추가했다. 피진어를 구사하는 사람이 그들에게 이야기를 읽어준 뒤, 그 이야기 속의 사람이라면 어떤 표정을 지었을지 해보라고 한 것이다. 나는 남자 아홉 명이 표정을 짓는 것을 비디오테이프로 찍었다. 이들 중 첫 번째 연구에 참여했던 사람은 없었다.

나는 편집되지 않은 비디오테이프를 미국으로 가지고 와서 대학생들에게 보여주었다. 만약 표정이 문화별로 다르다면, 이 대학생들은 그 표

기쁨   슬픔

분노   혐오

34

정들을 정확히 해석할 수 없을 것이다. 그러나 미국 대학생들은 모든 감정을 정확히 알아맞혔다. 두려움과 놀람의 표정은 예외였다. 미국 대학생들도 뉴기니 사람들과 마찬가지로 두려움과 놀람의 모습을 서로 같은 비율로 혼동하는 경향이 있었다. 옆 페이지에 뉴기니 사람들이 지은 얼굴표정 중 네 가지 사례가 있다.

인류학자와 심리학자들의 비판에 맞서다

나는 우리가 발견한 것을 1969년 연례 인류학 학술대회에서 발표했다. 그러나 많은 사람들이 우리의 발견에 불만을 표시했다. 그들은 사람의 행동이 본성이 아닌 양육에 의한 것이라고 확고하게 믿고 있었다. 내가 제시하는 증거에도 불구하고 표정이 문화권에 따라 달라야 한다고 보았다. 실제로 나는 일본계 미국인을 대상으로 한 연구에서 얼굴표정을 '관리하는' 데에는 문화적 차이가 있다는 사실을 발견했지만 그들을 납득시키기에는 부족했다.

그들의 의혹을 해소시킬 수 있는 최선의 방법은 문자가 없는 다른 고립된 문화권에서 전체 연구를 다시 한 번 반복하는 일일 것이다. 가장 좋은 방법은 내가 아닌 다른 누군가가 그 연구를 하는 것이다. 그 사람이 내가 틀렸음을 증명하고 싶은 사람이라면 더욱 좋을 것이다. 만일 그 사람이 나와 동일한 사실을 발견한다면 우리의 주장을 크게 강화시킬 것이다. 또 한 번의 행운으로, 인류학자 칼 하이더Karl Heider가 바로 그 일을 해냈다.

하이더는 인도네시아의 일부인 이리안자야에서 살아가는 고립된 종족, 다니족을 몇 년에 걸쳐 조사하고 막 귀국한 참이었다.[11] 하이더는 내 연구에 분명히 잘못된 부분이 있을 것이라고 말했다. 다니족에게는 감정을 나타내는 어휘조차 없기 때문이라는 것이었다. 나는 그에게 내 연구 자료 전체를 주면서 다음번 다니족에게 돌아갈 때 어떻게 실험을 진행하면 좋을지도 가르쳐주었다. 그의 실험 결과는 우리의 결과를 정확히 재현했으며, 두려움과 놀람을 구분할 수 없었다는 점도 동일했다.[12]

그렇지만 오늘날에도 모든 인류학자가 우리의 연구를 납득한 것은 아니다. 그리고 언어에 특히 관심을 가지고 있는 소수의 심리학자들 중에는 문자문화권에서 우리가 한 연구, 즉 표정에 적합한 감정 단어를 사람들에게 골라달라는 방식이 감정표현이 보편적이라는 사실을 지지하지는 않는다고 불평하는 자도 있다. 개별 감정을 나타내는 단어를 완벽하게 번역할 수는 없다는 것이 그 이유다.

물론 감정이 말로 어떻게 표현되는가는 진화가 아니라 문화의 산물이다. 그러나 문자를 가진 20곳 이상의 서양문화권과 동양문화권에서 진행된 연구를 통해 한 얼굴표정에 어떤 감정이 나타나는지 조사한 결과, 각 문화권 속 대다수가 같은 판단을 내렸다. 번역의 문제가 있다 하더라도, 각 문화권의 다수가 동일한 표정에 서로 다른 감정을 배당한 적은 단 한 번도 없었다. 그리고 물론 우리의 발견은 사람들이 한 장의 사진에 하나의 단어를 붙여야 하는 연구에 한정된 것이 아니었다. 뉴기니에서 우리는 감정을 불러일으키는 감정적 사건에 대한 이야기들을 이용했다. 현지 사람들에게 표정을 지어보라는 실험도 했다. 일본에서는 얼굴의 움직임 자체를 실제로 측정했다. 사람들이 혼자서 불쾌한 필름을 보면 동일한 근육이 움직이는 것을 분명히 보여주었다. 일본인과 미국인이 모두 그랬다.

다른 비판자는 단어 하나하나를 사용하지 않고 사회적 상황을 서술하는 이야기를 사용했다는 점을 들어서 뉴기니에서 행한 우리 연구를 비난했다.[13] 이 비판자는 감정은 곧 말이라고 상정하고 있는데, 이는 사실이 아니다. 말은 감정의 재현이지 감정 그 자체는 아니다. 감정은 하나의 과정으로, 인류 진화에서의 과거 그리고 개인의 과거에 영향을 받는 특수한 자동평가의 일종이다. 그 과정에서 우리는 자신의 안녕에 중요한 일이 일어나고 있음을, 그 상황에 대처하기 위해서 일련의 생리적 변화와 감정적인 행위가 일어나고 있음을 감지한다. 말은 감정을 다루는 한 가지 방법에 불과하다. 우리가 감정적일 때 말을 사용하긴 하지만, 감정을 말로 환원할 수는 없다.

타인의 표정을 보고 우리가 자동적으로 어떤 메시지를 전달받는지는 아무도 모른다. 우리가 그런 상황에 있을 때 통상적으로 전달되는 메시지가 분노나 두려움과 같은 단어는 아니라고 생각한다. 감정에 대해 이야기할 때 우리가 그런 단어들을 사용하기는 한다. 그런데 우리가 더 빈번하게 받는 메시지는 우리가 그런 상황에서 마음에 더 떠올릴 것 같은 것, 즉 추상적인 단어가 아니라 그 인물이 다음에 무엇을 할지, 무엇이 그 사람에게 그런 감정을 느끼게 했는지에 관한 어떤 감각이다.

또 하나의 전혀 다른 방식의 증거도 얼굴표정이 보편적이고 진화의 산물이라는 다윈의 주장을 지지한다. 만일 표정이 학습될 필요가 없다면, 선천적으로 맹인인 사람은 시각이 있는 사람과 같은 표정을 보일 것이다. 이 점에 관해서 지난 60여 년 동안 수많은 연구가 행해졌고, 맹인도 시각이 있는 사람과 동일한 표정을 짓는다는 사실이 반복해서 관찰되었다. 자연스럽게 짓는 얼굴표정에 대해서는 특히 그러했다.[14]

표정을 분석해 거짓말을 간파하다

우리가 비교문화 연구를 통해 발견한 것이 자극이 되어 얼굴표정에 대해 많은 의문이 제기되고 연구되었다. 사람은 몇 가지 정도의 표정을 지을 수 있을까? 표정은 정확한 정보를 주는가, 오해를 일으키는 정보를 주는가? 얼굴의 모든 움직임은 감정신호인가? 사람들은 말만이 아니라 얼굴로도 거짓말을 할 수 있는가? 할 일이 너무나 많았으며 알아야 할 것도 너무 많았다. 지금은 이 모든 의문에 답이 나왔을 뿐만 아니라 그 이상도 알아냈다.

　나는 얼굴이 몇 개의 표정을 지을 수 있는지 알아냈다. 1만 개가 넘는다! 그 가운데 감정에 가장 중요한 것으로 보이는 표정들을 특정했다. 20년도 전에, 월리 프리센과 나는 최초의 얼굴 지도를 그려냈다. 이 지도는 얼굴의 움직임을 해부학적으로 측정하는 방법을 말과 사진, 필름을 사용해서 체계적으로 설명하는 것이었다. 이 연구의 일환으로 나는 내 얼굴의 모든 근육을 움직이는 방법을 습득해야 했다. 때로는 내가 행하는 움직임이 특정 근육에 의한 것임을 확인하기 위해서, 안면 피부에 침을 꽂아 표정을 만들어내는 근육을 전기로 자극하여 수축시키기도 했다. 1978년에 얼굴 움직임을 측정하는 우리의 도구인 'FACSFacial Action Coding System, 표정기호화법*가 출판되어, 현재 전 세계에서 수백 명의 과학자들이 활용하고 있다. 컴퓨터과학자들은 이 측정법을 신속하게 자동화하는 방법을 열심히 연구하고 있다.[15]

---

* FACS는 아직 통일된 용어가 없고 얼굴움직임부호화시스템, 얼굴변화부호체계, 얼굴표준해독시스템, 얼굴표정코딩시스템, 안면운동인식 등으로 다양하게 번역되는데, 이 책에서는 '표정기호화법'으로 옮겼다.(옮긴이)

나는 이후 FACS를 이용해서 수천 장의 사진과 수만 장의 필름과 비디오에 찍힌 얼굴표정을 조사해서 표정 하나하나에 나타난 근육의 움직임을 측정해왔다. 정신질환자의 표정이나 심장병을 앓고 있는 사람의 얼굴표정을 측정함으로써 감정에 대해 공부하기도 했다. 나는 CNN 등의 뉴스에 등장한 일반인과 실험실에서 일부러 감정을 유발시킨 일반인을 대상으로 연구하기도 했다.

지난 20년간 나는 감정이 얼굴에 나타날 때, 신체나 뇌에서 무슨 일이 일어나는지 알기 위해서 다른 연구자와 공동연구를 해왔다. 분노, 두려움, 혐오, 슬픔을 드러내는 표정에도 여러 가지가 있는 것처럼, 각 감정에 대한 독특한 느낌을 생성하는 생리적 변화, 즉 신체기관 내에 생기는 생리적 변화도 결코 한 가지 모양은 아닌 것 같다. 과학은 최근에 와서야 개별 감정의 근저에 있는 뇌의 활동 패턴을 규명하기 시작했다.[16]

우리는 FACS를 이용해서 거짓말을 드러내는 얼굴 움직임도 식별해 냈다. 내가 '미표정micro expressions'이라고 명명한, 1/5초밖에 지속되지 않는 지극히 빠른 얼굴 움직임이 거짓말을 간파할 수 있는 결정적인 '누설' 단서가 된다. 그것은 사람이 숨기려고 하는 감정을 드러내기 때문이다. 꾸며낸 표정은 여러 가지 방식으로 드러난다. 그러한 표정은 대개 얼굴의 좌우 대칭이 아주 미세하게 어긋나 있고, 얼굴에서 표정이 나타났다 사라질 때의 흐름이 매끄럽지 못하다. 거짓말을 연구한 덕분에 나는 판사, 경찰, 변호사를 포함해서 FBI, CIA, ATF(주류·담배·화기 단속국)나 일부 우방국의 유사 기관 등과도 접촉해왔다. 사람이 진실한지 거짓말을 하고 있는지를 더 정확하게 알려주는 방법을 이들에게 가르쳐왔다. 거짓말 연구는 또 보통의 경우라면 대학교수가 만나기 어려운 스파이, 암살자, 횡령범, 살인자, 외국의 국가지도자 등의 얼굴표정이나 감정

을 조사할 기회를 주었다.[17]

　이 책을 절반 넘게 썼을 무렵 티베트 불교의 지도자, 달라이 라마 승하를 만나 닷새에 걸쳐서 파괴적인 감정에 대하여 토론할 수 있는 좋은 기회가 있었다. 이 토론에는 나 이외에 6명의 과학자와 철학자가 참가해 각자의 생각을 제시하고 토론했다.[18] 그들의 연구와 토론을 듣고 배운 것은 나에게 새로운 아이디어를 주었고, 나는 그것을 모두 이 책에 반영했다. 그때 처음으로 서양인의 관점과는 전혀 다른 티베트 불교의 감정에 대한 견해를 알게 되었다. 놀랍게도 감정에 대한 티베트 불교의 관점은 내가 이 책 2장과 3장에서 논하고 있는 내용과도 어느 정도 잘 어울린다. 불교적인 견해는 내 생각을 확장하고 정교하게 다듬어주었고, 이는 이 장들을 대폭 수정하게 했다. 나는 무엇보다도 달라이 라마 승하에게서 지적인 수준에서만 아니라 경험적인 수준에서도 많이 배웠다. 나는 이 책이 그때 배운 것에서 큰 은혜를 입었다고 믿고 있다.[19] 이 책은 감정에 대한 불교적 견해에 대한 책은 아니다. 하지만 나는 불교적 견해와 일치하는 부분이나 그때의 만남이 특별한 통찰력을 촉발한 경우를 수시로 언급할 것이다.

　연구가 가장 활발한 새로운 분야는 감정을 낳는 뇌의 메커니즘에 대한 연구다.[20] 내가 쓰고 있는 이 글이 그런 연구에서 정보를 얻기는 하더라도 뇌에 대해 우리는 아직 모르는 것이 많아서, 이 책에서 내가 제기하고 있는 대다수의 문제에 답변하기는 어렵다. 감정적 '행동'에 대해 우리는 많은 것을 알고 있고, 일상생활에서 차지하는 감정의 역할과 관련된 몇몇 핵심적인 질문에는 이미 답이 나와 있다. 다음 여러 장에서 내가 쓰고 있는 것의 토대는 주로 감정적 행동에 대한 나 자신의 연구다. 이 책은 또 다양한 문화권에서 여러 감정적 상황 속 사람들이 하는 행위를 정밀하게 검토해 배운 것을 기반으로, 내가 생각하기에 사람들이 자신의 감정을 더 잘 이해하기 위해서 알아야 하는 것들을 포함한다.

　내 연구와 다른 연구자들이 발견한 것이 이 책 내용의 기초가 되었지만, 이처럼 과학적으로 입증된 것만이 아닌, 아직 증명되지는 않았지만 내가 진실이라고 믿고 있는 내용도 있다. 감정생활을 향상시키기를 원하는 사람들이 알고 싶어하는 여러 문제도 다루고 있다. 이 책을 준비하면서 나는 감정을 새롭게 이해하게 되었다. 독자 여러분도 그럴 수 있기를 바란다.

감정은 인생의 중대사에 대처할 수 있도록 우리를 움직이고, 수많은 종류의 즐거움을 제공하기도 한다. 그렇게 함으로써 감정은 대부분의 경우 우리에게 이롭다. 어떤 사람들에게는 항상 이롭다. 그러나 감정 때문에 곤란에 빠지는 경우도 있다. 그것은 우리의 감정적인 반응이 부적절할 때 일어나는데, 부적절한 반응이란 다음의 세 가지로 나뉜다. 첫째, 과잉반응이다. 올바른 감정을 느끼며 표현하지만 강도가 잘못되었을 때다. 예를 들어, 아무리 걱정할 일이 있다 하더라도 과잉반응하여 공포에 휩싸이는 경우다. 부적절한 반응의 두 번째는 적절한 감정을 느끼지만 그것을 잘못된 방식으로 드러내는 경우다. 예를 들어, 화를 낼 만한 일이 있었는데 입을 꾹 다물고 있는 것은 비생산적이고 유치하다. 4장에서는 이 두 가지 부적절한 감정적 반응, 즉 잘못된 강도와 잘못된 감정 표출 방식을 바꾸는 방법을 다룰 것이다. 2장과 3장에서는 세 번째의 부적절한 감정적 반응을 다룰 것인데, 이것은 바꾸기도 어렵고 처음 두 가지보다 더 나쁘다. 반응이 지나치게 강렬한 것도 아니고 표현방법이 틀린 것도 아니다. 문제는 완전히 잘못된 감정을 느낀다는 것이다. 두려움을 예로 든다면, 너무 두려워하는 것도, 두려움을 잘못 표현하는 것도 아닌, 처음부터 전혀 두려워할 필요가 없는 것을 두려워하는 것이다.

어째서 부적절한 감정이 유발될까? 예를 들어, 줄을 서 있는데 누군가가 새치기를 했다고 해보자. 그때 우리는 분노하는 것이 보통인데, 분노하지 않도록 감정 유발요인을 완전히 제거할 수 있을까? 아니면 새치기한 사람에게 화내는 대신 재미있다고 여기거나 경멸하는 것과 같이 감정적 반응을 변화시킬 수 있을까? 감정 유발요인에 대한 반응을 제거하거나 바꿀 수 없다면, 적어도 그 반응의 강도를 약화해서 부적절하게 반응하지 않게 할 수는 없을까?

만일 무슨 일이 일어났을 때 우리가 모두 같은 방식으로 반응한다면, 또 모든 사건이 모든 이에게 같은 감정을 유발한다면, 이런 의문은 생기지 않을 것이다. 그러나 분명히 그렇지 않다. 높은 곳을 두려워하는 사람도 있고 그렇지 않은 사람도 있다. 다이애나 황태자비가 죽었을 때 마치 가까운 친척이 죽은 것처럼 그 죽음을 애도했던 사람이 있는가 하면, 거의 관심조차 갖지 않았던 사람도 있다. 하지만 모든 사람에게 같은 감정을 낳는 유발요인도 몇 가지 있다. 예를 들어, 아슬아슬하게 교통사고를 피한 일은 누구에게라도 순간적인 두려움을 일으킬 것이다. 어떻게 해서 이런 일이 일어날까? 어떻게 해서 우리는 사람마다 서로 다른 일련의 감정 유발요인을 습득하는 동시에, 모두가 다른 유발요인들에 보이는 것과 같은 감정적인 반응을 보일까? 앉아 있던 의자가 갑자기 무너진다면 거의 모든 사람이 두려움을 느낄 것이다. 반면 비행기 타는 일을 두려워하는 사람도 있고 아닌 사람도 있다. 우리는 개별 감정에 대한 표현을 공유하는 것처럼, 감정을 유발하는 어떤 요인들도 공유한다. 하지만 감정의 유발요인에는 문화에 따라서 다른 것이 있고, 개인에 따라서 다른 것도 있다. 어떻게 우리는 스스로 원하지 않는 감정 유발요인을 습득하게 되는가? 이런 것들이 이 장에서 다룰 질문들이다. 이들 질문에 대한 답을 먼저 알아야만 다음 장에서 다룰, '감정을 유발하는 요인을 변화시킬 수 있는가?'와 같은 실천적인 질문에 도전할 수 있다.

감정을 유발하는 핵심 요인

이러한 질문들에 대답하는 것은 어렵다. 왜냐하면 답을 찾기 위해서 사람들의 머릿속을 들여다볼 수 없기 때문이다. 또 나중에 설명하겠지만 사람들에게 왜 혹은 언제 감정적이 되느냐고 묻는 것만으로 항상 대답을 얻을 수 있는 것도 아니기 때문이다. 기능적자기공명영상fMRI과 같이 뇌 활동을 이미지화하는 기술이 있기는 하다. 머리를 자기 코일 안에 넣으면 2~3초 동안 뇌가 활동한 부분의 사진이 찍힌다. 안타깝게도, 감정은 종종 1초 미만의 짧은 시간에 시작되기 때문에 어떻게 해서 감정이 시작되는지 조사하는 데 이 시간은 너무 길다. 그리고 비록 fMRI가 짧은 시간의 활동을 이미지화할 수 있게 된다고 해도, 그것이 우리에게 많은 정보를 주지는 않을 것이다. 왜냐하면 그 장치는 단순히 뇌의 어느 부위가 활동하고 있는지를 알려줄 뿐이고, 어떤 활동인지는 알려주지 않기 때문이다.

감정의 유인이 어떻게 우리 뇌 안에 확립되는가, 그것을 소거하는 것은 가능한가 등의 질문에 최종적으로 답할 수 있는 과학적 증거는 아직 존재하지 않는다. 대답을 얻기까지 수십 년이 걸릴 수도 있다. 하지만 사람이 언제 어떻게 감정적으로 행동하는가를 주의 깊게 조사한다면 대강의 대답을 얻을 수 있다. 내가 여기에 제시할 수 있는 대답은 아직 잠정적이긴 하지만, 우리가 자신의 감정이나 타인의 감정적 반응을 더 적절하게 다루는 데 도움이 될 수는 있을 것이다.

우리는 모든 것에 대해 감정적이 되지는 않는다. 항상 감정에 붙들려 있는 것도 아니다. 감정은 오고 간다. 한순간 어떤 감정을 느끼다가도 다음 순간에는 아무것도 느끼지 않을 수 있다. 어떤 사람은 다른 사람보다 훨씬 더 감정적이지만(맺음말 참조), 아무리 감정적인 사람이라고 해도 감정을 전혀 느끼지 않을 때도 있다. 몇몇 과학자들은 감정은 어떤 식으로라도 끊임없이 생기지만 너무 약해서 알아차릴 수가 없든지, 우리가 하는 일에 아무런 영향을 주지 않을 뿐이라고 주장한다. 나는 만약 감정이 알아차릴 수 없을 정도로 미약하다면, 감정이 없는 때와 마찬가지라고 생각한다. (덧붙여 말하자면, 우리가 끊임없이 어떤 감정을 느끼고 있다고 생각하는 사람들조차 그것이 언제나 동일한 감정이 아니라는 점을 인정하고 있다. 따라서 그들 또한 우리가 왜 어떤 순간에 한 감정을 느끼다가 다른 순간에는 다른 감정을 느끼고 있는지를 설명해야 하는 문제에 부딪힌다.)

인생의 매 순간에 감정적이 되지는 않는다고 해도 다음 질문은 남는다. 우리는 왜 감정적이 되는 것일까? 감정이 일어나는 가장 일반적인 경우는 우리의 안녕에 중대한 영향을 미치는 일이 일어날 때 혹은 그런 일이 일어나려고 할 때를 느끼는 경우다. 그 경우 우리가 항상 사태를 정확히 파악하고 있다고 할 수는 없으며, 그 중대한 영향은 긍정적일 수도 있고 부정적일 수도 있다. 우리의 안녕에 중대한 영향을 주는 일에 대해서만 우리가 감정적이 되는 것은 아니지만 그것이 아주 중요한 요인, 감정을 유발하는 중심 경로 또는 핵심 경로라고 할 수 있다. 그래서 우선 거기에 초점을 맞춰보자(뒤에 가서 감정을 일으키는 여덟 가지 다른 길에 대해 설명할 것이다). 단순하지만 핵심적인 아이디어는 이것이다. 감정은 우리가 삶의 가장 중요한 사태에 신속하게 대비하도록 진화해왔다.

차를 운전하고 있을 때 갑자기 저편에서 다른 차가 빠른 속도로 달려와 당신의 차와 거의 충돌할 뻔한 경우를 떠올려보자. 그때까지 당신은 옆 좌석에 앉아 있는 친구와의 흥미로운 대화나 라디오 프로그램에 푹 빠져 있었다. 그 순간, 즉 당신 마음의 의식적이고 자각적인 부분이 그 사안을 생각하기도 전에, 위험이 감지되고 두려움이 시작되었다.

시작된 감정은 순식간에 우리 마음을 장악하고, 다음에 해야 할 언동과 생각을 제시한다. 당신은 의식적으로 그렇게 하려고 하지 않더라도, 다른 운전자와의 충돌을 피하기 위해서 자동적으로 핸들을 꺾고 브레이크를 밟는다. 그와 동시에 당신의 얼굴에는 두려움의 표정, 즉 눈썹이 올라가면서 중간으로 모이고, 두 눈은 아주 크게 떠지고, 입술은 귀 쪽으로 바짝 당겨진다. 그리고 심장은 더 빠르게 뛰기 시작하고, 땀이 나고, 혈액이 다리의 커다란 근육으로 몰린다. 차 안에 당신 이외에 아무도 없다고 해도 두려움의 표정이 나타난다는 점에 주목하자. 이는 혈류의 증가를 필요로 하는 갑작스런 운동을 하지 않는다고 해도 심장 박동이 빨라지는 것과 같다. 이러한 반응은 인류가 진화하는 과정에서 우리가 위험을 감지할 땐 타인에게 그것을 알리는 것이 유리했고, 두려울 땐 도망갈 준비를 하는 것이 마찬가지로 유리했기 때문에 일어난다.

감정은 중요한 사건이 일어날 때 우리가 어떻게 해야 할까를 생각하지 않더라도 거기에 대비하게 해준다. 만일 당신의 일부가 끊임없이 세상의 위험 징후를 감시하지 않았다면 교통사고를 아슬아슬하게 피할 수 없었을 것이고 생존하지 못했을 것이다. 또한 위험이 분명해질 때까지 기다렸다가 어떻게 대처해야 할지 의식적으로 생각해야 했다면 당신은 생존할 수 없었을 것이다. 우리가 위험이 일어나는지 모르는 사이에 감정은 이런 일을 한다. 앞에서 언급했던 아슬아슬하게 교통사고를 피한 사례와 같이, 대체로 그것은 당신에게 큰 도움이 된다.

일단 위험이 지나갔다고 해도 속을 휘저었던 두려움을 여전히 느낄 것이다. 그런 감각이 진정될 때까지 10초에서 15초 정도 걸리는데, 그 기간을 단축시키기 위해서 할 수 있는 일은 거의 없다. 감정은 우리 뇌의 일부에 변화를 일으켜서 감정을 유발한 일에 대처하게 한다. 동시에 자율신경계에 작동해 심박, 호흡, 발한, 그 밖의 많은 신체 변화를 일으킴으로써 갖가지 행동에 우리를 대비시킨다. 감정은 또 신호를 내부내고, 우리의 얼굴표정, 목소리, 자세를 변화시킨다. 이 변화들은 우리가 선택하는 것이 아니라 그저 일어날 뿐이다.

앞에서 말한 자동차 사례에서처럼 강렬한 감정이 갑자기 일어난 경우, 감정이 끝난 이후 그 감정 사건에 대한 우리의 기억은 그다지 정확하지 않다. 우리의 뇌가 무엇을 했는지, 다른 차가 야기한 위험을 인지하는 데 어떤 과정이 관여했는지는 알 수 없다. 핸들을 돌리고 브레이크를 밟은 일은 알 수 있으리라. 하지만 얼굴에 두려움의 표정이 스쳐 지나간 것은 대개 자각하지 못할 것이다. 당신은 그 순간 신체에 어떤 감각을 느꼈겠지만 그 감각을 말로 설명하기란 어려울 것이다. 대화나 라디오에서 나오는 음악에 빠져 있던 당신이 어떻게 위험을 감지할 수 있었는지 우리가 물어봐도 당신은 설명할 수 없을 것이다. 당신은 자신의 생명을 구한 과정을 목격할 수도 통제할 수도 없다. 우리가 관련된 과정을 자각하지 않더라도 자연적으로 일어나는 감정의 이러한 놀라운 성질은 때로는 우리에게 불리하게 작용해서 부적절한 감정적 반응을 일으키기도 한다. 후에 상세하게 다룰 것이다.

위험을 감지하는 우리 안의 자동평가기제

감정적 반응이 진행되는 과정이 더 느렸다면 뇌 속에서 무슨 일이 일어나는지 자각할 수 있을 것이다. 그렇다면 누구나 이 장에서 제기된 여러 의문에 대답할 수 있을 것이다. 하지만 교통사고가 날 뻔한 사고에서 생존할 수는 없으리라. 그렇게 신속하게 행동할 수는 없을 것이다. 그 첫 순간, 감정을 일으키는 결정이나 평가는 놀랍도록 빨라서 자각할 수 없다. 우리는 주변 세계를 끊임없이 스캔하다가, 우리의 안녕이나 생존을 위협하는 사태가 일어나면 그것을 탐지하는 '자동적' 평가 메커니즘automatic appraising mechanisms을 가지고 있음에 틀림없다.

장차 우리가 두뇌 속의 자동평가 작용을 실제로 관찰할 수 있게 된다면, 하나가 아닌 여러 개의 메커니즘을 발견할 것이라고 기대한다. 그래서 이제부터 자동평가 메커니즘에 대해 언급할 때는 복수형을 사용할 것이고, 줄여서 '자동평가기제autoappraisers'라고 부를 것이다.*

오늘날 감정을 연구하는 대부분의 사람은 내가 지금까지 서술한 내용에 동의한다. 첫째, 감정은 우리의 안녕에 매우 중요해 보이는 사안에 대한 반응이다. 둘째, 감정은 종종 아주 빠르게 시작되므로, 우리는 그것을 촉발하는 심리적 과정을 자각하지 못한다.[1] 뇌 연구도 내가 제안한 것과 일치하는 견해를 보이고 있다. 우리는 1000분의 1초라는 짧은 사이에 자신이 그렇게 하고 있다는 자각도 없이 아주 복잡한 평가를 내릴 수 있다.

이제부터 감정의 보편적 유발요인과 개인적 유발요인이 어떻게 공존할 수 있는가에 관한 첫 질문들을 몇 가지 다룰 것인데, 다음과 같이 고

---

* 내가 30년 전 처음 자동평가기제에 대해 쓸 때는 어떤 감각기관이 관여하고 있을 것인지를 특정하지 않았다. 시각, 청각, 촉각, 후각, 미각 중 어느 것이든 관여하고 있을 것이다. 나는 시각이 특히 중요하다고 생각하지만, 그것은 내 편견인지도 모른다. 내 경우에는 스스로가 보고 있는 것에 가장 민감하게 반응해왔다. 따라서 감정에 대해 흥미를 가지게 된 것도 얼굴표정에 매료된 일에서 시작되었다. 현재로서 우리는 모든 감각기관이 자동평가기제에 정보를 입력한다고 간주해야 할 것이다.

처 물을 수 있다. 자동평가기제는 무엇을 감지하는가? 또 어떻게 해서 자동평가기제가 특정 감정 유발요인을 감지하게 되었는가? 또 그러한 감정 유발요인은 어떻게 확립되었나? 이상의 질문들에 대한 대답을 얻게 되면, 우리는 왜 감정적이 되는지 그 이유를 알게 될 것이다. 우리가 때때로 정말 부적절하게 느껴지는 감정을 느끼다가도, 왜 다른 때에는 완벽하게 상황에 알맞은 감정을, 생명까지 구할 수 있는 감정을 느끼기도 하는가 하는 물음에 답을 줄 수도 있다.

이러한 질문에 대한 대답은 감정을 생성시키는 것을 바꿀 수 있는지 여부를 알려줄 수도 있을 것이다. 예를 들어, 비행기가 에어 포켓에 들어갈 때 더 이상 두려움을 느끼지 않도록 할 수 있을까? (비행기 조종사들은 가능하다고 나에게 말했다. 악천후를 만나기 훨씬 전에 그것을 경고해주는 장치를 가지고 있기 때문이다. 만일 그런 경고가 없다면 조종사도 두려움을 느끼게 될까? 그 대답을 조종사로부터 직접 듣지는 못했지만, 객실승무원은 순간적으로 두려움을 느낀다고 한다.) 예를 들어, 분노에 분노로 맞서려는 충동을 느끼지 않도록 하기 위해서는 어떻게 하면 좋을까? 그것은 불가능한 목표일까? 우리에게 유일하게 가능한 일은 특정 감정 유인에 대한 자동평가기제의 민감도를 변화시키는 일일지 모른다. 어쩌면 이조차 우리가 달성하기에는 너무 어려운 일일 수도 있다. 이 내용은 이후에 다시 다룰 것이다.

감정이 언제 일어나는가를 살펴보면 자동평가기제가 어떤 사건에 반응하는지 추론해볼 수 있다. 우리가 알고 있는 것의 대부분은 사람들이 감정경험을 하는 것을 실제로 관찰하는 데서 얻어지는 것이 아니라 감정경험에 대한 기억에서 얻어진다. 결국 감정에 대한 자신의 느낌을 기억하고 그것이 어떤 느낌이었는가라는 질문에 대한 대답에서 얻어진다. 철학자 피터 골디Peter Goldie는 그의 통찰력이 돋보이는 책에서 이렇게 해서 얻은 정보를 사후 합리화라고 부른다.[2] 이런 정보를 무시하자는 것은 아니다. 다만 질문지에서 얻는 대답은 불완전하고 상투적이 될 가능성이 있다. 마치 감정적 사건 이후에 어째서 그런 행동을 했는지 자신에게 해명하는 것처럼 말이다. 이는 그 대답이 자각이나 기억의 필터를 통과해야 하기 때문이다. 게다가 질문지에 응답하는 경우, 자신이 타인에게 알려주어도 좋은 것만을 말하는 문제도 있다. 그렇지만 질문지에서 얻어지는 대답도 많은 것을 가르쳐준다.

나의 제자였던 심리학자 제리 보우셔Jerry Boucher는 1970년대에 말레이시아와 미국 사람들을 대상으로 감정 유인에 대한 조사를 실시했다.[3] 그 후 수년 뒤 나의 동료 심리학자 클라우스 셰러Klaus Scherer와 그의 공동 연구자들이 서양문화권 8곳의 학생들을 대상으로 유사한 연구를 실시했다.[4] 거기서 두 사람 모두 보편성을 뒷받침하는 증거를 발견했다. 즉 아주 다른 여러 문화권에 걸쳐서 같은 종류의 유발요인이 같은 감정을 촉발한다는 것이다. 다른 한편으론 감정을 불러일으키는 특정 사건에 문화적인 차이가 있다는 증거도 발견했다. 예를 들어, 모든 문화에서 소중한 무언가를 상실하는 것은 슬픔의 유인이 되지만, 상실이 정확하게 무엇인지는 문화에 따라서 다르다고 보고되었다.

보우셔의 논문에 등장하는 한 말레이시아인은 이슬람교의 주요 축일에 예배시간을 알리는 소리를 듣는 것만으로 슬퍼하는 사람에 대해 말하고 있다. "그는 축일을 기념하다가 마을에 있는 아내와 자식들을 떠올리고 슬퍼졌던 것이다. 그는 자기 나라를 지키기 위해서 밀림에 들어와 있었다. 군인으로 복무 중이어서 [마을의 집에 있는] 처자식과 함께 [종교 축일을] 기념할 수 없었다." 셰러의 연구에 나오는 유럽인은 다음과 같이 말한다. "나는 무슨 생각을 하다가 교통사고로 죽은 급우에 대한 기억을 떠올렸다. 그는 뛰어난 학자였고 훌륭한 성품을 지니고 있었다. 그의 인생은 어찌하여 헛되이 끝난 것일까?" 두 이야기 모두 상실이 주제였지만 서로 다른 종류의 상실이었다.

내가 미국 문화권 내에서 행한 인터뷰는 무엇이 슬픔, 분노, 두려움, 혐오 등을 낳는지 미국인 사이에서도 개인차가 있음을 보여준다. 겹치는 부분이 없는 것은 아니다. 거의 대부분의 사람에게 같은 감정을 느끼게 하는 것도 있다. 예를 들어, 위협적인 사람이 몽둥이를 들고 갑자기 어두운 거리에 나타난다면 거의 언제나 두려움을 느낄 것이다. 내 아내는 쥐를 두려워하지만 나는 쥐를 봐도 전혀 놀라지 않는다. 나는 레스토랑에서 서비스가 늦으면 짜증이 나지만 아내는 전혀 신경을 쓰지 않는다. 그러나 여기에도 문제가 있다. 누구에게나 발견되는 보편적인 감정유인과, 동일한 문화권 내에서도 개인에 따라서 다른 감정을 일으키는유인들을 자동평가기제는 어떻게 해서 모두 감지하는 것일까?

감정의 보편적 테마와 특수한 변형

이를 곰곰이 생각해보면, 자동평가기제는 분명히 두 가지 종류의 유인을 경계하고 있는 듯하다. 기본적으로 자동평가기제는 누구나 마주치는 사건, 사람의 안녕이나 생존에 중요한 사건을 스캔하고 있음에 틀림없다. 개별 감정의 유인이 되는 몇몇 사건들이 모든 사람의 뇌에 저장되어 있을지도 모른다. 어떤 경우에 그것은 하나의 도식일 수도 있고, 어떤 추상적인 윤곽일 수도 있고, 특정 장면의 골자일 수도 있다. 예를 들어, 두려움의 경우에는 해를 가하겠다는 위협일 수 있고, 슬픔의 경우에는 소중한 것의 상실일 것이다.

비슷한 확률로, 뇌에 저장되어 있는 것이 추상적인 윤곽이 전혀 아닌 구체적인 사건이라 할 수도 있다. 예를 들어 두려움의 경우, [의자 같은] 지지물을 상실하거나, 이쪽을 향해 무언가가 빠르게 다가와 충돌할 것 같은 상황이 유인일 수 있다. 슬픔의 경우, 사랑하는 사람이나 자신이 강한 애착을 가지고 있던 사람을 상실하는 것이 보편적인 유인일 수 있다. 이들 두 가능성 중 어느 쪽을 선택해야 할지 결정할 수 있는 과학적 근거는 아직 존재하지 않는다. 그러나 어느 쪽을 선택해도 우리가 감정 생활을 이끄는 방식에는 아무런 차이가 없을 것이다.

우리는 살아가는 과정에 여러 가지 구체적인 사건을 만나면서, 이것이 자신을 위협하는 사건, 분노하게 하는 사건, 혐오·슬픔·놀람·기쁨을 일으키는 사건이라는 식으로 해석하기를 배워간다. 이것들은 앞서 언급했던 보편적인 선행 사건들에 부가되고, 자동평가기제의 탐지 범위를 확장시켜간다. 학습된 사건은 원래 저장되어 있는 사건과 아주 닮은 것도 있고 거의 닮지 않은 것도 있다. 학습된 사건은 보편적인 선행 사건을 더 구체화한 사건이거나 그런 선행 사건에 뭔가를 부가해서 얻은 것이고, 모든 사람에게 똑같기보다는 개개인이 어떤 경험을 하는가에 따라 다르다. 1960년대 후반 나는 뉴기니에서 석기시대 문화 그대로 살고 있는 사람들을 조사해서, 그들이 멧돼지의 습격을 두려워하는 것을 발견했다. 미국의 도시 지역에서는 강도의 습격을 받는 것을 더 두려워하지만, 두 경우 모두 해를 끼칠 위협을 나타낸다.[5]

이전에 쓴 책[6]에서 나는 공동연구자인 월리 프리센과 함께 일곱 가지 감정에 대해 우리가 생각하는 보편적인 장면을 설명했다. 심리학자 리처드 라자루스Richard Lazarus도 후에 비슷한 내용을 제안했다.[7] 라자루스는 감정을 주로 타인과 관계하는 방식에 관한 것이라고 보고, 보편적인 감정 유인을 '인간관계를 핵심으로 하는 테마core relational themes'라고 불렀다. (일몰이나 지진처럼 사람과 관계없이 일어나는 사건도 감정을 유발할 수 있지만) 기본적으로는 나도 그의 감정 파악 방법에 깊이 동의한다. '테마'라는 말은 적절한 단어다. 왜냐하면 만인에 공통되는 보편적 테마가 있고, 그 테마를 각 개인이 자신의 경험에서 발전시켜 나간 것이 '변형'이라고 말할 수 있기 때문이다.*

앉아 있던 의자가 갑자기 무너질 때 느껴지는 감각은 보편적 테마다. 그런 테마를 만나면 평가가 거의 없이도 곧바로 감정이 유발된다. 그러나 자동평가기제가 각 테마의 변형들을 평가하기까지는 시간이 좀 걸릴 수도 있다. 그 변형들은 우리가 성장하는 과정에서 습득된다. 그 변형이 테마와 다르면 다를수록 시간이 더 걸릴 것이고, 마침내 '반성적 평가reflective appraising'가 일어나는 지점에 도달하게 된다.[8] 반성적 평가를 할 때 우리는 평가의 과정을 자각한다. 즉 일어나고 있는 일에 대해 생각하고 고려한다.

한 여성이 직장에서 자신이 속해 있는 부서에 머잖아 감원조치가 있을 것이라는 이야기를 들었다고 하자. 그 여성은 자신도 감원 대상이 되는 것은 아닌가 하고 생각하게 될 것이다. 이런 잠재적 위협에 대해 생각하면 두려움을 느낄지도 모른다. 그녀는 그 일자리를 잃어선 안 된다. 생계를 유지하기 위해서는 그 직장에서 버는 돈이 필요하다. 이 사건은 지지물의 상실(두려움을 일으키는 테마의 하나)이라는 테마와 연관되어 있

---

* 여기서 '테마'와 '변형'으로 옮긴 단어들은 음악의 '주제'와 '변주'라는 비유적 의미를 담고 있다.(옮긴이)

다. 그러나 그것은 테마로부터 상당히 멀리 떨어져 있으므로, 평가는 자동적인 것이 아니라 반성적일 것이다. 이 평가 과정에는 그녀의 의식적인 마음이 들어가 있다.

보편적 테마는 어떻게 획득되는가?

개개인 특유의 변형들, 즉 사람마다 감정 유발요인들이 어떻게 해서 획득되는가는 분명하다. 그것들은 각자가 경험한 일(강도나 멧돼지의 습격)에 대해 곰곰이 생각함으로써 학습된다. 그렇다면 보편적 테마는 어떻게 획득될까? 그것들이 어떻게 우리의 뇌에 저장되고 자동평가기제에 감지될까? 그것들도 학습되는 것일까? 혹은 진화의 산물로서 유전적으로 물려받은 것일까? 이것은 시간을 들여서 조심스럽게 고찰할 필요가 있다. 왜냐하면 '보편적 테마들이 어떻게 획득되는가?'라는 물음에 대한 대답은 그것들을 얼마나 간단히 수정하거나 제거할 수 있는가 하는 문제와 밀접하게 관련되어 있기 때문이다. 유감스럽게도 보편적 테마가 어떻게 획득되는가에 대한 증거는 존재하지 않는다. 나는 두 개의 선택지를 소개하고, 그중 오직 하나만이 옳다고 생각하는 이유를 설명하려고 한다.

첫 번째 설은 감정 유발요인의 변형만이 아니라 개별 감정에 대한 테마도 학습된다고 주장한다. 다양한 문화권에서 동일한 감정 테마들이 발견되었으므로, 그것들은 모든 사람들이(혹은 거의 모든 사람들이) '인류 보편적 학습species-constant learning'을 통해 얻는 경험에 기초한다는 것이다.

분노를 예로 들어보자. 자신이 정말로 하고 싶은 일에 또는 그 일을 하고 있는 도중에 타인으로부터 간섭을 받는다면 누구라도 방해받는다고 생각할 것이다. 그리고 누구라도 방해의 원천에 다가가 위협하든가 공격을 한다면 때로는 방해물을 성공적으로 제거할 수 있다는 사실을 배울 것이다. 이 모든 설명은 목표를 추구하고 싶다는 욕구, 위협이나 공격을 할 수 있는 능력, 성공적으로 장애물을 제거하는 과정을 통해 학습하는 능력 등이 유전적 성질로서 사람 본성에 편입되어 있다고 가정함으로써 성립한다. 우리가 만일 이런 욕구와 능력의 존재를 인정한다면, 사람들이 방해의 원천을 위협하거나 공격함으로써 그 방해물을 제거하는 것이 종종 유익할 때가 있다는 사실을 학습할 것이라 예상할 수 있다. 그런 행동을 하게 되면 심박수가 증가하고, 손에 피가 몰려서 방해물을 공격하는 일에 우리를 대비시킨다. 이들은 모두 분노라는 감정 반응의 요소로 알려져 있다.[9]

　만일 보편적 테마들이 학습된 것이라면 그것들을 잊는 것도 가능해야 할 것이다. 분노 테마를 학습한 것이라면 그것을 잊는 것도 아마 가능할 것이다. 나는 연구를 시작할 때 그렇게 생각하고 있었다. 감정의 유발요인까지 포함한 감정의 모든 면이 사회적으로 학습되는 것이라고 말이다. 그런데 얼굴표정이 보편성을 가지고 있다는 나의 발견과 다른 연구자의 발견에 의해서 내 생각은 변했다.

　감정을 느끼는 동안 드러나는 모든 것이 학습된 것은 아니다. 인류 보편적 학습이 있다는 견해는 선천적 맹인 아이들의 표정이 정상 시력 아이들의 표정과 유사한 이유를 설명할 수 없다. 특정한 표정에 특정 근육이 사용되는 것도 설명할 수 없다. 예를 들어, 기쁠 때에는 왜 입술이 아래로 가지 않고 위로 올라가고, 눈 주변의 근육(눈둘레근, 안륜근)이 수축하는 것일까? 사람들이 자신의 표정을 은폐하려고 할 때는 예외로 하고,

왜 이러한 현상이 세계적으로 보이는 것일까? 분노, 두려움, 슬픔, 혐오라는 감정이 일으키는 심박수, 발한량, 피부온도, 혈류의 변화가 서로 다르다는 것이 최근 발견되었다(이 발견들은 모두 4장에서 다룰 것이다). 인류 보편적 학습설은 이런 현상의 원인을 제대로 설명해주지 못한다.

나는 이러한 발견을 고려해서, 진화적 유산이 우리의 감정적 반응을 형성하는 데 커다란 역할을 했다고 결론 내려야 했다. 만일 사실이 그렇다면, 감정을 유발하는 보편적 테마들을 결정하는 일에서도 진화가 커다란 역할을 담당하고 있는 듯하다. 테마들은 획득되는 것이 아니라 주어진 것이다. 학습된 것은 단지 테마들이 변형되거나 구체화된 것이다.[10]

자연선택이 우리 생명의 다양한 측면을 형성해온 것은 분명하다. 손을 한번 보자. 엄지는 네 손가락과 마주볼 수 있는 특징을 가지고 있다. 이런 특징은 대부분의 다른 동물에게는 보이지 않는다. 그렇다면 인류는 어떻게 해서 그런 엄지를 가지게 되었을까? 아마도 아주 옛날 우리의 조상 중에 돌연변이로 우연히 그런 유용한 특징을 가지고 태어났던 자가 있었는데, 자손을 낳고 돌보는 일, 사냥감과 포식자를 다루는 일에 남들보다 커다란 성공을 거두었으리라. 그 결과 그런 특징을 가진 자손이 증가하게 되고, 시간이 흘러서 거의 모두가 그러한 특징을 가지게 되었을 것이다. 다른 손가락과 마주볼 수 있는 엄지를 가지는 것은 '선택' 되었고, 지금은 유전형질의 일부가 된 것이다.

유사한 논리로, 방해가 있었을 때 그것을 적극적으로 제거하려고 했던 사람들이나 제거의 의도를 분명하게 표명했던 사람들은 먹이나 짝짓기 경쟁에서 승리할 가능성이 더 높았을 것이다. 그런 사람들이 더 많은 자손을 남기고, 시간이 흘러 모두가 그런 분노의 테마를 가지게 되었을 것이다.

보편적 테마에 대한 두 가지 설명, 즉 인류 보편적 학습과 진화 사이의 차이는 구체적인 사항들이 획득된 '시점'에 대한 것이다. 진화론적 설명은 우리의 선조 대에서 그런 테마(그리고 다른 장에서 다룰 감정의 그 밖의 특징)가 계발되었다고 지적한다. 인류 보편적 학습이 존재한다는 이론은, 분노 테마의 어떤 부분(목표를 추구하려는 욕구)이 진화과정에서 편입된 것은 인정하지만, 다른 부분(위협과 공격으로 그 목표까지의 장애물을 제거하는 것)은 개인의 삶 속에서 학습된다고 보았다. 결국 모든 사람이 같은 것을 학습하기 때문에 보편적이라는 것이다.

우리가 뱀과 거미를 두려워하는 이유

무엇이 감정을 일으키는가는 우리의 생명에 아주 중요한 문제다. 따라서 거기에 자연선택이 작동하지 않았다고 생각하기는 어렵다. 우리는 준비된 상태로 태어난다. 즉 수렵·채집하던 조상들이 주변 환경에서 우리 종의 생존과 관련 있는 사건들을 감지하던 열린 민감성을 가지고 태어난다. 우리가 모르는 사이에도 자동평가기제가 끊임없이 환경을 스캔하는 테마는 진화의 과정에서 선택된 것이다.

이러한 견해와 일치하는 증거가 스웨덴의 심리학자 아르네 오만Arne Ohman에 의한 일련의 탁월한 연구에 의해서 제시되었다.[11] 그는 지금까지의 진화의 역사에서 거의 전 기간 동안 뱀과 거미는 위험한 존재였다고 판단했다. 조상 가운데 뱀과 거미가 위험하다는 것을 재빨리 학습하고 그것들을 피했던 사람들은, 뱀과 거미가 주는 두려움에 둔했던 사람보다 살아남을 확률이 높았고, 많은 자손을 낳고 양육할 수 있었을 것이다. 진화를 통해 과거 환경 속에서 위험한 것을 두려워하도록 준비되었다면, 오늘날 사람은 꽃이나 버섯, 기하학적 물체보다는 뱀이나 거미를 더 빨리 두려워하도록 학습할 것이다. 오만은 이렇게 예상했고, 그는 다음 실험을 통해서 정확하게 그것을 발견했다.

두려움 유관 자극(뱀이나 거미)과 두려움 무관 자극(버섯, 꽃, 기하학적 물체) 중에서 하나를 보여주고 동시에 전기 쇼크(전문용어로 '무조건 자극'이라고 부른다. 학습을 받지 않더라도 감정을 일으키기 때문이다)를 주었다. 두려움 유관 자극에 전기 쇼크를 병행한 이후에 사람들에게 뱀이나 거미를 보여주면, 사람들은 쇼크가 없더라도 두려움을 느꼈다. 다른 한편, 버섯이나 꽃, 기하학적 물체와 같은 두려움 무관 자극에 의해서 두려움을 일으키기 위해서는 전기 쇼크를 여러 차례 병용해야 했다. 뱀이나 거미에 대한 두려움은 쉽게 소멸하지 않았지만, 꽃, 버섯, 기하학적 물체에 대한 두려움은 시간이 흐르자 사라져갔다.*

물론 우리는 현재의 환경에서도 뱀과 거미를 두려워한다. 그렇다면 오만의 실험결과를 설명하는 것은 정말로 진화일까? 만일 이런 의문이 정말로 사실이라면, 사람들은 현재의 환경에 있는 다른 위험한 물체, 예를 들어 총이나 전기 콘센트에도 뱀이나 거미에게 보이는 것과 같은 반응을 보일 것이다. 하지만 오만이 발견한 것은 그런 것은 아니었다. 총이나 전기 콘센트에 대해 두려움을 일으키게 하는 데에는 꽃이나 버섯, 기하학적 물체에 두려움을 일으키게 하는 것과 같은 정도로 오랜 시간

---

* 에드워드 윌슨은 《통섭》이라는 책에서 뱀에 대한 두려움을 논하고 있는데, 그것은 내가 지금까지 논해온 것과 일치한다. 윌슨은 자신의 틀을 감정에 적용한 것은 아니지만, 감정 데이터베이스에 대해 내가 제시한 내용과 잘 일치한다.

이 걸릴 것이다. 총과 전기 콘센트는 자연선택에 의해서 보편적 감정 유인이 되기에는 아직 역사가 너무 짧다.[12]

찰스 다윈은 대단한 선견지명을 보여주는 저서인 《사람과 동물의 감정표현》에서 뱀을 이용한 한 실험에 대해 쓰고 있다. 그것은 100년 이상 이전에 행해진 것이지만 오만의 최근 연구와 상당히 잘 일치한다. "동물원에 아프리카산 맹독성의 뱀이 있는데, 나는 그 뱀이 들어 있는 우리의 두꺼운 유리판에 얼굴을 가까이 가져갔다. 뱀이 달려들어도 절대로 뒤로 물러서지 않겠다고 단단히 각오했다. 그러나 뱀의 일격을 받자마자 그 결심은 어디론가 사라졌고 순식간에 1~2미터 뒤로 펄쩍 뛰며 물러났다. 생전 경험한 적이 없는 위험을 상상한 것만으로 의지도 이성도 무력화되었다."[13] 다윈의 경험은 합리적인 사고가 생득적인 두려움 테마를 두려워하는 반응을 막을 수 없다는 것을 보여준다. 이것에 대해서는 곧 다시 다룰 것이다.

감정 테마가 그 테마를 감정적 결과와 연결하는 경험이 있기 전부터 감정 유인으로 활발하게 작동하는지는 분명하지 않다. 오만의 연구에서 뱀이나 거미가 두려움의 유인이 되기 위해서는 경험이 필요했다. 피험자들은 뱀과 거미를 처음 봤을 때에는 무서워하지 않았다. 그것들이 두려움의 유인이 되기 위해서는 단 한 차례 불쾌한 결과와 연결되는 것만으로 충분했지만, 역시 그런 계기가 필요했다. 하지만 항상 그래야 하는 것은 아닐 것이다. 왜냐하면 다윈은 전에 뱀과 직접 만난 적이 없는데도 뱀이 무서웠다고 쓰고 있기 때문이다. 실생활의 관점에서 말하자면, 감정 테마를 확립하기 위해서 어떤 학습이 필요한지의 여부나, 어떤 테마들은 특별히 민감해지기 위해서 직접 경험할 필요가 없는지의 여부는 중요하지 않다. 어떤 경우든 우리는 지구에서 살아가는 종으로서의 경험으로부터 도움을 받으며, 우리의 생존과 관계있는 유인에 재빨리 반응한다.

나는 감정의 가장 특이한 성질들 중의 하나가 다음과 같은 사실임을 확신하고 있다. 바로 감정을 유발하는 사건은 개인의 경험만이 아니라 인류 조상의 과거에 의해서도 영향을 받는다는 사실이다.[14] 리처드 라자루스의 적절한 표현을 빌리자면, 감정은 그 테마와 감정적 반응에서 '장년의 지혜'를 반영한다. 자동평가기제는 우리 개인의 인생에서뿐 아니라 수렵·채집을 했던 조상의 생활에서도 생존을 위해서 중요했던 것을 스캔하고 있다. 우리는 과거 자신의 인생에서는 중요했지만 지금은 관련이 없어진 사안에 대해서도 때때로 감정적으로 반응한다. 각 감정 테마에 따른 변형들은 자동평가를 통해 식별된 내용에 더 추가되고 더욱 정밀해진 것이며, 일부는 유아기나 아동기같이 아주 어릴 때부터 학습되기 시작한다. 성인이 된 지금은 부적절하다고 생각하면서도, 예전의 자신을 화나게 하거나, 놀라게 하고, 혐오감을 일으켰던 일들에 대해 부적절하게 반응하는 스스로를 발견할 때가 있다. 감정 유인들을 학습하는 초반에 실수를 범하기 아주 쉬운데, 그 이유는 학습 메커니즘이 아직 충분히 발달하지 않았기 때문이다. 그렇지만 어린 시절 학습한 것은 나이 들어 학습한 것에 비해서 잊히지 않고 오래 남을 가능성이 높다. (이런 가설은 많은 심리치료에 공통적으로 보이는 것으로, 어느 정도 연구로 지지받고 있다.)

감정 데이터베이스의 작동과정

자동평가기제는 강력하고, 우리의 의식적인 자각 없이 끊임없이 스캔하며, 우리의 생존에 관련되어왔던 테마나 변형을 경계하고 있다. 컴퓨터에 비유하자면, 자동평가의 메커니즘은 주위 환경을 탐색해서 우리의 '감정 환기 데이터베이스'에 저장되어 있는 내용과 유사한 것을 찾고 있다. 그 데이터베이스의 일부는 자연선택을 거쳐 우리의 생명 활동에 의해, 일부는 개인의 경험에 의해 입력된다.[15]

자연선택으로 입력된 내용이 그 자체로 감정 유인이 되는 것이 아니라, 어떤 유인이 데이터베이스에 신속하게 자리 잡도록 하는 준비과정일 수 있다는 사실을 기억하라. 새로운 사건이 감정 데이터베이스에 이미 존재하는 항목에 부합하는지 여부를 결정하기 위해 자동평가기제는 그 사건을 어떻게 평가하는 것일까? 바로 이런 문제와 이와 관련된 다른 문제들에 많은 심리학자들이 주목해왔는데, 나는 그들이 제시하는 내용의 타당성에 어느 정도 의심을 품고 있다. 왜냐하면 이 내용은 사람들이 해주는 이야기에 기반하고 있는데, 자동평가가 진행되고 있는 순간 마음이 무엇을 하고 있는지는 누구도 자각하고 있지 않기 때문이다. 그러나 이런 연구는 사람들이 자신을 감정적으로 만드는 것을 어떻게 설명하는가를 해명하는 좋은 모델을 제공했다. 어떤 경우든 심리학자들의 제안은 우리가 무엇에 감정적이 되는가에 대해 내가 지금부터 서술하는 부분과 직접적인 관련은 없다.

감정 데이터베이스는 닫혀 있지 않고 열려 있다. 정보는 항상 추가되고 있다.[16] 살면서 우리는 계속해서 새로운 사건들과 마주하는데 이들은 자동평가에 의한 해석을 거쳐서, 데이터베이스에 저장되어 있는 테마나 변형과 유사한 것으로 간주될 수 있다. 이 경우 감정이 유발된다. 심리학자 니코 프리다Nico Frijda는 내가 변형이라고 부르는 것이 단순히 이전의 직접 경험의 결과는 아니라고 강조하고 있다. 그에 따르면, 그것은 우리가 신경을 쓰는 부분(그는 그것을 '관심사'라고 부른다)과 관련있어 보이는 새로운 자극인 경우가 많다. 이런 프리다의 지적은 중요하다.[17]

우리는 감정 유인이 되는 사건을 경계하기 위해서 일부러 의식적 자각을 그쪽으로 보낼 필요가 없으므로, 의식적 과정을 다른 일에 사용할 수 있다. (뒤에 설명하겠지만, 만일 우리의 의식적 마음이 감정적 사건이 언제라도 일어날지 모른다는 가능성에 매달린다면, 그것은 정신장애의 징후다.) 일단 우리가 차 운전을 배웠다면 우리는 자동적으로 운전하면서 우리의 자각을 대화 또는 라디오 청취, 미래의 사건을 생각하는 것 등으로 자유롭게 보낼 수 있다. 좌회전할 경우 라디오를 들으면서도 좌회전해서 올바른 차선에 들어갈 수 있다. 하지만 위험이 발생하면 우리는 적절한 행동을 하게 된다. 그것이 감정이 가진 최고의 장점 중 하나고, 감정이 기능적이라고 하는 이유다.

안타깝게도 우리의 반응이 항상 현재 상황에 적절한 것이라고 할 수는 없다. 차가 우리와는 반대 차선을 달리는 나라를 방문한 경우, 우리의 자동적인 처리는 우리를 죽일 수도 있다. 왜냐하면 원형교차로에 이르거나 회전을 하게 될 때, 우리는 쉽게 잘못을 범할 수 있기 때문이다. 그런 경우에는 대화를 하거나 라디오를 들어서는 안 된다. 결정을 자동평가에 맡기지 않고 의식적으로 경계해야 한다. 친숙한 환경에서도 때로는 자동평가 메커니즘이 민감하지 않은, 감정적으로 다른 '나라'에 있는 것처럼 느낄 때가 있다. 만일 민감하다면 우리의 감정적 반응은 현재 일어나는 상황에 어울리지 않을 수 있다.

우리의 감정평가 메커니즘이 놀랄 만큼 신속하게 작동하지 않는다면, 그런 것도 거의 문제가 되지 않는다. 그런 메커니즘들이 천천히 작동한다면 쓸모는 없겠지만, 우리를 감정적으로 만드는 대상을 의식할 시간은 있을 것이다. 우리가 의식적으로 평가하게 되면 자신에게 부적절하거나 유익하지 않다고 생각되는 과정을 감정이 시작되기 전에 저지할 수 있을지 모른다. 그러나 자연은 우리에게 그런 선택지를 주지 않았다. 만일 종의 역사를 통틀어 확률적으로 신속한 평가 메커니즘을 가지는 것보다 느린 메커니즘을 가지는 편이 유용한 경우가 더 많았다면, 우리는 자각 없이 작동하는 신속한 자동평가 메커니즘을 갖지 못했을 것이다.

감정을 일으키는 8가지 경로

감정이 가장 빈번하게 유발되는 것은 자동평가기제에 의한 것이지만 그 것으로만 감정이 일어나는 것은 아니다. 이제 감정을 발생시키는 나머지 여덟 가지 경로를 살펴보도록 하자. 그 가운데 몇 가지는 감정을 억제할 수 있는 더 많은 기회를 준다.

반성적 평가

때로는 '반성적 평가'에 따라서 감정이 시작되기도 한다. 그런 경우 일어나고 있는 일을 우리는 의식적으로 생각할 수 있지만, 그것이 무엇을 의미하는가는 아직 분명치 않다. 상황이 전개되거나 우리가 상황을 차차 이해하게 되면서 뭔가가 분명해진다. 바로 이 무엇인가가 감정 환기 데이터베이스 속 어떤 것에 부합하면 자동평가 메커니즘이 이어받는다. 반성적 평가는 자동평가기제가 아직 감지하지 못한 애매한 상황을 취급한다.

어떤 여성을 만났는데 그 여성이 당신에게 자신의 인생에 대해 말하기 시작했다고 해보자. 왜 그녀가 당신에게 그런 얘기를 하는지, 그녀가 하는 말의 요지가 무엇인지가 아직 분명치 않다. 그녀가 무슨 이야기를 하는지 생각해보고 당신에게 의미 있는 내용이라면 무슨 의미일까를 이해하려고 한다. 그러다가 그녀가 당신의 일자리를 위협하고 있다는 사실을 어느 순간 깨닫고, 그 순간 자동평가 메커니즘이 작동해서 당신은 두려움, 분노 혹은 다른 연관된 감정을 느끼기 시작한다.

반성적 평가에서 우리는 대가를 지불하게 되는데, 그것은 시간이다. 자동평가 메커니즘은 그런 시간을 절약해준다. 자동평가는 반성적 평가에 필요한 시간을 줄임으로써 우리를 종종 재앙에서 구해줄 수 있고 실제로 구해주기도 한다.

반성적 평가의 긍정적인 면은 반성의 결과로서 감정이 일어날 때 벌어지는 상황에 영향을 미칠 기회가 있다는 것이다.* 그러기 위해서는 자신의 감정을 일으키는 강력한 유인—개별 감정을 일으키는 가장 분명한 개별적 변형, 즉 보편적 테마의 개별적 변형—에 정통할 필요가 있다. 5장에서 9장까지에 걸쳐서 여러 테마와 일반적인 변형들에 대해 읽게 되면, 당신 자신의 강력한 감정 유인이나 주변 사람들의 유인을 알아내는 데 도움이 될 것이다. 우리가 우리 자신의 강력한 유인이 무엇인지 알게 되면, 현재 일어나고 있는 사건에 대한 스스로의 해석이 왜곡되지 않도록 의식적으로 노력할 수 있을 것이다.

---

* 달라이 라마가 말하는 '파괴적 감정'과 그것으로부터 자유로워지기 위한 불교 수행에 대해 들으면서, 나는 달라이 라마를 비롯한 불교 수행자들이 성취한 것이 자동평가를 반성적 평가로 대체하는 것이라는 인상을 받았다. 다년간 수행을 거듭하면 대부분의 경우 감정적이 되지 않도록 할 수 있게 된다. 설령 감정적일 때라도 타인에게 해가 되지 않도록 행동하고 말하는 것이 가능해지는 것 같다. 나는 장차 이러한 능력이 어떻게 성취되는 것인지 그리고 단기간에 그 능력을 성취할 다른 방법이 있는지 연구할 수 있기를 바란다.

자신은 근본적으로 가치 없는 사람이라고 당신이 (학습의 결과로) 느끼고 있다고 하자. 물론 그것은 속으로 철저하게 숨기는 감정이다. 그런데 사귀던 여성이 그것을 알아차려서 당신을 버리고 떠나려는 징조가 조금이라도 보이자 바로 그 때문에 당신에게 슬픔/고뇌가 유발되었다고 하자. 그러나 반성할 시간이 있다면, 반성적 평가를 통해서 자신이 버림받으리라는 판단을 막을 수 있다. 쉽지는 않겠지만 훈련을 한다면 실제로 버림을 받지도 않았는데 슬픔/고뇌에 빠져버리는 가능성을 줄일 수 있을 것이다. 반성적 평가는 의식적인 마음이 담당하는 역할을 더 늘려준다. 당신이 사태를 오해할 가능성을 의도적으로 미연에 방지하는 방법을 배울 수 있는 기회를 가지게 된 것이다.

과거의 감정경험 회상

우리는 과거의 감정적인 장면을 기억함으로써 감정적이 될 수도 있다. 의식적으로 그런 장면을 기억하고, 마음속에서 그것을 재현하고, 무엇이 왜 일어났던가, 어떻게 하면 다르게 행동할 수 있었을까를 생각할 수도 있다. 또는 의식적으로 선택하지 않아도 기억이 저절로 마음에 확 떠오르는 일도 있다. 기억은 의식적으로 시작하든 아니면 저절로 오든, 감정적이었던 당시의 장면과 대본만 떠오르는 것이 아니라 처음부터 감정적인 반응을 동반할 수 있다. 우리는 원래의 장면에서 느꼈던 감정을 그대로 재생할 수도 있고 다른 감정을 느낄 수도 있다. 예를 들어, 기억해낸 원래의 장면에서 겁을 먹었던 자기 자신에 대해 오직 혐오감만을 느낄 뿐 원래의 두려움은 전혀 느끼지 않을 수도 있다. 또 감정을 느낀 사건을 기억해낸다고 해도, 지금은 그때의 감정은 물론 이외의 다른 감정도 느끼지 않을 수도 있다. 아니면 그때 그 장면이 마음속에 펼쳐짐에 따라서 감정이 시작될 수도 있다.

로버트 레번슨Robert Levenson과 나는 개별 감정을 나타내는 표정과 생리적 반응을 알아보기 위해서 실험실에서 기억 과제를 시행했다. 사람들이 비디오테이프로 녹화된다는 사실을 알고 있고, 신체의 여러 부분에 심박수, 호흡, 혈압, 발한, 피부온도 등을 측정하기 위한 기기를 부착하고 있어서, 과거의 감정적인 장면을 재경험하는 것은 어렵지 않을까 하고 우리는 생각했다. 그런데 전혀 반대였다. 대부분의 사람은 과거의 감정적인 장면을 재생할 기회와 재경험할 기회를 열심히 찾고 있는 것 같았다. 그럴 기회가 주어지자 거의 즉각적으로 당시에 느꼈던 감정의 전부는 아닐지라도 일부를 재경험하기 시작했다.

개별 감정의 보편적 테마로서 알려져 있는 사건이 있다. 우리는 각자에게 그런 사건에 해당하는 개인적 경험을 회상해보라고 했다. 예를 들어, 슬픔을 불러내기 위해 자기 인생에서 자신이 애착을 가지고 있던 인물이 죽었을 때의 일을 기억해보라고 부탁했다. 그래서 가장 강렬한 슬픔을 느꼈던 순간을 떠올리고, 사랑하는 사람이 죽었을 때 그들이 느낀 감정을 다시 경험해보라고 부탁했다.

그러한 짤막한 지시가 떨어지자마자 그들의 생리현상이나 주관적 느낌이 변화할 뿐만 아니라 몇몇 사람은 얼굴표정까지 변했다. 이것은 놀라운 일이 아니다. 누구라도 중요한 사건을 기억하는 경험과 감정을 느낀 경험을 가지고 있기 때문이다. 우리가 연구 이전에 알지 못했던 것은 감정을 기억할 때 일어나는 변화가 다른 수단으로 감정이 시작될 때 일어나는 변화와 실제 유사한지의 여부였다. 그런데 실제로 유사했다. 우리가 마음속으로 떠올리기로 선택한 감정적 사건의 기억이 최초에 느껴진 감정을 즉시 재경험하게 하지는 않았다. 하지만 우리 삶에서 일어나는 일을 재해석하는 법을 배울 수 있도록 해서, 우리를 감정적으로 만드는 대상을 변화시킬 기회를 준다.

상상

상상도 감정적 반응을 불러올 수 있는 또 하나의 방법이다. 상상을 사용해서 자신이 감정적이 되는 장면을 자유롭게 상상할 수 있도록 한다면, 우리는 감정 유발요인을 진정시킬 수도 있을 것이다. 일어나고 있는 일을 달리 해석하는 방법을 우리 자신의 마음 안에서 시연할 수도 있다. 그렇게 되면 그 요인은 우리의 통상적인 강렬한 유발요인이 되지 못할 것이다.

과거의 감정경험 말하기

과거의 감정적인 경험에 대해 말하는 것도 감정을 유발할 수 있다. 예전에 감정적으로 대했던 상대방에게 스스로가 어떻게 느꼈는지 그리고 어떻게 해서 그렇게 느꼈다고 생각하는지를 말해도 좋을 것이고, 친구나 심리치료사에게 말해도 좋으리라. 때때로 감정적 사건을 이야기하는 것만으로 완전히 같은 감정을 재경험할 수도 있다. 그것은 실험에서 우리가 감정적 사건을 경험해보라고 사람들에게 부탁할 때와 같다.[18]

　과거의 감정적 사건에서 경험했던 느낌을 재경험하는 것이 유익할 수 있다. 그 일을 다르게 종결지을 수 있는 기회를 줄 수 있어서다. 또 우리가 이야기를 털어놓는 상대로부터 도움이나 이해를 얻을 수도 있다. 물론 감정의 재경험은 우리를 곤란하게 할 수도 있다. 수일 전에 일어난 오해에 대해 당신 배우자에게 담담하게 이야기할 수 있다고 생각했는데, 당신이 다시 화를 낼 수도 있다. 처음보다 더 세게 화를 낼 수도 있으리라. 원치 않았는데도 그런 일이 일어나는 것은 대부분의 경우 우리가 언제 감정적이 될지 조절하기가 어렵기 때문이다. 우리가 감정적이 되면 그것이 대개 얼굴에 나타나게 되고, 우리가 다시 화를 내기 때문에 우리의 배우자도 화를 낼지 모른다.

공감

당신이 깊이 사랑하는 개가 병들어서 죽을 것이라는 얘기를 수의사로부터 들었는데, 그때의 침통한 느낌을 친구에게 말하게 되었다고 해보자. 말하는 것만으로 당신은 비통함을 재경험하게 되고, 그것을 얼굴에 표시하게 될 것이다. 당신의 말을 듣고 있는 친구도 슬픈 표정을 짓기 시작할 수 있다. 그것이 친구의 개도 아니고 친구의 개인적인 상실도 아니지만 드문 일은 아니다. 사람은 누구라도 타인이 느끼는 감정을 느끼는데, 공감을 통해 감정을 느끼는 것이다. 이것은 감정이 일어나는 여섯 번째 방식이다. 즉 타인의 감정적 반응을 목격하는 것이다.

공감이 반드시 일어나는 것은 아니다. 우리가 아끼는 사람이 아니거나 어떤 식으로든 동질감을 느낄 수 없는 사람에게는 공감하지 않을 것이다. 또 상대의 감정과는 전혀 다른 감정을 느낄 수도 있다. 예를 들어, 화를 내고 두려워하는 사람을 보고 경멸할 수도 있고, 그런 인물이 보여주는 분노를 두려워할 수도 있다.

친구의 불행에 대해서만 우리가 공감의 반응을 보이는 것은 아니다. 완전한 타인에게도, 심지어 눈앞에 없는 완전한 타인에게도 공감할 수 있다. 텔레비전 스크린의 인물이나 영화에 등장하는 인물에 공감할 수도 있다. 신문이나 책에서 읽은 인물에 공감하는 일도 있다. 타인에 대한 글을 읽고 감정적이 될 수 있다는 점은 분명하지만, 인류의 역사에서 상당히 늦게 출현한 문자가 감정을 낳을 수 있다는 것은 놀라운 일이다. 나는 문자가 마음 안에서 감각, 영상, 소리, 냄새, 심지어 맛으로 전환되는 것을 상상해본다. 일단 이런 일이 일어나면, 자동평가의 메커니즘에 의해 이들 이미지는 감정을 일으키는 여타 사건과 같이 취급된다. 만일 그런 이미지들이 생기는 것을 억제할 수 있다면, 언어만으로는 감정이 환기되지 않을 것이라고 나는 믿고 있다.

타인에게 배우기

우리는 무엇을 두려워하고, 무엇에 화를 내고, 무엇을 즐겨야 할지 등에 대해 다른 사람에게서 배울 수 있다. 이 상징적인 경로는 보통 어린 시절 우리의 보호자와 관련되어 있다. 우리가 배운 감정이 아주 강렬하다면 이 경로의 영향력은 강화될 것이다. 우리 인생에서 중요한 사람이 어떤 일에 감정적이 되는가를 보고, 그들의 감정 변형을 나도 모르게 우리 자신의 것으로 수용할 수도 있다. 예를 들어, 어머니가 사람들이 모여 있는 곳을 두려워한다면 아이도 그러한 두려움을 발전시킬 수 있다.

사회규범의 위반

감정에 대해 글을 써온 대부분의 사람은 규범의 위반에 대해 논해왔다. 즉 우리 자신이나 타인이 중요한 사회규범을 어겼을 때 우리가 느끼는 감정에 대해서였다.[19] 규범을 어겼을 때 느끼는 감정은 분노, 혐오, 경멸, 수치, 죄의식, 놀람만이 아니다. 즐거움이나 기쁨도 느낄 수 있다. 그것은 누가 규범을 깨고, 그것이 어떠한 규범인가에 달려 있다. 규범은 물론 보편적인 것은 아니다. 한 국민이나 문화권 내에서도 완전히 공유되지 않는 것일 수 있다. 예를 들어, 오럴 섹스의 정당성이나 중요성에 대해 오늘날 미국의 젊은 세대와 나이든 세대 사이의 차이를 보라. 우리는 어린 시절에 그리고 또 생애 전반에 걸쳐서 사람들이 무엇을 해야 하는가에 대한 규범을 배운다.

마지막 경로: 얼굴표정 짓기

다음으로 감정이 시작될 수 있는 최후의 길이 있다. 새로운 길, 예상하기 어려웠던 길이다. 내가 그것을 발견한 것은, 동료 월리 프리센과 함께 얼굴의 움직임을 측정하는 기술을 개발하고 있던 중이었다. 얼굴의 근육이 어떤 식으로 얼굴의 외관을 변화시킬 수 있는가를 알기 위해서, 우리는 많은 얼굴 움직임의 조합을 체계적으로 만들어서 우리 자신을 비디오테이프로 촬영했다. 처음에는 하나의 근육을 움직이는 것에서부터 시작해서, 여섯 개의 다른 근육을 동시에 움직여서 여러 조합을 만드는 데까지 나아갔다. 몇 개의 근육을 동시에 움직이는 일이 늘 쉽지는 않았지만, 몇 개월의 훈련 끝에 그 방법을 터득했다. 안면의 근육 활동으로 1만 개의 서로 다른 조합을 만들어서 기록했다. 후에 이 비디오테이프를 연구해서, 하나하나의 얼굴표정으로부터 어떤 근육이 그 표정을 낳는가를 배웠다. (이 지식이 1장에서 서술한 FACS라는 측정 시스템의 토대[20]가 되었다.)

나는 특정 표정을 지을 때 강한 감정적인 감각들이 몰려온다는 것을 발견했다. 모든 표정이 그런 것은 아니라, 내가 이미 만인에게 보편적인 표정이라고 확인한 표정만 그랬다. 내가 프리센에게도 그런 것이 일어나는가를 물었는데, 그도 역시 특정 표정을 지었을 때 감정을 느낀다고 보고했고, 그 감정들이 종종 아주 불쾌하게 느껴졌다고 대답했다.

수년 후 밥 레번슨이 나의 연구실에서 1년을 함께 지냈다. 안식년으로 샌프란시스코에 온 그는 표정을 만드는 것만으로도 사람들의 자율신경계에 변화를 가져온다고 하는 상식을 벗어난 우리의 아이디어를 검증하기 위해서 우리를 도왔다. 이는 그에게 참으로 안성맞춤의 일이었다. 그때부터 10년에 걸쳐서 우리는 4개의 실험을 했다. 그중에는 서양문화에 속해 있지 않은 서西 수마트라 섬에 거주하는 미낭카바우족과의 실험도 포함되어 있었다. 우리는 특정 근육을 움직여보라고 지시했다. 그러자 지시에 따라서 얼굴 근육을 움직인 사람들은 생리적인 변화를 보였고, 대부분은 감정을 느꼈다고 보고했다. 모든 얼굴의 움직임이 이런 변화를 초래한 것은 아니었다. 그들은 우리의 초기 연구가 보편적인 표정이라고 발견한 근육 움직임을 수행해야 했다.[21]

뇌와 감정을 연구하는 심리학자 리처드 데이빗슨Richard Davidson과 내가 웃음에 초점을 맞추어 공동으로 진행한 다른 연구에서는, 즐거움과 함께 일어나는 뇌의 변화 중 대부분이 웃는 것으로 인해서도 발생한다는 것을 발견했다. 모든 종류의 웃음이 그런 것은 아니었다. 초기의 연구에서 내가 발견했던 웃음, 즉 '진심에서 우러난 기쁨'이 만들어내는 웃음(9장 참조)의 경우에만 그랬다.[22]

이 연구에서 우리가 사람들에게 부탁한 것은 특정한 얼굴 움직임을 짓는 것이지만, 개별 감정에 따라오는 특유의 목소리를 내는 경우에도 같은 결과를 얻을 수 있는 것은 아닌가 하고 나는 믿고 있다. 대부분의 사람들에게 얼굴로 표정을 만드는 것보다 목소리로 감정을 의도적으로 표현하는 쪽이 훨씬 어렵다. 하지만 우리는 그것이 가능한 한 여성을 찾았고, 그녀는 실제로 목소리와 얼굴로 같은 결과를 만들어냈다.

일부러 표정을 지어서 감정을 만들어내고 생리를 변화시키는 것은 사람들이 일상적으로 감정을 경험하는 방법은 아닐 것이다. 그렇지만 생각보다 빈번하게 그런 일이 일어나고 있는지도 모른다. 에드거 앨런 포는《도둑맞은 편지》에서 다음과 같이 썼다.

어떤 사람이 얼마나 현명한지 우둔한지, 착한지 사악한지, 혹은 그 사람이 그 순간 무슨 생각을 하고 있는지 알고 싶으면, 먼저 그 사람의 얼굴표정에 제 얼굴표정을 가능한 한 똑같이 맞춰봐요. 그런 다음 잠시 동안 제 마음속에 마치 그 표정에 맞추기라도 하는 것처럼 떠오르는 생각이나 감정을 기다려요.

나는 지금까지 감정에 접근하거나 감정을 켜는 아홉 가지 길을 서술했다. 가장 일반적인 길은 자동평가기제, 즉 자동평가 메커니즘의 작동을 통하는 것이다. 제2의 길은 반성적 평가를 한 후 자동평가기제를 작동시키는 것이다. 과거의 감정적인 경험을 회상하는 것이 제3의 길이고, 상상이 제4의 길이다. 과거의 감정적 사건에 대해 말하는 것이 제5의 길, 공감이 제6의 길이다. 타인이 우리에게 어떤 일에 감정적이 되어야하는지 가르쳐주는 것이 제7의 길이고, 사회적 규범의 위반이 제8의 길이다. 그리고 마지막 길은 의도적으로 감정을 나타내는 표정을 만드는 것이다.

다음 장에서는 감정이 어떻게 유발되는가에 대해 지금까지 배운 것에 기초해서, 우리가 감정적이 되는 것을 변화시키는 일이 왜 그리고 언제 어려운지를 탐구하고자 한다. 그 장은 자동평가를 통해서 감정이 시작되는 순간을 더 선명하게 자각하기 위한 여러 제안을 포함할 것이다. 바로 그 순간이, 우리가 가장 자주 곤경에 처하고 나중에 후회할 만한 행동을 하게 되는 때이기 때문이다.

절벽의 가장자리를 따라서 걷는 일은 눈에 분명히 보이는 울타리가 있어서 추락을 방지한다는 사실을 알아도 두려운 일이다. 길이 미끄럽지 않고 난간이 튼튼하다고 해도 별로 차이는 없다. 어쨌든 심장의 고동이 빨라지고 손바닥에는 땀이 난다. 두려워할 것이 없다는 것을 안다고 해도 두려움이 사라지지 않는다. 대부분의 사람들이 스스로의 행동을 통제할 수 있어 길에서 벗어나진 않겠지만, 저쪽에 있는 아름다운 풍경은 흘깃 보는 것만으로 그칠 것이다. 객관적으로 위험이 존재하지 않더라도 위험하다고 느끼는 것은 어쩔 수 없다.[1]

절벽 산책의 예는 지식이란 것이 감정적 반응을 일으키는 자동평가기제의 평가를 항상 무효화할 수는 없음을 보여준다. 감정적 반응이 일어난 이후 우리가 감정적이 될 필요가 없었음을 의식적으로 자각할 수는 있다. 하지만 감정은 여전히 지속될 수 있다. 나는 유발요인이 진화의 과정에서 획득된 감정 테마이거나, 그런 테마와 아주 유사한 학습된 유발요인일 때 이런 일이 잘 일어날 것이라고 생각한다. 만일 학습된 유인이 감정 테마와 관계가 더 멀다면, 우리의 의식적 지식이 감정적 경험을 더 쉽게 중단할 수도 있다. 다시 말해, 만일 우리의 관심사가 테마와 그다지 관련이 없다면 선택에 의해서 감정적 경험을 무효화할 수 있을 것이다.

더 심각한 경우, 감정은 우리가 알고 있는 것을 무효화할 수도 있다. 감정은 다음과 같이 우리를 방해할 수 있다. 즉 감정적이지 않을 때는 아주 쉽게 접근할 수 있는 지식이나 정보지만, 감정적이 되면 이런 지식이나 정보가 도통 떠오르지 않는 경우다. 부적절한 감정에 사로잡히면, 우리는 일어나고 있는 상황을 느낌에 맞춰서 해석하고, 그 느낌에 맞지 않는 지식을 무시해버리곤 한다.

감정의 불응 상태

감정은 세계에 대한 우리의 견해나 타인의 행동에 대한 우리의 해석 방식을 변화시킨다. 우리는 어떤 감정을 느낄 때 그렇게 느끼고 있는 이유에 대해 이의를 제기하지 않는다. 대신 그것을 확증하려고 한다. 우리는 자신이 느끼고 있는 감정에 맞춰서 일어나는 일을 평가하고 그 감정을 정당화하고 유지한다. 많은 경우 이것은 우리로 하여금 주의를 집중하게 해주고, 당면 문제에 대응하는 방식을 결정하게 해주고, 무엇이 시급한지를 이해할 수 있도록 해준다. 하지만 다른 한편으로는 문제를 일으킬 가능성도 있다. 왜냐하면 우리가 어떤 감정에 사로잡혀 있으면, 그 감정에 맞지 않는 기존의 지식을 고려하지 않거나 무시한다. 주변 환경에서 오는 새로운 정보도 감정에 맞지 않으면 같은 방식으로 취급한다. 달리 말한다면, 우리의 주의를 이끌어서 집중하게 하는 메커니즘이 새로운 정보나 뇌에 이미 저장되어 있는 지식을 취급하는 우리의 능력을 왜곡시킬 수 있다.*

* 심리학자 제리 포더Jerry Fodor는 정보가 어떻게 해서 압축되는지에 대해 설명하고 있는데, 내가 여기에서 주장하고 있는 것과 매우 유사하다. 그는 개인이 이미 축적해서 알고 있는 정보, 즉 기존의 세계를 해석하는 방식에 맞지 않는 정보에 일시적으로 접근할 수 없게 된다고 주장했다.

군중 앞에서 모욕을 당해 격노하고 있는 사람이 있다고 해보자. 격노에 휩싸인 동안에는 상대가 했던 말이 실제로 자신을 모욕하려는 의도였는지 아닌지를 고려하기가 쉽지 않을 것이다. 상대방과 모욕의 성격에 대해 지금까지 알고 있는 지식이 선택적으로만 이용될 것이다. 그 격노를 지지하는 지식만이 기억날 것이고, 그 격노를 반박하는 지식은 기억나지 않을 것이다. 모욕을 준 사람이 해명하거나 사과한다고 해도, 격노한 사람은 당장은 이 정보(그 사람이 사과했다는 사실)를 자신의 행동에 반영하지 않을 수도 있다.

그때 우리는 한동안 '불응refractory' 상태로 들어간다. 그런 상태에서는 우리가 느끼고 있는 감정에 맞지 않는 정보나, 그런 감정을 유지하지 않거나 정당화하지 않는 정보를 받아들일 수 없게 된다. 이 불응 상태가 1~2초 정도로 짧게 지속된다면 해보다 이익이 더 클 수 있다. 짧은 불응 상태는 우리의 주의를 당면 문제에 집중하게 하고, 가장 적절한 지식을 활용하여 초기 행동을 이끌어줌과 동시에 추가 행동에 대비하게 해준다. 그러나 불응기가 몇 분이나 몇 시간 동안 길게 지속될 경우 곤란한 상황이 발생한다든지 부적절한 감정적 행동이 일어날 가능성도 있다. 너무 긴 불응기는 세상과 자신을 보는 우리의 시각을 왜곡시킨다.[2]

교통사고가 날 뻔한 사건에서도 일단 충돌을 피하고 나면 우리는 더이상 두려움의 상태에 머무르지 않는다. 우리는 위험이 지나갔음을 재빨리 깨닫게 되고, 호흡이나 심박수가 정상으로 돌아오기를 기다린다. 실제로 5초에서 15초 정도면 정상으로 돌아온다. 그러나 두려움이 이렇게 빠른 시간 안에 극적으로 물리칠 수 없는 것에 대한 것이었다고 가정해보자. 예를 들어 어떤 사람이 허리에 통증을 느끼고, 그것을 혹시 간암의 증상은 아닌가 하고 두려워하고 있다고 해보자. 불응기에 있을 때 그는 반대되는 정보를 거부하고, 어제 친구의 가구를 옮기는 것을 도와준 것이 요통의 원인임을 잊어버리게 될 것이다.

흔히 있는 가족 상황을 생각해보자. 부부가 아침에 출근하기 전, 남편 짐이 아내 헬렌에게 말한다. "미안하지만 일이 생겨서 학교가 끝나고 딸을 데리러 가지 못할 것 같아. 그래서 당신이 해야 할 것 같아." 헬렌은 짜증이 나서 화난 표정을 짓고 약간 신경질적인 목소리로 대답한다. "왜 미리 말해주지 않았어? 그 시간에 부하직원과 회의가 잡혀 있단 말이야!" 헬렌은 의식적으로 생각해서 대답한 것은 아니었고, 선택해서 짜증을 낸 것도 아니었다. 그녀의 자동평가기제가 남편의 메시지를 자신의 목표를 방해하는 것(이것은 분노를 일으킬 만한 테마다), 결국 자신을 고려하지 않은 것이라고 해석했기 때문에 그런 반응을 보인 것이다.

아내의 목소리와 표정을 통해 그녀가 짜증이 났다는 것을 느낀 짐은 그녀가 화낼 자격이 있는지 항의한다. 짐은 이제 헬렌에게 짜증을 낸다. 분노는 종종 분노를 낳는다. "왜 그런 일로 화를 내지? 바로 몇 분 전에 상사가 전화를 걸어서 우리 부서에 긴급회의가 있으니 꼭 참석해야 한다고 해서 미리 말해줄 수가 없었어." 헬렌은 이제 짐이 배려 없이 행동한 것이 아님을, 불가피하고 의도하지 않았던 좌절에 대해 자신이 화낼 이유가 없다는 사실을 알지만 만약 아직도 불응기에 있다면 갈등하게 될 것이다. 그녀의 짜증은 짜증을 정당화하려고 할 것이다. "당신이 나에게 먼저 이야기했어야지"라며 마지막으로 한마디 하고 싶은 충동에 빠질 수도 있다. 하지만 그 말을 참고 자신의 분노에 따라 행동하지 않을 수도 있다.

만일 헬렌이 짐에게서 얻은 새 정보를 받아들일 수 있다면, 짐이 왜 그런 행동을 했는지에 대한 인식을 바꿀 수 있을 것이다. 그렇다면 짐이 자신을 배려해주지 않는다는 해석을 버리고 짜증도 사라질 것이다. 짐이 헬렌의 불응기를 멈출 만한 정보를 제공했음에도 불구하고 불응기가 길어지는 이유에는 여러 가지가 있을 것이다. 지속되는 불응기는 헬렌으로 하여금 자신의 분노에 매달리게 하고 양보하지 않게끔 한다. 어쩌면 그녀는 전날 밤 잠을 충분히 자지 못했을 수 있다. 직장일로 심하게 압박을 받고 있는데 그 압박감을 감당하지 못하고 거기에서 생긴 좌절감을 짐에게 엉뚱하게 발산했을 수도 있다. 어쩌면 두 사람은 지난 수개월 동안 아이를 한 명 더 가질 것인가와 같은 중대한 문제에 대해 논쟁해왔고, 헬렌은 이기적으로 보이는 짐의 태도에 대해 화난 느낌을 품고 있었을 수도 있다. 어쩌면 헬렌은 화내기 쉬운 성격을 가진 사람일지도 모른다(6장에서 적대적인 성격을 가진 사람에 대한 연구를 다루고 있다). 아니면 헬렌이 그녀 인생의 다른 시점에서 만들어졌던 대본을 이 상황에 '투영하고' 있을 가능성도 있다. 그것은 격한 감정경험을 담고 있는 대본으로서, 그녀는 이것을 여러 번 재현하고 있는 것인지도 모른다.

대본에는 배역(대본을 적용하는 당사자와 그 밖의 주요인물)에다 과거에 일어난 사건의 플롯이 들어간다. 모든 사람이 현 상황에 실제로 어울리지도 않는 과거의 감정적 대본을 투영하는 것은 아니다. 성격에 대한 정신분석 이론의 통설에 따르면, 사람들이 과거의 대본을 현 상황에 투영하는 이유는 과거 사건이 아직 제대로 정리되지 않아 앙금이 남아 있기 때문이다. 즉 충분히 표현하지 못한 느낌이 있거나 표현했다 하더라도 원하는 결과에 이르지 못했기 때문이라는 것이다. 대본은 현실을 왜곡하고, 부적절한 감정적 반응을 일으키며 불응기를 연장한다.

헬렌이 어린아이였던 시절, 오빠 빌이 항상 그녀를 괴롭히며 위압했다고 해보자. 헬렌이 그 경험 때문에 속이 타들어가도, 부모는 헬렌이 과장한다고 생각하고 빌의 편을 들었다면, 그녀는 "내가 억압당하고 있다"라는 대본을 유사한 상황에 종종 투영했을 수도 있다. 아주 조금이라도 유사한 상황에서 그랬을 수 있다. 헬렌이 가장 중요하게 여기는 것중 하나가 남에게 지배당한다고 느끼지 않는 것인데, 이것이 원인이 되어 그녀는 실제로는 억압이 없는 자리에서도 억압당하고 있다고 느끼게된다. 헬렌은 이 대본을 끌어오고 싶지 않다. 그녀는 현명한 여성이고, 가까운 지인들로부터도 자신이 쉽게 이런 식의 오해나 과잉반응을 한다는 피드백을 받아왔다. 그러나 불응기 중에는 헬렌 자신도 어찌할 수가없다. 자신이 불응기에 있다는 사실조차 자각하지 못한다. 나중에 반성하고 난 다음에라야 비로소 자신이 부적절하게 행동했다는 것을 깨닫고자신의 행동을 후회한다. 헬렌은 "그가 나를 억압하려 한다"라는 유발요인을 자신의 감정 환기 데이터베이스로부터 제거하고 싶어한다. 그녀가이 감정 유인을 무효화할 수 있다면 그녀의 인생은 훨씬 나아질 것이고, 섣불리 장시간에 걸쳐 분노에 휩싸여 있지도 않을 것이며, 자신의 감정에 맞춰서 타인의 동기를 왜곡하지도 않을 것이다.

부정적인 감정을 제거할 수 있을까?

많은 사람들은 바로 이와 같이 자신이 감정적으로 반응할 때를 통제하고 싶어한다. 사람들이 심리치료사의 도움을 구하는 이유 중에 하나는자신을 감정적으로 만드는 것에 대해 더 이상 감정적이 되기를 원치 않기 때문이다. 그렇다고 해서 '모든' 감정을 회복 불능의 정도까지 완벽하게 제거하고 싶다고 생각하는 사람은 없다. 만일 우리가 그런 힘을 가졌다면, 인생은 지루하고 무미건조하고 별로 재미없을 것이고 아마 안전하지도 않을 것이다.

두려움은 실제로 우리를 지켜준다. 해를 가하겠다는 위협에 대해 무의식적으로 몸을 지키는 반응이 가능하기 때문에 자신의 생명을 구할 수 있다. 혐오(역겨움)의 반응은 우리가 문자 그대로든 비유적으로든 유독성 있는 활동에 빠지지 않도록 우리에게 경고를 발한다. 상실로 인한 슬픔이나 절망에 빠져 있으면 타인에게 도움을 받을 수도 있다. 대부분의 사람이 제거하고 싶다고 생각하는 분노조차도 우리에게 도움이 된다. 우리를 훼방하는 것이 있을 때, 분노는 타인에게만이 아니라 우리 자신에게도 경고한다. 그런 경고는 역으로 상대의 분노를 초래할 수도 있지만, 변화를 낳을 수도 있다. 분노는 우리를 움직여서 세계의 변혁을 가져오게 하고, 사회 정의를 실현하게 하며, 인권을 위해서 싸우도록 해준다.

우리는 이러한 동기들을 정말로 제거하고 싶어하는가? 흥분, 감각적 쾌감, 자신이 이룬 성취 그리고 자녀가 이룬 성취에 대한 자부심이나, 인생에서 일어나는 별나고도 예기할 수 없는 수많은 사건이 주는 즐거움 없이 인생이 살 만한 가치가 있을까? 감정은 이미 퇴화해서 더 이상 불필요한, 그래서 제거해야 할 맹장과는 다르다. 감정은 인생의 핵심이고 인생을 살 만한 것으로 만들어준다.

우리 대부분은 감정을 완전히 꺼버리는 것이 아니라, 특정 유인에 선택적으로 감정적 반응을 하지 않게 하는 능력을 갖고 싶어한다. 우리는 감정 환기 데이터베이스에 저장되어 있는 하나의 특정 유인이나 한 세트의 특정 유인, 또는 대본이나 걱정거리를 제거하는 삭제 버튼을 손에 넣고 싶은 것이다. 안타깝게도 이것이 가능할지의 여부를 말해주는 분명한 확증은 없다.

가장 저명한 뇌와 감정의 연구자이면서 심리학자인 조지프 르두Joseph LeDoux는 최근 다음과 같이 썼다. "조건화된 두려움 학습은 복원력이 매우 강해서 실제로 소거 불가능한 학습 형태에 해당할 수도 있다.[3] …… 학습된 두려움의 소거불능성에는 장점과 단점이 있다. 우리의 뇌가 과거의 위험과 결부된 자극이나 상황의 기억을 유지할 수 있다는 사실은 분명히 매우 유용하다. 그러나 대체로 충격적인 상황에서 형성되는 이런 강력한 기억은 일상생활 도중 특별히 도움도 안 되는 상황 안으로 불쑥 침입해올 때가 있다……."[4]

다행스럽게도 이 장을 집필하다가 이 사안에 대해 르두와 이야기할 기회가 있어서 그의 진의가 무엇인지, 또 그 점에 대해 얼마나 확신하는지 캐물었다. 우선 르두가 언급하는 것이 지금까지 내가 변형이라고 불러온 학습된 유인에만 한정되어 있음을 명확히 해둬야 하겠다. 인류 진화의 산물인 테마는 르두도 나도 소거불능이라고 믿고 있다. 실험실에서 태어나 고양이를 본 적이 없는 쥐라도 고양이를 처음 만나면 두려움을 느낀다. 그것은 학습이 필요 없는 타고난 테마고 두려움의 유인이다. 테마가 감정을 유발하는 힘을 약화시킬 수는 있지만 완전히 제거할 수는 없다. 그런데 변형 즉 우리가 살면서 획득한 유인은 무효화할 수 있을까?

감정 유인과 뇌세포의 연결을 끊는 기술

르두의 뇌 연구에 관한 전문적인 세부 사항까지 들어가지는 않겠다. 다만 감정의 유인이 확립되고 우리가 어떤 것을 두려워하기를 배울 때, 뇌 안에 있는 일부 세포군 사이에 새로운 연결이 확립되어서, 르두가 '세포집합체cell assembly'라고 부른 것이 형성된다는 사실은 알 필요가 있다.[5] 학습된 유인에 대한 기억을 포함하고 있는 세포집합체는 우리가 배운 것에 대한 항구적인 생리적 기록인 것으로 보인다. 세포집합체들은 내가 앞에서 감정 환기 데이터베이스라고 부른 것을 구성하고 있다. 하지만 우리는 세포집합체들과 감정적 행동 사이의 연결을 차단하는 것을 배울 수 있다. 유인은 여전히 확립된 세포집합체를 활성화시킬 수 있다. 하지만 세포집합체와 감정적 행동 간 연결을 일시적으로나마 끊을 수는 있다. 예를 들어, 두려움을 느낀다고 해도 두려워하지 않는 것처럼 행동하는 것이다. 또한 우리는 감정이 일어나지 않도록, 유인과 세포집합체 간 관계를 단절하는 것도 학습할 수 있다. 그러나 세포집합체는 남아 있을 것이고 데이터베이스는 삭제되지 않는다. 따라서 세포집합체가 유인 및 감정적 반응과 재결합할 가능성은 여전히 우리에게 남아 있다. 우리가 이런저런 스트레스에 빠지는 상황에 놓이게 되면, 유인은 다시 활성화되어 세포집합체와 결합하게 되고, 감정적 반응은 다시 일어날 것이다.

르두의 연구 전체는 두려움의 감정에 한정되어 있지만, 그는 분노나 고뇌에 대해서도 결과가 다를 것이라고 믿을 이유가 없다고 생각한다. 그의 생각은 내 개인적인 경험이나 내가 다른 사람들의 경험에서 관찰해온 것과 일치한다. 그래서 나는 르두가 발견한 것을 다른 감정, 즉 긍정적인 감정에조차 일반화할 수 있다고 생각한다.*

우리의 신경계는 우리를 감정적으로 만드는 대상을 바꾸거나 감정적 세포집합체와 반응 사이의 연결, 혹은 감정 유인과 세포집합체의 연결을 무효화하는 것을 어렵게 만든다. 감정 환기 데이터베이스는 열린 시스템이고 부단히 새로운 변형이 추가되고 있지만, 일단 입력된 데이터를 제거하기는 어려운 시스템이다. 우리의 감정 시스템은 유인을 제거하는 것이 아니라 받아들이도록, 생각하지 않더라도 감정적 반응을 일으키도록 만들어져 있다. 우리는 감정적 반응을 쉽게 저지할 수 없도록 생물학적으로 구성되어 있다.

르두가 발견한 것을 단서로 삼아서 우리를 감정적으로 만드는 것을 바꾸려고 할 때 어떤 일이 일어나는가를 살펴보자. 이를 위해, 앞에서 말했던 교통사고를 당할 뻔한 사례로 되돌아가 보자. 운전 경험이 있는 사람이라면 누구라도, 운전자 옆자리에 앉아 있는데 다른 차가 나를 향해 돌진해오면 있지도 않는 브레이크 페달을 무의식적으로 밟으려고 다리를 쭉 뻗은 경험이 있으리라. 브레이크 페달을 밟는 것은 다른 차와 충돌하는 두려움에 대한 학습된 반응이다. 그 경우, 학습된 것은 반응(브레이크 페달을 밟는 것)만이 아니다. 반응의 유인이 되는 상황도 학습된다. 차는 우리 조상이 살던 환경의 일부는 아니었다. 따라서 방향을 틀어 돌진해오는 차는 내장된 감정 테마가 아니라 학습된 변형이다. 우리가 재빨리 그것을 학습하는 이유는, 그것이 두려움 테마—금방이라도 부딪힐 것처럼 빠른 속도로 우리 시야 속으로 접근하는 것—와 아주 유사하기 때문이다.

---

* 하지만 우리를 감정적으로 만드는 모든 것이 조건화[학습]를 거친 것은 아니다. 감정을 유인하는 어떤 자극은 "특정 자극에 동반되는 혐오스러운 결과나 즐거운 결과를 체험했던 것과 거의 관계가 없다"라고 프리다는 지적한다. 감정은 "다음과 같은 경험으로 말미암아 추론한 결과나 원인에 의해 생긴다. …… 일자리를 잃거나, 비판을 받거나, 무시 혹은 경시당하는 기분을 느끼거나, 칭찬을 받거나, 규칙 위반(우리가 중시하는 가치에 반하는 행위)을 목격하는 것 등이다. 이 모든 경험과 그것들이 암시하는 혐오스럽거나 즐거운 실제적인 상태 사이에는 간접적이거나 희박한 관계밖에 존재하지 않는다. 그럼에도 이 경험들은 어떤 식으로든 특정 상태의 도화선이 되어 여러 가지 경험을 감정적으로 만든다. 나는 이것들을 보편적 테마와 유사한 변형의 사례로 본다. 그러나 그중에는 보편적 테마와의 결합이 희박한 것도 있다.

우리 대부분은 운전자 옆자리에 앉아 있을 때 위험을 감지하면 무의식적으로 존재하지도 않는 브레이크 페달을 밟는다. 하지만 운전학원 강사들은 그렇게 하지 않도록 배운다. 강사들은 두려움을 느끼는 경우 무의식적으로 하는 반응을 차단하도록 배운다. 그래서 여전히 두려움을 느끼면서도 물리적으로 반응하지는 않게 된다(그렇지만 얼굴표정이나 목소리에 두려움의 흔적은 남아 있으리라). 혹은 두려움 유인—갑자기 자신 쪽으로 향해 달려오는 차—과 그 두려움 유인에 대비하기 위해서 만들어진 뇌 안의 세포집합체의 연결을 끊는 기술을 습득했을 수도 있다.* 그들은 유인과 세포집합체의 연결을 정교하게 조정하는 것이리라. 그 때문에 위험한 사태가 실제로 일어날 가능성이 높은 경우에만 두려움이 일어나고 브레이크 페달을 밟는 방어적 반응이 일어날 것이다. 다만, 만일 전날 밤에 거의 잠을 자지 못했거나, 당일 아침 있었던 끝나지 않은 부부 간의 언쟁을 계속 생각하고 있다면, 감정 유인을 중단시키기를 배우지 못한 우리와 똑같이 브레이크를 밟으려고 발을 쭉 뻗을지도 모른다. 운전강사에게도 감정 유인, 뇌세포의 연합, 반응, 이 세 가지 사이의 연결은 약해졌을 따름이지 소거된 것은 아니다.

감정 유인의 강도를 결정하는 6가지 요소

이 장의 나머지 부분에서 내 관심사는 감정 유인의 영향력을 약화시키는

---

* 어떤 방법으로 반응을 억제했는가는 실제로 그런 사태가 발생한 순간 그들의 생리적 반응을 측정해보면 알 수 있지만, 여기서 내가 하려는 이야기와 크게 상관은 없다.

것에 대한 것이다. 그 유인이 조건화를 통해서 직접 확립된 것이든, 아니면 어떤 감정 테마와의 결합을 통해서 간접적으로 만들어진 것이든 말이다. 다음 장에서는 감정적 사건과 감정적 반응의 연결을 약화시키는 방법에 대해 설명할 것이다. 어느 쪽도 쉬운 일은 아니다. 다른 사례를 들어서 감정의 유인을 어떻게 하면 약화할 수 있을지 설명해보자.

팀이라는 소년이 있다. 그는 어릴 때 아버지에게 놀림을 받았는데, 겉으로는 농담이 섞인 놀림이었다. 하지만 팀이 뭔가를 제대로 해내지 못했을 때 그를 조롱하려는 의도가 섞인 잔인한 가시가 들어 있었다. 다섯 살이 채 되기 전 아주 이른 시기에 팀의 감정 환기 데이터베이스에는 강한 자가 자신을 놀리며 업신여긴다는 대본이 입력되었다. 성장함에 따라서 팀은 놀림에 대해 거의 즉각적인 분노로 반응하게 되었고 상대에게 악의가 없더라도 마찬가지였다. 그것을 보고 아버지는 기뻐하며 단순한 농담에 성질을 부린다며 팀을 또다시 비웃었다. 20년이 지난 지금도 팀은 누군가가 자신을 놀리면 즉각 분노로 반응한다. 그렇다고 팀이 항상 분노에 따라 행동하는 것은 아니지만, 누군가가 농담을 던질 때마다 받아치고 싶은 충동과 싸우지 않아도 된다면 그의 상황은 훨씬 나아질 것이다.

감정 유인의 열기, 위력, 강도를 줄이고, 불응기(현재 느끼고 있는 감정을 유지시키는 정보만 이용할 수 있는 시간)를 단축시키기 위해서는 어떻게 하면 좋을까? 여기에 여섯 가지 요소가 있다.

첫 번째 요소는 '진화에 의해 획득된 테마와의 거리'다. 학습된 유인이 생득적인 테마에 가까우면 가까울수록 그 힘을 약화시키기는 어렵다. '노상 분노'는 학습된 변형이 아니라 테마에 가까운 사례다. 이것은 수수께끼 같은 다음의 일화에 잘 드러나 있다. 내 학과장은 대학까지 매일 차로 출근하는데, 도중에 두 차선이 합류하는 지점이 있다. 거기에서는 두 차선의 차가 서로 번갈아가며 들어간다는 암묵적인 규칙이 있는데, 종종 자기 차례를 기다리지 않고 그의 앞에 끼어드는 차가 있다. 그러면 학과장은 그리 중요한 일도 아닌데 격노한다. 그것으로 학교에 늦게 도착하는 시간은 몇 초에 불과한데도 말이다. 다른 한편, 대학에서 그가 열심히 작업한 학과 계획에 대해 교원 중 한 사람이 비판을 적었다고 해보자. 이 학과 계획은 그에게 중요한 일인데도, 그것으로 그가 화내는 일은 거의 없다. 얼핏 보기에 사소해 보이는 일에는 화를 내면서도 중요한 일에 화를 내지 않는 이유는 무엇일까?

그 이유는 새치기 운전자의 행동이 진화로 얻어진 분노 테마, 즉 방해받음이라는 보편적 테마와 유사하기 때문이다. 이 테마는 말이 아닌 누군가의 물리적 행동 때문에 목표 추구를 방해받는 것이다. 예의 없는 운전자의 행동은 비판을 적어내는 동료의 행위보다 훨씬 방해받음이라는 테마에 가까운 것이다. (오늘날 왜 노상 분노가 이렇게 빈번해졌는지 궁금해하는 사람도 있을 것이다. 하지만 그 현상은 항상 있어왔다고 본다. 단지 교통량이 적어서 덜 발생했던 것이다. 또한 언론이 노상 분노라고 명명하면서 이에 주목한 이유도 있을 것이다.)

이것을 팀의 문제에 적용해보자. 만일 팀의 감정 유발요인이 보편적 테마에서 더 멀리 떨어져 있다면, 그 영향력을 약화시키는 것은 그리 어렵지 않을 수도 있다. 만일 부친이 팀의 양팔을 억눌러서 움직이지 못하게 하는 식으로 '놀리기'보다는 팀을 말로만 놀렸다면, 팀이 학습한 유인은 보편적 테마와 훨씬 멀 것이다. 만일 팀의 어린 시절 최초의 경험이 물리적 억제가 아니라 말만을 사용해서 놀리고 창피를 주는 것이었다면, 성인이 되어 그 유인을 약화시킬 가능성이 더 높을 것이다.

두 번째로 고려해야 할 문제는 감정의 유인이 되는 현재의 사건들이 그 유인이 처음 학습된 '최초의 상황과 얼마나 유사한지'다. 팀을 그렇게 무자비하게 놀렸던 아버지는 강하고 위압적인 남성이었다. 여성, 동료, 부하에 의해서 놀림을 받는 것은 자신에게 권위를 행사하는 남성에 의해서 놀림을 받는 것과는 다르다. 그 때문에 팀은 권위 있는 사람이 아닌 다른 이들에게 놀림을 받을 때 더 쉽게 그 유인을 약화시킬 수 있을 것이다.

세 번째 문제는 인생의 얼마나 이른 시기에 유인이 학습되었는가 하는 것이다. 대체로 '더 일찍' 학습된 것일수록 그 유인의 힘을 약화시키기가 어려울 것이다. 감정의 유인에 대한 반응을 통제하는 능력이 어릴 때에는 충분히 발달하지 않는 탓도 어느 정도 있다. 그 때문에 다른 모든 조건이 동일하다면, 성인이 된 다음에 습득한 유인보다 아이였을 때 습득한 유인에 대해 더 강한 감정적 반응을 보이게 될 것이다. 유년기가 성격 형성이나 감정생활에 중요한 시기라는 가능성(일부 발달심리학자나 모든 정신분석가가 그렇게 주장하고 있고, 뇌와 감정의 연구가 진행되면서 그것을 지지하는 증거가 증가하고 있다) 때문일 수도 있다. 어릴 때 학습된 것은 더 강고하고 쉽게 변하지 않을 것이다. 그런 중요한 시기에 학습된 유인은 더 긴 불응기를 만들어낼 수 있다.

'최초의 감정 강도'가 어느 정도였는가 하는 것이 네 번째 요인이다. 유인이 최초로 학습되었을 때 강한 감정을 경험하면 할수록 그 영향력을 약화시키기가 어려울 것이다. 놀림을 당했을 당시 놀림의 정도가 강하지 않고 가볍거나 보통 수준이었다면, 힘의 결여에 대해 느끼는 굴욕감이나 무가치함, 원한이 강하기보다는 가벼운 편이었다면, 그 유인을 약화시키는 것은 비교적 간단할지 모른다.

다섯 번째 요인은 경험의 '밀도'인데, 이는 유인의 강도와 소거불능성을 좌우한다. 밀도란 단기간에 개인을 압도하는 격렬한 감정적 사건의 반복을 가리킨다. 만일 일정 기간 동안 팀이 무자비하고 강렬하게, 여러 번 반복해서 놀림을 받았다면, 그 경험은 영향력을 약화시키기 어려운 유인이 될 것이다. 최초의 감정적 강도가 아주 강렬하고 밀도가 높은 경우, 이후 그 유인에 대한 반응은 불응기가 길어지고, 첫 1~2초 안에 자신이 부적절한 반응을 하고 있다는 사실을 자각하기 어려울 것이다. 만일 최초의 감정 강도가 아주 강렬했다면, 밀도가 높지 않거나 반복해서 경험하지 않더라도 그 유인의 불응기를 연장하기에 충분할지도 모른다.

　　여섯 번째 요인은 '정동 유형affective style'이다.[7] 우리는 각자 감정적으로 반응하는 속도와 반응 강도가 다르다. 어떤 감정적 사건에서 회복하는 데 드는 시간도 다르다. 과거 10년 동안의 나의 연구는 이런 문제들에 주목해왔다. (맺음말에서 속도, 강도, 지속 기간 이외에 정동 유형의 다른 네 가지 측면을 설명한다.) 일반적으로 더 빠르고 강한 감정적 반응을 일으키는 사람은 강렬한 유인의 영향력을 진정시키기가 훨씬 힘들다.

감정 유인을 제어하는 방법들

이제 팀이 놀림을 받는다는 감정 유인을 어떻게 약화할 수 있는지를 살펴보자. 첫 단계는 자신을 그렇게 화나게 하는 것이 무엇인지를 특정해야 한다. 팀은 위압적인 인물로부터 놀림을 받는 것이, 지극히 강력한 분노의 유인이라는 것을 모를 수도 있다. 무엇이 그를 그렇게 화나게 만드는지 자각하기도 전, 의식이 작용하기 전에 자동평가기제가 수천 분의 1초 안에 작동한다. 그가 놀림을 받는다는 것이 원인임을 알 수도 있지만, 놀리는 상대가 자신에게 힘을 행사하는 사람이어야 한다는 점은 모를 수 있다. 자동평가기제가 아버지로부터 무자비하게 놀림을 받았던 어린 시절의 경험과 어떤 연관이 있다는 사실을 그는 깨닫지 못할 수도 있다. 아주 방어적으로 반응하며 자신이 화를 낸다는 사실을 받아들일 준비가 되어 있지 않을 수 있다. 혹은 부친이 잔인했다는 사실을 받아들일 준비가 되어 있지 않을 수도 있다. 그가 맨 처음 해야 할 일은 자신이 분노를 느낀다는 사실을 자각하고, 자신의 신체 안에 있는 감각을 인지하고(이를 성취하는 방법에 대한 제안은 분노에 대해 다루는 6장에 있다), 분노가 타인에게 주는 영향력을 이해하는 것이다.

자신이 가끔씩 지독하게 화를 낸다는 점을 팀이 인지하기 시작했다고 해보자. 하지만 언제 왜 그러는지는 모르고 있다. 팀이 다음에 해야 할 일은 자신이 화낸 사건을 기록하는 것이다. 자신이 화를 냈다는 것을 스스로 인지했는지, 아니면 타인이 그것을 지적해주었는지도 반드시 기록해야 한다. 이 일지에는 화를 내기 직전에 일어난 일을 가능한 한 상세하게 기록해야 한다. 친구나 심리치료사가 팀으로부터 그가 화낸 사건에 대해 듣고, 놀림을 모욕으로 받아들이는 것, 바로 그것이 그의 강력한 유인이라는 사실을 깨닫도록 도와줄 수도 있다. 팀이 이를 생각하면서 그가 끌어들이는 대본이 바로 부친과의 끔찍한 장면이라는 사실을 깨달을 수 있다면 좋을 것이다. 하지만 이 대본을 약화시키기 위해서 반드시 그렇게 해야 하는지는 분명치 않다. 팀이 놀림을 받는 일에 과잉반응하고 있다는 것, 놀림을 항상 모욕으로 수용한다는 것을 자각한다면, 그것만으로 팀은 문제를 충분히 해결할 수 있을지도 모른다.

얼핏 보기에 이제 팀에게 가장 간단한 해결책은 스스로 놀림을 받을 만한 모든 상황을 회피하는 것일 수도 있다. 그렇지만 그러기 위해서는 회사가 주최하는 디너파티에도 참석하지 않도록 해야 할 것이다. 그런 파티에서 그는 조롱당할 수도 있고 놀림을 받을 수 있는 여러 상황도 그가 쉽게 예상할 수 있기 때문이다. 하지만 파티에 참석하지 않는 것보다는 유인을 가라앉히는 것이 더 나은 해결책이 될 것이다.

팀은 그가 실제로 놀림을 받지 않았는데도 놀림을 받았다고 느끼거나, 상대가 모욕하려는 의도가 없었는데도 모욕당했다고 느끼는 경우가 얼마나 자주 있는지 곰곰이 고려해볼 필요가 있다. 그는 놀림의 실제 동기가 무엇인지 재평가하는 방법을 배워야 한다. 그런 주의 깊은 사고를 반복하게 되면 문제 해결에 도움이 될 것이다.[8] 놀림을 당한 이후, 굴욕 테마 이외에 어떤 다른 이유 때문에 놀림을 당했는지 곰곰이 생각해보아야 할 것이다. 그렇게 하다 보면 재평가를 더 신속하게, 그 상황 안에 있을 때 하는 법을 배울 것이다. 놀림을 당할 만한 순간을 감지하는 법을 배움으로써, 놀림을 모욕이나 굴욕감을 주려는 시도로 해석하지 않도록 마음의 준비를 할 수 있을 것이다. 시간이 흘러 놀림은 덜 자극적인 유인이 될 수도 있을 것이다. 최소한 팀이 놀림이 유인이라는 사실을 학습하는 한, 그 유인을 작동시키는 것이 굴욕감을 주려는 의도였음을 학습하는 한, 그는 화가 났을 때 그 분노를 훨씬 더 잘 제어할 수 있을 것이다.[9] (감정적 반응을 통제하는 일에 대해 더 알고 싶으면 4장을 보라.)

내가 제안한 것이 효과가 없고 감정 유인이 반복해서 제어하기 힘든 감정적 반응을 일으킨다면 다른 방법을 고려해볼 수 있을 것이다. 심리요법이 그중 하나다. 하지만 내가 경험한 바에 따르면, 심리요법은 무엇이 감정 유인이 되고 어떤 대본을 자신이 투영하고 있는가를 자각하는 데 도움을 주지만, 유인의 힘을 약화시키는 데 항상 도움이 되지는 않는

다. 행동요법도 고려할 수 있는 대안이고, 명상 훈련도 대안이 될 수 있다.[10]

감정과 기분의 차이

팀이 감정 유인을 특정하고, 어떤 상황에서 자신이 놀림을 당한 것이 아닌데도 놀림을 받는다고 오해하는가를 시간을 들여서 분석하며, 놀림을 받는 상황을 재평가하여 그것을 모욕이나 굴욕이 아닌 농담으로 받아들이는 연습을 한다고 가정해보자. 나아가 팀이 어린 시절에 몇 달 동안 여러 차례 놀림을 받은 사건이 있었지만, 어떤 경우도 오래 지속되지 않았기 때문에(감정의 강도와 밀도가 낮은 경우), 놀림을 농담으로 받아들이는 연습이 더 쉬웠을 것이라고 가정해보자. 또 팀이 아주 빠르고 강렬한 분노를 느끼는 이력으로 힘들어하는 일도 없다고 해보자. 이제 누군가가 그를 놀리더라도 화를 내지 않으려고 애쓰는 경우가 드물어야 마땅하다. 그러나 그가 여전히 화를 낼 수도 있는데, 이는 대개 뭔가 다른 이유로 팀이 짜증난 '기분'일 때 그럴 것이다.

여기에서 감정과 기분moods의 차이를 알아보는 것이 좋겠다. 우리 모두에게 감정도 있고 기분도 있다. 둘 다 느낌과 관련이 있지만 서로 다르다. 가장 명백한 차이는 감정이 기분보다 훨씬 짧다는 점이다. 기분은 하루 종일 지속될 수도 있고 때로는 이틀도 가지만, 감정은 생겨나서 몇 분, 때로는 몇 초 있다가 사라진다. 기분은 미세하지만 지속적인 감정 상태와 흡사하다. 짜증난 기분이라면, 항상 약간 짜증이 나 있으며 쉽게 화가 날 수 있는 상태다. 우울한 기분이라면 약간 슬프며 언제든 아주 슬퍼질 수 있다. 업신여기는 기분에는 혐오와 경멸이 담겨 있으며, 고양된 기분에는 흥분과 쾌감이, 불안한 기분에는 두려움이 담겨 있다.

하나의 기분은 특정 감정을 일으킨다. 우리는 짜증난 기분일 때 화낼 기회를 찾는다. 우리는 세상이 화를 내어도 되는 곳, 화를 내야 하는 곳이라고 해석하게 된다. 짜증이 난 경우, 우리는 보통 때 같으면 화내지 않을 일에 화를 낸다. 그리고 화가 나면 그 분노는 짜증난 기분이 아닐 때보다 더 강렬하고 더 오래간다. 기분은 얼굴에도 목소리에도 고유의 신호가 없다. 하지만 누군가가 어떤 기분에 빠져 있는지 알 수 있는 이유는 그 기분 안에 잔뜩 실린 감정의 신호 때문이다. 기분은 우리의 유연성을 줄인다. 주변 환경에서 일어나는 미세한 변화에 둔감하게 만들어 해석 방식과 대응 방식을 왜곡하기 때문이다. 감정도 같은 작용을 하지만 불응기가 길어지지 않는 한 그것은 한순간뿐이다. 하지만 기분은 여러 시간 지속된다.

기분과 감정의 또 하나의 차이는 일단 감정이 시작되고 이를 우리가 자각하면 대개 그 감정을 일으킨 사건을 지적해낼 수 있다는 것이다. 하지만 어떤 기분에 빠져 있을 때 왜 그런 기분이 되었는지는 거의 알지 못한다. 그저 그런 기분이 들 뿐이다. 어느 날 아침 잠에서 깨어났더니 특정 기분이 들 때가 있고 혹은 한낮에 뚜렷한 이유 없이 갑자기 침울해질 수도 있다. 여러 가지 기분을 낳고 그것들을 유지하는 것은 자율적인 신경화학적 변화임에 틀림없지만, 지극히 농밀한 감정경험에 의해서도 이런 기분이 생기기도 한다고 나는 믿는다. 밀도가 높은 기쁨이 고양된 기분을 낳을 수 있듯이, 밀도가 높은 분노는 짜증난 기분을 초래할 수 있다. 이런 경우 우리는 왜 우리가 특정 기분을 느끼는지를 안다.

나는 앞에서 감정은 우리의 인생에 필수적인 것이고, 우리가 감정을 완전히 제거하고 싶어하지는 않을 것이라고 주장했다. 나는 기분이 우리에게 도움이 된다는 주장에 대해서는 확신이 없다.[11] 기분은 종의 생존에 뛰어난 적응성을 가지고 있어서 진화에 의해 선택된 것이 아니라 우리의 감정 구조가 빚어낸, 의도되지 않은 결과로 보인다.[12] 기분은 우리의 선택 범위를 축소시키고 우리의 생각을 왜곡시키며 행동을 통제하기 어렵게 만드는데, 어째서 그러한지에 대한 납득할 만한 이유는 없다. 밀도 높은 감정경험에 의해서 기분이 야기될 때, 기분이 똑같은 상황이 발생할 때를 대비하게 해준다고 주장하는 사람도 있다. 그럴 수도 있으리라. 하지만 기분 때문에 생기는 문제점에 비해서 그것이 주는 이로움은 작다. 가능하다면 나는 다시는 기분을 갖지 않고 감정만으로 살고 싶다. 나는 짜증난 기분이나 우울한 기분을 없앨 수만 있다면 행복의 기분도 기꺼이 포기하련다. 그러나 누구도 이런 선택을 할 수는 없다.

열심히 노력해서 식어버린 유인도 그것과 관련된 어떤 기분에 빠지면 다시 격해질 수 있다. 팀이 짜증난 기분일 때 놀림을 받는다면, 이 놀림은 다시 그의 분노를 유발할 수 있다. 르두는 스트레스를 주는 상황만이 유인과 감정을 연결해준다고 말하지만 단순히 그런 것은 아니다. 기분도 유인과 상황을 연결할 수 있다. 어떤 유인이 약해지거나 가라앉아서 더 이상 감정을 일으키지 않는 때라도, 기분에 따라서 유인은 다시 뜨거워질 것이다.

비록 기분에 좌우되지 않을 때라도 많은 사람들은 행동으로 옮기고 싶지 않은 감정에 사로잡힐 때가 있다. 다음 장에서는 무의식적인 감정적 반응을 다루고, 감정적이 되었을 때 우리가 하는 일을 잘 억제할 수 있는 방식을 다룰 것이다.

당신은 상사와 미팅을 하려고 한다. 무엇에 관한 미팅인지, 주제가 무엇인지도 모른다. 당신이 미팅을 소집한 것도 아니다. 상사의 비서가 미팅을 잡으면서 "아주 중요한 미팅일 것"이라고 말해주었다. 당신은 어떻게 반응할까? 두려워할까, 화를 낼까, 슬퍼할까? 냉정함을 지킬까, 초연한 태도를 보일까? 당신의 언동이 결과를 크게 좌우할지도 모른다. 당신은 자신의 감정적 반응 방식을 믿을 수 있는가? 혹은 필요한 경우 감정적 행위를 억제하는 자신의 능력을 믿을 수 있는가? 아니면 미팅 전에 한 잔하든지, 신경안정제를 먹어야 하는가?

위험 부담이 클 때 감정적으로 행동하지 않기란 어려운 일이다. 그런 경우에는 아무래도 강한 감정을 느끼기 쉽다. 감정은 종종 상황에 가장 적합한 언동을 하도록 안내해주는 최선의 가이드가 된다. 그렇다고 해서 모두에게 언제나 그런 것은 아니다. 감정에 휘둘려 행동하지 않았다면, 말하지 않았다면 하고 후회할 때가 종종 있다. 하지만 잠시라도 감정을 완전히 꺼버린다면 오히려 사태를 훨씬 악화시킬지도 모른다. 주변 사람들이 우리가 아주 무심하다고 생각하거나 심하면 비인간적이라고 생각할 수도 있기 때문이다.* 자신의 감정을 경험하고 주변에서 일어나고 있는 일에 마음을 쓰면서도, 우리 자신과 남이 보기에 지나치게

---

* 최근에 노화의 징후를 줄이기 위해 보톡스 주사 요법이 행해지고 있다. 보톡스 주사를 맞으면 안면이 굳어져 얼굴에서 활기나 감정이 줄어든다는 대가를 치러야 한다. (역설적이게도) 활기가 줄어든 사람은 그만큼 매력도 떨어진다.

감정적으로 보이지 않도록 행동하는 것은 때로는 매우 어려운 일이다. 한편 정반대의 문제를 겪는 사람도 있다. 감정을 느끼고 마음을 쓰면서도 타인이 기대하는 바대로 감정을 표현하지 않거나 아예 감정을 전혀 드러내지 않는 경우다. 그 때문에 사람들은 감정을 지나치게 억제한다고 생각한다.

감정적 행동을 어떻게 완화시킬까?

우리는 감정적이 되는 순간을 선택하지 않는다. 마찬가지로 감정적이 되었을 때 자신의 얼굴표정이나 내는 소리를, 우리가 취할 수밖에 없는 언동을 선택하지 않는다. 그러나 후회할 만한 감정적 행동을 완화하는 법, 표현을 억누르거나 약화시키는 법, 자신의 언동을 막거나 조절하는 법은 배울 수 있다. 또한 자신을 지나치게 억제하여 냉정하게 보이는 것이 문제라면, 그렇게 되지 않도록 배울 수 있다. 느끼고자 하는 감정과 감정을 표현하는 방식을 스스로 선택하는 방법을 배워서 자신의 감정을 건설적으로 표출할 수 있게 된다면 훨씬 더 좋을 것이다.

건설적인 감정적 행동에 대한 기준을 찾기 위해서, 나는 중용을 지키는 사람에 대한 아리스토텔레스의 설명까지 거슬러 올라가서 그것을 참고하고 싶다.[1] 감정은 감정을 일으키는 사건에 비례하는 적절한 양이어야 한다. 감정은 또 적절한 시점에, 감정의 유인이 되는 사건이나 주변 상황에 적합한 방식으로 표현되어야 한다. 그것은 올바르면서도 타인에게 해를 주지 않는 방식으로 표현되어야 한다.* 이 이념들은 분명 대단히 추상적이지만, 우리가 왜 자신의 행동을 때때로 후회하게 되는지 그 이유를 잘 설명해준다. 나는 3장에서 무엇이 감정의 유인이 되는지 그리고 그 강렬한 유인이 우리를 항상 감정적으로 만들지는 않게끔 그 유인을 약화시키는 법을 설명했다. 하지만 그것에 실패하고 감정이 이미 시작되었다고 가정해보자. 문제는 다음과 같다. 우리는 자신의 언동을 선택할 수 있는가? 우리는 불응기(우리가 느끼는 방식을 변화시킬 수도 있는 정보에 접근할 수 없는 기간)에 있을 때 자신의 감정을 억제하고 싶어하지 않는다. 감정이 몰아치는 언동은 정당하고 필요한 것처럼 보인다.

우리가 자신의 언동을 제어하려고 한다면, 의도적이고 자발적인 노력과 무의식적인 감정적 행동 사이에 갈등이 생길 것이다. 남보다 빠르고 강렬한 감정을 느끼는 사람의 경우, 이러한 갈등을 가장 강하게 느낄 것이다. 때로 우리가 할 수 있는 것은 그 현장을 떠나는 일뿐이다. 이마저도 어떤 사람에게는 그리고 어떤 감정적 사건에서는 엄청난 의지가 필요하다. 훈련을 하면 감정적 행동을 완화하는 것이 쉬워지지만 그러려면 시간과 집중력, 이해가 필요하다. 강렬한 유인을 언제 어떻게 약화할 수 있는가를 결정짓는 요소들이 존재하는 것과 마찬가지로, 우리의 감정적 행동을 가장 성공적으로 완화하는 시점이 언제인가를 결정짓는 데도 일련의 요소들이 존재한다. 감정적 행동을 완화하는 데 실패했을 경우에는(누구든 때로는 실패하기 마련이다), 그 실패에서 배워서 또다시 실패할 가능성을 낮추기 위해서 취할 수 있는 몇 가지 조치들이 있다.

이 두 가지 문제—감정적 행동을 완화하는 방법과, 실패할 경우 그 실수에서 배우는 방법—를 다루기 전에 우리가 완화하려는 것, 즉 감정

---

* 한 가지 예외는 있다. 어떤 사람이 우리의 생명이나 타인의 생명을 위협할 때 해를 막을 다른 방도가 없다면, 분노에 차서 그 사람을 해하는 행위는 정당화될 수 있을 것이다. 달라이 라마는 조금 망설이며 이 점에 동의했다.

적 행동 자체(신호, 행동, 내적 변화)를 먼저 살펴보아야 한다. 또한 우리는 이러한 감정적 행동이 어떻게 발생하는지, 그 과정에 우리가 어떤 영향을 미칠 수 있는지를 알아야 한다. 우선 신호, 즉 감정표현에서부터 시작하자.

감정신호는 언제나 켜져 있다

우리는 보통 상대방이 주는 감정신호를 보고, 그들의 언동을 어떻게 해석하면 좋을지 결정한다. 그들의 감정표현은 또 우리 자신의 감정적 반응을 유발한다. 우리의 감정적 반응은 이번에는 상대방의 말에 대한 우리의 해석 그리고 우리가 상대방의 동기, 태도, 의도라고 여기는 것에 대한 해석에 영향을 미친다.

바로 앞 장에서 소개했던 헬렌은 방과 후 딸을 데리러 갈 수 없다는 남편 짐에게 짜증을 냈다. 헬렌은 이렇게 대답했다. "왜 미리 말해주지 않았어?" 헬렌의 목소리가 날카롭지 않았거나 그녀의 얼굴에 화가 드러나지 않았다면, 짐은 맞받아 화를 내지 않았을지도 모른다. 하지만 말만으로도 그녀의 진의는 충분히 전달되었을 것이다. 같은 내용을 더 부드러운 방식으로 말한다면, "미리 말해줬으면 좋았잖아." 또는 "더 일찍 알려주지 않은 사정이 있었던 거야?"가 될 것이다. 두 번째 물음은 짐이 헬렌에게 불편을 끼칠 수밖에 없었던 이유가 틀림없이 있으리라는 것을 헬렌이 인지했음을 보여준다. 하지만 만일 헬렌의 목소리나 얼굴에 분노가 드러났다면, 이렇게 부드러운 말로도 성공하지 못했을 것이다.

설사 헬렌이 아무 말을 하지 않았다고 해도, 그녀의 표정만으로도 짜증났다는 것을 짐은 알아차렸을 것이다. 감정은 사적인 것이 아니기 때문이다. 대부분의 감정은 우리가 어떻게 느끼고 있는가를 타인에게 알려주는 특유의 신호를 가지고 있다. 반면에 생각은 철저히 사적인 것이다. 우리가 어머니를 생각하고 있는지, 놓친 텔레비전 쇼를 생각하고 있는지, 인터넷 주식 투자를 어떻게 바꿀까를 생각하는지 아무도 모른다. 이런 생각에 감정이 섞여 있지 않은 한 아무도 모른다. 생각에 감정이 섞이는 경우는 많지만 말이다. 생각의 경우, 우리가 생각을 '하고 있다'는 사실 자체를 외적인 신호로 사람들에게 알릴 방법은 없다. 하물며 우리가 '무엇을' 생각하고 있는가를 알릴 방법이 없는 것은 물론이다. 감정의 경우는 다르다. 사람에 따라서 감정을 표현하는 방식은 다르지만, 감정은 보이지 않는 것도 아니고 조용하지도 않다. 우리를 쳐다보며 우리의 말을 경청하는 사람들은 우리가 어떻게 느끼는지 알 수 있다. 우리가 표정을 드러내지 않으려고 혼신의 노력을 하지 않는 이상 말이다. 그렇게 노력한다고 해도, 감정의 흔적이 드러나서 다른 이들이 탐지할 수도 있다.[2]

우리는 우리가 무엇을 느끼는지 타인이 알아차리는 것을 항상 좋아하지는 않는다. 아주 개방적인 사람에게도 자신의 느낌을 숨기고 싶은 때가 있다. 헬렌은 자기가 짜증났다는 사실을 짐에게 드러내고 싶어하지 않았을 수도 있다. 그러나 아무 말을 하지 않았다고 해도 자기도 모르게 얼굴에 그런 감정이 드러났을지 모른다. 개별 감정이 시작될 때 우리가 신호를 보내는 것은 진화적 유산의 일부다. 아마 인류가 진화하는 과정에서 일부러 말로 전하지 않아도 우리가 경험하는 감정을 타인이 알아차리는 것이 더 유용했기 때문이리라. 헬렌의 예를 들어보면, 짜증스러운 기색을 보이는 것만으로도 짐으로 하여금 왜 미리 말해주지 않았는지 그 이유를 설명하도록 자극할 수 있다. "당신한테 어려운 일인 거 알아. 하지만 나도 어쩔 수가 없었다고. 당신이 샤워하는 사이에 갑자기 상사가 전화해서는 긴급회의가 있다고 말했어." 짐이 자기를 배려하지 않은 것이 아니었다는 사실을 알고 이제 헬렌의 분노도 가라앉는다. 그 렇지만 3장에서 말한 대로, 헬렌이 다른 일로 짐을 원망하고 있었거나, 못된 오빠로부터 괴롭힘을 당해서 느낀 분노의 경험을 이 상황에 대입 했다면 분노는 가라앉지 않을 수도 있다.

감정신호 체계가 가진 특징 중 주목할 만한 또 다른 점은 그것이 언제 나 '켜져' 있다는 것이다. 어떤 감정이라도 느끼는 순간에 즉각 광역방 송을 할 준비가 되어 있다. 만일 스위치가 있고 스위치를 '켜지' 않는 한 '꺼짐' 상태에 있다면, 우리의 인생이 어떻게 될지 상상해보라. 우선 자 녀 양육이 불가능할 것이다. 스위치가 꺼져 있다면 무엇을 언제 해야 할 지 우리가 어떻게 알 것인가? 자녀가 어느 정도 나이가 들면, 아이들에 게 감정신호를 다시 켜고 다니라고 부탁할 텐가? 우정, 구애, 심지어 직 장에서까지 이것은 큰 문제가 될 것이다. "지금 감정신호를 켜놨습니까, 꺼놨습니까?" 조간신문을 파는 사람처럼 아주 사소한 대화를 주고받는 상대를 제외하고는, 우리가 어떤 감정을 느끼는지 제대로 알려주지도 않는데 누가 우리와 시간을 보내고 싶어하겠는가?

다행히도 우리에게 그러한 선택지는 존재하지 않는다. 우리에게 감정 신호를 약화시킬 능력은 있어도 완전히 억제하려는 시도는 대개 실패 한다. 물론 어떤 사람들은 다른 이들에 비해서 그들이 느끼는 감정의 신 호를 쉽게 약화시키거나 없애기도 한다. 그들이 감정을 다른 이들에 비 해 다소 약하게 느껴서인지, 아니면 감정신호를 억압하는 능력이 한층 더 뛰어나서인지는 분명하지 않다. 존 고트먼John Gottman과 로버트 레번슨은 아내가 화를 내는데 '담쌓기'를 하며 입을 꾹 다물고 감정을 드러내지 않는 남편들이 실제로는 생리적으로 감정을 격렬하게 경험하고 있다는 사실을 발견했다.[3] 담쌓기를 한다는 것 자체를 현재 상대에게 압도당하고 있고, 당면한 사태에 잘 대처할 수 없거나 대처하고 싶지 않다는 감정신호로 볼 수 있다. 나 자신은 아직 연구하지 않았지만 면밀히 조사해본다면, 담쌓기 이전이나 담쌓기 도중에 미세한 얼굴표정이나 목소리에 두려움이나 분노의 신호가 나타날 것이라고 생각한다.

감정신호는 감정이 일어나면 거의 동시에 생긴다. 예를 들어 슬플 때는 저절로 목소리가 부드러워지고 낮아지며, 두 눈썹의 안쪽 끝이 당겨져 올라간다. 슬픔이 서서히 일어나 수초에 걸쳐서 고조되는 경우에는 신호가 서서히 강해질 수 있다. 또는 일련의 신호가 재빨리 연속해서 나타날 수도 있다. 감정이 시작될 때는 신호가 분명하고 끝날 때는 상대적으로 약하게 나타난다. 감정이 켜져 있는 동안 목소리에는 영향을 주지만, 얼굴표정에 변화가 있는지는 그다지 분명하지 않다. 어떤 사람이 더 이상 특정 감정에 사로잡혀 있지 않음을 우리가 알 수 있는 이유는, 그의 목소리에 그 감정이 실려 있지 않고 얼굴에 해당 표정이 보이지 않기 때문이다. 또는 그의 목소리나 얼굴에서 다음으로 켜진 감정을 듣고 보기 때문이다.

오셀로의 오류

감정신호가 그 감정의 원천을 알려주지 않는다는 점을 기억하는 것은 중요하다. 상대가 화가 났다는 것은 알 수 있다. 그 이유는 정확히 몰라도 말이다. 그 화는 우리를 향해 있을 수도 있고 또는 내부로 본인 스스로를 향한 것일 수도 있다. 또는 우리와는 관계없이 방금 기억해낸 어떤 것에 대해 화가 난 것일 수도 있다. 때때로 우리는 주변 맥락을 통해 그 이유를 알아낼 수도 있다. 당신이 아들에게 이렇게 말했다고 가정해보자. "조니, 오늘 밤 친구들하고 영화 보러 가지 말아야겠다. 집에서 동생을 돌봐줘야겠구나. 아기 봐주는 사람이 못 온다고 연락이 왔는데, 아버지와 나는 저녁 만찬에 가야만 해." 조니가 화난 표정을 짓는다면, 아마 당신이 자신의 계획을 방해했기 때문이리라. 거기에는 부모가 자신의 약속보다 본인들의 저녁 약속을 더 중시한다는 생각이 들어 있다. 만약 그게 아니라면, 스스로의 약속을 그렇게 중요하게 생각해서 그 정도로 낙담한 자신에게 화가 났을 수도 있다. 이럴 확률은 낮지만 여전히 가능성은 있다.

우리는 '오셀로의 오류'를 피해야 한다.[4] 셰익스피어의 희곡에서 오셀로가 자신의 아내 데스데모나가 카시오를 사랑한다며 그녀를 비난하는 장면을 떠올려보자. 오셀로는 그녀가 자신을 배반했으므로 그녀를 죽일 것이니, 그녀에게 죄를 자백하라고 강요한다. 데스데모나는 자신의 결백을 증명하기 위해서 카시오를 불러달라고 오셀로에게 간청하지만, 오셀로는 이미 카시오를 살해했다고 말한다. 데스데모나는 이제 자신의 결백을 증명할 수 없으니 오셀로가 자기를 죽이리라는 것을 깨닫는다.

데스데모나: 아아, 그는 배신을, 난 파멸을 당했구나.
오셀로: 이 매춘부야, 내 앞에서 놈을 위해 울고 있어?
데스데모나: 오, 여보, 절 내쫓되 죽이진 마세요.
오셀로: 꿇어, 이 매춘부야!

오셀로의 오류는 데스데모나가 어떻게 느끼고 있는지를 알지 못했다는 것이 아니다. 그녀가 고뇌하며 두려워하고 있음을 오셀로는 알았다. 그의 오류는 감정이 하나의 원천만을 가진다고 믿고, 그녀의 고뇌가 연인이라고 여겨지는 카시오가 죽었다는 소식 때문이라고 해석했던 것이다. 또한 그녀의 두려움을, 배신을 들킨 부정한 아내의 두려움이라고 해석하는 잘못을 범했다. 데스데모나의 고뇌와 두려움이 다른 원인에서 유래할 수도 있다는 것을 생각하지 않고 오셀로는 그녀를 죽인다. 데스데모나의 고뇌와 두려움은 강렬한 질투심을 가진 남편이 자신을 죽이려고 한다는 것을 알고, 게다가 자신의 결백을 증명할 길이 없다는 것을 깨달은 한 결백한 여인의 반응이었던 것이다.

오셀로의 오류를 피하기 위해서는 섣불리 결론을 내리고 싶은 유혹에 저항해야 하며, 상대가 왜 그런 감정을 보였는지에 대해 우리가 가장 그럴듯하다고 추측하는 이유 이외에 또 다른 이유가 없을까 하고 숙고하는 노력이 필요하다. 두려움은 많은 원천을 갖고 있다. 붙잡히지는 않을까 하고 생각하는 죄인의 두려움은 의심받지 않을까 하고 생각하는 결백한 사람이 느끼는 두려움과 똑같다.* 감정신호는 그 사람이 무엇을 느끼고 있는지, 또 다음 순간에 어떤 행동을 할 것인지에 대해 중요한 정보를 전달한다. 하지만 거의 대부분의 경우 한 가지 이상의 가능성이 있다. 두려움에 사로잡힌 사람이 도망가거나 숨지 않고 맞서 싸울 수도 있다.

* 이것은 종류를 불문하고 거짓말 탐지에 나타나는 심각한 문제점 중 하나다. 거짓말 탐지기 조작자는 기계의 정확함을 단언함으로써, 결백한 사람이 자신이 잘못 평가되는 것은 아닌가 하고 두려워하는 마음을 줄여주려고 한다. 그러나 거짓말 탐지기는 실제로 그다지 정확하지 않고 점차 많은 이들이 이 사실을 알고 있기 때문에, 결백한 사람이나 죄를 지은 사람 모두 동일한 두려움을 드러낼 수 있다.

얼굴표정이라는 감정신호

우선 감정신호 중에서도 가장 짧은 순간 나타나는 얼굴표정부터 시작해 보자. 내 연구를 다룬 1장에서, 7개의 감정(슬픔, 분노, 놀람, 두려움, 혐오, 경멸, 행복)이 보편적이며, 각각 분명히 다른 얼굴표정을 가지고 있다고 설명했다. 이 단어들을 정의할 필요는 없으리라. 다만 경멸만은 예외다. 쉽게 알아볼 수 있는 감정이지만, 영어에서는 그다지 자주 사용되지 않는 단어다. 경멸이란 자신이 상대보다 더 나은 사람이라는 느낌, 또는 우위(보통은 윤리적으로)에 서 있다고 느끼는 감정이다. 그러나 지성이나 힘 등이 자신보다 약한 사람을 향하기도 한다. 경멸은 상당히 즐거운 감정일 수도 있다.

이런 감정들(슬픔, 분노, 놀람, 두려움, 혐오, 경멸, 행복) 하나하나는 단 하나의 감정이 아니라 서로 연관된 감정군을 대표한다. 예를 들어, 분노는 하나처럼 보이지만 짜증에서부터 격노에 이르기까지 갖가지 '강도'의 분노가 있다. 또 '유형'별로 몇 가지만 예를 들어보면 부루퉁한 분노, 원한 서린 분노, 분개, 싸늘한 분노 등이 있다. 개별 감정군 내에서 강도의 차이는 표정으로 분명히 나타나지만, 개별 감정군 내에 있는 특정 유형들이 서로 다른 표정을 갖고 있는지는 아직 과학적으로 입증되지 않았다.

오늘날의 과학에서는 분노, 두려움, 혐오, 슬픔, 경멸을 하나로 묶어서 부정적 감정이라고 하고, 긍정적 감정과 대조하는 것이 일반적이다. 놀람은 긍정적일 수도 있고 부정적일 수도 있기 때문에 대체로 무시된다. 이와 같은 단순한 이분법에는 두 가지 문제가 있다. 우선, 소위 부정적 감정들 사이에 존재하는 아주 중요한 차이를 무시한다. 즉 개별 감정들의 유인에서, 감정들이 느껴지는 방식에서, 감정에 휘말려서 한 언동에서, 소리와 목소리에 나타나는 신호에서, 사람들이 우리에게 반응하는 방식에서 구별되는 차이를 무시한다.

또 다른 문제는 소위 부정적 감정이라고 해도 반드시 불쾌한 것으로 느껴지지는 않는다는 것이다. 성난 논쟁을 즐기는 사람이 있는가 하면, 슬픈 영화를 보고 맘껏 울고 싶어하는 사람들이 있는 것처럼 말이다. 이 두 사례 이외에도 여러 가지가 있을 것이다. 반면에 긍정적 감정이라고 생각되는 즐거움이 비웃음을 수반하는 냉혹한 것일 수도 있다. 우리는 감정적 사건을 느끼고 있는 사람에게 그것이 유쾌한지 불쾌한지 결정하기 전에, 감정적 사건 하나하나를 구체적으로 검토해보아야 한다.

'행복'이라는 단어는 문제가 많다. '불행'이라는 단어처럼 지나치게 포괄적이기 때문이다. 9장에서 살펴보겠지만 행복한 감정에는 여러 가지 유형이 있다. 예를 들어 즐거움과 안도감은 서로 매우 다른 행복한 경험이다. 두려움과 분노가 서로 다른 경험인 것처럼 말이다. 하지만 행복한 감정들은 상이한 얼굴표정을 가지고 있지 않고, 전부 웃는 얼굴이라는 하나의 유형을 공유하고 있다. 서로 다른 유형의 행복은 웃는 얼굴표정이 나타나는 타이밍에 차이가 있을지도 모른다. 그러나 행복한 감정의 일차적인 신호 체계는 얼굴이 아니라 목소리다.

목소리라는 감정신호

목소리도 감정의 신호 체계의 하나로서 표정만큼이나 중요하지만, 양자는 흥미롭게도 서로 다르다.[5] 얼굴은 그 사람이 현장을 떠나지 않는 한, 또 문화가 가면이나 베일을 쓰라고 명하지 않는 한(이런 일은 점점 줄어들고 있다) 항상 관찰 가능하다. 그렇지만 소리는 중단이 가능한 간헐성의 신호 체계이므로, 보통은 마음만 먹으면 완전히 소거할 수 있다. 실제로 우리는 얼굴을 완전히 가리기가 어렵다. 마주 보며 대화하는 대신 전화 통화를 종종 선호하는 것은 표정을 보여주고 싶지 않기 때문이다. (물론 전화에는 다른 이점도 있다. 옷을 제대로 차려입을 필요가 없다거나, 상대의 말을 들으면서 몰래 다른 일도 할 수 있다.) 이메일에는 이것 이외에도 다른 이점이 있다. 상대의 목소리를 들을 필요가 없고 자신의 목소리도 들려줄 필요가 없다. 그 때문에 목소리를 통해서 감정을 노출할 걱정이 없다. 상대가 즉각적으로 대답하거나 항의할 수도 없다. 이러한 이점을 활용하기 위해서 어떤 사람은 일부러 상대가 부재중이라고 생각될 때 전화를 해서 자동 응답기에 메시지를 남기기도 한다. 하지만 이땐 자칫 상대가 전화를 받을 수도 있다.

실번 톰킨스는 감정이 일어날 때, 사람은 반드시 소리—각 감정마다 다른 소리—를 내고 싶은 충동을 느낀다고 말했다. 나는 그것이 옳다고 믿지만, 사람들은 그 소리를 간단히 억제할 수 있다. 하지만 일단 말하기 시작하면 목소리에 자신의 감정신호가 실리지 않게 하는 것은 지극히 어렵다.

현재 느끼지 않는 감정을 소리로 멋지게 모방할 수 있는 사람은 거의 없다. 여기에는 배우의 기술이 필요하다. 배우도 종종 자신의 과거 인생에서 일어난 사건을 떠올려서 감정 자체를 유발시킴으로써 설득력 있는 목소리 연기를 해낸다. 반면에 거짓 표정을 짓는 일은 훨씬 간단하다. 내 연구는 사람들이 표정을 식별하는 연습을 하지 않는 이상 대부분 이런 거짓 표정에 속아 넘어간다는 사실을 보여준다.[6] 목소리는 좀처럼 거짓된 감정 메시지를 전달할 수 없지만, 말을 하지 않는 한 어떤 메시지도 전달되지 않는다. 얼굴은 목소리보다 훨씬 거짓된 감정 메시지를 전달하기 쉽지만, 얼굴이 주는 메시지를 결코 완전히 끌 수는 없다. 듣기만 하고 아무 말도 하지 않을 때도 무심결에 미세한 표정이 새어 나올 수 있다.

마지막으로 목소리 신호와 얼굴 신호의 다른 점은, 우리가 목소리 신호를 보내는 사람을 무시하고 있을 때라도 목소리는 우리의 주의를 끌지만, 표정을 알아채기 위해서는 그 사람에게 주의를 집중해야 한다는 점이다. 보호자가 아이를 돌볼 때 아이가 무엇을 느끼고 있는지 음성 신호 없이 얼굴로만 판단해야 한다면, 보호자는 아이가 보이지 않는 곳으로 갈 때마다 심각한 위험을 무릅쓰게 된다. 아이의 감정 상태를 알기 위해서 항상 시각으로 확인해야 한다면 얼마나 불편할까? 그런데 실제로는 아기가 배가 고프거나 어딘가 아플 때, 화가 날 때, 뭔가가 두렵거나 기쁠 때 큰 소리로 내어서, 보호자는 아기가 보이지 않는 곳에 있어도 아기가 보내는 신호를 알아차릴 수 있다. 그 때문에 보호자는 아기의 목소리를 들을 수만 있다면 어디서든 다른 작업을 할 수 있다. 컴퓨터 용어를 빌리면, 멀티태스킹이 가능하다.

목소리의 중요성을 생각하면, 얼굴에 비해 목소리가 어떻게 감정을 표시하는가에 대해 우리가 거의 알지 못하는 것은 유감이다. 나의 동료이면서 때때로 공동연구자이기도 한 클라우스 셰러는 목소리와 감정을 연구하는 선도적인 과학자다. 그의 연구는 목소리에 의한 감정신호가 표정에 의한 감정신호와 마찬가지로 보편적이라는 사실을 보여주었다.[7] 셰러는 감정별로 목소리 신호에 어떤 변화가 생기는가를 밝혀내는 연구도 해왔다. 얼굴표정과 비교하면 보고할 것이 많지는 않은데, 어느 정도는 연구 자체가 적기 때문이다. 또한 실제로 활용할 수 있는 방법으로 개별 감정의 소리를 기술하는 것이 어렵기 때문이기도 하다. 감정에 대한 얼굴 단서를 설명하는 최선의 방법이 사진, 필름, 비디오를 이용하는 것이듯, 각 감정에 해당하는 목소리를 설명하기 위해서는 직접 목소리를 들어야 할 것 같다. 거의 대부분의 사람에게는 목소리 신호에 대한 설명을 듣고 목소리를 상상하는 것보다, 얼굴 신호에 대한 설명을 듣고 얼굴 신호를 시각화하는 것이 더 쉬울 것이다. 이어지는 장들에서는 개별 감정에 해당하는 얼굴표정 사진을 보여줄 뿐만 아니라, 지금까지 목소리 신호에 대해 발견한 연구 결과를 설명할 것이다.

몸짓으로 나타내는 감정표현

얼굴과 목소리에 의한 감정신호 이외에, 감정적 충동이 유발하는 몸짓을 확인할 수 있다. 나는 이러한 몸짓도 얼굴이나 목소리에 나타나는 표현과 마찬가지로 보편적이라고 믿지만, 이에 관해서는 연구가 제대로 이루어지지 않았다. 몸짓에 의한 감정표현은 얼굴이나 목소리의 표현만큼 우리에게 친숙하지는 않으므로 여기서 간단히 설명하겠다. 분노나 어떤 유형의 즐거움을 느낄 때, 사람은 그 감정 유인에 접근하고 싶다는 충동이 생긴다. 두려움이 엄습하면 우리는 꼼짝하지 않는다. 발각되지 않기 위해서다. 만약 발각될 것 같으면 자신에게 오는 해를 피해 도주하려는 충동이 생긴다. 혐오에도 유사한 충동이 있지만 두려움만큼 강하지는 않은 것으로 보인다. 중요한 것은 단순히 멀리 떨어지려고만 하는 것이 아니라, 거슬리는 대상을 제거하고자 하는 것이다. 예를 들어 거슬리는 대상이 시각적인 것이라면 고개를 돌릴 것이고, 미각이나 후각과 관련된 것이라면 구역질을 하거나 심하면 구토를 할 수도 있다.

고뇌가 아니라 슬픔에 빠지면 근육 전체의 긴장이 이완되고, 구부정한 자세를 취하고 움직이지 않게 된다. 경멸을 느낄 땐 그 대상을 내려다보고 싶은 충동에 사로잡힌다. 놀람과 경이를 느낄 때는 감정의 대상에 주의를 고정시킨다. 안도감을 느끼면 편히 쉬는 자세를 취한다. 촉각적인 쾌감을 느끼면 자극의 원천을 향해서 움직이게 된다. 그 이외 감각적인 쾌감에 대해서는, 자극의 원천을 향해 주의를 기울이겠지만 흘낏 보는 정도 이외에 큰 움직임은 없을 것이다. 어렵게 점수를 따는 운동선수를 보고 있으면, 무언가를 달성해서 자부심을 느낄 때 어떤 동작을 하고 싶은 충동—흔히 손으로 하는—이 있음을 알 수 있다. 강렬한 재미를 느낄 때 흔히 발생하는 웃음은 반복적인 동작과 함께 웃음 경련을 일으킨다.

이와 같이 몸을 움직이고 싶은 충동[8]은 어느 것도 엄밀하게 말해서 신호로 간주하기는 어려울 것이다. 왜냐하면 진화의 과정에서 정보를 분명히 전달하려는 목적으로 다듬어지지 않았기 때문이다. 내가 여기에서 그것을 다룬 이유는 어떤 감정이 일어나고 있는가에 대한 정보를 제공해줄 수 있기 때문이다. 몸을 움직이고 싶은 충동은 얼굴이나 목소리 신호와 마찬가지로 무의식적인 것이지만 대체로 억제하기가 훨씬 쉬울 것이다. 얼굴 신호와 목소리 신호처럼 그것은 보편적이고 미리 설정되어 있다. 그래서 우리는 그것을 따로 배울 필요가 없다.

감정적일 때 우리가 하는 다른 행동들은 모두 미리 설정되어 있지 않고 학습된다. 그래서 문화나 개인에 따라서 다른 경우가 많다. 신체의 동작과 말이 포함된 학습된 행동은 감정을 유발한 대상에 효과적으로 대처하면서 그리고 감정적인 사건이 전개되는 과정에서 발생하는 일에 효과적으로 대처하면서 평생에 걸쳐 쌓아온 경험(그리고 평가)의 산물이다. 미리 설정된 자동적인 감정적 행동과 일치하는 행동을 배우는 경우는 더 쉽고 빨리 배울 수 있다. 예를 들어 두려움을 느낄 때 공격을 수반하는 행동 패턴을 배우는 것보다, 실제로든 비유적으로든 움츠리는 행동 패턴을 배우는 편이 더 쉽다. 하지만 특정 감정에 대해 어떤 행동 패턴이라도 형성될 수는 있다. 일단 학습된다면, 이런 행동 패턴은 미리 설정된 것처럼 자동적으로 작동한다.

반사적인 반응이나 충동은 전혀 다른 행동을 하거나 아예 아무런 행동도 하지 않음으로써, 그 반응과 충동을 무시하거나 대체하면서 의도적으로 방해할 수 있다. 방해는 자신의 의도가 아니라 지나치게 학습된 습관에 의해서 저절로 발생하기도 한다. 담쌓기를 하는 남자는 별 생각이나 의식적인 선택 없이 그렇게 할지도 모른다. 감정이 매우 강렬할 때, 의식적인 선택에 의해서든 몸에 밴 습관에 의해서든 감정표현이나 감정적 행동을 저지하려는 것은 힘겨울 수 있다. 거의 대부분의 사람에게 얼굴이나 목소리에 나타나는 신호를 모두 제거하는 것보다 행동을 막는 편이 쉬울 것이다. 생각해보면 이것은 우리가 골격근을 조절하는 뛰어난 통제력을 가지고 있기 때문이다. 이런 능력이 없다면 우리는 생존하는 데 필요한 복잡하고도 숙련된 활동에 힘을 쓸 수 없었을 것이다. 실제로 우리는 안면근육이나 발성기관을 통제하는 능력에 비해, 신체근육이나 말을 억제하는 능력이 더 뛰어나다.

우리가 하는 일의 일부가 의식적인 생각 없이 자동평가에 의해 무의식적으로 이루어진다고 해서, 그 일이 진화의 소산이며 보편적인 것이라고 말할 수는 없다. 습관은 종종 우리의 자각 밖에서 자동적으로 학습되고 작동한다. 감정적일 때 일어나는 변화의 격렬한 흐름을 이해할 때,

최초의 1~2초 사이에 미리 설정된 얼굴이나 목소리의 표현과 더불어 미리 설정된 행동과 학습된 행동이 함께 나타나고, 덧붙여 눈에 보이지 않는 변화나 귀에 들리지 않는 변화도 나타난다는 점을 반드시 기억해야 한다.

감정적이 될 때 일어나는 내적 변화

지금까지는 누군가 감정적이 되었을 때 그에게서 관찰할 수 있는 모습, 귀로 들리는 소리, 눈으로 보이는 것에 대해 기술했다. 다른 한편으로는 감정이 일어나고 있음을 알리는 눈에 보이는 신호나 귀에 들리는 신호를 만들어내는 일련의 내적인 생리적 변화가 일어나기도 한다. 로버트 레번슨과 나는 감정을 느끼는 동안 일어나는 자율신경계의 일부 변화에 대해 연구해왔다. 예를 들어, 때로 눈에 보이고 코로 냄새를 맡을 수 있는 발한, 귀에 들리는 호흡, 눈에 보이지 않는 심장 활동이나 피부 온도 등이다.

우리가 살펴본 개별 감정에 각각 대응하는 자율신경계 활동 패턴의 발견은, 앞서 내가 미리 설정된 행동 패턴이라고 설명한 내용을 지지한다. 예를 들어, 분노나 두려움을 느끼면 심박수가 증가해서 움직일 준비를 하게 만든다. 분노할 경우에는 손에 피가 몰려서 따뜻하게 만드는 것과 동시에, 분노의 대상을 때리거나 싸움을 시작할 대비를 한다. 두려움을 느끼면 다리로 혈류가 증가해서 손은 차가워지고 동시에 다리 근육은 도주를 준비한다.[9] 두려움이나 분노를 느낄 때는 땀이 많이 나게 되는데, 감정이 강렬할 경우 더욱 심해진다. 발한 작용은 두려움, 분노, 고뇌의 경우 높아지며, 안도감의 경우 한숨을 내쉬는 등 다른 종류의 호흡을 하게 된다. (얼굴을 붉히는 것도 눈에 잘 보이는 신호지만, 그것에 대한 논의는 맺음말까지 미루고 싶다.)

그렇다면 외부로 나타나는 감정적 행동—신호, 행위, 자율신경계의 변화 신호—을 벗어나서, 볼 수도 들을 수도 없는 개인의 내적 변화를 생각해보자. 감정적 사건 중에 생각 자체가 한 순간에서 다른 순간으로 어떻게 변화하는가에 대한 연구는 안타깝지만 별로 진행된 것이 없다. 하지만 우리가 주변 세계를 해석하는 방식에서 심대한 변화를 낳을 것이라는 점은 분명하다고 생각한다. 우리가 현재 느끼고 있는 감정과 관련된 기억이 상기된다는 것을 시사한 연구도 있다. 그 감정을 느끼지 않을 때는 쉽게 떠오르지 않던 기억도 되살아난다는 것이다.[10] 가장 중요한 것은 우리가 현재 일어나는 상황을 우리가 느끼고 있는 감정에 맞춰서 평가함으로써 그 감정을 정당화하고 유지한다는 것이다. 보통 느끼는 감정을 약화시키기보다는 유지하려는 방향으로 예상하게 되고 판단을 내린다.

감정이 시작될 때 일어나는 또 다른 일련의 내적 변화는 감정적 행동을 조절하려는 시도다. 종래에 감정조절은 감정이 일어나는 순간에 함께 시작되는 것이 아니라, 이미 감정적이 된 후에 일어난다고 생각되었다. 확실히 감정을 의도적으로 억제하려는 시도는 감정이 이미 시작되고 의식화된 이후에 일어난다. 그러나 나의 동료이고 때로 공동연구자이기도 한 리처드 데이빗슨은 감정조절이 다른 감정적 변화(신호, 사고의 변화, 행동하려는 충동)와 동시에 일어나는 경우가 있다고 주장한다.[11] 이 주장은 아직 확실하게 입증되지는 않았지만, 그 이외 모든 감정적인 변화들이 일어날 때 그것들과 섞여서 함께 작동하기 시작하는 무의식적인 초기 조절단계가 있다고 말하는 데이빗슨의 생각이 나는 옳다고 생각한다. 그러나 데이빗슨은 그 프로세스가 어떻게 진행되며 어떻게 확립되는지에 대해서는 아직 분명히 하지 않았다.[12] 우리는 앞으로 10년 안에 그것에 대해 많은 것을 배우게 될 것이다.

초기의 조절 패턴은 학습에, 아마도 어린 시절의 사회적 학습에 기초해 있으며, 잠재적으로 수정 가능할 것이라고 나는 믿고 있다. 이 조절 패턴은 자신이 감정을 느끼고 있다는 사실을 얼마나 재빠르게 의식하게 되는가를 포함할 수도 있다. 그 패턴은 일단 그 사실을 의식하는 경우, 얼마나 쉽게 자신의 감정 상태를 알아차리거나 명명할 수 있게 되는지를 포함할 수도 있으리라. 더욱이 행동을 멈추는 브레이크를 밟을 것인가, 아니면 반대로 충동적인 행동에 몸을 맡길 것인가 하는 결단도 그 패턴에 포함되어 있는지 모른다.

우리가 이런 초기의 조절 패턴에 대해서 거의 아무것도 모른다는 것은 분명하다. 그러나 일단 학습이 시작되면 감정이 아무런 조절도 없이 일어나는 일은 없는 것처럼 보이며, 학습은 상당히 이른 유아기에 시작된다. 이들 조절 패턴은 깊이 학습될 것이므로 무의식중에 작동하고 쉽게 변화하지 않는다. 변화에 대한 저항이 어느 정도인지 우리는 모른다. 그러나 만일 그것들이 변화할 수 있다면, 감정생활을 수정할 좋은 기회가 될 수 있을 것이다.

여기에서 잠시 극단적으로 감정이 없는 사람에 대해 생각해보자. 그는 너무나 심하게 감정을 억제하고 있어서 인생이 불만스럽고, 감정을 훨씬 솔직하게 표현하고 싶다고 생각하고 있다. 그의 활기 없는 감정생활의 이유 중 하나로서 기질, 즉 유전적으로 주어진 감정적 성향을 들수 있다. 하지만 인생의 초기에 감정을 조절하는 법을 배운다면, 어쩌면

이 사람은 감정을 과도하게 조절하게 하는 유형의 경험을 했을지도 모른다. 조금이라도 감정을 표현하면 처벌이나 비난을 받거나 무시를 당했을 수도 있으리라. 그의 행동이 학습된 조절에 의해서 일어난 것이라면, 자신의 반응을 변화시킬 가능성이 있을 것이다. 그러나 만일 자연적인 기질에 기초해 있다면 변화시킬 기회는 별로 없다. 그러한 초기의 조절 패턴이 존재한다는 사실은, 유아기나 어린 시절에 경험한 타인과의 상호작용이 이후의 감정생활의 본질을 결정짓는 데 엄청난 중요성을 가지고 있음을 보여준다. 이 내용은 그 주제와 관련된 많은 다른 연구[13]와도 일치하고 정신분석의 핵심 원리이기도 하다.

감정에 사로잡혀 있으면 우리의 선택이나 즉각적인 자각 없이, 일련의 변화들이 순간적으로 일어난다. 우선 얼굴과 목소리에 감정신호가 나타나고, 미리 설정된 행동과 학습된 행동이 일어난다. 신체를 조절하는 자율신경계의 활동이 일어나고, 우리의 행동을 끊임없이 수정하는 조절 패턴이 나타난다. 이와 동시에 연관 있는 기억이 떠오르거나 기대를 하게 되고, 우리 내면이나 주변 세계에서 일어나고 있는 사건을 해석하는 방식에 변화를 준다.* 이런 변화는 무의식적인 것이지 우리가 선택한 것은 아니다. 심리학자 로버트 자이언스Robert Zajonc는 이를 '불가피한 것'이라고 부른다.[14]

감정적 사건이 끝나기 전의 어떤 시점에 우리는 보통 그것을 자각하게 된다. 그때부터 만약 원한다면 그것을 저지하는 선택도 가능하게 된다. 그런 자각이 무엇을 수반하는가와 그 자각을 강화시키기 위해서 어

---

* 신경 화학물질에도 변화가 일어난다. 이들 변화에는 내가 언급하는 많은 특성이 나타나지만 여기에서는 따로 설명하지 않는다.

떤 단계를 밟아야 하는가를 설명하기 전에, 감정 프로세스의 또 하나의 측면을 고려해야 한다. 그것은 바로 무엇이 이런 피할 수 없는 일련의 감정 활동을 낳는가 하는 것이다.

뇌 안에 장착된 정동 프로그램

수많은 반응—개별 감정에 따라 다르고, 어느 정도 전 인류에 공통인 반응들—이 그렇게 빨리 시작된다는 것은, 우리의 감정 반응을 조직하고 이끄는 뇌의 중추 메커니즘들에 대해 뭔가를 가르쳐준다. 우리의 감정 반응을 이끄는 중추 메커니즘들은 2장에서 설명했던 자동평가에 의해서 작동한다. 이 중추 메커니즘들에는 우리의 행동을 이끌어내는 일련의 지령이나, 과거의 진화과정에서 적응적이었던 것을 반영하는 지령이 저장되어 있음에 틀림없다. 사람들이 자신의 순간적인 감정경험을 자각하게 되었을 때 자신의 감정적 행동을 조절함으로써 무엇을 할 수 있게 되는지 예측하기 위해서는 중추 메커니즘들이란 어떤 것인가, 그것들이 어떻게 작동하는가에 대한 나의 이론을 이해해야 한다.

톰킨스는 감정적 행동을 좌우하는, 유전적으로 물려받은 중추 메커니즘을 가리켜 '정동 프로그램affective program'이라는 표현을 제시했다. '프로그램'이라는 단어는 두 개의 어원에서 온 것이다. '미리'라는 뜻의 'pro'와 '쓰다'라는 뜻의 'graphein'이다. 따라서 프로그램이란 이전에 기록된 정보, 이 경우에는 유전적으로 물려받은 정보를 저장하는 메커니즘을 가리킨다. 개별 감정에 해당하는 서로 다른 프로그램들이 있으므로 많은 프로그램이 존재할 것이다. 정동 프로그램이란 감정 데이터베이스와 마찬가지로 하나의 비유다. 왜냐하면 나는 어떤 컴퓨터 프로그램 같은 것이 뇌 안에 들어 있다고 생각하지는 않기 때문이다. 또 뇌의 어느 한 부분만이 감정을 총괄한다는 의미도 아니다. 우리는 이미 뇌의 여러 영역이 감정적 행동을 일으키는 데 개입한다는 것을 알고 있다. 그러나 뇌와 감정에 대해 더 많은 것을 알기 전까지는 이런 비유가 감정을 이해하는 데 도움이 될 것이다.[15]

정동 프로그램들이 우리의 감정적 행동을 억제한다고 보면, 이것들이 작동하는 방식을 더 아는 것이 감정적 행동을 억제하는 길을 안내할 수 있을 것이다. 동물학자 에른스트 마이어Ernst Mayr는 열린 프로그램과 닫힌 프로그램을 구분했다. 닫힌 프로그램에서는 경험에 의해서 어떤 것도 편입될 수 없다. 반면, 열린 유전 프로그램은 "주인이 살아가는 동안 추가 입력을 허용한다."[16] 장기간 부모의 보살핌을 받으며 긴 학습기간을 갖는 종의 경우, 닫힌 유전적 프로그램이 아니라 열린 프로그램을 갖는 것이 자연선택에 유리하게 작용했을 것이라고 마이어는 지적한다. (이것은 감정을 보여주는 모든 동물이 열린 정동 프로그램을 지녔을 것이라는 마이어의 사고와 일치한다. 이것은 감정의 본질적인 특성이다.)

예를 들어, 수년의 의존 기간을 갖는 것으로 유명한 인간과, 인도네시아령 술라웨시 섬 북부에 서식하는 말레오 새(자색무덤새)를 비교해보자. 어미 새는 알을 따뜻한 화산모래 속 깊숙이 묻어놓고 떠난다. 부화한 아기 말레오 새는 필사적으로 모래 밖으로 기어 나와 자력으로 살아간다. 아기 새는 생존을 위해서 무엇이 필요한가를 바로 알아야 한다. 부모에게서 배우는 의존 기간이 전혀 없기 때문이다. 반면 우리 인간은 그것과는 정반대다. 사람은 태어나자마자 버려지면 죽는다. 우리의 정동 프로그램은 열려 있다. 그 때문에 우리가 살아가는 특정 환경 내에서 도움이 될 만한 것을 배울 수 있고, 그 정보가 우리의 행동을 자동적으로 이끌어내도록 저장할 수 있다.

감정신호도 보편적인 것이고 일부 자율신경계 활동의 변화도 보편적으로 나타나는 현상이라는 증거가 있다. 그 증거는 정동 프로그램이 경험을 통해 학습되는 새로운 정보에 열려 있다고 하더라도, 그 프로그램이 아무 정보도 없이 텅 빈 껍데기로 시작되는 것이 아님을 보여준다. 이미 회로가 있는 상태에서 성장하며 차차 회로가 전개된다. 회로는 경험으로부터 영향을 받기는 하지만 경험만으로 구축되는 것은 아니다. 개별 감정을 특징짓는 상이한 반응들에 대응하는 상이한 회로들이 있음에 틀림없다. 진화는 열린 정동 프로그램 안에 있는 일부 지령이나 회로를 미리 설정하고, 감정신호와 행동으로 나가려는 감정적 충동 그리고 자율신경계 활동의 초기 변화를 일으키며, 우리가 느끼는 감정에 맞춰서 세계를 해석하도록 불응기를 형성한다.[17]

더욱이 감정신호와 자율적 생리학이 보편적이라는 증거는, 변화를 일으키는 지령이 특이한 경험에 의해서 수정되지 않는 한, 만인에게 비슷한 방식으로 전개될 것이라는 점을 알려준다. 그러한 특이한 경험이 얼굴표정을 어느 정도까지 수정하는지 보여주는 증거는 많지 않다. 그러나 외상후스트레스장애PTSD 연구를 보면 자율신경계의 활동을 유발하는 역치가 급격히 변화할 수 있음을 알 수 있다. 예를 들어, 사람들 앞에서 말하라는 요구를 받으면(이는 어떤 사람들을 불편하게 만드는 일인데), 어린 시절에 학대를 당했던 여성들이 더 행복하게 성장했던 여성 그룹보다 스트레스 관련 호르몬을 많이 분비하는 것으로 밝혀졌다.[18]

정동 프로그램은 진화과정에서 우리 조상에게 유용했다고 해서 단순히 진화상의 과거에 미리 기록된 것만 포함하지는 않는다. 그 프로그램은 우리 자신이 살아가면서 타인과 맺는 가장 중요한 거래, 즉 감정적 거래를 하는 과정에서 유용하다고 판단한 정보도 저장한다. 개별 감정과 연관된 초기의 조절 패턴은 개개인이 어릴 때 무엇을 학습하느냐에 따라서 달라진다. 초기의 조절 패턴도 정동 프로그램에 편입된다. 일단 편입되면 마치 진화를 통해서 미리 설정된 것처럼 자동적으로 작동하게 되며 쉽게 변하지 않는다. 우리가 살아가는 동안 갖가지 감정 유인을 다루면서 학습하게 되는 행동 패턴도 정동 프로그램에 편입된다. 이런 행동 패턴은 미리 설정되어 있는 행동 패턴과 일치할 수도 있고 상당히 다를 수도 있다. 앞서 설명했던 것처럼 이 패턴도 일단 학습된 뒤에는 자동적으로 작동한다.

아직 증명되지는 않았지만, 나는 정동 프로그램 안에 미리 설정된 지령은 고쳐쓸 수 없다고 생각한다. 이러한 지령을 방해하려고 할 수는 있지만 매우 힘든 일일 것이다. 왜냐하면 우리는 그 지령을 삭제할 수도, 고쳐쓸 수도 없기 때문이다. (뇌손상은 예외다. 그것은 지령을 손상시킬 수 있다). 이 지령을 고쳐쓸 수 있다면, 우리와는 전혀 다른 감정을 지닌 사람들, 즉 다른 감정신호, 행동 충동, 심장 박동과 호흡 등에서 다른 변화를 보여주는 사람들을 만날 것이다. 우리는 단어 통역사만이 아니라 감정 통역사도 필요하게 될 것이다.

그렇다고 미리 설정되어 있는 지령이 모든 사람에게 동일한 변화를 일으킨다는 뜻은 아니다. 이들 지령은 개인이나 문화별로 감정적 행위를 조절하는 방식을 다르게 학습하는 것과는 별개로, 다른 신체 시스템들 안에서 작동한다. 같은 지령들이 미리 설정되어 있다고 하더라도, 감정적 경험에서 개인적인 차이도 있고 공통점도 있을 것이다.

정동 프로그램에 적혀 있는 지령은 자동평가를 통해서 작동하기 시작하면 실행될 때까지 멈추지 않는다. 결국 중단할 수 없다는 뜻이다. 지령에 의해서 일어나는 변화를 얼마나 오랫동안 중단할 수 없는지는, 개별 감정 반응 체계에 따라서 달라진다. 나는 얼굴표정이나 행동 충동의 경우에는 1초 이하일 것이라고 생각한다. 내가 이렇게 말하는 것은, 사람들이 얼마나 빨리 자신의 얼굴표정을 지우고, 표정이 얼굴에 나타나는 시간을 줄이거나 다른 표정으로 위장하는지를 관찰해왔기 때문이다. 나는 사람들이 자신의 느낌을 숨기려고 하는 동안 하는 말을 들으면서, 감정적 목소리를 억제하는 데는 시간이 더 오래 걸린다는 것을 알았다. 그렇지만 그 감정이 아주 강하지 않은 이상, 혹은 새로운 일이 일어나서 감정을 더욱 강화시키지 않는 한, 여전히 몇 초 내외며 길어야 몇 분이다. 호흡, 발한, 심장 활동의 변화는 더 오래가는 편인데, 길게는 10초에서 15초까지 지속된다. 지령을 중단할 수 없다는 내 견해는 엄격한 과학적 증거에 근거한 것이 아님을 독자에게 분명히 밝혀두고 싶다. 하지만 그것은 사람들이 감정적일 때 행동하는 방식에 대한 나의 관찰 결과와 일치한다.

감정은 감정을 부른다

헬렌의 사례를 기억해보자. 남편 짐이 헬렌에게 자기 대신 방과 후에 딸을 데려오라고 말하자 헬렌은 화를 냈다. 그때 헬렌의 얼굴에는 짜증난 표정이 나타났고, 어째서 미리 알려주지 않았느냐고 묻는 목소리는 날카로웠으며 몸을 약간 앞으로 내밀었다. 피부 온도와 혈압, 심박수도 올라갔다. 이런 변화는 모두 정동 프로그램이 일으킨 미리 설정된 변화다.

이 변화의 대부분은 짐이 어째서 미리 알려줄 수 없었던가에 대한 이유를 듣게 되면 사라질 수 있다(피부 온도, 심박수, 혈압의 변화는 감정적 사건이 시작되기 전의 원래 수치로 돌아오려면 조금 더 오래 걸린다). 그 감정적 사건이 지속될 수도 있다. 불응기가 계속되면 헬렌은 화를 지속할 수도 있다. 해소되지 않은 원망이 남아 있을 수도 있고, 자기를 괴롭히던 오빠의 대본을 투영할지도 모른다. 어쩌면 짐이 원래 독선적인 사람이고, 이번 일은 여러 사례 중 한 가지일 뿐이라고 생각할 수도 있다. 만약 헬렌이 짐의 해명을 무시하고, 짐의 설명이 결국 짐 자신의 필요가 헬렌의 필요보다 더 중요하다는 그의 생각을 보여주는 사례로 해석한다면, 헬렌의 화가 다시 솟구칠 것이다. 내가 하고 싶은 말은 다음과 같다. 자동평가를 통해서 감정이 일어날 때, 정동 프로그램에 의해서 일어나는 미리 설정된 초기의 변화들은 짧게 지속되고, 길게 지속될 필요가 없다. 때때로 이렇게 미리 설정된 변화들은 그 상황에 적절하고, 그 상황에 대처하는 데 필요하다. 짐이 정말로 배려 없는 사람이라면, 헬렌이 그것을 방지하지 않는 한 짐은 그녀를 항상 좌지우지할 것이다. 하지만 때로는 그런 변화들이 적절하지 않을 수도 있다. 짐이 강압적으로 행동하는 패턴을 보인 것이 아니라 정말로 미리 말할 수 없었을 수도 있다. 헬렌이 그저 간밤에 잠을 제대로 자지 못해서 잠에서 깨었을 때 기분이 언짢았던 것일지도 모른다.

우리가 우리의 반응을 중단할 수 없다는 말은 그것을 조절할 수 없다는 뜻은 아니다. 반응이 일어나는 순간 즉각적으로 그 감정을 완전히 꺼버릴 수 없다는 뜻일 뿐이다. 일어나는 상황을 재평가한다고 해도 이미 시작된 감정적 반응이 즉각 끝나지는 않을 것이다. 대신 새로운 감정적 반응이 이미 일어난 감정 안에 들어가거나 섞일 수는 있다. 짐에 대한 헬렌의 분노가 오빠에게 괴롭힘을 당했던 대본을 투영한 탓이라고 가정해보자. 짐에게 정말로 다른 선택지가 없었으며 강압적으로 행동하려는 것이 아니었다는 말을 듣고 나면, 헬렌은 자신이 계속해서 화를 내는 것이 부적절하다는 것을 알게 될 것이다. 하지만 오빠에게 괴롭힘을 당했다는 대본이 작동 중이라면 그녀의 분노는 지속될 것이다. 혹은 헬렌 스스로 자신이 잠에서 깨어났을 때부터 줄곧 언짢았으며 화가 지속되는 이유가 자신의 기분 때문이라는 것을 기억해낼 수도 있다. 이때 헬렌은 계속해서 적개심을 느낀 일에 대해 죄책감을 느끼기 시작할 수도 있다. 과학적 연구를 통해 우리는 두 가지 감정이 아주 빠르게 반복해서 일어날 수 있다는 사실을 알고 있다. 두 가지 감정이 뒤섞여 하나의 '혼합 감정'이 되는 경우도 있다. 하지만 내 연구에서는 혼합 감정보다는 두 감정이 빠르게 되풀이되는 현상이 더 자주 보였다.

우리가 일시적으로 다른 감정적 반응들 사이에서 옮겨 다니는 것이 재평가 때문만은 아니다. 실번 톰킨스는 우리가 종종 정동에 대한 정동affect-about-affect을, 곧 우리가 최초로 느낀 감정에 대해 감정적 반응을 종종 갖게 된다는 점을 지적했다. 우리는 자신이 두려워했다는 사실에 대해 화가 날 수 있고, 혹은 자신이 그렇게 화를 냈다는 사실을 두려워할 수도 있다. 우리는 너무나 슬픈 나머지 자기가 무슨 짓을 할지 몰라 두려움을 느끼기도 한다. 첫 번째 감정이 두 번째 감정을 불러온다는 것은 모든 두 가지 감정 사이에서 일어날 수 있다. 실번 톰킨스는 다음과 같이 제안하기도 했다. 성격의 특이성을 이해하는 한 가지 방법은, 그 사람이 보통의 경우 한 정동에 대해 특정한 다른 정동을 가지는지를 확인해보는 일이라고 했다. 때로는 최초의 감정적 반응은 자각하지 못하고 그 첫 번째 감정에 대해 느끼는 2차적 감정밖에 자각하지 못하는 경우가 있다고 지적했다. 우리가 최초로 두려워한다는 것을 깨닫지 못하고, 그 두려움에 대한 반응으로 일어난 분노밖에 자각하지 못할 수도 있다는 것이다. 안타깝게도 아직 아무도 이 흥미로운 발상의 장점을 밝히는 연구를 하지 않았다.

그러나 기억해야 할 중요한 점은 감정이 단독으로 혹은 순수한 형태로 일어나는 경우가 드물다는 것이다. 우리가 처한 환경에서 우리가 반응하는 대상은 빠르게 변하는 경우가 많다. 우리가 상황에 대해 기억하는 것도, 상상하는 것도 달라질 수 있다. 평가가 달라지기도 하고, 정동에 대한 정동을 가질 수도 있다. 사람들은 보통 일련의 감정적 반응들을 경험하지만 반드시 같은 것을 경험하는 것은 아니다. 때로는 감정 하나하나가 몇 초씩 간격을 두고 일어나, 최초의 감정적 반응이 끝난 뒤에 새 감정이 시작되는 경우도 있고, 때로는 여러 감정이 겹치기도 하고 혼합되기도 한다.

습득된 감정적 반응은 조절할 수 있다

덧붙여 또 하나 생각해야 할 아주 중요한 사항이 있다. 앞에서 말했듯이 정동 프로그램은 닫힌 체계가 아니라 열린 체계다. 살아가면서 새로운 감정적 행동들을 지속적으로 습득하고, 이것들은 미리 설정된 감정적 행동에 추가된다. 우리의 정동 프로그램이 가진 이런 특징은 우리가 살아가야 할 어떤 환경에도 적응할 수 있게 해준다. 바로 이 때문에 우리의 감정적 반응은 진화상의 과거뿐만 아니라 우리 개인적인 과거와 현재에도 연결된다. 사람이 진화해온 과거에 자동차는 없었다. 그러나 어릴 때가 아니라 청년 시절 배운 복잡한 동작들이 두려움 반응 속에 편입되었다. 이 학습된 두려움 반응(운전대를 꺾으면서 브레이크를 밟는 동작)은 다른 차의 위협을 받을 때 생각 없이 무의식중에 일어난다.

학습되어 정동 프로그램 속에 편입된 것, 즉 새롭게 습득된 감정적 반응들은 생득적인 반응과 마찬가지로 무의식적인 것이 된다. 정동 프로그램의 한 가지 놀라운 점은 학습된 행동이 타고난 행동과 긴밀하게 결합되어 아주 신속하게 무의식적으로 실행될 수 있다는 것이다. 하지만 열린 감정적 반응 체계에는 단점도 존재한다. 습득된 혹은 추가된 행동들은 정동 프로그램에 편입되고 나면 억제하기가 힘들어진다는 점이다. 그래서 그 행동들은 반드시 도움이 되지 않을 때에도, 원하지 않는 상황에서도 일어난다.

앞 장에 나왔던 예를 다시 떠올려보자. 운전자 옆에 타고 있던 사람이 다른 차가 자신의 차로 돌진해오는 것을 보았을 때, 있지도 않는 브레이크 페달을 밟으려고 발을 쭉 뻗는다. 그녀가 발을 쭉 뻗는 것을 멈출 수 없는 이유는 자신이 하고 있는 일을 깨닫기 전에 먼저 발이 나가기 때문이다. 그 순간 그녀의 얼굴에 스쳐지나가는 두려움의 표정을 멈출 수 없는 것과 마찬가지다. 이들 습득된 감정적 반응은, 미리 설정된, 따로 배우지 않은 감정적 반응과 마찬가지로 영원불변의 것일까? 나는 그렇게 생각하지 않는다. 습득된 감정적 반응은 조절할 수 있을 뿐만 아니라 버릴 수도 있다고 본다. 다만 그러기 쉬운 감정적 반응도 있고 어려운 감정적 반응도 있다.

신체의 움직임을 동반하는 감정적 반응은 목소리나 안면근육의 움직임을 동반하는 감정적 반응보다 버리기가 쉽다. 앞에서 설명했듯이 우리는 신체를 조정하는 근육(골격근)을 통제하는 능력이 뛰어나다. 자동차학원 강사는 운전자 옆 좌석에 앉아 있을 때는 발로 바닥을 밟지 않는 학습을 한다. '두려움 정동 프로그램'에 추가되어서 자동적인 것이 되어 버린 무의식적 행동도 시간을 들여서 연습과 노력을 통해서 수정할 수 있다. 바로 앞 장에서 나는 강력한 감정 유인을 얼마나 쉽게 약화시킬 수 있는지 결정하는 여러 요소를 기술했다. 그중에 몇 개는 우리가 감정적 행동의 패턴을 버릴 때에도 응용할 수 있다. 어릴 때 강렬하고 밀도 높은 감정적 사건이나 사건들을 통해서 습득된 행동 패턴은 수정하거나 버리기가 더 어려울 것이다.

어린아이였을 때 우리는 누구나 때때로 폭력적이 될 때가 있지만, 그럴 때마다 거의 어김없이 그러지 말라고 배운다. 분노에 대해서 논의하는 6장에서, 나는 우리가 학습을 통해서 폭력적이 되는지, 아니면 타인을 해치려는 충동이 분노 반응 중 내장되어 있는 부분인지에 대해 고찰할 것이다. 대부분의 성인은 자기 자신이나 타인을 상해로부터 지키기 위해서 다른 방도가 없는 경우를 제외하고, 결코 폭력을 휘두르고 싶어하지 않는다. (범죄행위의 일환으로서 또는 즐거워서 폭력을 휘두르고 싶어하는 비정상적인 사람들도 있다. 6장에서 폭력에 대해 논의할 때 그들을 다루도록 하겠다.)

우리 가운데 어느 누군가는 완전히 통제를 잃고 파괴적으로 행동할 때까지, 즉 자신의 언동을 전혀 선택할 수 없는 극한까지 몰릴 수 있을까? 누구라도 인내의 한계가 있는 것일까? 누구라도 살인을 범할 수 있을까? 우리가 여태 살인을 범하지 않은 것은 아직 그렇게 도발되지 않아서가 아닐까? 이 모든 질문에 대해 나는 아니라고 믿는다. 하지만 내 믿음을 입증할 만한 과학적 근거는 없다. (여러분은 사람을 서서히 도발시켜서 폭력으로 몰아가는 실험을 상상할 수 있는가?)

우리 대부분은 조절 패턴을 이미 습득하고 있고, 그 조절 패턴은 감정적 행동을 완화시켜서 우리의 언동에 브레이크를 걸기 때문에, 우리의 언동이 극단적으로 유해한 단계에 도달하지는 않는다. 우리는 지독한 언동을 할 수도 있지만 거기에도 한계는 여전히 있다. 억제할 수 없을 정도로 충동적인 감정이 고조되어도, 자신의 생명이나 타인의 생명을 빼앗지는 않는다. 격분이나 두려움에 빠지고 고통에 휩싸이더라도, 우리는 돌이킬 수 없이 파괴적이 되기 전에 멈춘다. 우리가 얼굴이나 목소리로 감정을 드러내는 것을 막지는 못해도, 또 잔혹한 말을 하거나 의자를 차버리는 것을 방지하지는 못해도(비록 이런 행위를 방지하는 것이 얼굴표정이나 목소리의 신호를 금지하는 것보다는 쉽지만), 우리는 그런 잔혹함이 실제로 신체에 해를 가하는 정도까지 고조되는 것을 방지할 수 있고 실제로 방지한다. 나는 충동을 억제하는 능력이 부족한 사람이 있다는 것은 인정하지만 그것은 일반적이기보다는 일부의 일탈에 불과하다고 본다.

　대부분의 사람이 타인이나 자기 자신에게 회복 불능의 상처를 입히는 극단적인 파괴 행위까지 도달하지 않는다고 해도, 수시로 해로운 언동을 하는 것도 사실이다. 그 해는 신체적인 것이 아니라 심리적인 것일 수 있다. 영구적인 해가 아닐지라도, 우리의 행위는 여전히 사람을 해칠 수 있다. 분노만이 그런 해를 일으키는 것은 아니며, 그 해는 타인이 아닌 자신을 향한 것일 수도 있다. 예를 들어, 억제되지 못한 두려움은 우리를 마비시켜서 위험에 대처할 수 없도록 하고, 슬픔은 자신을 세상과 어울리지 못하게 할 수도 있다. 여기에서 우리가 고려해야 할 문제는 우리가 자신이나 타인에게, 아니면 둘 다에게 상해를 가하는 파괴적인 감정적 사건을 어떻게 그리고 언제 방지할 수 있을까 하는 점이다.

감정적이 되는 순간을 자각하기

감정이 가지는 여러 기능 중 하나는 당면한 문제, 감정을 유발한 그 문제에 우리의 의식적 자각을 집중하게 하는 것이다. 우리의 자각 없이 감정이 움직이는 경우도 있지만 보통은 그렇지 않다. 타인에게 지적을 받고 비로소 자신이 감정적으로 행동했던 일을 깨닫게 되는 경험은 누구에게나 있다. 이런 일도 있기는 하지만, 우리 자신이 어떻게 느끼는지 자각하는 경우가 더 흔하다. 어떤 감정을 느낄 때, 우리는 그 감정이 옳고 정당하다고 느낀다. 우리는 진행 중인 우리의 언동에 대해 의문을 가지지 않는다. 우리는 그 감정의 움직임 안에 있다.

우리가 감정적 행동에 브레이크를 걸려면 또는 자신의 느낌을 바꾸려면, 다른 유형의 감정적 의식을 키울 수 있어야 한다. 우리가 감정을 느끼고 있는 바로 그 순간 한 걸음 뒤로 물러설 줄 알아야 한다. 그래야만 우리는 감정이 내모는 대로 따라갈지, 아니면 감정에 따른 행동의 방식을 스스로 선택할지를 물을 수 있다. 이는 우리가 느끼는 방식에 대해 의식하는 것 이상의 것이고, 의식의 더 진전된 형태인데 설명하기는 어렵다. 그것은 불교 사상가들이 '알아차림正念, 念, mindfulness'이라고 부르는 것에 가깝다. 철학자 B. 앨런 월러스B. Alan Wallace가 말하는 바에 따르면, 이것은 "마음이 하고 있는 것을 자각하는 감각"[19]이다. 우리가 우리의 감정을 알아차린다면, 우리는 "분노에 따라 행동하기를 원하든지, 아니면 분노를 그저 관찰하기를 원하든지"[20] 두 가지 중에서 하나를 선택할 수 있다고 월러스는 말한다. 나는 여기에서 '알아차림'이라는 용어를 사용하지는 않겠다. 이유는 그것이 감정을 이해하기 위해서 내가 지금까지 설명해온 것과는 상당히 다른 철학, 더 큰 철학에 뿌리내리고 있고,

또 '알아차림'은 상당히 다른 구체적인 실천에 의존하고 있는데, 그 실천은 내가 밟아온 경로, 내가 앞으로 제시할 경로와는 다르기 때문이다.

심리학자 조지아 니그로Georgia Nigro와 울리히 나이서Ulric Neisser는 기억에 관한 글에서 다음과 같이 말한다. "어떤 기억에서는 자신이 구경꾼이나 관찰자의 위치에 서서, 외부 관점에서 상황을 그리고 '외부에서' 자신을 바라보는 경우가 있다."[21] 니그로와 나이서는 이런 유형의 기억을, 기억 속 그 사람의 관점에서 본 기억과 대조시킨다. 대부분의 감정적 경험을 할 때 우리는 경험에 푹 빠져서 감정에 사로잡혀 버리기 때문에, 우리 마음의 어떤 부분도 자신이 하고 있는 행동을 관찰하거나, 그것에 대해 질문을 던지거나 성찰하지 않는다. 우리는 의식하며 자각하고 있지만 심리학자 엘렌 랭거Ellen Langer가 말하는, 텅 빈mindless 상태에서 그럴 뿐이다.[22]

기억을 두 가지 유형으로 구별하는 니그로와 나이서의 구분은, 정신과의사이자 불교 사상가인 헨리 와이너Henry Wyner가 의식의 흐름과 그가 목격자라고 부른 것의 차이로서 기술하고 있는 것과 지극히 유사하다. 목격자란 "의식의 흐름 속에 나타나는 의미를 관찰하며 반응하는 자각"을 말한다.[23] 우리가 감정적 행동을 완화하고 자신의 언동을 선택할 수 있기 위해서는, 자신이 언제 감정적이 되었는가를, 더 좋은 것은 자신이 감정적이 되어가는 바로 그 순간을 알 수 있어야 한다.

만일 우리가 자동평가가 일어나고 있는 바로 그 순간을 자각할 수 있어서 그 평가를 마음대로 수정하거나 취소할 수 있다면, 우리는 아마 더 많은 선택지를 가질 것이다. 자동평가기제는 순식간에 작동하기 때문에 그렇게 할 수 있는 사람이 과연 있을지는 의심스럽다. 달라이 라마와 만났을 때, 그는 일부 요가 수행자들은 시간을 늘릴 수 있다고 말했다. 그들은 자동평가가 일어나는 극미의 찰나를 연장해서 평가 프로세스를 의식적으로 수정하거나 취소할 수도 있다고 한다. 그러나 달라이 라마는 자신을 포함해서 대다수의 일반인에게 이런 '평가 자각appraisal awareness'이 가능할지 의문을 표했다.

달성하기는 어려울지 모르지만 그 다음으로 가능한 단계는 자동평가 직후와 감정적 행동 시작 이전에 머릿속에 일어나는 생각을 자각하는 일이다. 즉 특정 언동에 대한 충동이 일어나자마자 그 충동을 자각하는 일이다. 우리가 만일 그런 '충동 자각impulse awareness'[24]을 성취할 수 있다면, 그 충동을 실행으로 옮길지 말지를 결정할 수 있으리라. 불교도들은 자신들이 충동 자각을 얻을 수 있다고 믿고 있지만, 그것은 수년에 걸친 명상 수행을 필요로 한다. 다음으로 간단하지는 않지만 더 쉽게 달성할 수 있는 것을 생각해보자.

철학자 피터 골디는 자신이 두려워하고 있음을 자각하는 것을 '반성적 의식reflective consciousness'이라는 말을 사용해서 설명한다. 예를 들어 누군가가 "그 경험을 돌이켜보면 상황이 진행되던 당시 나는 분명히 두려워하고 있었지만, 그때에는 두려움을 조금도 느끼지 못했다"고 말한다면, 이것은 그 사람이 반성적으로 자각하고 있지 않다는 사례일 것이라고 골디는 말한다.[25] 그의 말은 내가 주목하려는 내용의 전제조건이긴 하지만 충분하지는 않다. 왜냐하면 여기에는 우리가 감정대로 행동하고 싶은지, 아니면 그 감정을 수정하거나 금지하고 싶은지 하는 고려가 배제되어 있기 때문이다.

조너선 스쿨러Jonathan Schooler는 자신이 '메타의식meta-consciousness'이라고 부른 것을 설명하면서 우리 모두에게 익숙한 경험, 즉 글자를 한 자도 읽지 않고 책장을 넘기면서 그날 밤 어느 식당에 갈 것인가를 생각하고 있는 경험을 언급한다.[26] 그것은 우리가 의식하고 있지 않다는 것은 아니다. 식당을 생각하고 있다는 것은 의식하지만, 책 읽기를 멈췄다는 사실은 자각하지 못하는 것이다. 그 점을 자각했다면 바로 메타의식으로 발전했을 것이다. 내가 고려하고 싶은 것은 이와 같이 바로 그 순간 경험하고 있는 것을 자각하는 의식이다. 그것은 우리가 경험이 일어나는 그대로 따라가고 싶은지, 아니면 그 경험을 변화시키고 싶은지를 선택하는 것과 관련된 문제다.

감정에 주의 집중하기

나는 이런 유형의 의식을 한마디로 설명하는 용어를 찾을 수 없었다. 내가 선택한 최선의 말은 '느끼는 감정을 주의 깊게 관찰함attentively considering our emotional feelings'이다. (때로는 긴 구절 전체의 반복을 피하기 위해서, '주의 집중하는attentive' 또는 '주의 집중attentiveness' 등으로 줄여서 부를 것이다.) 내가 방금 설명한 의미로 자신의 감정에 '주의를 집중하게' 되면 어떤 감정적 사건에서도 우리 자신을 관찰할 수 있다. 감정이 일어나서 수초 이상 경과하기 전에 자각한다면 이상적일 것이다. 그렇게 한다면 스스로가 감정적임을 알아차리고 자신의 반응이 올바른 것인지 생각할 수 있고, 사건을 재검토하고 재평가할 수 있다. 그리고 그 일에 성공하지 못한다면 자신의 언동을 조정해야 한다. 이것은 우리가 감정을 경험하고 있는 동안, 우리가 자신의 감정적 느낌과 행동을 의식하자마자 발생한다.

대부분의 사람은 자신의 감정적인 느낌에 그만큼 주의를 집중해서 관찰하지 않지만, 이러한 주의 집중 능력을 얻을 수 있다. 나는 우리가 '주의 집중하는' 능력을 발전시키면 그것이 하나의 습관, 곧 우리 삶에서 하나의 표준이 될 것이라고 믿는다. 그런 일이 일어나면 우리는 더 깊이 느낄 뿐만 아니라, 우리의 감정생활을 더 잘 조절할 수 있을 것이다. 이런 유형의 '주의 집중'을 발전시키기 위한 방법에는 여러 가지가 있다.

감정에 더 깊이 '주의를 집중하기' 위해서 우리가 사용할 수 있는 한 가지 방법은 5장에서 9장까지 설명하고 있는, 개별 감정의 원인들에 대한 지식을 활용하는 것이다. 감정을 유발한 원인에 더욱더 익숙하게 된다면, 우리는 언제 그리고 왜 감정이 일어나는지에 대한 우리의 의식을 고양시킬 수 있다. '주의 집중'을 강화하기 위한 이 길을 가는 데 결정적으로 중요한 부분은, 자신의 강렬한 감정의 유발요인들을 확인하는 능력이 있는가 그리고 그 유인들을 약화시키기 위한 단계를 밟아갈 수 있는가다. 목표는 감정을 없애는 것이 아니다. 감정적이 되었을 때 그 감정을 표출하는 방식에 대한 선택지를 늘리자는 것이다.

개별 감정에 있는 특유의 감각과 신체의 느낌에 대해 더 알게 되면 '주의 집중'을 강화하는 데 도움이 될 것이다. 우리는 통상 이들 감각을 자각하기는 하지만 그 감각들에 주목하지도 않고, 그것들을 감정적 상태에 '주의를 집중해야' 한다는 경고 신호로 이용하지도 않는다. 5장부터 9장까지 나는 이런 감정들이 '느껴지는' 방식에 대한 당신의 의식을 고양시키기 위한 연습 방법을 제시할 것이다. 여러분은 그 연습 방법을 통해서 생리적 변화를 더 선명하게 자각하고, 그 변화를 '주의를 집중하게' 하는 의도적인 단서로 활용할 수 있을 것이다. 그렇게 되면 자신의 감정을 성찰하고 재검토하며 억제할 기회가 생길 것이다.

우리와 관계있는 타인의 감정적 느낌을 잘 관찰하는 것도 자신의 감정에 더 '주의를 집중하게' 하는 하나의 방법이다. 다른 사람이 어떻게 느끼는지를 알고 그것이 우리의 의식적인 마음에 인식된다면, 그것을 우리 자신의 느낌을 더욱 잘 분별하기 위한 단서와 우리 자신의 감정적 느낌에 '주의를 집중하게' 하는 신호로 활용할 수 있다.

안타깝게도 내 연구에 따르면, 우리 대부분은 타인이 어떻게 느끼고 있는지를 그다지 잘 인식하지 못한다. 그들의 표현이 상당히 강할 때를 제외하고는 말이다. 감정이 정점에 도달하게 되면 누구라도 큰 도움 없이 그 얼굴표정을 해석할 수 있다. 그럴 때는 감정을 억제할 수 없는 것이 보통인데, 내가 보편적이라고 발견했던 그런 외양을 보여준다. 하지만 눈꺼풀이나 윗입술의 변화 등 표현이 지극히 미세한 것도 있다. 우리는 종종 사람들이 하고 있는 말에 너무 집중해서 이런 미세한 신호를 완전히 놓친다. 이는 유감스런 일이다. 왜냐하면 타인과의 소통 초기에 상대가 느끼는 바를 탐지하게 되면 더 잘 대응할 수 있기 때문이다. 이 책의 부록에는 감정이 막 시작될 때의 미세한 신호를 얼마나 잘 인지할 수 있는지를 평가해볼 수 있는 테스트가 준비되어 있다. 또 5장에서 9장까지는 미세한 얼굴표정에 더 민감해질 수 있도록 도와주는 사진을 게재하고, 그 정보를 가정생활, 친구관계, 직장에서 어떻게 활용할 수 있는가에 대한 아이디어를 제공하고 있다.

자신의 감정적 느낌에 '주의를 집중하는' 것을 배우기는 쉽지 않지만 가능하며, 시간을 들여서 반복해서 노력한다면 점점 쉬워질 것이다.[*] '주의 집중'이 하나의 습관으로 자리 잡은 뒤에도 그것이 항상 작동하는 것은 아니다. 감정이 아주 강렬하거나, 우리가 미처 인지하지 못한 대본을 대입하거나, 우리가 느끼는 감정과 관련 있는 기분에 빠져 있거나, 거의 잠을 자지 못했거나 또는 지속적인 신체적 고통을 느낀다면, 우리는 '주의를 집중할' 수 없다. 우리는 실수도 하겠지만 그런 실수로부터 배워서 재발할 가능성을 감소시킬 수 있을 것이다.

자신의 감정에 '주의를 집중하면서' 감정적 행위를 조절하는 데 사용할 수 있는 몇 가지 기술이 존재한다.

- 일어나고 있는 일을 재평가하기 위해서 노력할 수 있다. 재평가에 성공하면 감정적 행동이 당장 중단되거나 더 적절한 감정이 생길 수도 있다. 아니면 우리의 최초의 반응이 적절한 경우에는 그 반응이 확정될 것이다. 재평가의 문제점은 불응기가 감정이 부당함을 보여주는 정보―우리 내부에 저장된 것이든 외부에서 온 것이든―에 접근하는 것을 방해하거나 막는다는 사실에 있다. 불응기가 끝나면 재평가는 훨씬 쉬워진다.

- 비록 일어나고 있는 일을 재평가할 수 없다고 해도 그리고 우리가 여전히 우리의 느낌이 정당하다 믿는다고 해도, 자신의 행위를 저지하거나, 수초 이내에 말을 멈추거나, 적어도 완전히 느낌에 지배당하지 않기로 선택할 수 있다. 얼굴과 목소리에 드러난 감정신호를 감소시키기 위해서 노력하고, 행동하려는 어떠한 충동에든 저항하며, 우리의 말을 검열할 수 있다. 감정에 휩싸여 무의식적으로 하는 행동을 의식적으로 억제하는 것이 간단한 것은 아니다. 느껴진 감정이 강렬한 경우는 특히 그렇다. 하지만 우리는 언동을 멈출 수 있다. 적어도 얼굴과 목소리에 드러난 감정의 흔적을 완벽하게 없애는

---

* 나의 보잘것없는 명상 수행 경험 그리고 오랫동안 명상 수행을 했던 여러 친구·동료들의 경험담을 통해서 명상 수행이 그러한 주의 집중력을 획득하는 또 하나의 방법일 것이라고 생각하게 되었다. 최근 시작한 연구에서 나는 이것이 어떻게 가능하며 그 결과로 어떠한 변화가 나타나는가를 증명하려고 한다.

것보다는 쉬우리라. 스스로가 감정적임을 아는 것, 언동을 억제하는 힘을 유지하는 것, 나중에 후회할 것 같은 행위를 막아주는 것, 그것이 '주의 집중'이다.

나의 사례: 분노의 감정과 주의 집중하기

내 삶에서 얻은 하나의 사례를 검토함으로써 주의 집중이 작동하는 방식을 생각해보자. 내 아내 메리 앤이 워싱턴 D.C.에서 열리는 회의에 참석하기 위해서 나흘간 집을 떠나 있었다. 우리 부부는 집을 떠나 있으면 매일 상대방에게 전화하는 것을 규칙으로 삼고 있다. 금요일 밤의 통화에서, 나는 토요일에 동료와 저녁을 먹고 밤늦게까지 함께 작업할 것이라고 아내에게 말했다. 밤 11시경 내가 집에 돌아올 때 그녀가 있는 워싱턴은 새벽 2시라, 아내는 이미 잠이 들었을 터였다. 토요일 밤에는 통화할 수 없으니, 일요일 아침에 전화하겠다고 아내는 말했다.

일요일에도 내가 아침 일찍 일어난다는 것, 아내가 부재중이어도 내가 아침 8시면 항상 컴퓨터 앞에 앉는다는 것을 아내는 알고 있다. 9시가 되었는데도 전화가 없자 나는 걱정하기 시작했다. 워싱턴 시간으로 정오인데 무슨 일로 전화를 하지 않지? 10가 되자 나는 화가 나기 시작했다. 워싱턴은 오후 1시니 분명히 전화를 걸 수 있었을 것이다. 왜 전화하지 않지? 전날 밤에 나에게 말할 수 없는 짓을 해서 당황해하고 있는 건가? 나는 그런 생각을 좋아하지 않았다. 그래서 더 화가 났다. 앤이 전화를 했다면 내가 질투심에 시달릴 리가 없으니 말이다. 아니면 병이 났는지도 모른다. 아니면 교통사고라도 난 걸까? 나는 두려워지기 시작했다. 워싱턴 경찰서에 전화해야 하나? 아냐, 그냥 잊어버렸던지, 아니면 박물관 구경(앤은 이것이 일요일 일정이라고 말했었다)에 몰두한 나머지 전화 약속을 잊어버렸을 거야. 나는 아내에 대해 이렇게 걱정하고 있는데 자기 혼자 즐기고 있다는 생각이 들자, 아내의 무심함은 두려움 대신에 분노를 일으켰다. 내가 어째서 질투심에 시달려야 하는 거지? 도대체 왜 전화를 하지 않느냐고!

내가 더 현명했거나, 이 책에서 논의한 교훈을 이미 배웠다면, 토요일 밤이나 일요일 아침에 예방책을 준비했을 것이다. 여성에게 버림받는 것이 나에게는 강한 감정 유인이라는 것을 유념하면서(내가 열네 살 때 어머니가 돌아가셨다), 앤이 전화하는 것을 망각했어도 버림을 받았다고 느끼지 않기 위한 마음 준비를 했으리라. 나는 메리 앤이 전화를 싫어할뿐더러 공중전화는 더더욱 싫어한다는 사실을 그리고 호텔로 돌아갈 때까지는 나에게 전화하지 않을 것임을 상기했을 것이다. 나는 또 20년간의 결혼생활이 그녀가 신뢰할 수 있는 사람임을 증명해왔으므로 질투심을 느낄 필요가 없다는 지식도 상기해냈을 것이다. 이런 모든 생각을 미리 했더라면, 나는 감정 유인을 약화시켜서 앤이 아침에 전화하지 않은 일을 두고 버림받았다고 느끼지도, 화나지도, 질투하지도, 아내의 안녕에 대해 걱정하지도 않고, 아내가 불필요하게 이 모든 감정을 느끼게 만들었다는 점에 대해 화가 나는 일도 없었을 것이다.

물론 이런 생각으로 도움을 받기에는 이미 늦어버렸다. 사전에 미리 마음의 준비를 하지 않았기 때문에 일요일 아침에 예방책을 준비하기란 불가능했다. 분노나 두려움이나 질투를 느낄 때마다, 나는 상황을 해소할 만한 모든 정보를 손에 넣을 수 없는 불응기 안에 있었다. 감정들은 이미 시작되었다. 시간이 흐르면서 감정들을 경험할 때마다 그것들은 더 강해졌다. 나는 메리 앤과 나에 관련된 정보에 더 이상 접근할 수 없었다. 나는 내가 느끼고 있던 감정에 맞는 정보만을 얻을 수 있었다.

나는 감정이 일하는 데 방해가 되지 않게 하기로 결심했다. 나는 아침 8시부터 앤이 다섯 시간 뒤 마침내 전화를 걸어온 오후 1시(워싱턴 시간으로 4시)까지 줄곧 화가 나 있었던 것은 아니지만, 시계를 들여다보고 아내가 아직도 전화를 하지 않는다고 생각할 때마다 몇 번이나 분노의 감정이 일어났다. 하지만 시간이 주어지자 나는 자신의 감정적 느낌에 대해 '주의를 집중할' 시간을 가지기 시작했다.

나는 아내가 전화하기로 한 오전에 전화하지 않은 무신경에 화를 내는 것이 상당히 정당하다고 느꼈지만, 전화로 내 감정을 표현하지 않는 것이 현명하겠다고 생각하고, 아내가 집에 돌아올 때까지 기다리기로 결정했다. 나는 통화하는 도중 내 목소리에 화난 감정이 깃들어 있음을 느꼈지만 애를 써서 불평을 말하지도 않고 내가 몹시 퍼붓고 싶었던 비난도 전혀 하지 않았다. 그 통화는 그리 만족스런 것은 아니었고, 그녀가 다음 날 저녁 늦게 귀가한다는 것을 확인한 후 몇 분 뒤에 우리는 전화를 끊었다.

일어났던 일을 반성해보았다. 통화하면서 어떤 비난도 하지 않았던 일에 대해 나는 안도감을 느꼈다. 그러나 아내가 내 목소리에서 뭔가에 대해 화가 나 있었다는 것을 알아차렸음을 나는 알았다. 아내는 자제심을 발휘해서 그것에 대해 나에게 캐묻지 않았다. 불응기가 끝나자 나는 그 상황을 재평가할 수 있었다. 더 이상 화는 나지 않았고, 오히려 화를 냈던 일이 좀 어리석었다고 느꼈다. 우리가 물리적으로 수천 킬로미터 떨어져 이틀을 더 만나지 못하는데, 심리적으로 그녀와 거리를 두고 싶지 않아서 메리 앤에게 전화를 걸었다. 아마도 첫 번째 통화가 끝나고

2분 정도 경과했으리라. 이번에는 유쾌하고 만족스런 이야기가 오갔다. 며칠 뒤에 아내에게 이 일에 대해 물었는데 그녀는 까먹은 상태였다. 그녀는 실제로 내가 화가 났다는 사실을 알고 있었지만, 내가 먼저 이야기를 꺼내지 않기에 자기도 그러지 않기로 결정했다고 했다.

감정적 행동을 억제하는 훈련

이것은 감정적이 된 일을 후회하는 감정적 사건의 사례다. 물론 우리가 자신의 감정적 반응에 대해 나중에 크게 기뻐하는 사례들도 있다. 하지만 이 사건에서 무엇을 배울까에 주목하고 싶다. 그래서 자신의 감정적 행동을 후회하는 다른 상황에 적용할 수 있는 교훈에 주목하고 싶다. 제일 중요한 것은 어떤 일이 일어날지 예상하는 것이다. 다시 말하자면, 자신이 무엇에 취약한지를 아는 것이 중요하다. 이번 사례에서는 내가 이 점에서 실패했기 때문에 사태를 피할 수 없었다. 이 사건에 '버림받음에 대한 분노 대본'을 대입할 가능성을 줄일 수 없었기에 불응기가 연장되었다. 다행히도 나는 이 경험에서 충분히 배웠으므로 다음에 앤이 전화하겠다고 말해놓고 또다시 전화하지 않는다고 해도 그때는 분노로 반응하지는 않을 것이다. 자신의 감정에 '주의를 집중한다면' 화를 내지 않는 선택을 할 수 있다. 하지만 이미 짜증난 기분이거나, 내 삶 속에서 다른 스트레스를 받고 있다면 또다시 실패할 수도 있다.

곧 작동할 것 같다고 짐작되는 감정 유인을 약화시키기 위해서 필요한 분석은 두 부분으로 이뤄져 있다. 첫째, 자기 안에 있는 무엇이 나중에 후회할 것 같은 방식으로 감정적으로 반응하게 하는가를 주목해야 한다. 이번 사례에서는 아내가 약속대로 전화하지 않았다는 것이 나의 풀리지 않은 원망을 자극했음을 인정하는 것이다. 풀리지 않은 원망이란 모친이 돌아가셨을 때 버림받았다고 느끼고 모친을 원망한 것인데, 나는 지금 그것을 이 상황에 대입하고 있었던 것이다. 둘째, 다른 사람에 대한 이해를 넓히도록 노력하는 것이다. 위의 사례에서는 아내가 전화를 걸지 못했던 이유에 대해 내가 알고 있는 것들을 검토하는 것이다. 예를 들어, 그녀가 공중전화를 싫어한다는 사실과 같은 것이다. 그것이 이유라면 버림받는 것과는 아무런 상관도 없다.

특히 감정의 시작 시점에 감정을 예측하고 진정시켜야 할지의 여부를 항상 스스로에게 묻는 것은 지나친 요구일 수 있다. 그러나 우리가 더 능숙하게 감정에 대처한다는 것은 하나의 감정 사건이 종료된 다음에 이미 일어난 일을 분석하고 이해하는 능력을 키우는 일을 포함한다. 다만 그 분석은 이미 행한 일을 정당화할 필요를 더 이상 느끼지 않을 때 진행되어야 한다. 이런 분석은 우리가 경계해야 할 것을 알려주고, 감정 유인을 진정시키는 데 도움을 줄 수 있다.

바로 앞 장에서 나는 자신이 후회하는 사건에 대해 감정 일기를 쓰도록 추천한 바 있다. 그 일기를 연구하면 왜 그런 사건이 발생했는지를 알 수 있을 뿐만 아니라, 언제 그런 사건이 쉽게 재발할지 그리고 앞으로 그런 사건이 재발하지 않도록 자신을 변화시키기 위해서는 무엇을 해야 할지도 알 수 있다. 또한 동일한 감정 일기에 감정에 대해 성공적으로 반응했던 사건(자신이 잘 반응한 사건)을 기록하는 것도 유용할 수 있다. 그런 일기는 우리를 격려해줄 뿐만 아니라, 우리가 언제 왜 실패했는지는 물론이고 우리가 왜 때때로 성공할 수 있었는지를 돌아보도록 해줄 것이다.

우리가 자주 경험하는 문제는 일단 감정이 시작되고 불응기에 빠져서 지금 일어나고 있는 일을 재해석할 수 없게 되었을 때 무엇을 해야 하는가다. 자신의 감정에 대해 '주의를 집중하게' 되면, 그 감정을 고조시키지 않으면서 상대를 자극할 것 같은 행동을 막을 수 있다. 상대를 자극하게 되면 자신의 느낌도 더욱 강해질 것이다. 내가 만일 아내를 비난했다면, 메리 앤도 방어적이 되어 분노로 대응했을 것이다. 앤의 이런 반응은 아마 나를 다시 한 번 더 화나게, 아마 더욱 강하게 화나게 했을 것이다. 두려움이든 분노든 나는 감정적 행동을 억제하는 것을 하나의 도전으로 보게 되었다. 내가 비록 늘 성공하는 것은 아니지만 그 도전을 거의 즐길 정도가 되었다. 이 도전에 성공하게 되면 성취감을 느끼고 크게 만족한다. 거듭 말하지만, 감정적 사건이 진행되는 동안 그것을 자각하는 것 그리고 필요한 일에 대해 생각하고 훈련하는 것이 도움이 될 것이라고 나는 믿는다.

감정적 행위를 억제하는 것이 항상 잘 되지는 않는다. 일어난 감정이 아주 격렬해질 때, 감정적이 되기 쉬운 기분일 때, 혹은 사건이 진화의 과정에서 확립된 감정 테마나 어릴 때 학습된 감정 유인과 아주 유사할 때, 내가 제안한 방법은 사용하기가 더 어려울 것이다. 감정과 정동 스타일에 따라서 어떤 사람들은 성격적으로 즉시 그리고 강렬하게 감정적이 되어서 어떤 감정들은 억제하기가 더욱 어려울 것이다.

우리가 언제나 감정 억제에 성공하는 것이 아니라고 해서 나아질 수 없다는 것은 아니다. 핵심은 우리 자신을 더 잘 이해하는 것이다. 감정적 사건이 일단 끝난 뒤에 그것을 분석함으로써 우리는 '주의 집중'이라는 습관을 기르기 시작할 수 있다. 자신이 현재 느끼고 있는 것에 더 주목하는 법을 배움으로써 그리고 우리가 현재 어떤 감정을 느끼고 있는지를 알려주는 내적 단서를 배움으로써, 우리는 자신의 감정을 더 잘 감시할 수 있을 것이다. 타인이 감정적으로 우리에게 어떻게 반응하는지에 대한 신호를 식별하는 우리의 능력을 향상시키게 되면, 이는 우리의 행동과 느낌에 대해 주의를 집중할 수 있게 경계심을 주고, 타인의 감정에 적절하게 대응할 수 있게 우리를 도와줄 수 있다. 그리고 개별 감정을 유발하는 일반적인 유인, 즉 모든 사람과 공유하고 있는 일반적인 유인 그리고 자신에게 특히 더 중요하거나 자신에게 고유한 유인을 숙지한다면, 감정적 상황을 대비하는 데 도움이 될 것이다. 다음 여러 장들은 이 모든 문제에 대한 정보를 제공할 것이다.

그것은 부모에게 최악의 악몽이었다. 어느 날 자식이 아무 설명 없이 돌연 사라졌다. 수개월이 지나서 경찰로부터 어린 소년들을 유괴하고 고문하고 살해한 동성애자 대량살인 집단을 알아냈다는 연락을 받았다. 그 후 당신은 시체가 대량 매장된 장소에서 아들의 시체가 발견되고 확인되었다는 것을 알게 되었다.

경찰이 그 현장을 찾은 것은 17세 청년 엘머 웨인 헨리 때문이었다. 헨리는 밤새워 페인트를 흡입하는 파티를 벌인 후에 친구인 33세의 딘 콜을 총으로 쏘아 죽인 혐의로 체포되었다. 헨리는 자신이 딘 콜을 위해서 어린 소년들을 조달한 대량살인 집단의 일원이라고 주장했다. 콜이 헨리가 다음 희생자라는 말을 하자 헨리는 방아쇠를 당긴 것이다. 콜의 죽음과 관련하여 구금된 헨리는 경찰에게 소년들을 살해한 것은 "[부모들을 위한] 일종의 봉사"였다고 진술했다. 부모는 자신의 아들들에게 무슨 일이 일어났는지를 알아야 한다고 생각했다는 것이다. 전부 해서 소년들의 시체 27구가 발굴되었다.

베티 셜리(다음 페이지의 사진)는 이 사건으로 죽은 한 소년의 어머니다. 그녀의 비통은 너무나 깊고, 괴로움은 너무 심해서 그 표정을 바라보는 것만으로도 견딜 수 없는 기분이 든다. 저 엄청나게 불행한 얼굴에서 북받쳐 나오는 흐느낌을 들을 수 있을 정도다. 얼굴과 목소리로 전달되는 그 메시지는 표정을 전혀 조절하려 하지 않는다면 번갈아 반복될 것이다.

자식의 죽음은 슬픔과 고통을 유발하는 보편적 원인이다.* 이만큼 강렬하며 반복적으로 지속되는 불행을 일으키는 사건은 따로 없을 것이다. 1967년 파푸아뉴기니에서 연구할 때, 나는 원주민 포레족에게 자식의 죽음을 알았을 때 어떤 표정을 지을지 보여 달라고 요청했다. 그들을 촬영한 비디오는 베티 셜리의 표정과 거의 같은 것을 보여주었다. 실제로 자식을 잃은 것이 아니라, 어디까지나 상상한 것에 불과했으므로 덜 강렬했지만 말이다.

상실이 낳는 두 감정

많은 유형의 상실이 슬픔을 일으킬 수 있다. 친구나 연인에게 거부당한 일, 직장에서 목표를 달성하지 못한 데서 오는 자긍심의 상실, 상사의 감탄이나 칭찬을 놓친 일, 건강의 상실, 사고나 질병으로 인한 신체 부위 혹은 기능의 상실 그리고 일부의 사람에게는 귀중품의 상실도 이에

---

* 자식이 불치병을 앓아왔던 경우라면 예외가 될 수 있다. 또한 어떤 사회에서는 가족이 보살필 수 없는 갓난아이의 죽음은 슬픔의 원인이 되지 않는 경우도 있다.

해당할 것이다. 슬픈 느낌을 묘사하는 어휘는 다양하다. 마음이 찢어지다, 실망하다, 낙담하다, 울적하다, 우울하다, 낙심하다, 기가 죽다, 절망적이다, 슬프다, 무력하다, 비참하다, 비통하다 등이 있다.

그러나 이들 단어 중 어떤 것도 베티 셜리의 얼굴에 드러난 감정을 제대로 설명할 만큼 강하지는 못한 것 같다. 윌리 프리센과 나는 이 감정에는 슬픔과 고통이라는 두 개의 다른 측면이 있다고 주장했다.[1] 고통의 순간에는 항의가 담겨 있으나, 슬픔에는 체념과 무력감이 더 강하다. 고통은 상실의 원인에 적극적으로 대처하려 하지만, 슬픔은 다소 수동적이다. 무엇을 하더라도 이미 상실한 것을 회복할 수 없는 경우, 고통은 종종 아무 소용이 없는 것으로 느껴진다. 우리는 이 사진 속의 표정에서 베티가 느끼고 있는 것이 슬픔인지 고통인지 알 수가 없다. 우리가 그녀의 표정을 단 몇 초라도 볼 수 있고, 하는 말을 들을 수 있고 몸짓을 볼 수 있다면, 어느 쪽인지 조금 더 명확해질 것이다. 베티의 절망이나 고통에 찬 절규를 듣는 일은 고통스러울 것이다. 고개를 돌려 얼굴은 외면할 수 있겠지만, 감정의 소리는 피할 수 없다. 우리는 감정과 결합된 불쾌한 소리를 내지 말라고 자녀들에게 가르친다. 특히 절망이나 고통에서 오는 끔찍한 절규가 그렇다.

슬픔은 오래 지속되는 감정의 하나다. 항변하는 고통의 기간이 끝나면 보통은 체념 섞인 슬픔의 시간을 경험하는데, 이때 완전한 무력감을 느끼게 된다. 그런 뒤 다시 항변하는 고통이 돌아와서 상실한 것을 회복하려고 한다. 그런 다음 슬픔과 고통이 교대로 되풀이된다. 감정이 약하거나 심지어 적당한 경우에도, 짧으면 몇 초 아니면 수분 동안 지속되다가, 다른 감정을 느끼게 되거나 아무 감정도 느끼지 않게 된다. 베티 셜리의 강렬한 감정은 이와 같이 최고조의 상태로 줄곧 지속되기보다는 강약의 파상을 반복하게 될 것이다. 이처럼 강렬한 상실의 경우, 슬픈 기분이나 불쾌한 기분이 마음 한가운데 줄곧 남아 있다가 애도의 과정이 끝나면서 그런 기분은 사라지기 시작한다.

그렇게 극심한 비통 속에서도 다른 감정이 느껴지는 순간이 있을 수 있다. 비통에 빠진 사람은 인생에, 신에, 그 상실의 원인이 된 사람이나 사물에, 죽은 사람 등에 분노할 수도 있다. 고인이 어떤 식으로든 죽음을 자초한 것이라면 특히 그러하다. 분노가 자신의 내면으로 향하는 경우도 있다. 아무 일도 하지 않았다는 것, 어떤 중요한 정서를 표현하지 않았다는 것, 죽음을 막지 못했다는 것 때문에 자신에게 분노하는 것이다. 냉정하게 생각하면 사랑하는 사람의 죽음을 막기 위해서 할 수 있었던 일이 아무것도 없었다 하더라도, 상을 당한 사람은 그 죽음을 막을 수 있는 힘이 없었다는 이유로 죄책감을 느끼거나 자신에게 분노할 수도 있다.

베티 셜리가 아들을 죽인 두 남자에게 분노를 느꼈음은 거의 확실하다. 그러나 사진이 포착한 것은 그것과는 다른 순간, 곧 그녀가 슬픔과 고통을 느끼는 순간이다. 우리는 상실을 초래한 인물에 대해서는 분노를 느끼면서도, 상실 그 자체에 대해서는 슬픔이나 고통을 느낀다. 상실이 죽음처럼 영구적인 것이 아니라 거절에 의한 것이라면 분노만 느낄 수도 있다. 그런 경우에도 상실 자체가 느껴질 때는 슬픔이 있을 것이다. 하지만 바로 이것이라고 할 만한 확고한 규칙은 없다. 왜냐하면 상을 당한 사람이 죽은 사람에게 버림을 받았다고 느끼며 분노를 느끼는 순간도 드물지 않기 때문이다.

비통해하는 사람이 사랑하는 사람을 상실하고, 고인 없이 어떻게 살아갈 수 있을까 하고 두려움에 사로잡히거나, 두 번 다시 회복할 수 없을 것이라는 두려움에 사로잡히는 순간도 있을 수 있다. 그런 두려움은 상실 이후에 원래 생활로 돌아갈 수 없다는 느낌과 교차할 수도 있다. 아직 상실이 일어나지 않았다면, 슬픔이나 고통보다 두려움의 감정이 우세할 수도 있다.

강렬한 슬픔을 경험하는 중에도 긍정적인 감정을 짧게 느낄 수 있다. 죽은 사람과 함께 보냈던 웃기는 순간을 떠올리고 즐거움을 느낄 수도 있다. 장례식에서 또는 상을 당한 사람의 집을 방문했을 때, 종종 친구나 친척이 그런 긍정적인 추억을 떠올릴 수도 있고 심지어 웃음을 터뜨리기도 한다. 비통을 나누고 위로를 전하고자 찾아온 가까운 친척과 인사를 나눌 때, 짧은 순간이나마 유쾌한 순간이 있을 수도 있다.

상실을 공유할 수 없다면 고통을 느끼지 못한다

뉴기니의 고원지대에서 연구하던 당시 나는 비통의 또 다른 특성에 대해 배웠다. 어느 날 내가 살던 마을을 떠나 오카파 지역의 중심부까지 도보로 여행했다. 그곳에는 오스트레일리아 정부가 운영하는 병원이 있었는데 그곳에서 샤워도 하고 영화 카메라의 배터리를 충전할 수 있었다. 거기서 몇 킬로미터 떨어진 마을에 사는 여성이 중병을 앓고 있는 아기를 데려왔는데 안타깝게도 아기는 죽었다. 오스트레일리아인 의사는 여성과 아기를 마을로 태우고 가면서 나에게 같이 가자고 했다. 여성은 랜드로버에 앉아서 조용히 무표정이 되어 마을로 돌아가는 긴 여행 내내 아기를 품 안에 안고 있었다. 이 여성은 마을에 도착해서 친척과 친구들을 보자 울기 시작하면서 강렬한 고통을 보여주었다. 의사는 그 여성이 가식적인 사람으로서 마을 사람들에게 좋은 인상을 주기 위해 의례적으로 감정을 드러낸 것이라고 생각했다. 만일 그 여성이 진실로 절망감을 느꼈다면, 우리와 함께 차를 타고 오는 동안 내내 그런 감정을 보였을 것이라고 그는 생각했던 것이다.

그 의사는 우리가 자신의 상실을 나눌 수 있는 사람, 실제로 나누는 사람이 없다면, 진정한 의미에서 고통을 경험하지 못할 수도 있다는 사실을 몰랐던 것이다. 우리는 스스로에게 무슨 일이 일어났다는 것은 알고 있다. 하지만 그 상실이 우리에게 주는 의미는 우리가 그 상실을 타인에게 말하거나 그것에 대한 그들의 반응을 보게 되면 더 풍부해진다.* 상술한 사례는 그런 현상의 극단적인 예였다. 왜냐하면 이 여성은 성냥, 상수도, 거울도 없는 그리고 풀잎으로 만든 치마 이외의 어떤 의상도 없는 석기문화에서 살아가고 있기 때문이다. 그녀의 아기는 그녀에게 아무런 의미도 없는 맥락에서 사망했다. 설비를 완비한 서양식 병원이 그녀의 경험을 비현실적인 것으로 만들어버렸다. 그녀는 마치 화성에 갔다가 지구로 돌아온 것 같았다. 또 다른 가능성은 그 여성이 의사와 나라는 낯선 두 남성의 면전이었으므로 비통을 억누르고 있었을 가능성이다. 또는 충격이 컸기 때문에 시간이 걸려서야 그 상태를 지나서 비통함을 드러냈을 수도 있다. 시간이 더 흘렀다면 장소와 관계없이 그녀의 비통함이 나타났을 수도 있다.

상을 당한 사람이 깊은 비통을 보이지 않는 것은 감정을 부정하는 것이고, 후에 심각한 정신의학적 문제를 낳기 쉬울 것이라고 정신의료 전

* 심리학자 니코 프리다도 이와 유사한 주장을 했다. "죽음이나 이별을 통보받고 나서 당장은 비통함이 느껴지지 않는 경우가 종종 있다. 이 같은 통보는 단어에 불과하다. 아무도 없는 텅 빈 집에 돌아와 그때 비로소 비통이 몰려온다."

문가들이 믿었던 시기가 있었다. 최근의 연구는 반드시 그렇지는 않다는 것을 보여주고 있다. 죽어가는 사람이 서서히 쇠약해질 경우 그리고 다가오는 죽음에 적응할 시간이 충분히 있는 경우에는 특히 그렇다. 그런 경우 최종적으로 죽음이 왔을 때 상을 당한 사람은 슬픔은 수시로 느낄 수 있지만 고통은 거의 느끼지 않는다. 애착관계에 어려움이 있었고, 관계가 험악했던 시기나 상당한 불만이 있었다면, 죽음은 절망이 아니라 안도감의 느낌과 함께 해방감을 가져다줄 수도 있다.

슬픔과 고통은 상실의 치유를 돕는다

사랑하던 사람의 죽음이 예기치 않게 갑자기 닥쳐와 마음의 준비를 할 여유가 거의 없는 경우, 상을 당한 사람이 고인이 아직도 살아 있다고 믿는 일도 드물지 않다. 사랑하던 사람의 갑작스런 죽음에 사람들이 어떻게 대응하는가를 연구한 테드 라이니어슨Ted Rynearson 박사는 그러한 애도자 중 많은 사람이 고인과 대화를 나눈다는 것을 발견했다. 그들은 고인에게 말을 걸면 고인이 듣고 응답한다고 믿는 것이다.[2] 사고나 살인 또는 자살로 죽은 경우, 상을 당한 사람은 사랑하던 사람의 죽음을 완전히 받아들이기까지 그런 대화를 수년간 계속하기도 한다.

사랑하던 사람의 죽음을 예상하고 있었는데 뜻밖에 무사하다는 기쁜 소식을 듣게 되었을 때, 우리는 베티 셜리의 얼굴에 나타난 것과 같은 강렬한 비통의 표정을 지을 수도 있다. 안도감의 첫 순간에 억압당하고 있던 모든 고통이 분출된다. 예기된 비통함이 이런저런 이유로 억제되고 있다가 이제 표출되는 것이다. 바로 그 순간 그 사람은 비통과 안도감을 함께 경험한다. 이런저런 이유로 연기되고 억제되었던 감정을 이제 느껴도 안전하다는 것을 알면, 비록 목전의 상황과는 더 이상 관련이 없어도 그 감정이 생기게 된다.

우리는 아주 기쁜 소식을 들을 때 눈물을 그렁거리며 고통의 표정을 보이는 일이 있는데, 그 이유는 아직 과학적으로 해명되지 않았다. 하지만 가능성 있는 설명 한 가지는 강렬한 기쁨이 감정 시스템을 압도하거나, 어떤 감정이라도 아주 강렬해지면 순간적으로 고통을 낳는다는 것이다.

분노는 비통에 대한 방어책, 대체물, 때로는 치유로 작용하기도 한다. 애인에게 거부당한 사람이 차여서 화를 낼 경우 절망감은 줄어든다. 절절한 고독의 순간, 슬픔이 되돌아오기도 하지만 또다시 분노에 의해 쫓겨난다. 고통을 경험하지 않기 위해서 아주 작은 상실의 표시라도 나타나면 즉시 분노를 드러내려고 준비해둔 사람들도 있다.

어떤 심리치료사들은 상실이 주는 슬픔이나 고통이 연장되는 것은 분노를 자신의 내면으로 향한 결과라고 주장해왔다. 괴로워하는 사람이 분노를 외부로, 즉 죽은 사람이나 떠난 사람, 자신을 버린 연인, 배우자, 선생님 혹은 상사에게 돌릴 수 있다면, 슬픔과 고통은 '치유'될 수도 있다는 것이다. 그럴 수도 있겠지만, 나는 그것이 일반적인 반응이라고는 생각하지 않는다. 죽어버린 사람에게 분노를 느끼는 것은 드문 일이 아니다. 하지만 분노만 느끼는 것도 아니고, 분노의 표출이 슬픔이나 고통의 필수적인 치유나 확실한 치유라고 할 수도 없다.

오늘날 강렬한 슬픔이나 고통을 완화시키고 깊은 애도의 감정을 가볍게 하기 위해서 약을 복용하는 것이 보통이다. 후에 서술할 정서장애의 하나인 우울증에 대처하기 위해서 약물을 사용하는 것에 대해 나는 아무 이견이 없다. 그러나 임상적으로 보아서 우울증이 아닌 경우, 사람이라면 누구라도 인생에서 경험하는 통상적인 상실이 주는 슬픔이나 고통을 느끼지 않기 위해서 약물을 사용하는 것이 과연 당사자를 위한 것인지는 상당히 의심스럽다. 슬픔이나 고통은 상실을 치유하는 것을 도와줄 수도 있다. 그런 느낌들이 없다면 상실에서 오는 괴로움은 더 오래 지속될 수도 있다.

약을 충분히 복용하면 괴로워하지 않는 것처럼 보일 수도 있지만, 이는 문제가 될 수 있다. 표정과 목소리에 나타나는 슬픔과 고통은 타인에게 도움을 청한다. 그리고 이러한 사회적 지지, 친구와 가족이 주는 보살핌은 고통을 치유한다. 슬픔과 고통을 드러내지 않기 위해서 약물을 복용하는 사람은 주변 사람으로부터 그런 치유적인 관심을 덜 받을 수 있다. 타인의 도움을 얻기 위해서 고의적으로 슬픔이나 고통을 표현하는 것이라고 주장하는 것은 결코 아니다. 그런 표현은 의도적인 것이 아니며 자신도 모르게 나타나지만, 진화의 과정에서 얻은 기능 중 하나가 그런 표현들을 본 타인으로 하여금 배려하도록, 위로하고 싶다고 생각하도록 만든다.

슬픔과 고통의 표정이 지닌 또 다른 기능은 상실이라는 경험의 의미를 풍요롭게 만들어준다는 것이다. 슬픔이나 고통을 충분히 경험하면, 울음이 어떤 느낌인지, 얼굴에서 느끼는 고통이 무엇인지를 선명히 자각하게 된다. 표정이 없다고 상실의 의미를 모른다는 뜻은 아니다. 하지만 약물로 절망감을 완화시킨다면, 그 감정을 알긴 하겠지만 완전히 느끼지는 못할 것이다. 슬픔이 가진 또 하나의 기능은 그 사람의 자원을 재건하고 에너지를 보존하는 것이다. 물론 슬픔이 고통과 번갈아 나타나는 동안에는 고통이 자원을 소진시키므로 이 기능이 발휘되지 못할 것이다.

이 책의 독자에게 경고하고 싶은 것이 있다. 상을 당한 데서 경험하는 슬픔이나 상실감이라는 정상적인 반응에 대처하려고 할 때 또는 다른 종류의 상실로 고통을 받을 때, 약물 복용을 해야 하는지에 대한 확실한 근거는 없다. 어떤 충고를 해야 할지 아직 모른다. 내가 이런 문제를 제기한 것은 독자로 하여금 생각해보라는 것이다. 또한 지금까지 내가 논의해온 것은 임상적인 우울증이 아니라 상실에 대한 비병리적인 반응이었음을 강조하는 바이다. 이 장의 후반에서 나는 임상적인 우울증이 슬픔과 고통과는 어떻게 다른지를 설명할 것이다.

도움을 요청하는 감정

1995년 여름, 투즐라에 있던 보스니아인 난민 캠프에서 일어난 일이다. 유럽인과 미국인은 특정 지역들이 나토군에 의해서 보호받고 있으므로 세르비아의 공격으로부터 안전하다고 선언했다. 그런데 세르비아인은 그 선언을 무시했고, 스레브레니차의 안전지역은 함락됐다. 세르비아인은 수많은 남성을 무참히 살해했다. 투즐라로 가던 난민들은 민간인 시체들이 도로를 따라서 널려 있는 것을 보았고, 세르비아인들이 불을 질러서 까맣게 타버린 주택가, 아직까지 연기가 올라오는 주택가를 지나갔다. 사람들이 숨어 있던 집에도 불을 지른 경우가 있었다. 도주하려고 했던 남성의 시체들이 나무에 매달려 있기도 했다.

옆 페이지의 사진에 보이는 사람들은 이른바 안전지대로 선포된 지역의 하나인 투즐라에 사는 보스니아인 이슬람교도들이다. 이들은 막 생

존자 명단을 읽고 많은 사람(대
다수의 부친, 형제 혹은 남편)이 살
아남지 못했다는 사실을 알았다.

　이렇게 강렬한 고통을 드러내
는 아이를 볼 때 위로해주고 싶
기 마련이다. 손을 내밀어 도와
주고 싶은 충동은 모든 공동체
에 보이는 기본적인 것이다. 적
어도 그런 충동의 일부는 타인
이 괴로워하는 것을 볼 때 우리
자신이 느끼는 고통에 의해 촉
발된다. 특히 가련하고 불행한 아이를 볼 때는 더욱 그렇다. 고통의 표
정이 가진 기능이나 목적 중 하나는 바로 타인에게 도움을 요청하는 것,
즉 상대로 하여금 도와주게끔 자신의 고통을 상대에게 강요하는 것이
다. 타인을 위로하면 우리는 분명히 기분이 좋아진다. 타인을 위로하여
불행을 덜어주는 일은 보호자에게 긍정적인 느낌을 준다.

　당신이 베티 셜리의 표정을 보았을 때에도 위로하고 도와주고 싶은
느낌이 들었을 것이다. 하지만 아마 이 아이의 표정을 보았을 때만큼 강
하지는 않았을 것이다. 우리 대부분은 처음 보는 성인보다 아이를 위로
해줄 때 덜 머뭇거린다. 성인의 고통이 아주 심한 경우에도 그렇다. 우
리는 모르는 아이와 접촉하기를 어려워하지 않는다고 사회학자 어빙 고
프만Erving Goffman은 주장한다. 우리는 고통에 빠진 아이들을 위로해주
며, 그들 옆을 지나갈 때는 장난스럽게 만진다. (고프먼이 이 글을 쓴 것은
1960년대였는데, 남성의 소아애에 대한 사회적 관심이 높아지기 전이었다.)

나 자신에 대해 말하자면, 나는 타인의 고통을 아주 쉽게 느끼는 사람인 것 같다. 사건이 이미 만족스럽게 해결된 이후에도, 남이 괴로워하고 있는 뉴스를 텔레비전에서 보자마자 나는 눈물이 나고 고통을 느낀다. 세련되지 못한 텔레비전 광고에 등장하는 상실감에 빠진 사람을 보더라도 눈물이 흐르기 시작한다! 내가 항상 그래왔던 것은 아니다. 30년 전에 받았던 척추 수술에서, 지독하게 아팠던 경험의 결과라고 믿고 있다. 그때 의료 실수로 나는 진통제를 얻지 못했다. 내가 겪었던 고통이 너무나 지독하고 5일간 줄어들지 않았으므로, 할 수만 있다면 자살하고 싶을 정도였다. 마음에 트라우마가 된 이런 끔찍한 고통은 나 자신의 슬픔/고통의 감정 체계를 혼란에 빠뜨렸다. 나는 마치 총소리와 조금만 비슷한 소리를 들어도 전투 노이로제를 겪는 병사처럼 과잉반응을 일으키고 만다. 지극히 강렬하고 밀도 높은(거듭 반복되는) 감정적 경험은 모든 감정에 대한 역치를 재설정할 수 있다.

　슬픔이나 고통을 경험한다고 해서 모든 사람이 도움을 받고 싶어하는 것은 아니라는 점을 짚고 넘어가야 한다. 어떤 사람들은 그런 상태에 있는 자신의 모습을 남한테 보이고 싶지 않아서 조용히 침잠해서 혼자 있고 싶어한다. 그런 사람들은 나약하고 무력한 자신의 모습을 보이는 것을 부끄러워할 수도 있다. 특정인이 죽어서 슬픔이나 고통에 빠질 만큼 그 사람에 의존하고 애착하고 있음을 부끄러워할 수 있다. 어떤 사람들은 불쾌한 감정을 절대로 보이지 않는 것을 자랑스럽게 여기고 "입을 앙 다물며 의연하게 대처한다." 그러나 자신의 느낌을 드러내고 싶어하지 않는다고 그가 그 일에 완벽하게 성공하는 것은 아니다. 또 그가 표현을 (가능한 한) 억제한다고 해서 감정을 느끼지 않는 것도 아니다. 4장에서 설명한 대로 감정표현은 무의식적으로 일어나는 것이다. 표정을 짓고 싶지 않다고 해도 표정은 나타나기 시작한다. 우리가 표현을 억제할 수는 있지만 항상 완전히 억제할 수는 없다. 만일 완벽하게 감정표현을 제거할 수 있다면, 그래서 얼굴, 목소리와 신체에 감정의 흔적이 전혀 없게 된다면, 감정표현도 말과 마찬가지로 신뢰할 수 없는 것으로 보아야 할 것이다.

(나는 바로 앞의 문단에서 의도적으로 남성대명사를 사용했다. 감정을 보여주지 않는 사람은 남성이 더 많기 때문이다. 물론 여성 사이에도 당연히 있고, 모든 남성이 감정을 보여주지 않는다고 말할 수도 없다. 문화적 전통과 그 문화권 특유의 양육 방식, 개인의 기질, 이 모든 것들이 개인이 슬픔이나 고통을 느끼거나 표출하는 일에서 어떤 태도를 형성하는 데 영향을 준다.)

타인의 고통에 어떻게 반응하는가?

개별 감정표현은 일련의 관련 메시지를 전달한다. 슬픔과 고통의 메시지가 가진 핵심은 "나는 괴로워요. 위로하고 도와주세요"다. 이런 표정에 대해 우리는 초연하거나 지적으로 반응하지 않는다. 설사 표현들이 책에 게재된 스틸 사진처럼 추상적인 형식으로 드러날 때에도 그렇다. 우리는 감정에는 감정으로써 대응하도록 만들어졌다. 우리는 보통 감정 메시지를 느낀다. 그렇다고 해서 오는 대로 그 감정을 느끼느냐 하면, 반드시 그런 것은 아니다.

모든 사람이 타인의 고통을 느끼는 것은 아니며, 비참한 상황에 빠진 사람을 돕거나 위로하려는 충동을 느끼는 것도 아니다. 어떤 사람은 타인의 비참함에 대해 분노로 반응한다. 그들은 도와달라는 요청을 환영하지 않으며, 그 요청을 부당하다고 느낄지도 모른다. "저 사람은 어째서 스스로를 돌보지 못하는 거지? 어째서 저렇게 엄살을 떠는 거지?" 실번 톰킨스는 사람마다 타인의 고통에 반응하는 방식이 근본적으로 다르다고 믿었다. 우리는 스스로 그 고통을 느끼면서 그들을 돕고 싶다고 생각하는가? 아니면 우리는 괴로워하는 사람을 그런 곤경에 빠져서 우리에게 도움이나 요청한다고 비난하는가?

때때로 개인이나 특정 집단의 사람들—즉 보스니아 이슬람교도, 유대인, 아메리카 인디언, 아프리카 노예, 집시들—이 진정한 인간이 아닌 것으로, 우리와 같은 인간이 아닌 것으로 간주될 수도 있다. 그들은 동물이라고 불리며, 하찮은 취급을 받을 수도 있다. 동물의 고통이 많은 사람의 마음을 움직이지만, 모든 사람의 마음을 움직이는 것은 아니다. 모든 사람들이 스스로 인간 이하로 간주하는 존재들의 고통에 마음이 움직이는 것은 아니다. 그들의 고통은 당연한 것으로 간주되거나, 아니면 적어도 불쾌감 없이 그 고통을 목격할 수 있다. 타인의 고통을 즐기는 자도 있다. 그들은 타인을 육체적으로나 정신적으로 괴롭힌다. 왜냐하면 힘을 행사하는 것, 그 힘이 초래하는 고통과 괴로움을 목격하는 것이 즐겁기 때문이다. 사진 속 소년이 보여주는 표정과 같은 것은, 오히려 희생자를 더 괴롭히고 싶다는 욕구를 자극할지도 모른다. (그런 사람들에 대해서는 6장에서 논한다.)

투즐라 소년의 고통스런 얼굴에 눈물이 흐르고 있음이 분명하다. 서양문화에서 어린이와 성인 여성의 눈물은 괜찮은 것으로 받아들여져 왔지만, 성인 남성이 슬픔과 고통 때문에 눈물을 흘리면 아주 최근까지도 나약함의 표시로 간주되어왔다. 1972년 미국 대통령 후보였던 에드먼드 머스키가 자신의 아내를 공격했던 신문 기사에 대한 자신의 반응을 얘기하며 눈물을 흘린 것 때문에 대선 예비선거를 망쳤다고 한다. 하지만 오늘날에는 상황이 많이 달라진 것 같다. 밥 돌과 빌 클린턴은 둘 다 1996년 선거운동 도중에 눈물을 보였으나 그 때문에 비난을 받지는 않았다. 대중매체와 현자들은 미국 사회가 전반적으로 감정을 용인해야 한다는 점을, 특히 남성의 슬픔이나 고뇌를 용인해야 한다는 점을 강조한다. 이런 생각이 미국 사회의 모든 부분에 퍼졌는지 의심스럽긴 하지만, 30년 전의 상식과 지금의 상식을 비교할 기준은 없다.

눈물은 슬픔과 비통에만 있는 것은 아니다. 강렬한 기쁨이나 발작적인 웃음에도 눈물은 있다. 하지만 최근 논문들을 읽어보면, 성인은 무력감을 느낄 때 운다는 보고가 많다.[3] 울고 나면 기분이 좋아진다고 사람들은 보고한다. 표정 관리 방식이 사람마다 다르기 때문인지 모르겠지만 울음의 유발요인은 다양하다. 하지만 울음 자체는 보편적인 감정표현으로 보인다. 울음이 인간 특유의 것이라는 주장도 있다. 하지만 다른 영장류도 고통스런 상황에 빠지면 운다는 보고가 여기저기에서 나오고 있다.

앞에서 설명했지만, 감정은 기분에서 일정한 역할을 담당한다. 나아가서 대부분의 감정은 특정한 성격특성과 정서장애의 중심을 이루기도 한다. 감정, 기분, 성격특성을 구별하는 가장 쉬운 방법은 각 현상의 지속시간을 고려하는 것이다.* 감정은 몇 초 만에 사라지기도 하며 몇 분 동안 지속되기도 한다. 기분은 몇 시간 혹은 하루이틀 동안 지속될 때도 있다. 성격특성은 사춘기, 청년기와 같은 인생의 주요 시기만이 아니

---

* 무엇이 그것들을 일으키는지와 우리의 생활에 어떤 영향을 미치는지도 감정, 기분, 성격, 정서장애를 구분하는 기준이 되지만 그러한 사항은 지금 우리의 논의와는 상관이 없다.

라 때로는 인생 전체에 색조를 부여할 수 있다. 정서장애는 일시적으로 수주 또는 수개월 동안만 지속될 수도 있고, 장기적으로 수년 내지 수십 년 동안 지속되기도 한다. 그러나 정서장애를 정서적인 성격특성과 구별하는 기준은 지속되는 기간이 아니라 우리의 생활능력을 손상시키는 정도다. 정서장애의 경우에는 감정 통제가 불가능하며, 그때 감정은 우리가 타인과 함께 살아가는 능력, 일·식사·수면을 하는 능력에 지장을 줄 수 있다.

우울증의 경우

울적한 기분이 되면 몇 시간 동안 슬픔을 느낀다. 우울한 성격의 사람은 슬픈 느낌이나 울적한 기분을 갖기 쉽다. 우울증은 슬픔과 고통이 중심이 되는 정신장애다. 물론 사람들은 자주 이런 단어들을 자유롭게 바꿔가며 사용한다. 예를 들어, "시험 성적이 별로 좋지 않아서 우울해졌다"라는 식으로 말이다. 그러나 정신장애는 통상적인 감정적 반응의 범위를 넘어가는 분명한 특징을 가지고 있다.

무엇보다도 정신장애는 훨씬 오래 지속된다. 성적에서 오는 '우울'은 또 다른 감정적 사건이 일어나면 금방 사라진다. 진짜 우울증은 수일, 수개월, 때로는 수년간 지속된다. 정서장애의 경우 특정한 감정이 인생을 지배하고 모든 사안을 점유하고 있어서 다른 감정은 거의 느낄 수가 없다. 그런 특정 감정은 대단히 강렬하고 반복되며 억제되지도 않는다. 개인은 감정을 조절할 수도 벗어날 수도 없다. 그런 감정은 한 사람이 식사, 수면, 동거 그리고 일과 같은 기본적인 일상생활을 할 수 있는 능력을 훼손시킨다. 그런 심각한 상태를 비유적으로 감정의 홍수라고 표현하는 사람도 있다.

슬픔이 우울증을 지배하는 경우를 지체성 우울증이라고 부르고, 고통이 지배적이라면 초조성 우울증이라고 한다. 우울증을 앓는 사람들은 무엇을 해도 인생을 변화시킬 수 없다는 무력감을 느낄 뿐만 아니라 절망감도 느끼고 있다. 그들은 인생이 좋아질 것이라고는 믿지 않는다. 슬픔과 고통 이외에 강한 죄의식과 수치심도 느끼는데, 자신을 쓸모없는 존재라고 믿기 때문이다. 그리고 이런 믿음 때문에 스스로 그런 감정을 느끼고 있다고 생각한다. 우울증은 살면서 경험한 어떤 사건에 대한 반응이나 과잉반응인지도 모른다. 혹은 아무 이유나 원인 없이 나타나는 것처럼 보일 수도 있다. 우울증을 유발한 사건이 무엇이었는지 확인되지 않을 때 그렇다.

우울증에서 느끼는 감정은 슬픔과 고통만이 아니다. 안팎으로 향하는 분노 그리고 두려움도 종종 나타난다. 우울증과 극단적인 조증 및 흥분감이 오가는 경우를 양극성 우울증이라고 하는데, 예전에는 이를 조울증이라고 불렀다. 유전이 우울증의 대한 취약성에 영향을 준다는 점 그리고 약물치료가 대부분의 경우 효과가 있다는 점은 거의 틀림없어 보인다. 약물치료와 병행하는 심리요법, 또는 오직 심리요법만으로도 도움이 된다. 그러나 우울증이 심각한 경우, 심리요법이 단독으로 항우울제만큼 효과가 있는지는 아직 논의가 진행 중이다.

우리가 우울증을 앓고 있는 사람들을 연구한 결과, 그들만이 보여주는 독특한 얼굴표정은 없었다. 즉 슬픔이나 고통을 경험하는 보통 사람에게 볼 수 없는 표정은 아무것도 없었다. 30초 동안 관찰할 때마다 분명한 것은 그 사람이 괴로워하고 있다는 사실뿐이고 임상적인 우울증을 앓고 있다는 것은 알 수 없었다. 우울증을 표현한 얼굴이 분명히 보여준 것은, 단순히 중요한 상실에 대해 나타나는 슬픔과 고통이 아니라, 그 사람과 함께 있었던 1시간 동안 거듭해서 나타난 슬픔과 고통이라는 감정의 반복과 강도였다.

슬픔의 강도는 환자의 진단 결과에 비례했다. 경증 우울증으로 고통받는 환자들은 상대적으로 슬픔을 덜 보여주었다. 이와 달리 중증 우울증으로 진단받은 사람들은 슬픔을 더 많이 보여주었다. 조증 환자는 슬픈 표정에 더해서 웃음도 훨씬 많이 보였다. 하지만 그것은 즐거움에서 오는 웃음은 아니었다. (즐거움에서 오는 웃음과 다른 종류의 웃음의 구별은 9장에서 설명할 것이다.)

내 병원에서 환자를 조사해보았는데, 환자가 병원에 입원했을 때 어떤 감정을 보이는가가 그 후의 치료에 얼마나 잘 반응할 것인가를 예측하는 기준이 되었다. 다시 말해, 3개월 후 그들이 어느 정도 개선될 것인지를 예측하는 기준이 되었다.[4]

자기 안의 슬픔 인식하기

이제 우리 자신의 내면에서 슬픔을 어떻게 경험하는지 주목해보자. 베티 셜리나 투즐라 소년의 얼굴을 볼 때, 당신은 어느 정도의 슬픔이나 고통을 느끼기 시작했을 수 있다. 만일 그랬다면 다시 한 번 사진을 보고 당신의 감정을 느끼면서, 신체가 어떻게 반응하는가를 알 때까지 그 느낌이 강해지도록 해보자. 사진을 볼 때 어떤 슬픔도 느껴지지 않았다면, 다시 한 번 사진을 보고 그런 느낌이 일어나도록 해보자. 만일 느낌이 일어난다면 그것을 가능한 한 강하게 키워보자.

사진을 보면서 당신 자신이 중요한 사람을 잃고 아주 슬펐던 때를 기억해낼 수도 있다. 그 기억이 슬픔의 느낌을 유발한다. 인생에서 아주 중대한 슬픈 사건을 경험한 사람은 쉽게 그 사건을 재경험하고 기억하며, 그때 슬펐던 느낌에 빠질 준비가 되어 있다. 그들의 슬픈 사연은 재연될 기회를 기다리고 있다. 그런 사람은 아주 쉽게 슬픔에 빠질 수 있고 반복해서 슬픔을 느끼려고 할 것이다. 그들이 느꼈던 슬픔이 아직 완전히 끝난 것은 아니기 때문이다. 사랑하는 자식의 죽음과 같은 경험은 너무나 충격적이므로 슬픔이 결코 완전히 사라지지 않을 것이다. 그런 트라우마를 견뎌온 사람은 타인이 괴로워하는 미세한 조짐만 보아도 쉽게 마음이 움직여서 눈물을 흘릴 것이다.

그렇지만 당신이 아직 슬픈 감정을 느끼지 못했다면 그리고 앞의 사진이 어떤 공감적 느낌도 일으키지 않았으며 어떤 기억도 저절로 떠오르지 않았다면, 이렇게 해보라. 당신이 강한 애착을 느끼고 있던 사람이 죽어서 슬픔을 느낀 적이 한 번이라도 있었는가? 그런 적이 있었다면 그 장면을 시각화하고, 그 느낌이 스스로 다시 시작되도록 해보라. 이런 일이 시작될 때, 슬픈 느낌이 자라나도록 하면서 얼굴과 신체에 어떤 느낌이 드는지에 주목하라.

아직도 슬픔을 전혀 느끼지 못했다면 다음과 같이 연습해보자.

> 베티 셜리가 보여주는 것처럼 슬픔으로 생기는 얼굴의 움직임을 흉내내보라. (자기가 얼굴을 올바르게 움직이고 있는지 확인하기 위해서 거울을 이용해야 할지도 모른다.)
>
> • 입을 벌린다.

- 입술의 양끝을 끌어내린다.

- 입술의 양끝을 끌어내리면서, 눈을 가늘게 뜨고 볼 때처럼 양쪽 뺨을 들어올린다. 그렇게 입술의 양끝을 반대방향으로 당긴다.

- 들어올린 양쪽 뺨과 끌어내린 입술의 양끝 사이의 긴장을 유지한다.

- 시선은 아래로 향하고, 위 눈꺼풀을 아래로 처지게 한다.

그래도 슬픔을 느끼지 못한다면, 베티 셜리가 보이고 있는 눈썹 모양을 흉내내보라. 대부분의 사람에게 일부러 이런 움직임을 만들어내는 것은 더 어렵다.

- 눈썹 전체가 아니라 눈썹 안쪽의 끝만을 들어올린다.

- 눈썹 중앙부를 가운데로 잡아당기면서 끌어올리면 하기 쉬울지도 모른다.

- 시선을 아래로 향하고, 위 눈꺼풀을 아래로 처지게 한다.

우리의 연구는 당신이 얼굴에 이런 움직임을 만들어내면 신체와 뇌에 생리적 변화가 일어난다는 것을 보여주었다. 이런 변화가 일어나면 그 느낌을 최대한 강하게 해보라.

베티 셜리의 사진을 보거나 기억 연습을 통해서 혹은 지시사항에 따라 얼굴표정을 지어서 슬픔이나 고통을 느끼는 데 성공했다면, 그것을 다시 한 번 해보라. 그 느낌/감정들이 어떻게 느껴지는가에 주의를 집중해보는 것이다. 그 느낌들이 막 시작될 때 무슨 일이 일어나고, 어떻게 알아채게 되었으며, 신체와 의식에 어떤 변화가 일어나는지 주의를 기울여보라. 그 느낌들이 자라도록 해서 가능한 한 강해지게 해보라. 그렇게 하면서 머리, 목, 얼굴, 목구멍, 등, 어깨, 팔, 배, 다리에 어떤 느낌이

드는지 주목하라. 이것들이 슬픔과 함께 당신이 느끼는 감각들이다. 지극히 불쾌한 느낌이다. 그것들이 아주 강하고 오래 지속되면 통증처럼 느낄지도 모른다.

눈꺼풀은 무거워지고 양쪽 뺨은 위로 올라가고, 목구멍 뒤쪽이 쓰려오기 시작할 수도 있다. 눈물이 흘러내리기 시작하면서 눈이 촉촉해질지도 모른다. 이것들은 슬픔을 느낄 때 정상적인 반응이다. 강렬한 슬픔을 느끼고 있는 사람의 얼굴을 볼 때도 그런 반응이 일어나는 것이 정상이다. 공감적 반응은 일상적인 일이고, 그 공감을 통해서 우리는 타인과, 심지어 전혀 알지 못하는 낯선 사람과도 유대감을 형성할 수 있다. 이런 느낌들은 베티나 소년의 괴로움에 마음 쓰게 하고 그들을 도와주고 싶게 한다. 베티 셜리는 모든 부모에게 최악인 비극을, 소년은 모든 아이에게 최악인 두려움을 각각 경험하고 있다.

베티의 사진을 보거나, 기억을 떠올리거나, 또는 얼굴 근육 운동 연습을 할 때, 대부분의 사람은 고통이 아니라 슬픔을 느낀다. 그 느낌이 극히 강렬해지거나 오랜 시간 지속되면 고통으로 바뀔 수도 있다. 이러한 느낌에 더 친숙해지고, 그 느낌이 어떤 것인지를 차분히 반성하면, 그 느낌이 들기 시작하는 순간을 더 잘 인지할 수 있을 것이고, 상실감을 느끼기 시작하는 바로 그 순간을 더 잘 깨달을 수 있을 것이다.

지금까지 슬픔을 경험할 때 생기는 가장 일반적인 감각들을 설명했다. 우리에게 슬픔은 하나의 감정 테마다. 그러나 개개인은 슬픔 또는 다른 감정이 어떻게 느껴지는지에 대해 자신만의 변형을 가지고 있다. 우리는 대체로 다른 사람들이 모두 우리가 느끼는 대로 감정을 느끼며, 자신이 느끼는 방식이 유일하게 올바른 방식이라고 간주한다. 얼마나 쉽게 슬픔을 불러낼 수 있을까? 얼마나 빨리 슬픔이 고통으로 변하고 그 고통이 다시 슬픔으로 변할까? 슬픈 느낌은 보통 얼마나 오래 지속될까? 실제로 이런 점에 대해 사람마다 다 다르다. 당신 스스로 느끼는 방식을 알고, 그것이 당신이 아끼는 사람들이 느끼는 방식과 어떻게 다른지 알면, 당신의 인생에서 이 감정과 관련해서 일어날 수 있는 의사불통과 오해를 더 잘 이해할 수 있을 것이다.

어떤 사람은 슬픔의 경험을 즐길 수도 있다. 물론 베티의 슬픔과 같은 강렬한 것은 예외다. 그런 사람들은 눈물 자아내는 소설을 즐겨 읽고, 슬프다고 소문난 영화를 보러 가고, 슬픈 텔레비전 프로그램을 시청한다. 이와 반대로 슬픔과 고통을 극히 싫어하는 사람들도 있는데, 그들은 이런 감정을 느낄 것 같은 상황을 최대한 피하려고 한다. 그런 사람들은 애착이나 관계 맺기도 회피하려고 할 것이다. 타인에게 신경을 쓰게 되면 상실과 슬픔에 취약해지기 때문이다.

타인의 슬픔 인식하기

이제 슬픈 감정이 우리가 보아온 얼굴에 어떤 표정으로 나타나는가를 살펴보자. 우선 슬픔이 지극히 깊어지면 어떻게 보이는지를 먼저 분석한 다음, 슬픔이나 고통의 더 미세한 신호를 다루어보자. 베티의 표정을 다시 보자. 그녀의 강렬한 슬픔과 고통은 얼굴 전체에 나타나 있다. 가장 강하고 확실한 신호는 눈썹 안쪽의 끝이 위로 추켜올라간 점이다. 이런 움직임을 확실하다고 한 것은 그것을 마음대로 할 수 있는 사람이 거의 없어서, 의도적으로 위조될 가능성이 희박하기 때문이다. (뒤에서 설명할 표정들 중에는 그렇지 않은 것도 있다.) 자신의 감정을 감추려고 노력하는 사람의 경우에도, 비스듬하게 추켜올라간 눈썹은 종종 그 사람의 슬픔을 누설한다. 양미간을 보라. 베티의 얼굴이 보여주듯이, 대부분의 사람의 경우 양쪽 눈썹이 가운데로 몰려서 올라가면, 미간에 수직 주름이 생긴다. 어떤 사람들의 경우 이 주름이 영구적으로 새겨져 있기도 하다. 그들의 양쪽 눈썹 안쪽 끝이 가운데로 몰려서 올라갈 때면, 그 주름이 더 깊고 짙어질 것이다.

눈썹이 얼마나 강하게 감정을 전달하는지 보려면 눈썹 아래의 얼굴 부분을 손으로 가려보라. 눈썹밖에 보이지 않는데도 그녀가 여전히 고통스러워 보인다. 눈썹의 움직임이 그녀의 위 눈꺼풀을 삼각형으로 만들었다. 때로는 이것이 슬픔의 유일한 신호가 될 때도 있다.

베티 셜리의 극심한 슬픔은 얼굴 하반부에도 분명히 나타나 있다. 입술은 수평으로 팽팽히 당겨졌고, 아랫입술은 앞으로 튀어나왔으며 아마 떨리고 있을 것이다. 크게 벌어진 입이 표정을 한층 더 강렬하게 만든다. 또 한 가지 중요한 고통의 표현은 들려 올라간 양쪽 뺨에 있다. 뺨도 이 강렬한 느낌을 전적으로 드러내고 있다. 입술의 양끝은 대개 아래로 당겨지고 있지만, 이처럼 입술이 강하게 수평으로 당겨져 있고, 양 뺨이 아주 강하게 위로 올라가 있는 경우에는 입술의 움직임이 잘 보이지 않을 것이다. 해부학자가 턱의 '돌기'라고 부른 턱 끝과 아랫입술 사이의 피부를 보라. 그 피부는 턱 근육의 움직임에 의해서 주름이 잡혀 있고 들어올려져 있다. 턱 근육 하나만 움직이면 아랫입술이 삐죽 튀어나온다. 여기서 아랫입술이 삐죽 튀어나오지 않은 것은 너무 팽팽하게 당겨져 있기 때문이다.

이제 베티 셜리 뒤에 서 있는 젊은 부인의 표정을 살펴보자. 얼굴의 일부밖에 보이지 않지만, 한쪽 눈썹 안쪽의 끝이 위쪽과 중앙을 향해 당겨지고, 뺨이 올라갔음을 충분히 알 수 있다. 이 두 가지 신호는 베티 셜리의 얼굴에서 이미 보았던 것과 같은 것이다. 젊은 여성의 입술은 벌어져 있지 않고 약간 맞물려 있는 것으로 보인다. 아마도 큰 소리로 우는 것을 참느라고 그렇게 되었을 것이다.

다시 투즐라 소년의 얼굴을 보자. 소년의 눈썹은 위를 향하고 있지 않다. 이것은 사람이 울 때 때때로 눈썹이 아래로 쳐지는 경우가 있기 때문인데, 특히 울음이 격해져서 최고조에 달한 때에 그렇다. 올라간 양쪽 뺨과 주름진 턱은 베티 셜리의 얼굴에서도 분명히 나타났다. 올라간 두 뺨은 때때로 입술 끝을 히죽이 웃듯이 약간 들어올리기도 한다.

소년 얼굴의 윗부분을 손으로 가려 눈꺼풀 아랫부분만을 볼 수 있게 해보자. 웃음이 즐거운 웃음이 아니고, 얼굴 아랫부분이 슬픔을 보이고 있음이 여전히 명백하다. 일부 과학자들은 웃음과 유사한 이런 모습에 혼란스러워하면서, 웃음은 즐거움과 아무 관계가 없다고 주장했다. 소년이 보여주는 것처럼, 어떤 사람이 분명히 고통스러워하고 있을 때에도 웃음이 나타나기 때문이라는 것이다. 이 문제를 해결하는 열쇠는 입술의 양쪽 끝이 웃음을 만드는 근육이 아닌 협근頰筋(뺨근육)의 강한 움직임에 의해서 위쪽으로 당겨진다는 사실을 아는 것이다. 소년의 턱의 돌기가 베티 셜리의 것과 흡사하다는 점에 주목하라. 그럴 가능성이 희박하기는 하지만, 이 소년은 (어쩌면 가족에게 부담이 되지 않도록) 자신이 슬픔을 견뎌낼 수 있다는 것을 보여주기 위해서 비통함을 웃음으로 은폐하려는 것일 수도 있다.

투즐라 사진에 절망이나 비통을 드러내는 다른 두 명의 여성이 있다. 오른쪽 여성은 전형적인 슬픔의 표정으로 비스듬히 올라간 눈썹, 좌우로 당겨진 입, 약간 밑으로 처진 입술의 끝부분, 올라간 양쪽 뺨을 보이고 있다. 소년 바로 뒤에 서 있는 여성은 소년의 표정을 모방하고 있다.

아래 사진의 소년은 뉴기니 고원지대의 숲길을 걷다가 낯선 사람인 나를 만났다. 내가 아는 한 이 소년은 다른 백인을 만난 적이 없었다. 만났다고 해도 기껏해야 다른 과학자일 것이다. 선교사가 인근을 지나갔을 수도 있지만 그 가능성은 더욱 희박하다. 소년과 그의 문화에 속한 대부분의 사람들은 시각적으로 다른 문화와 격리되어 있다. 내가 그들을 조사하기 위해서 그곳으로 간 이유도 바로 그 때문이었다. 소년은 사진, 잡지, 영화, 비디오를 한 번도 본 적이 없었으므로 이를 통해 자신의 표정을 배울 수도 없었을 것이다.

나는 현지인들에게 엄청난 호기심의 대상이었다. 내가 하는 거의 모든 것이 그들에게 신기했기 때문이었다. 성냥으로 파이프에 불붙이는 것 같은 단순한 행위조차 경이의 원천이었다. 그들에게는 성냥이 없었기 때문이다. 매일 밤 그날 있었던 일을 타자기로 일기에 기록할 때마다, 나는 사람들로 둘러싸였다.

그들은 나의 소형 타자기가 수 초마다 하나의 음만을 연주하는 악기라고 생각했다. 소년이 카메라에 찍히는 것을 수줍어할까 봐 걱정할 필요가 없었다. 그는 카메라가 무엇인지 알지 못했기 때문이다.

나는 이 소년이 무슨 생각을 하고 있었는지, 왜 이런 슬픈 표정을 지었는지 전혀 모른다. 그

의 언어를 모르고 나를 도와주던 통역사가 바로 그 순간에 없었기 때문이다. 일부의 사람에게는 눈썹 안쪽의 끝을 들어올리기 위해서 수축하는 근육이 눈썹을 움직이지 않고, 대신 소년의 얼굴에 나타난 특징적인 주름 패턴을 만들어낸다. 찰스 다윈은 그의 저서《사람과 동물의 감정표현》에서 이 패턴에 대해 다음과 같이 설명한다. "그것은 짧게, 비통의 근육이라고 부를 수도 있을 것이다. …… [그것은] 말굽과 같은 반점을 이마에 남긴다."

이와 동일한 근육 활동이 비록 약하긴 해도 셜리의 이마에도 나타나 있다. 그러나 뉴기니 소년의 경우에는 눈썹이 아니라 피부만 이마 중앙부에서 위로 올라가 있다. 항상 그런 모습으로 무의식적인 표현이 이마에 나타나는 사람이 있다. 그것은 해부학적인 특성이 아닌가 생각된다. 소년의 눈썹이 중앙으로 모인 것을 보고 이 소년이 슬퍼하는 것이 아니라 당황한 것이라고 생각하는 사람도 있을 수 있다. 그런데 슬프지 않다면 이 말굽형의 주름은 나타나지 않는다. 바로 뒤에 서 있는 동료 소년과 대조해보라. 그의 눈썹은 (말굽 주름 없이) 중앙에 모이기만 했는데, 이는 당황이나 집중을 보여준다.

이 두 소년의 입이나 뺨에서는 슬픔의 단서를 찾을 수 없다. 이것이 '부분'표정의 사례다. 앞에 나오는 두 장의 사진에서는 얼굴 전체에 감정이 표현되어 있었으나, 이 소년의 사진에서는 얼굴의 일부에서밖에 감정이 나타나 있지 않다. 이런 일은 그가 감정표현을 억제하려고 시도할 때 일어날 수 있다. 왜냐하면 앞에서 서술했듯이 얼굴 하반부보다 눈썹을 조절하는 것이 어렵기 때문이다. 혹은 느낌이 너무 약해서 얼굴 전체에 나타나지 않았을 수도 있다.

슬플 때 눈에 나타나는 변화

이제 슬픈 표정의 몇몇 요소와 더 미세한 신호에 대해 검토해보자. 내가 4년 전에 찍은 딸 이브의 사진을 사용하려고 한다. 나는 이브에게 감정 표현을 해보라고 말하지 않았다. 대신 내 얼굴로 구체적인 근육의 움직임을 보여주면서 딸에게 그렇게 해보라고 했다. 나는 감정표정의 미세한 변화가 어떻게 일어나는지 설명하는 데 필요한 사진들을 얻기 위해서 수천 장을 찍었다. (다른 장에 실은 내 사진 몇 장을 제외하고) 동일한 모델을 계속 사용한 것은 그렇게 해야만 당신이 보는 인물의 생김새에 방해받지 않고 표정이 어떻게 변화하는지에 주목할 수 있기 때문이다.

우선 눈 즉 눈꺼풀과 눈썹에서 시작해보자. 다음 페이지의 사진 B는 중립적인 무감정의 표정을 보여준다. 이 사진과 감정을 보이고 있는 다른 사진(개별적 표정 변화, 때로는 아주 미묘한 표정 변화를 보여주는 사진)을 비교해보면, 무감정을 보여주는 얼굴이 어떤지를 알 수 있을 것이다. 사진 A는 위 눈꺼풀이 처져 있는 것을 보여주고, 사진 C는 양쪽 눈썹 안쪽의 끝부분이 살짝 올라간 것을 보여준다. 이처럼 미미한 변화만으로도 얼굴 전체를 바꾸는 것 같다.

사진 A의 위 눈꺼풀과 사진 C의 눈썹만으로 메시지를 보내고 있다는 것을 알려주기 위해서 합성사진을 만들어, 그것들의 특성을 가운데 사진에 붙여보았다. 사진 D는 사진 A의 눈꺼풀을 중립사진 B 위에 붙인 것이다. 사진 E는 C의 눈썹을 중립사진 B 위에 붙인 것이다. 이들 합성사진을 보면 지극히 미세한 변화조차 얼굴 전체의 모습에 영향을 주고 있음을 납득할 수 있다.

덧붙여 말하자면, 사진 E의 얼굴은 [그 위에 있는] 사진 C보다 약간

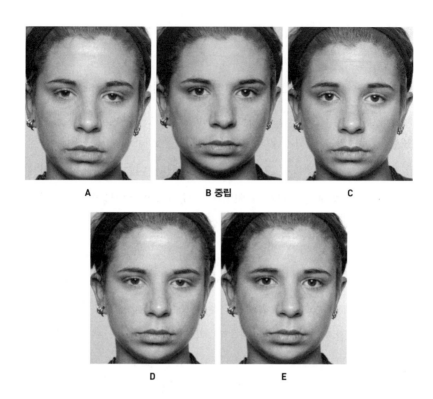

A B 중립 C

D E

덜 슬퍼 보인다. 그것은 사진 C의 얼굴에 위 눈꺼풀이 처진 단서가 아주 약하게 나타나 있기 때문이다. C와 E를 비교해보지 않으면, E의 눈썹이 무감정의 중립적인 얼굴에 붙여져 있다는 것은 알 수 없으리라.

사진 C의 얼굴은 확실히 슬프다는 신호를 보내고 있다. 그것은 약한 슬픔처럼 보이는데, 억제되고 있는 슬픔이거나 잦아들기 시작한 슬픔 일 수도 있다. 훈련이 안 된 사람은 그것을 인지하기가 어려운데, 이런 표정이 짧은 경우는 특히 그렇다. 사진 A의 얼굴은 훨씬 모호하다. 엷은 슬픔이나 억제된 슬픔의 신호일 수도 있지만, 졸리거나 따분한 표정일 수도 있다. 신호라고는 눈꺼풀이 처져 있다는 것밖에 없기 때문이다.

그런데 처진 눈꺼풀에 치켜뜬 눈썹이 결합되었을 때 어떤 변화가 일

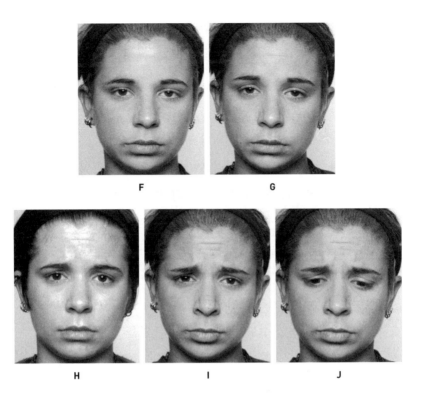

F   G

H   I   J

어나는지 보라. 사진 F는 사진 C의 눈썹과 사진 A의 눈꺼풀을 중립적인 얼굴에 합성한 사진이다. 처진 눈꺼풀과 안쪽 끝부분이 추켜올라간 눈썹 모양으로 이뤄진 동일한 결합이 사진 G에도 보이지만, 이 사진은 컴퓨터 합성이 아닌 자연스런 사진으로서 눈썹의 움직임이 더욱 강해졌다. 이는 분명 슬픔의 표정이다. 그 표정이 정말 짧지 않은 한 놓칠 일도 오해할 일도 없다.

다음 사진들은 눈의 다른 변화를 보여준다. 좌측의 사진 H에는 눈썹이 두드러져 보이지만, 시선이 정면을 응시하고 있으며 위 눈꺼풀이 밑으로 처지지 않았다. 사진 I는 눈썹이 두드러져 있고, 위 눈꺼풀이 약간 처져 있으며 아래 눈꺼풀도 약간 경직되어 있다. 사진 I의 아래 눈꺼풀과 중립사진 B를 비교해보라. 사진 J는 전형적인 슬픔의 표정인데, 시선은 아래로 향하고 있다. 이렇게 아래로 내리깐 시선은 베티 셜리의 사진에도 보인다. 물론 사람들은 독서하거나 피곤할 때도 아래를 보지만, 그것이 슬픈 눈썹에 더해지면 메시지는 명백하다.

눈썹은 아주 중요하며 매우 신뢰할 수 있는 슬픔의 신호다. 슬픔을 느끼지 않는 한, 사진과 같은 눈썹의 모습은 아주 드물다. 왜냐하면 의도적으로 그런 움직임이 가능한 사람은 거의 없기 때문이다. 예외는 있다. 우디 앨런과 짐 캐리는 종종 그런 얼굴의 움직임을 보여준다. 대부분의 사람들은 눈썹을 들어올리거나 낮춤으로써 자신의 말을 강조하는데, 이 두 배우는 말을 강조하기 위해서 슬픈 눈썹을 사용한다. 그것이 그들을 공감적이고 따뜻하고 친절한 인물로 보이게 하지만, 그들의 실제 느낌을 정확히 반영한 것일 수도 아닐 수도 있다. 말을 강조하기 위해서 눈썹의 안쪽 끝을 들어올리는 사람들에게 이런 신호는 별로 의미가 없다. 그러나 그들을 제외한 거의 모든 사람에게는 슬픔의 중요한 신호다.

슬플 때 입에 나타나는 변화

이제 슬플 때 입가에는 어떤 변화가 일어나는지 살펴보자. 사진 K는 입술 양쪽 끝이 아주 약간 아래로 처진 모습이다. 이 움직임은 사진 L에서는 약간 강하고, 사진 M에서는 훨씬 강하다. 이는 아주 약한 슬픔을 보여주는 또 다른 신호다. 또는 슬픈 표정을 억제하려고 할 때 나타날 수도 있다. 사진 M은 너무 강한 표정이라 입에만 나타나고 눈썹이나 눈에 슬픔이 함께 나타나지 않는다면 실제 슬픔이 아닐 가능성이 높다. 오히

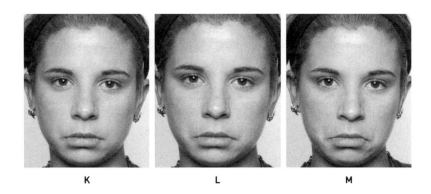

K   L   M

려 불신하거나 부정할 때 일부의 사람들이 보여주는 신호일 가능성이
높다.

다음 세 사진은 아랫입술만 내밀었을 때 나타나는 표정을 보여준다.
사진 N은 삐죽 내민 입술인데 슬픔을 막 느끼기 시작할 때 울음의 전조
로서 나타난다. 부루퉁할 때도 이 표정이 나타날 수 있다. 사진 O에서
는 아랫입술의 움직임이 너무 강해서 이것만으로는 슬픔의 표정으로 보
이지 않는다. 눈썹과 눈꺼풀에도 슬픔의 신호가 없고, 시선도 아래로 향
해 있지 않다. 오히려 두 손바닥을 내밀며 어깨를 으쓱할 때와 같이 애
매함의 신호일 가능성이 높다. 사진 P에서는 N과 O에서처럼, 아랫입술
을 밀어올리고 상하 입술을 굳게 닫고 있다. 그것은 결의나 집중의 신호

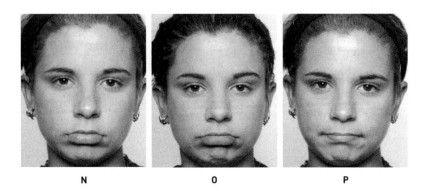

N   O   P

인 경우가 많다. 클린턴 전 대통령을 포함한 일부의 사람들에게 그것은 버릇이 되기도 한다. 그런 입술 모양을 하고서 약한 웃음을 짓는 사람도 있다. 그것은 쓴웃음을 지으며 참는 표정을 상징하게 된다.

다음 세 장의 사진은 두 감정의 혼합을 보이고 있다. 사진 Q는 슬픔의 눈썹과 만면의 웃음이 결합된 표정이다. 손으로 입을 가려서 보면 이브가 슬퍼하는 것으로 보이고, 눈과 눈썹을 가리면 행복해 보일 것이다. 이 표정은 달콤씁쓸한 경험과 함께 생긴다. 예를 들어, 먼 과거에 행복했던 순간—지금은 끝난 행복이라 일말의 슬픔으로 물든 순간—을 회상할 때다. 그것은 웃음으로 슬픔을 숨기거나 은폐하려고 할 때에도 생긴다. 사진 R은 두려움과 슬픔의 결합을 보여주고 있다. 눈썹에는 슬픔이, 크게 뜬 두 눈에는 두려움이 담겨 있다. 손으로 눈썹을 먼저 가려보라. 눈에 두려움이 있음을 알 것이다. 다음으로 눈을 가려보면, 눈썹은 분명 우리가 앞에서 보았던 슬픈 모습임을 알 수 있을 것이다. 사진 S는 슬픔과 놀람의 혼합이라고 할 수 있다. 두려움과 슬픔을 혼합시킨 중앙의 사진만큼 표현이 강하지는 않지만, 입술이 벌어져 있고 눈이 열려 있기 때문이다.

마지막 사진 T는 지금까지 살펴본 모든 슬픔의 신호에 새로운 신호

 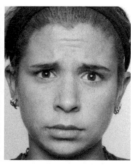 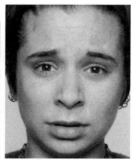

Q   R   S

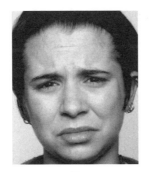

T

하나가 결합된 모습을 보여주고 있다. 눈썹 안쪽의 끝이 올라갔고, 위 눈꺼풀이 약간 처지고 입술 가장자리가 아래쪽으로 당겨져 있다. 새로운 특징은 양쪽 뺨이 돌출하면서 이브의 콧구멍으로부터 입술의 양끝 방향으로 이어지는 주름을 만들어낸 일이다. 이것은 흔히 '코입술주름/팔자주름nasolabial furrow'이라고 부른다. 뺨을 들어올리는 근육이 이 주름을 만들어내고 눈 밑의 피부를 올리면서 눈을 작게 만든다.

이 사진들을 여러 번 살펴본 뒤 이 장 처음에 실은 보도사진들을 다시 보면, 사람들에게 직접 듣지 않고도 그 사람들이 어떻게 느끼고 있는지에 대해 민감해질 것이다. 나의 웹사이트https://www.paulekman.com를 살펴보면 미세한 슬픔(그리고 다른 장들에서 설명하는 갖가지 감정)의 신호를 식별하는 기술을 연마할 수 있다.

슬픔의 표정 정보 이용하는 법

타인의 얼굴로부터 그리고 자신의 자동적 반응으로부터 감정 정보를 더 잘 얻어낼 수 있게 되었으니, 이제부터 우리가 해야 할 일을 살펴보자.

투즐라 소년과 베티 셜리의 얼굴처럼 그리고 이브의 사진(사진 H, I, J, T)에 있는 얼굴처럼 슬픔이 얼굴에 확실하게 나타나 있는 경우 무엇을 해야 할지는 분명하다. 슬픔의 표정은 외면하기 어렵다. 슬픔을 보이는 사람이 그것을 숨기려 하지 않기 때문이다. 표현이 그 정도로 강해질 때, 본인은 그 표정을 자신의 얼굴에서 느낄 수 있고, 자신이 느끼는 바를 타인이 알 수 있을 것이라고 기대한다. 그 표정은 누군가가 자신의 어깨를 감싸주거나 위로의 말을 건네주는 것처럼 타인에게 위로받고 싶은 마음을 전하고 있다.

그러나 사진 A, C, K에서처럼 미세한 신호만 있는 경우는 어떻게 해야 할까? 그런 정보에 대해 당신은 어떻게 대처하겠는가? 감정표현이 그 원인에 대해서는 아무것도 말해주지 않는다는 사실을 기억하라. 예를 들어, 사람이 슬퍼하는 이유는 많다. 그 사람이 슬퍼하는 이유를 알고 있다고 생각해서는 안 된다. 미세한 표정을 짓고 있는 사람이 자신이 느끼고 있는 바를 당신에게 알려주고 싶은지 어떤지는 분명하지 않다. 따라서 상대의 느낌을 알아챘다는 내색을 해야 한다고 지레짐작을 해서는 안 된다. 미세한 표정을 보는 것은 베티 셜리나 투즐라 소년이 보이고 있는 완전한 표정과는 아주 다르다. 베티나 소년은 자신들이 어떤 느낌인지, 또 그것이 외부로 표현되고 있다는 사실을 알고 있다. 그래서 당신은 그것에 반응을 보여야 할 의무가 있다.

표현이 미세한 경우, 그것이 막 시작된 슬픔의 신호인지, 약한 슬픔의 신호인지, 낙담을 예감하는 신호인지, 아니면 강하게 느껴진 슬픔을 억제하고 있는 신호인지를 먼저 결정해야 한다. 표정을 보자마자 그것을 알 때도 있다. 만일 그것이 대화의 첫 부분에서 생긴다면, 슬픔의 시작일 가능성은 낮고, 예상된 슬픔이나 과거의 기억이나 이전의 사건에서 유래하는 슬픔의 표시일 가능성이 높다. 그런 슬픔이 대화의 도중에 나타난다면 슬픔의 시작일 수도 있고, 더 강렬한 슬픔이 억제되고 있는 신호일 수도 있다. 그것은 당신과 상대가 어떤 대화를 하고 있었는가에 따라 달라질 것이다.

당신이 관리하는 부하직원에게 승진 여부에 대한 뉴스를 알려줄 때, 그런 미세한 슬픔의 표현이 직원의 얼굴에 나타났다고 해보자. 그것은 슬픔에 대한 예감일지 모른다. 그 뉴스가 좋은 것이 아니라면 가벼운 슬픔의 표시일 것이다. 만일 뉴스가 상당히 나쁘다면, 심각하지만 억제된 슬픔의 신호일 수도 있다. 당신이 상대가 어떤 느낌인지 안다고 해서, 반드시 그 사실을 상대에게 알려야 한다고 생각할 필요는 없다. 그것은 당신이 그 사람과 어떤 관계에 있는가에 달려 있다. 그러나 그 정보는 당신이 지금이든 나중이든 그 사람에게 어떻게 응답할 것인가를 결정할 때 도움이 될 수 있다.

상황에 따라서 어떤 사람의 경우에는 실망시켜 미안하다고 단순히 인정하기만 해도 도움이 될 때가 있다. 하지만 그것이 어떤 사람에게는 굴욕을 느끼게 하고 분노하게 할 수도 있다. 차라리 아무 말도 하지 않는 것이 현명할지 모른다. 그 사람은 당신에게 다른 선택이 있었다고 생각할까? 아니면 당신이 실망을 안겨주고 있는 그 사람은 당신이 불공평했다고 생각할까? 어느 쪽이든 그들의 실망에 대해 언급하거나 유감이라고 말하는 것이 가식적으로 느껴져서 오히려 화나게 만들 수도 있다. 혹은 그 사람이 승진할 수 있는 다른 기회가 있다면 다음번에는 더 잘 되도록 그를 도와주겠다는 취지로 그 사람의 실망을 인정한다면, 두 사람의 관계는 강화될 수도 있다.

또 하나 고려해야 할 사안은 당신이 전달하는 나쁜 소식이 얼마나 중요한 것인가다. 만일 그것이 그 사람에게 정말로 재앙과 같다면 미세한 슬픔의 표정은 훨씬 강렬한 느낌의 신호를 줄이려고 한 노력에서 생겼는지도 모른다. 그렇다면 그 사람이 어떻게 느끼고 있는가를 당신이 알고 있다고 내색한다면 상대는 슬픈 느낌을 더 강하게 드러낼 수도 있다. 그러길 바라는가? 당신은 상대가 숨기려고 하는 표현 정보를 캐내는 셈이다. 그런데도 그것을 굳이 거론하거나 한마디해야 하겠는가?

당신이 상사가 아니라 나쁜 소식을 받아들이는 사람이라고 상상해보자. 당신이 승진하지 못했다는 나쁜 소식을 상사가 전해줄 때, 그녀의 얼굴에 미미한 슬픔의 표정이 나타났다고 가정해보자. 그것은 대개 상사가 당신을 동정하고, 나쁜 소식을 전해야만 한다는 사실을 미안하게 생각하고 있다는 의미일 것이다. 상사는 동정심 때문에 나쁜 소식을 듣기 좋게 사탕발림하는 것인가? 아니면 그 결정에 완전히 동의하지 않는다는 뜻인가? 아니면 당신의 얼굴에 떠오른 일말의 슬픔에 공감하면서 반응하고 있는 것일까? 일말의 슬픔은 당신에게 아무 말도 해주지 않지만, 상사가 당신을 걱정하고 있다는 것을 말해주는 것이어서 유용한 정보다. 물론 거짓으로 걱정하는 표정을 지을 가능성도 있지만, 슬픔을 표현하는 근육 움직임은 대부분 의도적으로 만들어내기가 쉽지 않다.

이번에는 상사가 아니라 친구가 최근 자신이 겪은 나쁜 소식을 당신에게 전하면서 미세한 슬픔의 표정을 지었다고 해보자. 그 경우 당신은 한 걸음 더 나아가고 싶어질 수도 있다. 당신은 당신의 걱정을 말로 표시하고, 그의 느낌에 공감하며, 그에게 느낌을 털어놓을 기회를 줄 수도 있을 것이다. 그 경우에도 그 표현이 더 강한 슬픔을 억제하고 숨기려는 시도의 결과일 수도 있다는 점을 명심해야 할 것이다. 당신에게는 친구의 프라이버시를 침해할 권리가 있는가? 지금까지 당신과 친구의 관계는 서로 숨김없이 털어놓는 그런 사이인가? 친구가 당신으로부터 격려와 위로의 말을 듣기를 기대하는 그런 사이인가? 아니면 가볍게 "괜찮아?" 하고 한마디 던지고, 느낌을 토로할지 말지는 친구가 결정하게 놔두는 것이 나을 수도 있다.

당신에게 열두 살 된 딸이 있고 방과 후 오늘 학교가 어땠는지 물었을 때, 슬픈 표정을 지었다고 해보자. 당신은 부모로서 자식의 느낌에 주의를 기울이고, 알 권리가 있다(그것이 의무라고 말하는 사람도 있다). 하지만 사춘기에 접어든 자녀는 점차 프라이버시를, 누구에게 무엇을 언제 말할지에 대한 선택권을 원하게 된다. 당신과 딸은 가까운 관계인가? 만일 딸의 느낌에 대한 당신의 지적 때문에 딸이 엉엉 운다면, 당신은 딸을 달래는 데 충분히 시간을 쓸 수 있는가? 나는 아무 일도 일어나지 않은 체하기보다 무슨 일인지 물어보고 상대에게 내가 알고 있다는 것을 내색하는 편이 더 좋다고 믿는다. 하지만 이것은 내 방식일 뿐 당신의 방식이 아닐 수 있다. 주제넘은 참견과 관심의 부족 사이에는 미묘한 경계가 있다. 당신은 관심을 보이면서도 지나치지 않아야 한다. 만일 딸이 사춘기라면, "아무 일 없니?" 혹은 "내가 뭐 도와줄 일은 없니?"라고 말해서 본인에게 조절할 기회를 주는 편이 나을지 모른다.

서로 아끼는 두 사람이 장기간 만나지 못할 것을 예상하면서 작별할 때는 종종 슬픔이 나타난다. 대부분의 관계에서는 거의 언제나 이별에 대한 안타까움을 표현하는 것이 적절하다. 하지만 다시 말하지만, 항상 그런 것은 아니다. 어떤 사람들은 슬픈 느낌을 견디기가 힘들어서 그 느낌을 솔직히 인정하기가 어려울 것이다. 슬픔에 대해 언급하기만 하면 자제력을 완전히 잃어버리는 사람들도 있다. 이별이 중대사가 되는 관계라면, 당신은 상대방을 잘 알고 있을 것이기 때문에 어떻게 대응하면 좋을지 충분히 잘 알고 있을 것이다.

이런 사례들이 의미하는 바는, 사람이 어떻게 느끼는지에 대한 정보를 갖는 것 자체가 그 느낌에 대해 어떻게 대처하면 좋을지를 가르쳐주지는 않는다는 점이다. 그 정보를 얻는다고 해도, 당신이 그 사람의 느낌을 알고 있다는 사실을 그에게 말해야 할 어떤 권리나 의무가 생기는 것은 아니다. 상대가 누군지, 그 상대와 당신은 어떤 관계에 있는지, 그 순간의 상황, 당신 자신이 편하게 느끼는 방식에 따라서 몇 가지 선택지가 있다. 그러나 미세한 슬픔을 식별하게 되면, 뭔가 중요한 일이 일어나고 있거나, 이미 일어났거나, 그 때문에 그 사람이 뭔가를 상실했다는 것, 위로가 필요하다는 점은 알 수 있을 것이다. 그 슬픈 표정 자체가 당신이 그런 위로를 하기에 적합한 사람인지, 지금이 위로하기 적당한 때인지를 가르쳐주지는 않는다.

다음 장으로 넘어가기 전에 마음의 준비를 하자. 가장 위험한 감정인 분노의 장이기 때문이다. 편안한 마음으로 그 감정을 다룰 수 있게 되기 전에는 그 장을 시작하지 말자.

공격하거나 폭력을 행사할 때 사람은 얼굴에 분노를 드러낸다. 다음 페이지의 사진에서 캐나다 분리독립운동 시위에 참가한 사람(오른편)이 경찰관을 구타하고 있다. 왼쪽에 있는 시위 참가자도 곧 공격할 것같이 보인다. 우리는 바로 직전에 무슨 일이 있었는지는 모른다. 경찰관이 시위 참가자를 공격했던 것일까? 시위 참가자는 자기방어를 위해서 공격했던 것일까? 아니면 아무 도발도 없었는데 폭력을 행사했을까? 공격에 대한 반응이 분노 테마, 즉 분노를 일으키는 보편적 유인일까? 감정 이론가들은 분노를 낳는 여러 테마를 제시해왔지만, 그중 어느 하나가 중심이 되는 테마라는 증거는 없다. 실제로 이 감정에는 다양한 테마들이 있을 수 있다.

분노의 종류와 유인

가장 효과적으로 유아를 화나게 하는 상황은 물리적으로 방해를 하는 것인데, 분노를 연구하기 위해서 발달심리학자들이 흔히 이 방법을 사용한다. 유아의 두 팔을 붙잡아 자유롭게 움직이지 못하게 하는 것이다.[1] 이것은 아이나 성인에게 분노를 일으키는 가장 흔한 원인에 대한 비유로 볼 수 있는데, 바로 우리가 하려고 하는 일을 방해하는 사람이다. 특히 그 방해가 우연이나 필요에서 나온 것이 아니라 의도적인 것이라면, 즉 방해

하는 사람이 '우리'를 방해하기로 '선택한' 것이라면, 분노는 더 강해질 수 있다. 좌절시킨 것이 무엇이든, 심지어 그것이 사물에 불과할지라도 사람들은 화를 낸다.[2] 과거에 실패했던 기억이나 스스로의 능력 부족에 대해서도 좌절감을 느낄 수 있다.

누군가가 우리에게 신체적으로 해를 가하려고 할 때 일어날 수 있는 반응은 분노와 두려움이다. 누군가가 심리적으로 우리에게 상처를 주려고 하고, 우리를 모욕하든지, 우리의 용모나 성과를 폄하하는 행위도 분노나 두려움을 일으킬 수 있다. 바로 앞 장에서 언급했듯이, 사랑하는 사람에게 거부당하는 것은 슬픔만이 아니라 분노도 일으킨다. 배우자나 애인으로부터 거부당해서 격노하는 사람 중에는 상대를 구타하는 자도 있다. 분노는 지배하고 응징하며 복수한다. 분노가 가지고 있는 가장 위험한 특성 중에 하나는 분노가 분노를 부른다는 점인데, 이런 분노의 연쇄는 순식간에 가속화될 수 있다. 성인군자가 아닌 한 상대의 분노에 불끈 화내지 않기란 어렵다. 특히 상대의 분노에 정당성이 없고 독선적으로 보일 때는 더욱 그렇다. 따라서 타인의 분노는 분노의 또 다른 원인으로 간주될 수 있다.

다른 사람의 행위에 대한 실망도 우리를 화나게 할 수 있다. 특히 그 인물이 우리가 깊이 아끼는 사람이라면 더욱 그렇다. 우리가 가장 깊이 사랑하는 사람에게 가장 격하게 분노할 수 있다는 것은 이상하게 들릴지 모른다. 하지만 사랑하는 사람만큼 우리에게 상처를 주고 실망시킬 사람은 없다. 연애의 초기 단계에 우리는 연인에 대해 수많은 환상을 품는다. 환상 속의 이상에 연인이 따라주지 않으면 화를 내게 된다.[3] 낯선 사람보다 친밀한 사람에게 화를 내는 편이 안전할 수 있다. 가장 아끼는 사람에게 가장 크게 화가 나는 또 하나의 이유는 그들이 우리를 잘 아는 사람들이기 때문이다. 우리의 두려움과 약점, 무엇이 우리에게 가장 큰 상처를 주는지를 그들은 잘 알고 있기 때문이다.

불쾌한 행동이나 믿음을 옹호하는 사람이 있다면 전혀 모르는 사람이더라도 우리는 분노를 느낄 수 있다. 직접 만나지 않더라도 우리가 동의하지 않는 행동이나 신념을 위해서 일하고 있는 자에 대해 쓴 글을 읽는 것만으로 화가 날 수 있다.

진화론자 마이클 맥과이어Michael McGuire와 알폰소 트로이시Alfonso Troisi[4]는 대단히 흥미로운 주장을 한다. 즉 사람들은 분노의 상이한 원인, 테마, 변형에 대해서 보통 상이한 '행동전략'을 보인다는 것이다. 분노의 원인이 다르다면 분노의 강도나 종류도 다를 것이라고 생각하는 것은 이치에 맞다. 우리는 우리를 거부하거나 실망시키는 사람에게 상처를 입히려고 할지 모르지만, 강도로 보이는 사람에게 그런 행동을 한다면 목숨을 잃을지도 모른다.

좌절, 타인의 분노, 해를 가하겠다는 위협, 거부당하는 것, 이 모든 것을 방해 테마의 변형이라고 주장할 수도 있다. 우리가 틀렸다고 생각하는 것을 지지하는 사람에 대한 분노조차 방해 테마의 변형이라고 생각할 수 있다. 그러나 내 생각엔 이것들을 분노의 서로 다른 유인이라고 간주하고 그중에서 자신의 분노에 어떤 것이 가장 강력한 유인, 가장 뜨거운 유인인지를 결정하는 것이 중요해 보인다.

'분노'라는 말은 여러 다른 관련 있는 경험들을 포괄한다. 화난 느낌이라고 해도 짜증이 약간 난 상태slight annoyance에서 격노rage까지 그 폭이 넓다. 달라지는 것은 화난 느낌의 강도만이 아니다. 느끼는 분노의 종류에도 차이가 있다. 분개indignation는 자기정당성에서 오는self-righteous 분노이고, 부루퉁함sulking은 수동적인 분노이고, 격앙exasperation은 인내심의 한계에 도달해서 표현된다. 복수는 과거에 기분 상했던 일에 대한 분노의 행동인데, 보통 일정 기간 숙고한 후 행해지고, 때때로 자신이 당했던 일에 비해 더 과격한 행동으로 나타난다.

적개심resentment이 단기간 지속되면 그것은 분노 감정군에 속하지만, 원한grudge과 같이 오래 지속되는 적개심은 다르다. 만일 어떤 사람이 불공평하거나 부당한 행동을 했다고 느낀다면, 당신은 그 사람을 용서하지 않고 적개심—그 원한—을 오랫동안, 때로는 평생 품을 수도 있다. 그 사이 끊임없이 화를 내는 것은 아니지만, 그 사람에 대해 생각하거나 그 사람을 볼 때마다 언제라도 분노가 재연될 것이다. 적개심은 '곪을' 수도 있는데 그런 경우에는 마음에서 떠나지 않는다. 그러면 당시 불쾌했던 일에 사로잡혀 두고두고 곱씹게 된다. 아마 적개심이 곪게 되면 보복은 더 강력해질 것이다.

증오hatred는 오랫동안 지속되는 강렬한 반감dislike을 말한다. 우리는 증오하는 사람에 대해 항상 분노를 품고 있지는 않지만, 그 사람과 우연히 마주치거나 그 사람의 소식을 들으면 화난 느낌이 쉽게 일어날 것이다. 우리는 증오하는 사람에 대해 혐오와 경멸을 느낄 수도 있다. 증오는 적개심과 마찬가지로 대개의 경우 오래가며 특정인에게 집중된다. 증오는 일반적인 성격을 지닌 반면, 적개심은 어떤 특정한 불만 혹은 일련의 불만과 연관된다. 증오도 곪을 수 있어서 증오하는 사람의 삶을 지배하며, 따라서 그는 미워하는 사람에게 사로잡히게 된다.

증오와 장기간의 적개심을 구분하는 것은 쉬운 일이 아니다. 증오와 장기간의 적개심은 오래 지속되는 것이므로 감정이라고 할 수는 없다. 같은 이유로 기분이라고도 할 수 없다. 또한 어떤 기분이 들 때 기분의 원인을 모르는 것이 보통인데, 증오하거나 적개심을 품을 때는 이유를 알고 있다. 그래서 나는 적개심을 하나의 '감정적 태도'로, 증오를 연애 감정이나 자식 사랑처럼 '감정적 애착'으로 부를지를 생각해보았다. 중요한 것은 이들 느낌에는 강한 분노가 서려 있으나 분노와 동일한 것은 아니라는 점이다.

상대를 해치려는 충동이 분노에 내재하는가?

앞 장에서 슬픔의 신호는 도움을 요청하는 메시지라고 말했다. 분노가 주는 메시지는 슬픔에 비해서 특정하기 어렵다. 방해하는 사람을 위협하는 "내 앞에서 꺼져!"가 분노 메시지의 하나로 생각될 수 있다. 하지만 그것은 다른 사람의 분노로 촉발되는 분노나, 극악무도한 짓을 한 사람에 대한 기사를 읽고 그 사람에 대해 일어나는 분노에는 적절한 것 같지 않다. 그리고 분노는 때때로 자신을 공격하는 사람이 눈앞에서 그저 사라져주기를 바라는 느낌이 아니라 그 사람을 해치고 싶어하는 느낌이다.

분노만 장시간 단독으로 느끼는 일은 드물다. 많은 경우 두려움이 분노에 선행하거나 분노 뒤에 따라온다. 분노의 대상이 자신에게 가할지도 모르는 위해에 대한 두려움, 스스로의 분노에 대한 두려움, 자신을 억제하지 못하거나 타인에게 위해를 가할 것 같은 두려움이다. 어떤 사람은 공격한 상대에게 반격을 당해서 분노와 혐오가 함께 일어나는 경우도 있다. 또 자신을 충분히 억제하지 못하고 분노한 일에 대해 자기혐오를 느끼는 사람, 화난 느낌을 품는 것에 대해 죄책감과 수치심을 느끼는 사람도 있다.

분노는 가장 위험한 감정이다. 왜냐하면 시위 참가자의 사진을 보면 알 수 있듯이, 우리는 분노의 대상에게 위해를 가할 수 있기 때문이다. 우리는 고함을 지르거나 좀 더 의도적으로 말을 선택하면서 상대에게 말만으로 분노를 전할 수 있다. 그러나 상대에게 위해를 가하려는 동기는 같다. 상대를 해치려는 충동은 분노 반응 시스템에 내재된 필수적인 요소인가? 만일 그렇다면, 우리는 아이들이 어려서부터 누군가를 해치려고 하는 시도를 볼 수 있어야 할 것이다. 그리고 그 충동을 억제하는 법을 배우고 나서야 비로소 그것이 약해진다는 점을 관찰할 수 있어야 할 것이다. 반대로 해치려는 충동이 내재된 것이 아니라면, 분노 충동은 문제를 강제적으로 해결하려는 것에 불과하고, 문제를 일으킨 상대를 반드시 해치려고 하는 것은 아닐 수 있다. 그렇다면 보호자나 다른 사람으로부터 사람을 해치는 것이 가장 손쉬운 해결책이라고 배우는 아이들에게서만, 분노로 상대를 해치는 행동을 관찰할 수 있을 것이다. 어느 편이 진실인가는 중요한 일이다. 만일 상대를 해치는 것이 분노 반응 시스템에 내재되어 있지 않다면, 상대에 대해 분노를 느끼더라도 그 상대를 때리거나 해쳐서는 안 된다는 식으로 아이들을 양육하는 것이 가능하리라.

나는 유아와 어린이의 분노를 연구하는 선두주자인 두 연구자[5]에게 어느 한쪽을 지지하는 강력한 증거가 있는지 물었지만, 없다고 한다. 유아의 감정에 관한 선구적인 연구자인 조 캠포스Joe Campos는 신생아에게 나타나는 "장애물을 제거하려는 듯이 세차게 뿌리치고 손발을 마구 휘두르는" 몸짓에 대해 보고한다. 젖을 빨고 있는데 젖꼭지를 빼버리는 것처럼, 자신이 하고 있는 일을 방해받는 여러 상황에서 유아는 그가 '분노의 원형proto-anger'이라 부르는 행동을 보인다는 것이다. 이런 움직임이 방해자를 해치려는 아직은 미숙한 시도인지, 아니면 단지 방해를 막기 위한 시도인지는 분명하지 않다. 상대방을 해치려는 시도가 정확히 언제 어떻게 나타나는지, 모든 유아가 그런 것인지에 관해서는 알려진 바가 없다.

대부분의 유아가 아주 이른 시기에는 때리기, 깨물기, 발길질을 하다가 대개 두 살 정도가 되면 그런 행동이 통제되기 시작하여 해마다 점차 줄어든다는 증거는 존재한다.[6] 정신과 의사이자 인류학자인 멜빈 코너Melvin Konner는 최근 이렇게 썼다. "폭력적인 소질은…… 결코 완전히 사라지지 않는다. …… 그것은 항상 존재한다."[7] 이것은 두 아이를 키운 나 자신의 관찰 결과와도 일치한다. 아이들이 아직 상당히 어렸을 때 곧잘 남을 때려서 해치려는 습관이 자리 잡았다. 그래서 아이들은 폭력적 반응을 억제하는 법과 방해와 모욕, 그 밖에 여러 불쾌한 일에 대처하는 다른 방법을 배워야 했다. 나는 거의 대부분의 사람에게 상대에게 위해를 가하려는 충동이 분노 반응의 중심에 있다고 생각한다. 그러나 이런 폭력 충동의 강도에는 사람에 따라 중대한 차이가 있다고 믿는다.

분노의 강도는 왜 사람마다 다른가?

우리는 사람들이 화가 나서 하는 말이나 행동을 비난할 수는 있지만, 화를 내는 일 자체는 이해할 수 있다. 오히려 화를 내지 않고도 위해를 가하려는 사람이 이해하기 어렵고, 종종 정말로 두렵기도 하다. 사람은 자신이 화가 났을 때 한 말을 자주 후회하곤 한다. 그래서 사과를 할 때는 분노에 사로잡혀 그랬다고 설명하고, 자신이 말한 것은 진심이 아니었다고 이야기한다. 분노라는 감정의 힘으로 그들의 진실한 태도와 신념이 왜곡되었다는 것이다. "내가 정신이 나갔었어"라는 관용구가 이를 보여주는 예시라고 할 수 있다. 분노의 여운이 남아 있는 한 사과하기가 쉽지 않고, 사과한다고 해도 이미 상대에게 입힌 손상은 돌이킬 수 없을지 모른다.

자신이 어떻게 느끼는지 의식할 뿐만 아니라 화난 느낌에 따라 행동하고 싶은지 곰곰이 생각하면서 자신의 감정 상태에 '주의를 집중한다'고 해도, 분노에 따라 행동하지 않기로 결정한다면 여전히 갈등하게 될 것이다. 게다가 우리 중 남보다 더 빨리 더 심하게 화를 내는 사람에게 그 갈등은 더 클 것이다. 그는 다음 여러 선택지 사이에서 갈등하게 될 것이다. 즉 상대에게 해를 가하지 말자, 터무니없는 요구를 하지 말자, 상대의 분노에 더 강한 분노로 대응하지 말자, 용서받을 수 없는 말은 하지 말자, 대응할 때 분노에서 짜증으로 줄여나가자, 일체의 분노 신호를 없애자. 그렇지만 때로는 분노에 맡기고 행동하기를 진정 원할 때가 있다. 이후에 설명하겠지만 실제로 화가 나서 하는 행동이 유익하고 필요할 때도 있다.

1992년 당시 26세였던 자칭 닌자라는 데이비드 린 스콧 3세는 맥신 케니의 딸을 강간하고 살해했다. 1993년 스콧은 체포되었지만 재판은 4년이나 연기되었다. 스콧이 유죄 판결을 받은 뒤, 맥신과 그녀의 남편 돈은 재판의 선고 단계에서 각자 증언할 기회를 얻었다. 맥신은 스콧에게 직접 대고 말했다.

"그래, 네가 닌자라고? 정신 차려! 여긴 봉건제 일본이 아냐. 설사 그렇다 쳐도 너 같은 겁쟁이는 절대로 닌자가 되지 못할걸. 너는 한밤중에 까만 옷을 입고 무기를 들고 몰래 숨어 들어와 아무 죄도 없는 무방비의 여성을 희생양으로 삼았어. …… 그러고는 닌자처럼 하고 다니며 네가 강하다는 착각에 사로잡혀서 강간하고 살인을 했지. 어두컴컴한 벽속을 기어 다니면서 모든 곳을 오염시키는, 더럽고 역겨운 바퀴벌레 같은 놈! 나는 너 같은 놈은 눈곱만큼도 동정 안 해! 너는 내 딸 게일을 강간하고 고문하고, 한 번도 아니고 일곱 번이나 찔러서 무참하게 죽였어. 내 딸의 손에 난 수많은 방어흔적을 보면 그 애가 자신의 목숨을 지키기위해 필사적으로 싸운 걸 알 수 있어. 그런데도 너는 눈 하나 꿈쩍하지 않았지. 너 같은 놈은 살 자격이 없어."

스콧은 후회의 표정을 보이기는커녕 케니 부인이 말하는 사이 줄곧 그녀를 보며 웃었다. 그녀가 자리로 돌아가던 도중에 스콧의 머리를 때리다가 남편과 보안관들의 제지를 받고 있는 것이 다음 페이지의 사진이다.

대개의 경우 우리가 분노를 억제하고 격노하지 않으려고 하는 것은, 분노의 대상인 인물과 관계를 유지해야 한다고 생각하기 때문이다. 우리는 상대가 친구, 고용주, 고용인, 배우자 혹은 아이 중 그 누구라도, 그 사람이 무엇을 했다 하더라도, 만일 분노를 조절할 수 없다면 그 사람과 금후의 관계가 회복할 수 없을 정도로 손상을 입을 수 있다고 믿는다. 그러나 맥신 케니의 경우, 스콧을 전부터 알았던 관계도 아니고 금후 유지해야 할 관계도 없었으므로, 분노에 따라서 행동하는 것을 참아야 할 이유가 없었다.

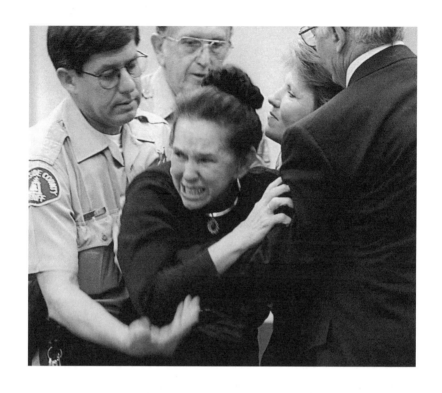

　물론 우리는 맥신의 격노를 이해하고 공감할 수 있다. 우리들 가운데 누구라도 그녀와 같은 입장이라면 똑같은 감정을 느꼈을 것이다. 스콧을 공격한 것은 잘못된 행동이라고 생각할 수는 있겠지만, 그렇다고 그녀를 비난하기는 힘들다. 딸을 죽인 살인자가 후회나 고뇌하는 기색을 보이지 않았기 때문에 맥신은 인내의 한계에 도달했던 것이리라. 맥신이 그를 비난하는 동안 그 남자는 그녀를 보고 미소를 짓고 있지 않았던가. 그렇다면 누구라도 그녀와 같은 행동을 취할까? 누구에게나 그것은 인내의 한계였을까? 누구에게도 인내의 한계가 존재할까? 나는 그렇게 생각하지 않는다. 그녀의 남편 돈은 자신의 폭력적인 충동을 행동으로 옮기지 않았을 뿐만 아니라, 오히려 아내가 스콧을 공격하는 것을 제지했다.

맥신과 돈 케니는 부모로서 최악의 악몽을 겪었다. 아이가 전혀 모르는 타인에 의해 아무런 이유도 없이 잔혹하게 살해당했던 것이다. 서른여덟 살의 딸, 게일이 강간 살해당한 지 8년이 지난 뒤에도 부부는 여전히 괴롭고 딸이 보고 싶다고 말했다. 맥신과 돈, 두 사람은 왜 법정에서 그 순간 그렇게 대조적인 행동을 했을까?

맥신은 성질이 급하고 돌발적으로 화를 잘 내는 성격일지 몰라도 그것은 그녀의 평상시 모습이 아니라고 스스로 말한다. 남편 돈은 화를 잘 내는 성격이 아니며 모든 감정이 억눌려 있다가 아주 천천히 고조된다. 화를 잘 내는 유형의 사람은 분노를 금지하고 그것이 격노로 폭발하지 않도록 하자면 다른 사람보다도 훨씬 힘이 들 것이다. 맥신은 자신이 화를 잘 내는 성격이라고는 믿지 않지만, "만일 내 가족이 어떤 식으로든 위협받고 있다고 생각한다면" 분노가 폭발할 수 있다고 말한다.

맥신은 나에게 말했다. "나는 항상 감정을 강하게 느껴요……. 사람마다 감정의 강도는 다르다고 생각해요. 사람마다 감정적 기질도 다른 것 같은데, 어떤 사람은 더 강렬한 것 같아요." 나는 두 사람에게 그녀가 묘사한 것이 바로 내가 연구하고 있는 내용이며, 연구 결과에 의하면 그녀의 생각이 옳다고 말해주었다(그 연구에 대해서는 1장의 말미와 맺음말에서 다루고 있다).

어떤 감정을 얼마나 강하게 경험할 수 있는지는 사람마다 다르다. 어떤 사람들은 단순히 극단적으로 강렬한 분노를 느낄 수 없는 소질을 가지고 있을 수도 있다. 그런 사람은 일평생 엄청난 격노를 경험할 일이 없을지도 모른다. 분노의 다양한 표출 양상은 화를 잘 내는지 여부뿐만이 아니라, 어느 정도 폭발력으로 화를 내는지, 유사한 비유의 연장선에서 보면 어느 정도 양의 다이너마이트를 품고 있는지에도 달려 있다. 그것은 사람에 따라서 다르다. 과학자들은 아직 이런 차이의 원인을 모르며, 유전이나 환경이 각각 어느 정도 영향을 미치는지를 알지 못한다. 십중팔구는 양쪽이 모두 일정한 역할을 할 것이다.[8] 이번 장 후반부에서 비정상적으로 화를 내는 사람들에 대한 내 연구 결과의 일부를 설명할 생각이다.

맥신은 자신이 데이비드 스콧을 공격할 것이라고는 예상하지 못했다고 나에게 말했다. 말로만 그를 비난하고 거기에서 멈추려고 생각했다는 것이다. 그런데 욕설을 퍼붓기 시작하자, 분노에 분노가 더해지고 더 강해져서 브레이크를 걸 수가 없었고 신체적인 공격을 막을 수가 없게 되었다. 맥신은 선고 재판 도중 휴식 시간에, 스콧을 구타한 자신의 행동에 대해 기자에게 설명했다. "그건 마치 순간적인 광기 같았어요. 더 이상 주체할 수 없었어요." 나는 그녀에게 지금 당시의 일을 생각해보면 아직도 자신이 미쳤다고 생각하는지 물었다. 맥신은 이렇게 대답했다. "예, 너무나 강렬한 증오를 느꼈던 게 지금도 기억나요……. 화가 너무 나서 결과가 어떻게 될지는 생각조차 못했어요." (뜻밖에도, 돈은 그때 데이비드 스콧을 공격하지 '않았다'는 점에 대해 현재 자책하고 있다.*)

아무리 화가 나도 폭력을 억제할 수 있다

나는 거의 모든 사람이 화가 났을 때, 심지어 머리끝까지 화가 났을 때조차도 언동을 자제할 수 있다고 믿는다. 내가 모든 사람이 아니라 '거의' 모든 사람이라고 말한 점을 유의하길 바란다. 왜냐하면 도저히 분노를 억제하지 못할 것 같은 사람들도 있기 때문이다. 그것은 생애 내내 계속되는 행동 패턴일 수도 있고, 뇌의 특정 부위의 상처가 원인일 수도 있다. 맥신은 어느 쪽에도 해당되지 않는다. 그녀는 줄곧 감정을 조절할 수 있었기 때문이다.

우리는 상대방에게 아주 험한 말을 하거나 신체에 공격을 가하고 싶은 충동을 느끼기도 하지만, 대부분은 그렇게 행동하지 않도록 할 수 있다. 몇 마디 말이 튀어나오고 허공에 삿대질을 할 수는 있지만, 거의 대부분의 사람들은 자신을 통제할 수 있다. 우리 모두 혹은 우리 중 거의 대다수는 상대에게 위해를 가하지 않겠다고, 폭력적인 언동을 하지 않겠다고 선택할 수 있다. 맥신은 선고 재판 때 발언을 하겠다고 그리고 할 수 있는 한 최대한 강한 어조로 말하겠다고 의도적인 선택을 했다. 그녀는 지금도 증오를 느끼고 있고, 그 증오를 자랑스러워하고 있다.

대부분의 사람들은 자식이 살해당하는 것을 막을 수 있다면 폭력을 행사할 것이다. 하지만 이것을 정말로 통제력을 잃었다고 볼 수 있을까? 폭력이 유익한 목적을 달성한다면 그것을 비난하는 사람은 거의 없다. 그러한 폭력은 충동적인 것이 아니라 치밀한 계획을 따른 것일지도 모른다. 달라이 라마 승하조차도 그런 상황의 폭력은 정당하다고 믿고 있다.[9]

---

* 돈은 이 충격적인 경험 때문에 지금까지도 고통받고 있다. 그는 극심한 고뇌와 지금까지도 계속되는 고통 속에서, 자신이 법정에서 스콧을 죽일 기회가 있었지만 죽이지 않은 것은 스스로가 겁쟁이였기 때문이라고 믿고 있다. 돈은 대학 시절 레슬링 선수였고 법정에서 스콧의 옆을 지나갈 일도 여러 번 있었으므로 그때 그의 목을 부러뜨릴 수 있었을 것이라고 말했다. 나는 돈에게 스콧을 공격하는 것은 보복이었을 것이라고, 보복을 하지 않은 것은 겁쟁이여서가 아니라고 설명했다. 진짜 겁쟁이란 스콧이 딸을 공격했을 때 딸을 지키기 위한 행동을 하지 못하는 사람일 것이라고 했다. 나는 돈이 기회가 있었다면 게일을 지키기 위해서 무슨 행동이라도 했을 것이라고 확신한다. 돈이 지금 자신이 겁쟁이라고 느끼는 이유는 아마도 딸이 죽었다는 사실, 자신에게 딸을 지킬 수 있는 기회가 없었기에 게일을 지켜줄 수 없었다는 사실을 받아들이지 못했기 때문일 것이다.

나는 그런 극단적인 상황에서도 모든 사람이 폭력을 행사하지는 않을 것임을 알고 있다. 그런 사람이 다른 사람에 비해 분노를 잘 느끼지 않아서 더 심한 도발이 있어야 비로소 통제력을 잃기 때문은 아니다. 왜냐하면 맥신 부부의 상황보다 강한 도발은 생각하기 어렵기 때문이다. 사람들이 상상하는 가장 화가 나는 상황이란 무엇일까? 내 연구에서 이에 대한 조사를 시행한 적이 있는데, 가장 자주 나오는 답변이 바로 가족 중 누군가가 살해의 위협을 당할 때였다. 하지만 폭력적으로 행동해서 가족의 죽음을 막을 수 있더라도 모든 사람이 그렇게 행동할 것이라고는 생각하지 않는다. 두려워서 폭력을 행사하지 못하는 사람도 있을 것이고, 절대 폭력적으로 행동하지 않는 것을 아주 중요한 가치로 삼고 있기 때문일 수도 있다.

살인자 데이비드 스콧에 대한 맥신 케니의 공격은 이와는 다르다. 그것은 딸의 살해를 막는 것이 아니라 복수였다. 우리는 그녀의 행동을 이해하지만 우리들 대부분은 그렇게 하지는 않을 것이다. 매일 수많은 부모가 법정에서 자신들의 자녀를 죽인 사람을 마주하지만 폭력적인 보복을 시도하지는 않는다. 하지만 맥신 케니에 공감하지 않기란 그리고 그녀의 행동이 옳은 일이 아니라고 생각하기란 어렵다. 범죄는 너무 참혹했으며 상실은 너무 컸다. 사랑하는 딸을 강간하고 살해했던 자가 저기에 앉아서 어미의 이야기를 들으며 웃음을 짓고 있는데! 우리가 그녀의 입장이었다면 그녀처럼 행동하지 않았으리라고 확신할 수 있는가?

나는 맥신과 돈 케니 부부를 만나기 전, 증오는 항상 파괴적이라고 쓴 적이 있었다. 하지만 지금은 그 정도의 확신은 없다. 상대는 자신의 딸을 강간하고, 손의 여러 자상이 보여주듯이 숨이 끊어질 때까지 자신의 생명을 지키기 위해서 몸부림치는 딸을 일곱 번이나 칼로 찌르지 않았던가? 그에게 증오심을 품고 그를 해치고 싶은 마음이 생기는 것은 당연하지 않겠는가? 데이비드 스콧을 향한 맥신의 지속적인 증오가 그녀의 마음의 상처를 싸매고, 그녀의 삶에 유익한 동기가 되지 않았을까? 맥신의 증오는 곪지 않은 것처럼 보였고, 그녀는 생산적인 삶을 살면서도 스콧을 향한 증오심을 거두지 않았다.

분노 표출에는 대가가 따른다

대부분의 경우 우리는 맥신이 경험한 것 같은 지독한 도발 때문에 화가 나는 것은 아니다. 그러나 다른 사람이 보기에는 별것 아닌 도발에도 강렬하고 폭력적인 분노가 일어날 수 있다. 그 원인은 이견이나 도전, 모욕, 사소한 좌절일 수도 있다. 경우에 따라서는 결과에 개의치 않거나 적어도 그 순간에는 결과에 대해 전혀 신경 쓰지 않은 채 분노를 통제하지 않겠다고 스스로 선택하기도 한다.

심리학자 캐롤 태브리스Carol Tavris[10]는 분노만을 전적으로 다룬 저서에서—다른 심리학자들이 지지하는 것처럼—분노를 표출할 경우, 대개 상황을 악화시킨다고 주장했다. 태브리스는 연구 결과를 세심하게 검토하면서 억제된 분노에 대해 다음과 같은 결론을 내린다. 억제된 분노는 "어떤 예측 가능하거나 일관된 방식으로 우리를 우울하게 하지 않으며, 궤양이나 고혈압, 과식증, 심장발작을 유발하지도 않는다. …… 우리가 그 분노를 야기한 상황을 통제하고 있다고 느끼고, 그 분노를 마지못해 보호해야 할 감정이 아닌 바로잡아야 할 불만의 신호로 해석하며, 우리가 인생에서 마주치는 일과 사람들에게 헌신한다고 느낀다면, 분노를 억제하더라도 의학적으로 신체에 해가 되는 일은 없다."[11]

분노를 표출할 때는 대가가 따른다.[12] 분노에 찬 언행은 인간관계를 일시적으로 또는 영원히 손상시킬 수 있으며, 분노에 찬 보복을 초래하는 경우도 많다. 그러한 언행 없이도 얼굴표정이나 어조만으로도 우리가 분노하고 있음을 상대는 안다. 그때 상대가 화를 내며 반응하고 경멸하는 모습을 보인다면 우리가 통제력을 유지하면서 싸움을 피하기가 더 어려워질 수도 있다. 사람들은 화난 사람을 별로 좋아하지 않는다. 화난 아이들은 다른 아이들로부터 인정받기가 어렵고[13] 화를 잘 내는 성인은 사회적으로 매력이 없는 것으로 간주된다.[14]

나는 대개의 경우 분노에 따라 행동하지 않는 것이 더 낫다고 믿는다. 하지만 분노를 행동으로 나타낼 때는 건설적인 방식, 즉 우리가 화를 내고 있는 상대방을 공격하지 않는 방식으로 표현하는 편이 좋다. 화가 난 사람은 그를 화나게 한 일에 대해 분노를 표출해서 대처하는 것이 최선의 방법인지 고려해야 하지만 그렇게 하지 않을 때가 많다. 때로는 분노를 표현하는 것이 적절할지도 모르지만, 분노가 진정된 후에 불만 사항을 해소하는 편이 더 수월한 경우도 많다. 그러나 우리가 사태를 악화시켜도 개의치 않겠다고, 분노의 대상인 상대방과의 관계가 앞으로 어떻게 되더라도 개의치 않겠다고 생각하는 순간도 있다.

분노가 강렬할 때 처음에는 자신이 화가 났다는 사실을 모르거나 심지어는 알고 싶지 않을 수도 있다. 자신의 '감정적 느낌에 주의를 집중하는 일'에 실패하는 것을 말하는 것이 아니다. 한발 뒤로 물러나서 화가 나는 대로 행동할 것인지 말 것인지를 고려하지 못한다는 것도 아니다. 분노에 차서 말을 토하고 행동하면서도 자신이 화가 나 있다는 사실조차 자각하지 못하는 그런 상황이다.

왜, 어떻게 해서 그런 일이 일어나는가는 전혀 분명하지 않다. 스스로 화가 나 있다는 사실을 모르는 이유는, 그것을 아는 것이 자기 자신을 비난하는 셈이 되기 때문일까? 어떤 사람들은 다른 사람들에 비해 자신이 화내고 있다는 사실에 더 둔감할까? 다른 감정에 비해서 분노는 특히 자각하기 어려운 것일까? 분노한 사람이 반드시 자각하게 되는 분노의 레벨이 있는 것일까? 아니면 그러한 레벨도 사람에 따라서 다른 것일까? 분노할 때, 두려움을 느낄 때 혹은 괴로울 때 자신의 감정적 느낌에 '주의를 집중하는' 것은 어려운 것일까? 안타깝게도 이런 의문에 대한 과학적인 연구는 아직 이루어지지 않았다.

분노에 대응하는 기술

분노를 자각하고 그 느낌에 '주의를 집중하는' 것의 주된 이점은 우리 자신의 반응을 조절하거나 억제할 기회, 상황을 재평가할 기회 그리고 분노의 원천을 거의 확실하게 제거하기 위한 행동을 계획할 기회가 생긴다는 것이다. 만일 자신이 무엇을 느끼고 있는지 자각하지 못하고 그저 감정에 따라서 행동한다면 우리는 앞에서 언급한 어떤 것도 할 수 없을 것이다. 자신이 어떻게 행동하고 말할지에 대해 자각하지도 못하고 잠시 반성할 수도 없다면, 우리는 나중에 후회할 만한 언동을 할 가능성이 높다. 비록 자신이 화내고 있는 것을 자각한다고 해도 화난 느낌에 '주의를 집중할' 수 없다면, 그래서 한 걸음 물러나 지금 일어나고 있는 상황을 숙고할 수 없다면, 다음 순간에 어떻게 행동할지 선택할 수 없게 될 것이다.

보통 자신의 분노를 깨닫는 데는 그리 오래 걸리지 않는다. 우리의 분노를 보고 들은 사람이 우리에게 말해줄 수도 있고, 화가 난 자신의 목소리를 들을 수도 있다. 혹은 자신이 무슨 생각을 하고 무엇을 계획하고 있는지로부터 스스로가 분노하고 있다는 것을 깨달을 수도 있다. 자각한다고 해서 반드시 분노를 통제할 수 있는 것은 아니지만 최소한 그럴 가능성은 생긴다. 어떤 사람에게는 행동으로 옮기기 전에 열까지 세라는 옛 격언이 효과가 있을 수도 있다. 다른 이들은 분노가 진정되기까지 잠시라도 그 상황을 벗어나야 할 수도 있다.

분노에 대응하는 방식 중에 가까운 인간관계에 분란을 일으키는 방식도 있다. 동료 존 고트먼은 행복한 결혼과 불행한 결혼에 대한 연구에서 그가 '담쌓기'라고 부르는 행동을 발견했다.[15] 이는 여성보다도 남성이 자주 보이는 반응인데, 상대와의 상호작용에서 냉정하게 물러나 상대의 감정에 반응하지 않는 것을 가리킨다. 보통 담쌓기는 상대의 분노나 불만에 대한 반응인데, 담을 쌓은 사람이 상황을 피하려는 이유는 자신의 느낌과 배우자의 느낌에 적절히 대처할 수 없다고 느끼기 때문이다. 만일 그가 담을 쌓는 대신에 배우자의 불만사항을 잘 알아듣고 그녀의 분노를 인정하며, 나중에 준비가 되고 냉정을 되찾았을 때 그것을 논의하자고 제안한다면 두 사람의 관계는 크게 상하지 않을 것이다.

감정 이론학자 리처드 라자루스는 분노를 조절하는 아주 어려운 기술 한 가지를 설명한다. 이 기술이 어려운 이유는 분노를 단순히 억제하는 것이 아니라 해소하는 것이 목표이기 때문이다. "배우자나 연인의 언동으로 감정이 상했다면 우리 자신의 상처받은 자존심을 회복하기 위해서 앙갚음을 하는 대신, 그들이 당시 엄청난 스트레스를 받고 있어서 실질적으로 책임을 추궁하기는 어렵다는 사실을 인정한다면 어떨까. 요컨

대 그들은 자제심을 잃어버린 것이지, 원래 악의가 있었던 것은 아니라고 추정하는 것이 최선일 것이다. 이렇게 상대방의 의도를 재평가하게 되면 사랑하는 사람의 처지에 공감할 수 있게 되고, 갑작스럽게 폭발했던 것을 용서할 수 있게 된다.[16] 라자루스는 이것이 말하기는 쉬워도 행동으로 옮기기는 어렵다는 점을 인정한다.

달라이 라마 승하께서도[17] 동일한 접근법을 이야기하는데, 여기서 우리는 불쾌한 행동과 그 행동을 한 사람을 구분한다. 그 사람이 왜 공격적으로 행동했는지 이해해보고, 공감하기 위해서 노력하며, 무엇이 그 사람을 분노하게 했는가에 초점을 맞추는 것이다. 그렇다고 우리가 그 사람의 행동에 의해서 기분이 상했다는 것을 그 사람에게 숨겨야 한다는 것은 아니다. 다만 우리의 분노는 사람이 아니라 행동 자체로 향해야 한다. 이 방식을 적용할 수 있다면 우리는 그 사람에게 상처를 주려고 하지 않을 것이고, 그가 그렇게 행동하지 않도록 그를 도와주려고 할 것이다. 사람들 중에는 도움을 원하지 않는 자들도 있다. 가령 약자를 괴롭히는 자라면 상대방을 지배하고 싶어하고, 잔인한 사람이라면 위해를 가하는 것을 즐길지도 모른다. 그런 사람들을 저지하기 위해서는 그 사람의 행동만이 아닌 그 사람 자신에게 분노를 향해야 할 것이다.

라자루스와 달라이 라마가 각각 제안하고 있는 것은 상대가 의도적인 악의를 갖고 있지 않다면 실행할 수 있을지도 모른다. 상대의 악의적인 분노가 없을지라도 우리 자신의 감정 상태에 따라서 반응하는 방식이 달라질 수 있다. 우리의 분노가 그렇게 강하지 않고 서서히 고조되어 우리가 화를 내고 있다는 사실을 완전히 의식할 수 있을 때에는, 사람이 아닌 행동을 향해 분노하기가 쉬울 것이다. 이를 위해서 잠시 멈추고 한숨 돌리는 일이 필요하지만, 뜨겁고 빠른 강렬한 분노를 느낄 때는 중간에 멈추기가 쉽지 않다. 자신의 분노와 부합하지 않는 정보를 이용할 수 없는 불응기에는 행동을 조절하기가 특별히 더 어려울 것이다. 분노에 대처하는 이런 방법이 항상 가능한 것은 아니겠지만, 훈련을 거친다면 적어도 어떤 때에는 가능해질 수도 있다.

몇 달 전 한 회의에서 나는 그런 건설적인 분노를 목격했다. 나를 포함해서 다섯 사람이 연구 프로젝트를 기획하고 있을 때였다. 존은 우리의 계획에 이의를 제기했는데, 우리가 순진하게도 이미 알고 있는 것을 반복하고 있다면서 학자로서 자질이 부족함을 암시했다. 랄프가 그 부분은 이미 고려한 사항이라고 대답했고 토의는 계속 진행되었다. 존은 다시 끼어들어서 마치 랄프의 대답을 듣지 못했다는 듯이 자신이 했던 얘기를 더 강한 어조로 반복했다. 우리는 존에게 직접 대답하지 않고 회의를 계속 진행하려고 했지만 존 때문에 그럴 수가 없었다. 그러자 랄프가 중간에 나서서 존에게 말했다. 그의 말은 잘 들었지만 동의하지 않는다고 그리고 이 이상 회의를 방해하지 않았으면 좋겠다고 말이다. 침묵을 지키거나 도움을 주고 싶다면 회의에 남아 있어도 좋지만, 그럴 수 없다면 나가달라고 말했다. 나는 주의 깊게 랄프의 목소리를 듣고 그의 얼굴을 관찰했다. 단호함, 힘, 결단력이 느껴졌으며, 아주 약간의 조바심과 함께 분노의 기색을 엿볼 수 있을 뿐이었다. 랄프는 존을 공격하지 않았고, 실제로는 존이 방해가 되었지만 그렇다는 말도 하지 않았다. 존은 공격당하지 않았으므로 스스로를 방어하지도 않았고 몇 분 뒤에 회의실을 나갔다. 이후 그의 행동에서 보면 적개심도 없었던 것으로 보였다. 후에 랄프에게 묻자 그는 약간 화가 났었다고 대답했다. 그가 존에게 했던 말은 미리 생각해둔 것이 아니라 그냥 그렇게 나왔다고 말했다. 랄프의 전문분야는 아이들에게 분노를 어떻게 다스리는지 가르치는 일이다.

누구라도 짜증난 기분에 빠지면 화를 억제하기가 힘들다. 짜증이 나 있을 때는 보통 때라면 신경도 쓰지 않을 일에 화를 내게 된다. 화낼 거리를 찾고 있는 것이다. 짜증이 나 있으면 그저 좀 귀찮다고 여기고 말일에도 화를 내며, 보통 화가 날 일에는 격노하게 된다. 짜증이 났을 때 느끼는 분노는 훨씬 오래가며 조절하기가 더 힘들다. 어떤 기분에서 벗어나는 방법을 아는 사람은 없다. 때로는 정말로 좋아하는 활동에 몰두하다 보면 도움이 될 수도 있지만 항상 그런 것은 아니다. 나의 조언은 짜증이 날 때는 사람들과의 접촉을 피하라는 것이다. 만약 자신이 그런 상태임을 인지할 수 있다면 말이다. 그러나 분노가 먼저 폭발하기 전까지는 분명치 않은 경우가 많다. 그리고 그제야 짜증이 난 상태여서 화가 났음을 깨닫는다.

분노의 긍정적 기능

이 장에서 분노 조절의 중요성을 강조하는 데 많은 페이지를 할애하고 있어서 분노가 유용하지도 않고 상황에 적응하며 살아가는 데 도움이 되지 않는다고 생각할지도 모르겠다. 아니면 분노가 수렵·채집 생활을 했던 선조들에게는 적응적이었어도 현대인에게는 필요 없다고 생각할지도 모른다. 하지만 그런 생각은 분노가 가진 아주 유용한 기능을 무시하는 것이다. 화를 냄으로써 우리는 분노의 원인이 되었던 요인을 저지하기도 하고 변화시킬 수도 있다. 불의에 대한 분노는 변화를 낳는 행동을 촉진시킨다.

타인의 분노를 수용하기만 하거나 거기에 전혀 반응하지 않는 것은 묘책이 아니다. 누군가로부터 불쾌한 일을 당했을 때 그것을 멈추게 하고 싶다면 자신이 기분이 상했다는 사실을 상대가 알아야 한다. 다른 사례를 들어 설명해보자.

매튜와 그의 동생 마틴은 서로 다른 재능과 기량을 갖고 있는데, 둘 모두 현재 있는 직장에 갇혀 있는 것 같다고 생각하고 있다. 어느 날 두 사람은 샘을 만난다. 그는 비즈니스 업계에 넓은 인맥을 가지고 있어서 두 사람이 더 나은 직장을 찾는 데 도움을 줄 만한 인물이다. 대화의 주도권은 매튜가 쥐고 있어서, 마틴이 말을 하려고 하면 중간에 끊고 말할 수 있는 공정한 기회를 주지 않는다. 그 때문에 마틴은 불만을 느끼고 화가 나서 말한다. "이봐, 형은 샘과의 귀중한 시간을 혼자서 독차지하고 있잖아. 나한테도 기회를 좀 줘." 만일 마틴이 목소리나 표정에 화를 담고 이렇게 말한다면, 샘에게 좋은 인상을 주지 못할 것이다. 매튜를 저지할 수 있을지는 몰라도, '독차지하고'라는 말은 모욕적인 표현일 수 있기 때문이다. 매튜도 신랄한 말로 되받아칠지 모르고, 그러면 두 사람 모두 샘의 도움을 받지 못할 것이다.

만일 마틴이 말하기 전에 자신의 분노를 알아차린다면, 또 매튜가 공정하지는 못하지만 마틴에게 상처를 주려는 의도는 없다는 사실을 인정할 수 있다면, 마틴은 다른 방식으로 행동할 수 있을 것이다. 그는 샘에게 "저희 형 매튜의 관심사에 대해 많이 들으셨지만, 가시기 전에 제 상황에 대해서도 꼭 들어주셨으면 합니다." 그리고 나중에 매튜에게 이렇게 말해도 좋으리라. "형에게 이번 면담이 얼마나 중요한지 알지만, 면담 시간을 전부 사용해버리는 것 같았어. 나에게도 시간이 필요하다는 점을 잊어버린 것은 아닌가 하고 생각했어." 만일 마틴이 가벼운 분위기에서 유머를 섞어 말할 수 있다면, 매튜가 거기에서 배울 가능성은 높아질 것이다. 매튜가 평소에도 배려심이 없거나 불공정한 사람이 아니라면, 마틴은 면담에서 있었던 일에 대해 굳이 말을 꺼내지도 않을 것이다. 그런데 역으로 매튜가 평상시에도 배려심이 없고 불공정한 사람이라면, 마틴은 지금까지 매튜가 얼마나 불공정했는지 지적하고 싶을지 모른다. 만일 마틴이 노한 어조로 이런 이야기를 한다면, 매튜가 그것이 심각한 문제라는 것을 깨닫더라도 오히려 분노에 찬 방어를 하게 만들어 어떤 진전도 이루지 못할 수 있다.

자신의 분노에서 얻어야 할 메시지의 하나는 '나를 화나게 한 것은 무엇인가?' 하는 점이다. 그것이 반드시 분명하지 않을 수도 있고 우리가 생각한 것이 아닐 수도 있다. 누구라도 낙담한 나머지 우리에게 아무것도 하지 않은 애꿎은 상대에게 화풀이를 한 경험이 있으리라. 다른 사람이 우리를 화나게 할 때도 이런 식으로 빗나간 분노가 일어날 수 있다. 그러나 그 사람에게 화를 낼 수 없는 경우, 화를 내어도 괜찮을 만한 사람을 희생양으로 삼을 수 있다.

분노는 우리에게 무언가가 변해야 한다는 것을 말해준다. 그 변화를 가장 효과적으로 일으키려면 분노의 원인을 알아야 한다. 우리가 하려는 것을 방해받았기 때문이었을까? 우리에게 해를 가하겠다는 위협인가? 아니면 자존감에 대한 모욕, 거부, 타인의 분노, 어떤 부당한 행위였는가? 우리는 정확하게 인지했을까, 아니면 짜증난 기분 탓이었을까? 그런 불만을 완화하거나 제거하기 위해서, 우리가 실제로 할 수 있는 일은 무엇인가? 그리고 분노를 표출하고 분노에 차서 행동하면 그 원인을 제거하게 될까?

분노와 두려움은 흔히 동일한 상황에서 동일한 위협에 반응하여 일어나지만, 분노는 두려움을 줄이는 일에 그리고 위협에 대처하는 행동을 일으키는 에너지를 공급하는 일에 도움이 될 수 있다. 분노는 우울증의 대안으로도 알려져 왔다. 문제가 일어났을 때 자신이 아니라 타인을 비난하는 것이다. 그러나 분노가 우울증과 함께 발생할 수도 있으므로 정말로 분노가 우울증의 대안인지는 분명하지 않다.[18]

분노는 무언가 문제가 생겼음을 타인에게 알린다. 모든 감정과 마찬가지로, 분노는 얼굴과 목소리로 강력한 신호를 보낸다. 만일 타인이 분노의 원인이라면, 우리의 화난 표현은 그 사람의 행동에 우리가 반대한다는 사실을 상대에게 알린다. 타인이 그 사실을 아는 것이 우리에게 유익한 경우도 있다. 물론 항상 그런 것은 아니다. 하지만 우리가 아무런 감정도 생기지 않았으면 할 때 감정을 꺼버릴 수 있는 스위치를 자연은 우리에게 주지 않았다.

분노를 즐기는 사람들

슬픔을 즐기는 사람이 있듯이 분노를 즐기는 사람도 있다.[19] 그런 사람은 좋은 논쟁거리를 찾아다닌다. 적대적인 논쟁과 말로 하는 공격에 신이 나고 이것을 즐기는 것이다. 그중에는 심지어 문자 그대로 상대를 때려눕히는 일을 즐기는 사람도 있다. 격렬한 분노의 응수 이후에 친밀함이 생기거나 더 깊어지기도 한다. 결혼한 부부 중에는 격한 말다툼이나 심지어 폭력적인 싸움 이후에 하는 섹스가 훨씬 자극적이고 열정적이라고 느끼는 사람들도 있다. 이와는 정반대로 분노의 경험을 극히 해롭다고 보고 어떤 수를 써서라도 화내지 않도록 노력하는 사람도 있다.

개별 감정마다 그 감정에 물든 특유의 기분이 있고 그 감정과 관련된 장애가 존재하는 것처럼, 개별 감정이 중심적인 역할을 하는 성격적인 기질도 있다. 분노의 경우 그 기질은 적의이다. 적의에 관한 나의 연구는 적의의 신호와 그것이 건강에 미치는 영향에 주목했다.

최초의 연구에서[20] 나는 동료들과 함께 개인이 성격 유형 중 A유형인지 B유형인지를 결정하는 특징이 얼굴표정에 나타나는지 알아보려고 했다. 현재 이 구분법은 우리가 연구를 했던 15년 전 당시만큼 널리 사용되지는 않는다. 그 연구는 공격적이고 적의가 강하며 참을성이 부족한 성격(A유형)이 사람들을 관상동맥질환에 취약하게 만드는지를 확인하기 위한 것이었다. 대조적으로 B유형의 사람들은 더 느긋한 편이다. 더 최근 연구는 적의야말로 가장 중요한 위험인자일 수 있음을 밝혔다. 적의가 강한 사람은 더 많은 분노를 드러내는데, 우리가 이 연구에서 확인하고 싶었던 것은 바로 그것이었다.

우리는 대기업의 중간관리직으로 일하고 있는 사람의 표정을 조사했다. 그들은 이미 전문가들에 의해 A유형인지 B유형인지 분류된 상태였다. 그들은 모두 약간 어려운 인터뷰를 거쳤는데 이 과정에서 인터뷰 담당자에 의해 짜증이 좀 나 있었다. 기술자들은 나와 내 동료 월리 프리센이 얼굴표정 움직임을 측정하기 위해서 개발한 기술 즉 FACS(표정기호화법)를 사용했다. 1장에서 설명한 대로 이 방법은 감정을 직접 측정하는 것이 아니라 얼굴 근육의 움직임을 객관적으로 수치화하는 것이다. FACS를 사용한 기술자들은 누가 A유형이고 B유형인지는 알지 못했다. 그들은 비디오테이프를 느린 속도로 반복해서 보고 얼굴 근육의 움직임을 확인했다. 결과를 분석하면서 알아낸 것은 우리가 '노려봄'(다음 페이지 사진)이라고 부른 특정한 분노 표정—눈썹만 아래로 내려오고 눈꺼풀은

노려봄

위로 올라가는 표정—이 B유형보다 A유형에 빈번하게 나타났다는 것
이다.

얼굴 전체에 드러난 분노의 표정이 아니라 단순히 노려보기만 한 것
은 A유형의 사람들이 분노의 신호를 조금이라도 줄이려고 노력했기 때
문인 것으로 보인다. 이들 기업 간부들은 교양 있는 사람들이었다. 그들
은 자신이 화난 것처럼 보이지 않도록 노력해야 한다는 사실을 알고 있
었다. 또 다른 이유는 그들이 당시 짜증만 난 상태였기 때문에, 분노가
그렇게 강하지 않아서 얼굴 전체에 나타나지 않았을 수도 있다.

이 연구의 주된 한계점은 사람들이 노려보고 있을 때 그들의 심장에
무슨 일이 일어나고 있는지 알 수 없었다는 것이었는데, 다음 연구에서
그 한계를 보정했다. 나의 옛 제자 에리카 로젠버그Erika Rosenberg와 나
는 이미 심각한 관상동맥질환으로 진단받은 환자들을 조사했다. 그들은
이른바 허혈성발작(또는 국소빈혈)—일정 시간 심장에 충분한 산소가 공
급되지 않게 되는 증상—에 취약했다. 이 발작이 일어나면 대개 '격통'
을 느끼고, 무엇을 하든 그 일을 멈춰야 한다. 그렇지 않으면 심장발작
이 일어날 위험이 있기 때문이다. 우리가 조사한 환자들은 심장에 충분
한 산소가 공급되지 않을 때 아무런 통증이나 경고도 없이 허혈성발작

에 빠졌다.

듀크 대학의 제임스 블러멘탈James Blumenthal 연구팀과 함께 한 이 연구에서, 환자들은 다시 한 번 약간 긴장되는 인터뷰를 하고 그것을 비디오테이프에 녹화했다.[21] 이번에는 환자들이 이야기하는 동안 그들의 심장 이미지를 찍는 영상기기를 흉부에 부착했으므로 허혈성발작이 일어나고 있는지 여부를 지속적으로 체크할 수가 있었다. 그들이 일상생활에서 분노에 어떻게 대처하는지 묻는 질문에 대답하고 있는 사이 2분에 걸쳐서 그들의 얼굴 근육의 움직임을 측정했다.

허혈성발작을 일으킨 환자들은 그렇지 않은 환자들보다 빈번하게 얼굴 전체 또는 일부분에 분노의 표정을 보였다. 과거에 짜증났던 일에 대해 이야기할 때 얼굴에 분노의 표정이 나타나는 것은, 그들이 분노에 대해 단순히 이야기하는 것이 아니라 당시의 분노를 재경험하고 있음을 보여준다. 그리고 다른 연구 결과를 통해 우리는 분노가 심박수와 혈압을 높이는 작용을 한다는 사실을 알고 있다. 그것은 계단을 단번에 뛰어올라가는 것과 같이 관상동맥질환이 있다면 해서는 안 되는 행동이다. 실제로 모두가 화를 낸 것은 아니었다. 화를 내지 않았던 사람은 허혈성발작을 일으킬 확률이 훨씬 적었다.

왜 이런 결과가 가능했는가를 설명하기 전에, 이 연구는 분노가 심장병을 유발한다는 것을 보여주지는 않는다는 점을 분명히 해두고 싶다. 다른 연구[22]에 의하면 적의가 강한 성격이든 분노의 감정이든 둘 중 하나가(어느 쪽인지는 분명하지 않다) 심장병을 일으키는 위험 인자의 '하나'였다. 그러나 우리가 발견한 것은 그런 것은 아니었다. 이미 심장병이 '있는' 사람이 화를 내면 허혈성발작을 일으킬 위험이 높아진다는 것이었다. 그러면 심장발작을 일으킬 위험도 높아진다. 이제 이 사람들이 과거에 분노했던 일에 대해 이야기했을 때, 왜 화를 내서 스스로를 위험에 빠뜨렸는지 생각해보자.

분노 재경험하기

우리는 모두 그 순간 느끼지 않는 감정에 대해 이야기한다. 우리는 슬펐던 일, 화가 났던 일, 무엇인가에 두려웠던 일 등에 대해 다른 사람에게 말한다. 과거의 감정적 경험에 대해 말하다 보면 같은 감정을 다시 경험하기 시작하는 경우가 종종 있다. 나는 바로 그런 일이 허혈성발작을 일으켰던 사람에게도 일어났다고 믿는다. 그들은 실제로 다시 분노하지 않고서는, 즉 분노를 재경험하지 않고서는 분노했던 경험에 대해 이야기할 수가 없었던 것이다. 유감스럽게도 관상동맥질환이 있는 사람에게 그것은 위험한 일이다. 왜 어떤 사람에게만 그런 일이 일어나고, 다른 사람에게는 일어나지 않았던 것일까? 왜 어떤 사람은 과거의 분노 경험을 재경험하는데, 다른 사람은 그렇지 않을까? 대개 적의가 강한 성격의 사람의 경우, 분노가 환기되기 쉽고 언제라도 기회가 될 때 표출되려고 하는 것 같다. 화를 냈던 사건을 기억하고 그때 느꼈던 느낌을 재경험하는 것은 적의가 강한 성격이라는 표시이고 증거이기도 하다.

적의가 강한 사람은 그렇다 치더라도, 사람은 누구나 처음에는 그저 말로만 설명하려고 생각했던 과거의 감정적 경험을 다시 경험하는 자신을 발견하기도 한다. 나는 이러한 일이 과거의 사건이 제대로 해결되지 않았기 때문이라고 생각한다. 하나의 사례를 들어보자. 남편이 미리 연락도 없이 또다시 저녁 식사 시간에 늦어서 아내는 화가 났다. 이 경우

216

만일 그녀의 불만이 깔끔히 해소되지 않은 채로(남편이 사과하지 않았거나, 왜 전화하지 못했는지 설명하지 않았거나, 혹은 같은 실수를 반복하지 않겠다고 약속하지 않는 등) 말다툼이 끝나버렸다면, 후에 그녀는 이 일을 재경험하기 쉬울 것이다. 지금은 차분히 이야기해볼 수 있을 것 같아서 다시 화제를 제기하려고 해도 분노가 쉽게 재연될 수 있을 것이다. 해당 사안은 해결되었다 해도, 만일 그 이외에 해결되지 않고 남아 있는 분노 사건의 전적이 있어서 해소하고 싶은 적개심이 쌓여 있는 경우에도 이런 현상이 일어날 수 있다.

과거의 화난 경험에 대해 화를 내지 않고 이야기하는 것이 불가능하다고 주장할 생각은 없다. 만일 축적된 분노가 없고 해당 사건이 해결되었다면 분노하지 않고 말할 수 있으리라. 과거의 감정적 사건에 대해 말할 때, 자신이 어떻게 느꼈는가를 설명하기 위해서 화가 난 표정을 흉내낼 수도 있다. 예를 들어, 오늘 아침 내가 국세청에 문의하려고 하다가 여러 차례 자동 응답 시스템을 거쳐야 했을 때, 얼마나 짜증이 나고 화가 났었는지 아내에게 이야기하는 경우다. 겨우 연결된 사무원에게 나는 분노를 터뜨렸고 그에 대해 아주 만족스런 사과를 받았다고 해보자. 이 이야기를 하며 내 얼굴에는 아직 분노의 표정이 다소 남아 있을 수 있다. 이것을 나는 '지시적' 표정referential expression이라고 부른다.[23]

지시적 표정은 현재는 느끼지 않는 감정을 지시한다. '분노'라는 단어를 얼굴로 말하는 것과 같다. 표정을 약간 바꾸긴 해야 하는데, 그렇지 않으면 그 표정을 본 사람이 혼란에 빠져서 상대가 지금 화를 내고 있다고 생각할 수 있기 때문이다. 보통은 지시적 표정을 짓기 위해서 분노의 표정의 일부만을 사용하고 아주 짧게 해야 한다. 지시적 분노 표정은 위 눈꺼풀만 살짝 추켜올리거나, 입술만 살짝 앙다물거나, 혹은 눈썹만 살

짝 내려주는 정도가 될 것이다. 이런 표정을 두 개 이상 사용하면, 그것
을 본 사람을 혼란스럽게 할 뿐만 아니라 자신의 분노를 다시 유발할 수
도 있다. 앞 장에서 설명한 표정 지어보기를 통해 알아본 것처럼, 당신
이 특정 감정과 관련된 모든 근육의 움직임을 얼굴에 드러내면 보통은
그 감정이 다시 일어나기 시작할 것이다.

분노와 폭력

개별 감정이 그 감정에 젖어 있는 기분을 각각 가지고 있듯이, 개별 감
정에는 그 감정이 주된 역할을 담당하는 정신병리학적 상태가 있다. '정
서장애emotional disorder'라는 잘 알려진 말이 이러한 사실을 가리킨다. 슬
픔이나 고통의 경우, 정서장애는 우울증이다. 우울증은 감정이 넘치게
만들고, 우울증에 빠진 사람은 슬픔이나 고통을 조절할 수 없게 된다.
그 때문에 슬픔이나 고통이 일상생활의 모든 면에 침투하고 간섭한다.
분노가 통제할 수 없게 되어서 그 사람의 인생에 지장을 일으키는 장애
는 특정한 유형의 폭력을 보이는 사람에게 현저하게 나타난다.

무엇이 폭력인지에 대해서는 거의 합의된 바가 없다. 어떤 과학자들
은 언어 공격, 모욕 그리고 조롱을 일종의 폭력으로 간주하고, 말만 사
용해서 공격하는 사람과 물리적 폭력을 행사하는 사람을 구분하여 연
구하지 않는다. 마찬가지로 과도한 자기주장이나 고압적인 태도와 같은
물리적 폭력을 수반하지 않는 공격적인 행동도 있어서 많은 연구자들
은 공격성을 물리적 폭력이나 폭언과 분리하지 않는다. 그리고 폭력 행
위로 의자나 유리 등 재산을 파괴해버리는 사람도 있다. 이 모두가 동일

한 원인, 예를 들어 동일한 양육 환경이 원인인지 또는 동일한 뇌 활동에 의해 매개되는 것인지는 알 수 없다. 만일 동일한 원인에서 나온 것이라면, 말로 공격하는 사람은 공격적 성향도 있고, 동시에 물리적 폭력도 행사한다고 예상할 수 있을 것이다. 그런 경우도 있을 수 있지만, 한 유형의 폭력은 보이지만 다른 유형의 폭력은 결코 보이지 않는 사람도 있다. 그렇다면 현시점에서 폭력에 관한 우리의 연구는 말만으로 폭력을 행사하는 사람, 지극히 공격적이지만 폭력을 행사하지 않는 사람(구별하기가 반드시 쉽지 않다는 점은 나도 깨닫고 있다) 그리고 물리적인 폭력을 행사하는 사람을 나눠서 조사하는 것이 현명하리라. 그렇게 하지 않는다면 과연 그들 행위가 같은 원인에서 나온 것인지, 하나의 행위가 다른 행위의 전 단계가 되는 것인지 여부를 확인할 수 없을 것이다.

물리적 폭력에만 초점을 맞춘다고 해도 여러 유형을 고려해야 하고 그중 일부만 정서장애의 징후일지도 모른다. 사람들은 어떤 종류의 폭력 행위는 사회적으로 유익하다고 간주한다. 전쟁이 때때로 정당화될 수 있다고 생각하지 않는 자는 평화주의자뿐이다. 개인의 폭력이 정당화되는 경우도 있다. 아이들을 인질로 잡고 목숨을 위협하고 있는 범인을 경찰 저격수가 죽였다고 했을 때, 경찰의 폭력에 반대하는 사람은 거의 없으리라. 특히 저격당한 그 범인이 이미 한 명 이상의 아이를 죽였다면 더욱 그럴 것이다. 살인이 정당화되는 것은 경찰만이 아니다. 대부분의 사람들은 가족의 생명을 구하기 위한 것이라면 말할 것도 없고, 타인의 목숨이라고 해도 구할 필요가 있다면 개인이 폭력을 행사해도 괜찮다고 생각할 것이다. 더 끔찍한 폭력 행위를 막기 위해서가 아니라 복수나 보복을 하고자 하는 동기를 가지고 행해지는 폭력의 경우, 이해는 가지만 같은 정도로 인정되지는 않는다.

이런 생각을 친구이자 동료인 진화론 철학자 헬레나 크로닌Helena Cronin[24]과 토론한 적이 있는데, 그녀는 다음과 같이 지적했다. 우리가 알고 있는 모든 문화권, 모든 시대에서 특정한 폭력의 형태는 항상 정당화되어왔다는 것이다. 부정不貞, 부정의 의혹 그리고 성적 파트너에게 거절당할 조짐이 보이거나 실제로 거부당하는 일이 가장 흔한 살인의 원인이다. 남성이 여성을 살해하는 것이 여성이 남성을 살해하는 경우보다 훨씬 많다. 크로닌은 다른 진화론자들과 마찬가지로 그 원인을 남성이 가진 거의 불가피한 의심에서 찾는다. 바로 스스로가 자기 자식의 진짜 아버지인지 확신할 수 없는데서 오는 의심이다. 살인에 대한 가장 대규모 연구 중 하나가 이런 견해와 일치하는 증거를 발견했다. 해결된 살인 사건 6건 중 한 건이 배우자에 의한 살인으로, 피해자의 4분의 3이 여성이었다고 한다. 놀랍게도 배우자 살인은 사회적·경제적 지위와 관계없이 법적으로 혼인한 모든 연령대의 부부에서 같은 비율로 나타났다.[25]

상사로부터 부당한 대접을 받고 복수를 위해서 살인하는 경우도 여성보다 남성이 많다. 그것은 여성보다 남성에게 사회적 지위가 중요한 의미를 가지기 때문이다. 내가 중점적으로 다루고자 하는 정서장애가 만들어내는 폭력에 대한 주제와 너무 멀어지기 전에, 특정 형태의 폭력이 일어나는 이유는 무엇인지, 누가 이러한 폭력행위를 범하는지 그리고 어째서 공동체가 그런 행위를 허용하기도 하는지를 이해하기 위해서는 진화론적 사고가 도움이 될 수 있다고 말해두고 싶다. 이런 종류의 폭력은 유감스런 일이기도 하고 법적으로 처벌해야 할 것인지도 모른다. 그러나 진화의 과정에서 적응적인 가치를 가진 것으로 인정받은 폭력은 정서장애로 인한 것은 아닐 확률이 높다.

계획적인 폭력과 충동적인 폭력

여러 폭력행위 사이에 있는 큰 차이의 하나는, 그것이 미리 계획된 것인지 아니면 충동적인 것인지 하는 것이다. 양쪽 다 정상적인 것일 수 있고 심지어 사회적으로도 인정받을 가능성이 있다. 인질로 붙잡혀 있는 사람이 다른 인질이 살해당했다는 것을 알고, 자신을 살해할지도 모를 인물을 공격할 계획을 치밀하게 세운다고 해보자. 이것은 계획적인 폭력이지만 병적인 것도 아니고 사회적으로도 허용된다. 충동적인 폭력이 사회적으로 허용되느냐의 여부는 이처럼 분명하지는 않지만, 이해되는 측면도 있다. 내 딸 이브가 아장아장 걷는 아기였을 때, 차가 오는지 아랑곳하지 않고 종종 도로로 뛰어들곤 했다. 나는 몇 번이나 이에 대해 주의를 주었지만, 딸은 그 행위를 아빠를 허둥지둥하게끔 만들기 위한 게임과 같은 것으로 생각하고 있었던 것은 아닌가 싶다. 어느 날 나는 차에 치일 뻔했던 딸을 간발의 차이로 구했다. 나는 그때 아무 생각도 없이 충동적으로 아이를 때렸고, 두 번 다시 그런 짓을 하지 말라고 고함쳤다. 내가 딸을 때린 것은 그때뿐이었다. 나의 그 폭력적 행위를 인정하지 않는 몇몇 사람도 있겠지만, 그 이후로 내 딸 이브는 두 번 다시 길로 뛰어들지 않았다. 90퍼센트 이상의 부모가 자신의 아기에게 체벌을 가한 적이 있다고 보고한다.[26]

정상적인 계획적 폭력과 충동적 폭력의 사례를 제시했지만, 비정상적인 경우도 있다. 살인자, 강간범, 고문하는 사람은 치밀하게 계획을 세우고 누구를 희생양으로 삼을지 언제 어떻게 실행에 옮길지 선택한다. 아무런 경고도 계획도 없이 충동적으로 배우자에게 폭력을 가하는 사람도 있다. 성격에 관한 연구[27]와 뇌 활동에 관한 연구[28]는 모두 충동적인 폭력과 계획된 폭력 사이에 여러 차이점이 있다는 사실을 발견했다. 그중에는 이 둘을 구별하지 않는 연구도 있지만, 양자를 나눠서 고려해야 한다는 점은 분명하다. 폭력이 충동적인가 사전에 계획된 것인가를 고려하는 것은 대단히 중요하지만, 그것만으로 비정상적인 폭력이라고 판단하기에는 충분하지 않다.

여기서 고려해야 할 점은 사회에서 승인되지 않는 반사회적 폭력이라고 해서, 반드시 정신장애를 동반하지는 않는다는 것이다. 사춘기에 집단적으로 행하는 반사회적 폭력은 정신장애로 보지 말아야 한다고 주장하는 이들도 있고, 실제로 그러한 폭력을 행사하는 많은 사람들이 성인이 되어서까지 계속 폭력적이지는 않다는 증거도 존재한다.[29] 단순히 반사회적인 행위는 비록 그것이 성인이 되고 난 다음의 행위라고 해도, 어떤 정신질환의 징후는 아닐지도 모른다. 돈을 강탈하기 위해서 휘두르는 폭력과 같은 수단으로서의 폭력은 법률에 반하지만, 만일 그 인물이 이런 행위를 지지하는 하위문화 출신이라면 소위 말하는 반사회적 성격장애의 조짐은 아닐 수도 있다. 어떤 폭력이 정서장애의 산물임을 확인하기 위해서는 반드시 반사회적 폭력이어야 하지만 그것만으로 충분한 것은 아니다. 또한 정서장애로 인한 폭력이 되기 위해서는 그 폭력이 사회적으로 전혀 지지받지 못하고(그래서 갱 폭력은 제외한다), 미약한 도발이나 아무 도발이 없을 때에도 지나치게 과하게 나타나는 반응이어야 한다. 이것은 그다지 판단하기 쉽지 않은 필요조건이다.

정서장애의 결과로 행하는 반사회적 폭력은 만성적일 수도 있고 인생에서 단 한 차례의 특이 사건일 수도 있다. 폭력을 행사하는 사람은 후에 진정으로 후회할 수도, 전혀 후회하지 않을 수도 있다. 그런 사람은 냉정하게 행동할 수도 있고, 분노나 격노에 휩싸여 행동할 수도 있다.

폭력의 표적은 조심스럽게 선택될 수도 있고, 무작위로 선택될 수도 있다. 폭력에는 고문이 수반되거나 수반되지 않을 수도 있다. 연구는 이런 요소를 모두 고려하고, 형태가 다른 반사회적 폭력에 각기 다른 위험 요소나 다른 원인의 존재 유무를 조사해야 할 것이라고 생각한다.《정신장애진단통계편람DSM-4》을 보면 알 수 있듯이, 유감이지만 그런 조사는 행해지지 않았다. DSM-4는 간헐성폭발성장애Intermittent Explosive Disorder를 "공격충동을 억제하지 못하여 심각한 습격 행위나 기물을 파괴한 일이 몇 차례 있는 것"으로 간주하고 다음과 같이 기술하고 있다. "그 폭력 표현의 정도는 본인이 품고 있는 심리사회적 스트레스를 훨씬 능가한다. …… 당사자는 자신이 공격적 행위를 한 일을 '마법'이나 '발작'이라고 표현하기도 하며, 폭발하기 전에는 긴장감이나 흥분을 느끼고, 폭발 이후에는 그러한 행동에서 안도감을 느꼈다고 설명한다.[30] 나는 만성적이고 심각한 폭력, 도발에 어울리지 않게 지나치게 반응하는 형태의 폭력에 대한 이러한 정의를 지지하지만, 사람에 대한 폭력과 기물 파괴 행위가 동일한 원인 때문에 발생한다는 증거도 없는데 둘을 함께 묶어 언급하는 것은 잘못이다. 이 둘을 구별하지 않는다면, 동일 원인 때문인지 여부를 밝혀낼 방법이 없다.

폭력에 대한 연구가 내가 제안하는 만큼 세밀한 구분은 하지 않았지만, 폭력에 다양한 원인이 있다는 것을 시사하는 증거는 있다. 유아기의 환경적 스트레스, 부적절한 육아, 머리 부상 그리고 유전적 요인, 이 모든 것이 갖가지 유형의 폭력과 연관이 있다는 것이 밝혀졌다.[31] 이 중 어떤 원인이 어떤 유형의 폭력에 가장 중요한가 하는 것은 현 시점에서 아직 말하기 어렵다. 폭력의 유형을 세밀하게 구분해도 하나 이상의 원인이 발견될 가능성이 있다. 예를 들어, 만성적이고 반사회적인 육체적 폭력─고문을 수반하지 않지만 일회성의 잔인한 행위로, 격노한 개인이 뚜렷한 도발 없이 충동적으로 단 한 명의 선택된 표적에 대해 가하게 되며 이후에는 죄책감을 느끼게 되는 행위─인 경우에도 그 원인은 하나 이상일 것이다.

자기 안의 분노 인식하기

이제 분노가 우리 안에서 어떻게 느껴지는가를 생각해보자. 그러기 위해서는 지금 당장 분노를 느껴야 할 필요가 있다. 그래야만 자신의 느낌을 분노의 감각에 대해 지금까지 밝혀진 내용과 비교해볼 수 있을 것이다. 캐나다인들의 난투 사진과 맥신 케니의 사진을 보는 것만으로 당신 안에 분노의 느낌이 일어나기는 어려울 것이다. 이 점이 분노와 슬픔/고통의 중요한 차이점이다. 전혀 모르는 사람이 고통을 느끼고 있는 모습을 찍은 스틸 사진만으로도 우리의 마음이 움직이지만, 분노의 경우는 그렇지 않다. 분노를 느끼기 위해서는 무언가가 더 필요하다. 만일 당신이 현장에 있었으며 분노가 당신을 향했다면 두려움이든 분노든 어느 쪽을 느낄 수도 있겠지만, 사진을 보는 것만으로는 그렇게 되지 않을 것이다. 마찬가지로 우리는 고통으로 얼굴을 일그러뜨리거나 고뇌하고 있는 사람을 보면 그 원인을 알 필요도 없이 공감에서 오는 우려를 느끼지만, 분노한 사람과 공감하기 위해서는 분노의 원천을 알 필요가 있다.[32]

여기에 당신이 분노를 경험할 수 있는 두 가지 방법이 있다. 하나는 기억을 이용하는 것이고, 또 하나는 화난 표정을 짓는 것이다.

당신의 인생에서 너무 화가 나서 사람을 때릴 뻔했던(혹은 실제로 때렸던) 일을 기억해보자. 만약 그런 경험이 전혀 없다면, 살면서 너무나 화가 나서 목소리가 점점 커지다가 나중에 후회할 말을 했던 일을 기억해보자. 분노만을 경험하는 경우는 거의 없으므로 당신은 두려움(상대에 대한 두려움 혹은 자제력을 잃는 것에 대한 두려움)을 경험했을 수도 있다. 혐오(상대에 대한 혐오 혹은 자제력을 상실한 자신에 대한 혐오)를 느꼈을 수도 있다. 승리감 같은 긍정적 감정을 느꼈을 수도 있다. 지금은 분노를 느꼈던 순간에만 주의를 집중하고, 그때의 느낌을 다시 경험하도록 해보자. 기억하는 장면을 마음속에 그려보는 것도 도움이 될 것이다. 그 느낌이 시작되면 가능한 한 증폭시켜보자. 그렇게 30초 정도가 지난 뒤에 긴장을 풀고 무엇을 느꼈는지 생각해보자.

화가 났을 때 얼굴에 드는 느낌에 집중하기 위해서 아래에 기술한 얼굴의 움직임을 따라 해보는 것도 좋을 것이다. 만약 기억을 환기했는데도 분노의 감각이 일어나지 않은 경우에는 얼굴표정을 짓는 것이 도움이 될 수도 있다.

화났을 때의 얼굴 움직임을 모방한다. (얼굴의 근육을 모두 움직이고 있는지 확인하기 위해서 거울을 이용해도 좋다.)

- 눈썹을 가운데로 모아서 내린다. 눈썹 안쪽의 끝이 코 쪽으로 분명히 향하도록 하라.
- 눈썹을 아래로 내리면서 눈을 크게 뜬다. 그러면 위 눈꺼풀이 밑으로 내려온 눈썹을 밀어 올린다. 힘껏 노려본다.
- 눈썹과 눈꺼풀 움직임이 제대로 되었다는 확신이 들면, 얼굴의 위쪽 부분은 풀어주고 얼굴의 아랫부분에 주의를 집중한다.
- 입술을 꽉 다물어 힘을 준다. 입술을 오므리지 않고 그냥 힘만 준다.

- 얼굴 아랫부분의 움직임이 제대로 되었다는 확신이 들면 얼굴 윗부분의 움직임도 만들어보는데, 위에서 했던 것처럼 눈썹을 가운데로 모아서 아래로 내리고, 위 눈꺼풀을 들어올려서 노려본다.

분노의 감각들은 압박감, 긴장감 그리고 열기를 포함한다. 심박수가 높아지고 호흡도 가빠진다. 혈압이 올라가고 얼굴이 붉어지기도 한다. 만일 말을 하고 있지 않다면 대개 아랫니를 악물고 턱은 앞으로 내밀 것이다. 분노의 대상을 향해 전진하고자 하는 충동도 존재한다. 이것이 대부분의 사람들이 공통적으로 느끼는 감각이다. 당신은 그중 몇 가지를 다른 것에 비해 더 강하게 느낄 수도 있다. 그렇다면 다시 한 번 (앞에서 언급했던 기억이나 얼굴 움직임 중 더 잘되는 것을 사용해서) 열, 압박, 긴장 그리고 이를 악무는 감각을 느끼는지 확인해가며 분노를 경험하도록 해보라.

타인의 분노 인식하기

여기서 이 장의 첫 사진(190쪽)으로 돌아가서 그것을 다시 한 번 보자. 화난 두 남자의 눈썹은 모두 아래로 향하면서 가운데로 모여 있는데, 그것이 분노 표정의 일부가 된다. 오른쪽 남자의 경우 노려보는 눈도 분노를 표현하고 있다. 화난 두 사람의 얼굴에서 턱은 단단히 당겨져 있고 이빨이 드러나 있다. 화났을 때 입술은 두 가지 다른 모양을 취한다. 사진의 두 사람처럼 입술이 정사각형이나 직사각형 모양으로 열리는 것이 하나이고, 또 하나는 위아래 입술을 앙다문 모양이다.

파푸아뉴기니에서 원주민에게 사람을 때리려 할 때 어떤 얼굴을 하는가를 보여 달라고 요구하자, 그들은 입술을 앙다물고 도끼를 들어올려 때리는 몸짓을 했다. 찰스 다윈은 1세기도 더 전에 사람이 신체를 격렬하게 움직일 때마다 입술을 앙다문다는 사실을 지적했다. 뉴기니 원주민에게 화를 참고 있을 때 어떤 표정이 되는지 보여 달라고 부탁하자, 그들은 마치 말을 하거나 혹은 말을 하려고 할 때처럼 입을 열었다. 중산층의 미국인들은 반대였다. 화를 참을 때는 입술을 굳게 다물고 참을 수 없을 때는 입을 벌린다. 이러한 중산층 미국인들에게 참을 수 없는 분노란 주먹이 아니라 말에 의한 공격을 의미한다. 그래서 화를 참고 있을 때는 그것을 막기 위해서 입을 닫는다.

사진 속 두 명의 캐나다 남성 중 한 사람이 경찰관을 때린 직후에, 둘은 입을 벌려서 분노의 표정을 보이고 있다. 바로 직전 그가 경찰관을 때리던 바로 그 순간에는 그의 입술이 굳게 다물어져 있었던 것은 아닐까 생각한다.

분노를 나타내는 가장 중요한 단서 중 하나는 사진에는 잘 보이지 않지만, 화를 내고 있는 두 남자 모두에게 나타났을 것이다. 그것은 바로 입술의 붉은 부분이 좁아지면서 입술이 가늘어지는 것이다. 이것은 억제하기가 매우 어렵고 다른 단서가 전혀 없더라도 분노를 드러내준다. 나는 그것이 분노를 드러내는 가장 빠른 신호 중 하나이며, 스스로 화가 났다는 사실을 자각하기 전에도 확연히 드러난다는 것을 발견했다. 자신이 화났다는 것을 깨닫기도 전에, 타인이 그것을 먼저 눈치챘던 경험은 거의 모두에게 있을 것이다. 그 사람은 내 얼굴에 나타나는 미세한 신호, 목소리가 긴장하거나 성량이 커지는 변화에 반응한 것이다. 분노하면 입술이 얇아지게 되므로 입술이 얇은 사람을 보면 실수로 그 사람이 부루

통하거나 차갑거나 혹은 적대적이라고 오해해서 반응할 때도 있다.

다시 한 번 맥신 케니의 사진(198쪽)을 보자. 그녀의 눈썹은 가운데로 쏠려서 내려가 있고 눈은 노려보고 있다. 입술은 벌어져 있고 턱은 돌출되어 있다. 이것은 꽤 일반적인 분노의 신호인데, 이 때문에 권투 선수들에게 "턱을 올리지 마"라고 경고하는 것일지도 모른다. 왜 이런 움직임이 분노한 표정의 일부인지는 모르겠지만, 그렇다는 사실만큼은 분명하다.

나는 뉴기니 고지에 위치한 나의 베이스캠프가 있는 마을에서 어느 날 아래와 같은 젊은 여성의 사진을 찍었다. 이 여성은 카메라가 무엇인지 몰랐지만 내가 그녀를 주목하고 있다는 것은 분명히 알고 있었으며 그런 주목을 달가워하지 않는 것 같았다. 그렇게 주목을 받으면 대부분 당혹스러워하는 경우가 많지만, 이번에는 확실히 그러지 않았다. 내가 다른 사람들 앞에서 한 여성에게 주목함으로써 이 사회의 규칙을 어기

고 나 자신과 그 여성을 위험에 빠뜨린 것은 아닌가 생각하지만, 진실은 알 수 없다.

나는 의도적으로 그들로부터 여러 감정을 환기시키려 했고, 이때 일어날 일들을 녹화해서 이후에 분석하려고 비디오카메라를 설치했다. 하루는 바로 이 목적을 위해 미리 준비해둔 고무칼을 들고 한 청년에게 달려들었다. 그런데 그는 금방 그

것이 무엇인지 알아챘고, 비디오카메라에는 처음에는 놀라고 다음 순간 재미있어하는 그의 모습이 촬영되었다. 그 후에는 나 자신의 안전을 위해서 화나게 하는 일은 그만두게 되었고, 그들이 화를 내는 순간을 단한 번도 목격하지 못했다. 그들은 평화를 사랑하는 문화를 가졌지만 화를 내기도 했다. 다만 공개적으로, 적어도 내가 근처에 있을 때 화를 내지는 않았다. 위의 사진은 이 문화권에서 자연스럽게 화를 내고 있는 사람을 촬영한 유일한 것이다.

이 사진은 눈썹을 가운데로 모아서 아래로 내린 눈, 분노로 불타는 눈을 잘 표현하고 있다. 그녀는 입술도 꽉 다물고 있다. 왼쪽에 있는 여성은 미간에 눈썹을 가운데로 모아서 아래로 내렸을 뿐이다. 눈이 노려보고 있지 않은 이 표정 자체는 여러 가지를 의미할 수 있다. 그것은 다윈이 곤란함의 근육muscle of difficulty이라고 부른 것에 의해서 만들어졌다. 다윈은 나와 마찬가지로 정신적이거나 신체적인 모든 종류의 곤란함이 이 근육을 수축시키고 두 눈썹을 끌어내리면서 서로 당기는 것을 확인했다. 이 동작으로써 곤혹, 혼란, 집중, 결의 모두를 표현할 수 있다. 빛이 밝은 곳에 있을 때도 비슷한 움직임이 일어나는데, 눈썹이 내려가서 차양과 같은 역할을 하기 때문이다.

일상생활에서는 분노가 폭발하기 전의 억제된 분노를 자주 볼 수 있지만, 이를 보여주는 뉴스 사진은 찾을 수가 없었다. 그러나 나 자신을 찍은 다음 페이지의 사진에서 볼 수 있듯이, 얼굴표정을 조금만 변화시켜도 강력한 분노의 신호가 나타날 수 있다. 20년 전에 찍은 사진이지만, 내가 하려고 했던 것은 얼굴 모습을 그대로 둔 채 분노한 표정을 짓는 것이었다. 근육을 긴장시키면서도 근육이 수축해서 피부가 당겨지지 않도록 노력했다. 우선, 눈썹 부위의 근육을 수축해서 눈썹을 아래로 내

화를 참는 표정

려서 모이도록 했다. 그런 다음 눈꺼풀의 근육을 수축시켜서 위 눈꺼풀
이 올라가도록 했다. 마지막으로 입술 근육을 조여서 입술을 가늘게 만
들었다. 완성된 표정은 전혀 우호적이지 않다. 아주 억제된 분노나 단순
히 짜증이 난 표정을 보여주고 있다. 이제 미세하게 분노 신호를 보여주
는 사진들을 보자.

먼저 눈꺼풀과 눈썹에서 시작하자. 사진 A에서는 위아래 눈꺼풀이 모
두 팽팽히 당겨져 있다. 그것은 억제된 분노의 미세한 신호일 수도 있고
아니면 그냥 약간 짜증이 난 표정일 수도 있다. 전혀 화가 나지 않을 때,
즉 문자 그대로 혹은 비유적으로 무언가에 초점을 맞추려고 하거나 강
하게 집중하고 있을 때의 표정일 수도 있다. 사진 C는 (여기에는 없는) 다
른 사진에서 얻은, 아래로 처지고 약간 모아진 눈썹을 중립(무표정) 사진
B와 합친 합성사진인데, 사진 B는 비교를 위해서 수록하였다. 사진 C는
억제된 분노나 가벼운 짜증의 신호일 수도 있다. 이런 표정은 사람이 약
간의 곤혹을 느끼거나 집중하고 있거나 혹은 뭔가 어려운 문제에 봉착
했을 때에도 나타날 수 있다. 그중에 어느 것인지는 상황이 결정한다.

사진 D는 위에서 본 두 개의 움직임을 결합해서 보여준다. 눈썹은 약
간 밑으로 처지고 가운데로 모였으며, 아래쪽 눈꺼풀이 약간 긴장한 상

230

 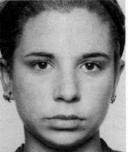 

A   B 중립   C

태다. 긴장된 아래 눈꺼풀은 사진 A의 눈꺼풀만큼은 강하지 않다. 사진 D가 무표정의 사진 B와 비교해서 아래 눈꺼풀이 긴장해 있다는 것을 알 수 있는데, 아래 눈꺼풀이 홍채(눈동자)의 둥근 테두리 아랫선을 덮기 시작한 것을 확인할 수 있다. 곤혹스러워하거나 집중하고 있는 표정일 수도 있지만, 억제된 분노이거나 아주 약간 화가 나 있는 상태일 가능성이 높다.

사진 E에서는 아주 중요한 움직임이 추가되는데, 위쪽 눈꺼풀이 올라간 것이다. 이것은 노려볼 때의 눈이다. 때문에 이것이 분노의 신호, 아마도 억제된 분노의 신호라는 점에는 거의 의심의 여지가 없다. 이 장 앞부분에서 A유형의 성격에 대한 조사 결과를 설명할 때 이것과 동일한

D   E   F

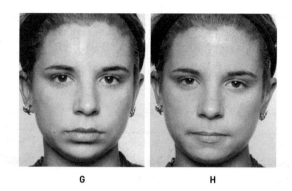

G   H

표정을 보았다. 사진 F는 세 가지 움직임(밑으로 내려간 눈썹, 긴장한 아래 눈꺼풀, 위로 올라간 위 눈꺼풀)이 더욱 강화된 조합을 보여준다. 이것은 명확한 분노의 신호다.

다음에는 턱과 입술에 나타난 신호를 보자. 화가 나면 사진 G에서 보이는 것처럼 종종 턱이 앞으로 나온다. 이 사진은 그 움직임(여기에 게재하지 않은 다른 사진에서 취한 것)을 무표정의 사진 B에 합성한 것이다. 이 돌출된 턱은 맥신 케니의 사진에서도 볼 수 있는데, 그녀는 그와 동시에 윗입술을 올리고 아랫입술을 내리고 있다.

사진 H에서는 입술을 굳게 다물었고 아래 눈꺼풀도 약간 긴장하고 있다. 이것은 아주 약간 화가 났거나, 막 화가 나기 시작할 때 생긴다. 무언가를 생각하고 있을 때 이 표정이 나타나기도 한다. 별 의미 없이 단순히 습관적으로 그러는 사람도 있다. 아래 눈꺼풀은 움직이지 않고 입만 꾹 다물고 있다면 대단히 모호할 것이다.

사진 I에서는 사진 H처럼 위아래 입술이 붙어 있고 아랫입술이 약간 밀려 올라가고 있다. 이것은 억제된 분노나 체념일 수도 있고, 생각할 때 이런 표정을 짓는 사람도 있고, 단순히 버릇으로 그렇게 하는 사람도 있다. 클린턴 전 대통령은 이 움직임을 버릇처럼 자주 보였다. 사진 J에

232

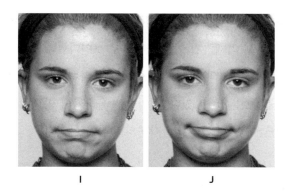

I   J

서는 입술 양끝이 경직되면서 아랫입술이 튀어나왔다. 이 사진에서 볼
수 있듯이, 그것만으로는 무슨 표정인지 분명하지 않다. 그것은 사진 I
가 가지는 의미 중 어느 한 가지를 의미하는 것일 수도 있다. 좌우의 입
술의 끝이 약간 비대칭이므로 경멸적인 요소도 있을 수 있다. 경멸에 대
해서는 8장에서 상세하게 설명한다.

두 입술의 붉은 부분을 좁히는 아주 중요한 움직임을 보여주기 위해
서, 30년 정도 전에 찍은 내 사진을 수록했다. 사진 L과 M이 그 움직임
을 보여주며, 사진 K는 비교를 위해서 이완되었을 때의 내 입술이 어떠
한지 보여주기 위해서 실었다. 사진 M에서는 마치 말하고 있는 것처럼
입술이 열려 있다. 입술을 얇게 만드는 이 움직임은 매우 신뢰할 만한

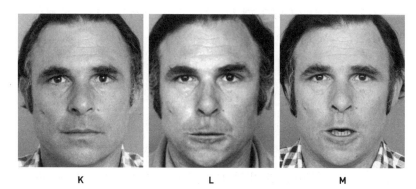

K   L   M

분노의 신호다. 이는 종종 분노의 아주 초기 신호이거나 무척 억제된 분노다. 이 움직임은 억제하기 어려운 것으로 보인다.

입에 나타나는 분노의 마지막 모습은 캐나다 시위 참가자들과 맥신 케니의 사진을 보면 알 수 있다. 윗입술은 올라가고 아랫입술은 내려가며 입술이 가늘어진다. 입은 정사각형의 모습을 보인다.

분노의 표정 정보 이용하는 법

이 장에서 소개한 분노의 신호에서 얻은 정보를 어떻게 이용할 수 있을지 생각해보자. 앞 장에서 내가 말했던 내용을 다시 한 번 반복해보자. 왜냐하면 고뇌나 슬픔의 신호를 식별했을 때보다, 분노를 다룰 때 표정에서 얻은 정보를 이용하는 것이 훨씬 중요하기 때문이다. 표정은 감정이 생기고 있다는 것을 말해줄 뿐 무엇이 감정을 낳았는지에 대해서는 아무것도 가르쳐주지 않는다. 누군가가 화가 나 있는 것을 보더라도, 당신은 그 사람이 무엇 때문에 화가 나 있는지는 알 수 없다. 캐나다 시위 참가자들과 맥신 케니의 사진에서는 그것이 분명하다. 하지만 당신이 누군가와 이야기하고 있을 때 상대가 분노의 표정을 보였다고 해보자. 그 분노는 당신을 향한 것일까? 당신이 현재나 과거에 한 일에 대해 분노하고 있는 것일까? 아니면 당신이 뭔가를 꾸미고 있다고 상대가 생각하고, 그것에 분노하고 있는 것일까? 아니면 분노는 그 사람 내부로 향하고 있을 가능성도 있다. 분노하고 있는 사람은 자기 자신에게 화를 내고 있는 것일까? 또 다른 가능성은 제3자를 향한 분노, 대화에서 언급된 인물이거나 대화에는 나오지 않았지만 문득 떠오른 인물을 향한 분노일 수도 있다.

표정만 보고는 그것을 판단할 길이 없다. 때로는 지금까지 일어난 일, 말하거나 말하지 않은 내용, 이미 일어난 일이거나 앞으로 일어날 수 있는 일을 보고 명백하게 알 수 있다. 물론 알 수 없을 때도 있다. 그 사람이 화가 나 있다는 것을 아는 것 자체가 아주 중요한 일이다. 분노는 타인에게 가장 위험한 감정이기 때문이다. 그런데도 그 분노의 표적이 당신인지의 여부를 항상 분명히 알 수 있는 것은 아니다.

가장 미세한 분노의 신호(사진 A, C, D) 중 일부는 곤혹스러움이나 집중을 나타내는 신호일 수도 있다. 미세한 분노인지 화가 지금 막 나기 시작한 것인지, 아니면 억제된 분노인지 분명하지 않은 표정도 있다(사진 G, H, I, L, M과 230쪽의 내 사진). 그것들에 대해서는 뒤에 다시 다룰 것이다. 우선 명확한 분노의 표정을 감지했을 때 어떻게 해야 할 것인가에 초점을 맞춰보자. 사진 E와 F에 보이는 것처럼, 표정을 식별했을 때 분노하고 있다는 사실에 의심의 여지가 전혀 없는 경우가 있다. 나는 앞장의 마지막 부분에서 서술한 것과 동일한 사례를 들 텐데, 고뇌나 슬픔과 비교해서 분노를 식별했을 때 무엇을 해야 할지가 어떻게 다른지 독자가 이해할 수 있도록 하기 위해서다. 여러분은 자신이 고려하고 있는 것이 분노를 나타내고 있는 사람과의 관계─상사, 부하, 친구, 연인, 부모, 자식 등─에 의해 크게 좌우된다는 것도 알 수 있을 것이다.

대부분의 감정표현은 2초 정도 지속된다. 짧으면 0.5초, 길면 4초까지 지속되는 것도 있지만 그보다 짧거나 긴 경우는 드물다. 표정이 지속되는 시간은 보통 표정의 강도에 비례한다. 따라서 지속시간이 긴 표정은 짧은 것에 비해서 더 강렬한 느낌을 전달하는 경우가 많다. 하지만 예외는 있다. 아주 짧지만 강렬한 표현(사진 E, F)은 그 사람이 감정을 숨기고 있음을 암시한다. 일부러 숨긴 것일 수도 있지만 무의식적으로 억제된 것일 수도 있다. 아주 짧은 표정은 그 사람이 표정을 의도적으로 혹은 무의식적으로 바꾸고 있는지를 가르쳐주지는 않으며, 알 수 있는 것은 감정을 숨기고 있다는 사실뿐이다. 길게 지속되는 약한 표정(사진 G, H, I, L, M과 230쪽의 내 사진)은 의도적으로 감정을 억제하고 있다는 신호다. 만일 이런 표정 중 하나가 0.5초나 1초밖에 나타나지 않았다면, 더 억제된 분노라기보다는 분노의 약한 느낌이나 막 시작된 분노일 가능성이 높다. 지금까지 표정의 지속시간에 대해 서술한 것, 지속시간이 감정의 강도와 어떻게 연관되는지, 감정이 억제되고 있는지 약한 것인지 여부는 분노만이 아니라 모든 감정에도 적용된다.

당신이 부하에게 승진하지 못할 것이라는 소식을 전하고, 부하는 명확한 분노의 표정을 지었다고 가정해보자. 만일 그가 사진 E나 F에 보이는 표정이나 그보다 훨씬 강한 표정을 보였다면, 그는 아마도 자신이 화가 나 있다는 사실을 알아차렸을 것이다. 그 표정이 1초 이상 지속된 경우는 특히 그렇다. 나쁜 뉴스를 전달한 사람이 당신이므로, 당신이 분노의 표적일 수도 있지만 반드시 그런 것은 아니다. 어쩌면 그는 승진하기 위해서 했어야 할 일을 하지 않았던 자기 자신에 대해 화가 났을 수도 있다. 그가 말을 하기 전까지 당신은 그가 그 결정을 부당하다고 생각하는지 알 수 없다. 설사 그가 당신에게 대답을 한다고 해도, 당신은 (그가 그 결정을 부당하다고 느끼는지) 알 수 없을지도 모른다. 왜냐하면 그는 적어도 그 순간에는 자신의 느낌을 당신에게 말하는 것이 자신에게 득이 될 것이 없다고 판단할 수도 있기 때문이다. 그의 인물됨을 잘 알고 있다면 모르지만, 그가 한 걸음 물러나는 이유가 자신의 분노의 감정에 따라 움직일지를 숙고하기 위해서라고 기대해서는 안 된다. 내가 '감정에 대한 주의 집중'이라고 부른, 그런 능력이 발달해 있는 사람은 거의 없다. 그렇다면 어떻게 하면 좋을까?

당신은 그가 화난 표정을 하고 있는 것을 무시하고 그런 일이 일어나지 않은 것처럼 행동하면서도, 그가 화난 사실에 유념하고, 당신 자신이 말하는 내용이나 말하는 방식에 대해 조심해야 한다. 당신은 절대로 혹은 가능한 한 화가 난 사람의 면전을 향해서 "왜 나에게 화를 내지?"라든가, 그보다는 덜 시비조로 "당신 화났어?"라고 말하고 싶지는 않을 것이다. 이런 발언은 상대에게 심술궂은 대꾸를 하게 하거나, 분노의 행동을 취하게 해서 당신이나 분노한 사람에게 득 될 것이 없다. 불만이나 불쾌한 일을 무시해야 한다고 말하는 것은 아니다. 다만 분노의 순간이 지나간 다음에 비로소 대처하기가 쉬울 것이라고 말하고 싶다. "왜 나에게 화를 내지?"라고 묻는 것보다, "나의 결정이 당신을 화나게 했다면 유감이네. 뭔가 내가 자네에게 도움을 줄 수 있는 일이 있다면 말해주게"라고 말하는 편이 더 좋을 것이다. 이렇게 대응한다면 당신은 그의 분노에 이의를 제기하는 것이 아니라 그가 화가 났음을 인정하게 된다. 게다가 당신의 마지못한 결정에도 불구하고, 당신은 도움이 되고 싶다고 생각하고 있다는 사실을 상대에게 전한다.

이전의 사례로 돌아가서, 당신이 십대 딸에게 그날 저녁 친구의 집에 가면 안 된다고 말했을 때 딸이 (부하직원과) 똑같은 표정을 지었다고 해보자. 당신 부부가 갑작스럽게 이웃 간의 모임에 초대를 받아서 딸이 남동생을 돌봐야 하게 된 것이다. 딸은 자신의 계획을 망친 당신에게 화가 난 것일까? 물론 그럴 가능성이 높지만, 혹시 그런 것에 신경을 많이 쓰는 자신에게 화가 난 것일지도 모른다. 당신이 어떻게 반응하는가는 딸과 당신의 관계, 그녀의 성격과 당신의 성격, 그녀와의 과거의 관계에 의해서 결정된다. 그렇지만 대체로 직장에서 비슷한 상황일 때보다 딸의 화에 대처하는 것이 더 쉬운 편이라고 생각한다. 딸의 분노를 지적하거나 그녀가 분노할 권리에 이의를 제기해야 한다고 말하는 것은 아니다. 그와는 정반대로 그녀의 좌절감에 공감하고, 왜 그 모임이 그렇게 중요하며, 사전에 연락을 받지 못했기 때문에 어쩔 수 없이 이러한 부담을 줄 수밖에 없었다고 설명해주는 것이 좋을 것이다. 그 정도로 한다면, 그녀의 분노는 제 역할을 다한 것이다. 그 분노는 당신의 주의를 환기시켰으며, 친구의 집에 가는 것이 자신에게 중요한 일임을 당신에게 알림으로써 당신으로 하여금 사정을 설명하도록 했다. 당신은 한 걸음 더 나아가, 어떤 다른 방식으로 딸에게 보상할 것인지 이야기할 수도 있으리라.

분노의 표정을 보았을 때 고려해야 할 사항

누군가가 말로는 하지 않는 감정표현을 하고 있는 것을 볼 때마다, 당신은 어떤 의미에서 그 사람 자신이 인정하지 않은 정보를 얻는 셈이다. 당신이 어떠한 정보를 얻어도 그 사람이 책임질 일은 아니다. 직장의 사례에서 보듯이 부하직원은 자신의 분노를 억제하기 위해서 최대한 노력하고 있을 수 있다. 그 분노에 대해 그를 비난해도 그것은 약화되지 않을 것이다. 직장에서 당신은 부하의 분노에 직접적으로 대처하고 싶지 않을 것이다. 승진하지 못한 부하라면 더욱 그렇다. 물론 화가 나 있는 부하가 장래에 승진을 기대할 수 있는 인물이라면 그의 느낌에 대처하는 것이 유익할 수도 있다. 그러나 그 장소에서 바로 말하는 것보다 나중에 대처하는 편이 좋을지 모른다. 다음 날, 당신은 다음과 같이 말할 수 있을 것이다. "좋지 않은 소식 때문에 무척 실망한 줄 아네. 자네가 마음이 상한 것 같아서[괴로워하는 것 같아서], 그것에 대해 이야기를 나누는 편이 도움이 될까 생각했다네."

혹은 이렇게 말할 수도 있으리라. "그 일에 대해 자네가 어떻게 느끼는지, 지금 이야기할 수 있다면 좋겠네. 물론 나중에라도 괜찮네." 이번에도 '분노'라는 단어를 사용하지 않음으로써 부하가 발끈하여 나중에 후회할 만한 방식으로 행동할 확률을 낮출 수 있다. 또한 그가 편할 때 그의 고민에 대해 말할 수 있는 기회를 주는 셈이 된다. 만일 딸이 분노에 대처하는 것을 어려워한다면, 이 말을 살짝 바꿔서 그것에 대해 언제 말하고 싶은지 딸에게 결정하게 할 수도 있다. 커플 사이에서도 분노를 지적하고 싶을 때가 있지만, 분노가 상대에게 상처를 주는 말, 노기를 띤 응수 또는 방어적인 행동을 낳게 될 가능성이 낮아질 때까지는 그에 대한 언급을 삼가는 편이 좋을 것이다.

우리는 흔히 상대가 왜 우리에게 화를 내는지 안다고 생각하지만, 그 불만에 대한 우리의 생각이 반드시 상대방의 생각과 일치하는 것은 아니다. 상대가 느끼는 분노의 원인을 회피하려고 하면 적개심을 낳거나 문제를 더 키울 수 있다. 그러나 한쪽 혹은 양쪽 모두가 열띤 분노에 휩싸여 있을 때 문제를 해결하려는 것은 가급적 피해야 한다. 만약 너무 급해서 당장 해결해야 할 문제이고, 분노가 잦아들 때까지 기다릴 수 없다면, 두 사람 모두 최소한 불응기는 벗어났음을 확인하는 것이 중요하다. 그렇게 하지 않으면 논의를 통해 무엇이 문제인지를 밝혀서 해결책을 찾는 일에 집중하지 못하고, 분노를 더욱 부채질할 수밖에 없다.

앞에 든 사례에서 힘의 관계가 역전된다면, 상황이 어떻게 달라질지 고려해보는 것도 중요할 수 있다. 만약 당신이 승진할 수 없다는 사실을 막 알게 된 부하직원의 처지라고 해보자. 상사가 당신에게 그것을 알려주면서 분노한 표정을 보였다. 아마도 상사는 당신에 대해 분노하고 있을지도 모르고, 나쁜 소식을 전해야 하는 자신의 처지에 대해 화를 내고 있는지도 모른다. 혹은 조직 내에 있는 누군가에게 화를 내는 것일 수도 있다. 어떤 경우든 대부분의 조직에서 부하직원은 상사의 분노에 대해서 뭐라 말한 권리를 갖고 있지 않다. 기껏해야 당신은 낙담한 표정을 보인 이후, 다음과 같이 말할 수 있을 뿐이다. "제가 당신이나 이 조직에 뭔가 잘못한 것이 있다면, 적당한 때 그것에 대해 한말씀해주시면 좋겠습니다." 여기에서 중요한 것은 분노를 직접 언급하지 않으면서도 그것을 인정한 다음, 피드백에 관심을 보이는 것이다. 동시에 상사의 분노가 진정될 때까지는 그녀가 화낸 이유를 설명하는 것을 미룰 수 있게끔 한다.

상대에게서 분노의 표정을 식별했을 때 어떻게 해야 할 것인가에 대하여 지금까지 서술한 것은 모두 사진 G, H, I처럼 약한 분노인지, 억제된 분노인지, 지금 막 시작된 분노인지가 분명하지 않은 경우에도 적용된다. 유일한 차이점은 사진 L과 M처럼 입술을 가늘게 해서 분노가 막 생기고 있다고 생각되는 경우에는, 분노가 더 강해지기 전에 그것을 저지하기 위해서 할 수 있는 언동이 있는지 숙고할 여유가 더 있다는 것뿐이다.

사진 C처럼 눈썹을 내려서 중앙으로 모이게 하는 표정은 특별한 언급이 필요하다. 나를 노려보고 있는 뉴기니 여성의 왼쪽에 앉아 있던 여성도 이 표정을 하고 있던 것을 당신은 본 적이 있을 것이다. 그것은 매우 약한 분노의 신호일 수도 있지만, 갖가지 곤란한 상황에서도 나타날 수 있다. 무거운 물건을 들어올릴 때나, 까다로운 수학 문제를 풀 때 이 표정이 나타날 수 있다. 그것은 거의 대부분의 곤란한 상황에 나타날지도 모른다. 만일 당신이 누군가와 이야기하고 있는 동안 상대가 순간적으로 그런 표정은 보인다면, 그 사람은 당신이 말하는 것을 잘 이해하지 못하거나, 당신이 말하는 내용을 따라가기 위해서 열심히 노력해야 한다는 신호일 수 있다. 그런 표정을 본다면, 자신이 말하고자 하는 내용을 다른 관점에서 설명해줄 필요가 있다는 신호로 받아들일 수 있다.

분노의 표정을 식별했을 때 고려해야 할 모든 것을 설명할 수는 없다. 지금까지의 예는 많은 가능성이 있다는 것, 그래서 몇 가지의 대처 방식을 고려해볼 수 있음을 보여준 것에 불과하다. 어느 것이 유효한지는 당신 자신이나 상대가 어떤 인물인지, 어떠한 상황에 처해 있는지에 따라서 달라진다. 우리가 상대의 분노를 알아챘을 때 어떻게 대처해야 하는가에 대해 내가 지금까지 서술한 대부분이 연구를 통해 확립되지 않았다는 점은 인정한다. 우리는 싸움을 피해야 할 것이 아니라 공정하게 싸우는 법을 배워야 한다는 생각이 몇 년 전에 확산되었는데, 나는 그런 생각에 이의를 제기해왔다. 나 자신의 경험에서 말한다면, 그런 것을 추구하는 것은 거의 대부분의 사람에게 무리한 주문이고, 분노를 일으키는 대상에 대처하는 최선의, 가장 확실한 방법도 아니다. 불만은 당연히 고려해야 하지만 분노가 내는 열기의 한복판에서 그럴 수는 없다고 나는 생각한다.

놀람surprise은 모든 감정 중에서도 가장 짧아서 기껏해야 몇 초밖에 지속되지 않는다. 무슨 일이 일어나고 있는지 알게 되면서 놀람은 금방 지나가고, 다음 순간에는 그 놀람이 두려움, 즐거움, 안도감, 분노, 혐오 등과 하나가 된다. 어떤 감정과 하나가 되느냐는 우리를 놀라게 한 것이 무엇인지에 따라서 좌우된다. 우리를 놀라게 한 사건이 대단한 것이 아니었음을 알게 된다면, 아무런 감정도 뒤따르지 않을 수 있다. 놀라고 있는 순간의 사진을 보는 일은 드물다. 왜냐하면 놀람은 예측할 수 없고, 그 경험은 짧아서, 카메라맨이 촬영을 준비하기가 어렵기 때문이다. 준비할 수 있다고 해도, 실제로 놀라운 사건이 일어날 때 신속하게 그 순간을 포착하기가 어렵기 때문이다. 보도사진의 경우 대체로 놀라는 장면을 재현하거나 놀라는 포즈를 취한 것이 많다.

《뉴욕포스트》지의 사진기자 루 리오타Lou Liotta는 놀라고 있는 두 남자의 사진(다음 페이지)을 찍어 상을 수상했는데, 그때의 경위를 이렇게 기술하고 있다.

"나는 어떤 여성이 이 빌딩에서 홍보를 위해 곡예를 한다며 가보라는 전화를 받았습니다. 늦게 도착했는데, 그 여성은 빌딩의 꼭대기까지 올라가서, 이빨로 케이블을 물고 공중에 매달려 있었습니다. 카메라에 망원렌즈를 붙였더니 그녀의 긴장하고 있는 표정을 볼 수 있었습니다. 그녀의 몸은 빙빙 돌고 있었습니다. 그 이후, 그녀는 물고 있던 케이블을 놓치고 떨어졌습니다. 그래서 경마나 다른 액션을 취재할 때처럼 떨어

지는 그녀를 따라 내려가며 한 장의 사진을 찍었습니다."

다행스럽게도 이 사진의 여성은 10미터 아래 널빤지 더미에 떨어져서 손목과 발목이 부러지고 척추를 다쳤지만 목숨은 건졌다. 그런데 우리의 관심은 카메라 쪽을 향한 두 남성이 느끼는 감정이다. 이 사진의 장면처럼, 놀람은 돌발적이고 예측할 수 없는 사건에 의해서만 촉발될 수 있다. 만일 예측하지 못했던 사건이라고 해도 천천히 일어난다면 우리는 놀라지 않는다. 놀람은 돌발적이어야 하고, 우리는 준비되어 있지 않아야 한다. 스턴트 여성이 떨어지는 것을 본 남성들은 미리 어떤 경고도 받지 않았고, 무슨 일이 일어날지도 몰랐다.

수년 전, 내가 처음 의대생들에게 감정을 이해하고 인지하는 방법을 가르치고 있을 때 수업이 있을 때마다 다른 감정을 환기시키려고 노력했다. 한번은 학생들을 놀라게 하기 위해서 벨리 댄서를 스크린 뒤쪽에서 등장시켰다. 발을 쿵쿵거리고 손가락 심벌즈를 때리면서 말이다. 만일 이 여성이 터키 댄스를 공연하는 나이트클럽 무대에 등장했다면 아무도 놀라지 않았으리라. 그러나 의학부의 수업 중에 그녀는 전혀 예상 밖이었으므로, 그녀의 갑작스럽고 요란스런 등장은 학생들을 놀라게 했다.

놀랐을 때 우리는 스스로의 행동을 조절하기 위해서 의도적으로 노력을 기울일 여유가 별로 없다. 그것이 문제가 되는 일은 드문데, 물론 놀라면 안 되는 상황에 있다면 이야기가 달라진다. 예를 들어, 어떤 것에 대해 모든 것을 알고 있다고 주장해왔는데, 당연히 알고 있어야 할 사항이 돌연 예기치 않게 드러났을 때 놀라게 된다면, 우리가 실제보다 더 많은 것을 알고 있다고 주장해온 사실이 드러날 수 있다. 교실에서 어떤 학생이 과제로 내준 참고자료를 읽지도 않았는데도 읽었다고 주장할 수 있다. 그 읽기자료에 나오는 예상외의 내용을 선생님이 보여주었을 때 놀라는 그녀의 모습은 거짓말을 무심코 노출시켜버릴 수 있다.

놀람은 감정인가?

감정을 연구하는 학자 중에는 놀람을 감정의 하나로 생각하지 않는 이도 있다. 모든 감정은 쾌·불쾌의 어딘가에 속하지만, 놀람은 어디에도 속하지 않기 때문이라는 것이다. 나는 동의하지 않는다. 나는 놀람이 거의 모든 사람에게 감정처럼 '느껴진다'고 생각한다. 무엇이 일어나고 있는지 알기 전까지의 아주 짧은 시간, 놀람이 다른 감정으로 바뀌든 소멸하든 그때까지의 시간 동안, 놀람 그 자체는 좋게도 나쁘게도 느껴질 수 있다. 어떤 사람은 긍정적인 사건으로 인한 것이라도 놀라고 싶어하지 않는다. 그들은 제발 놀라게 하지 말라고 사람들에게 말한다. 거꾸로 놀라는 것을 좋아하는 사람도 있다. 그런 사람들은 예상할 수 없는 사건을 경험할 수 있도록 많은 일에 대해 일부러 계획을 세우지 않는다. 놀랄 만한 경험을 찾고 있는 것이다.

놀람이 감정인지 여부에 관한 나 자신의 의심은 그 타이밍이 정해져 있다는 점에서 온다.* 놀람은 기껏해야 몇 초밖에 지속되지 않는데 다른 감정들은 그렇지 않다. 그 감정들은 아주 짧을 수도 있지만 훨씬 오래 지속될 수도 있다. 놀람 이후에 흔히 나타나는 두려움은 지극히 짧을 수도 있지만 꽤 오래 지속될 수도 있다. 내가 생체조직검사를 받고 암에 걸렸는지 여부를 알기까지, 또 만일 암에 걸렸다면 어느 정도 진행되었는지를 알기까지 며칠간 기다려야 했을 때 나는 장시간에 걸친 두려움을 경험했다. 기다리고 있었던 나흘 동안 내내 두려움을 느끼고 있었던 것은 아니었다. 하지만 두려움이 주기적으로 엄습해왔는데, 수초에서 수분간 지속되는 경우도 있었다. 다행스럽게도 검사결과는 음성이었다. 그때 나는 안도감을 느꼈는데, 이는 즐거운 감정 중 한 가지로 9장에서

---

* 놀람이 감정인가 아닌가를 의문시하는 하나의 이유로서, 1장에서 설명한 것처럼 내가 조사했던 뉴기니 사람들이 놀람과 두려움을 구분하지 못했다는 점을 들 수 있다. 그들에게 두려움과 관계된 이야기를 들려주면 두려움 사진을 선택하는 경우도 있었지만, 같은 비율로 놀란 얼굴 사진을 선택하기도 했다. 그리고 놀람에 관한 이야기를 해주면 다른 어떤 사진보다도 놀람 사진을 더 많이 선택했다. 다른 연구에서 우리는 그들에게 몇 가지 이야기를 들려주고, 그 이야기에 포함되는 감정을 얼굴로 표현해달라고 부탁했다. 그 후 그들이 보인 표정을 미국 대학생들에게 보여주었다. 분노, 혐오, 슬픔, 행복의 표정은 맞췄지만, 뉴기니 사람들의 두려움과 놀람의 표정을 보여주면, 학생들은 놀람이라고도 하고 두려움이라고도 대답했다. 이런 문제가 왜 일어나는지 나도 아직 설명할 수 없다. 이런 문제가 발생했다는 사실에서 그리고 동료 칼 하이더가 다른 뉴기니 부족민을 대상으로 같은 실험을 했을 때에도 놀람에서 유사한 문제가 발생했다는 사실에서, 놀람이 두려움과 실제로 얼마나 잘 구별될 수 있을까 하는 의혹이 남는다.

다룰 것이다.

나는 우리가 감정을 논하면서 놀람을 포함하는 것이 타당하다고 생각한다. 다만, 그것이 일정한 시간만 지속된다는 고유의 특성을 가지고 있다는 점을 지적하고 싶다. 지금까지 고찰해온 개별 감정에도 각각의 특성이 있다. 슬픔-고통은 적어도 두 가지 점에서 독특하다. 슬픔-고통에는 종종 서로 교체되는 두 가지 면이 있다. 체념과 함께 오는 슬픔과 초조한 고통이 있다. 그래서 슬픔-고통은 다른 어떤 것보다도 길게 지속될 수 있다. 분노는 폭력적으로 변할 수 있는 잠재력 때문에 타인에게 가장 위험하다는 의미에서 다른 모든 감정과 구분된다. 더욱이 경멸과 혐오에는 그리고 여러 가지 유형의 즐거움에는, 다른 감정에는 없는 특성이 있음을 보게 될 것이다. 그런 의미에서 개별 감정은 나름의 이야기를 가지고 있다.

놀람은 감정이지만 깜짝 놀람startle은 아니다. 그럼에도 많은 사람들이 깜짝 놀람을 놀람과 혼동하고 있다. 이 둘은 같은 것으로 보이지 않는다. 깜짝 놀람의 표정은 놀람의 표정과 정반대다. 경계하고 있지 않은 피험자들에게 깜짝 놀란 표정을 떠올리게 하기 위해서 나는 실탄 없는 총을 발포한 적이 있다.[1] 거의 순간적으로 그들은 눈을 꼭 감았고(놀람에서는 눈을 커다랗게 뜬다), 눈썹이 내려갔고(놀람에서는 눈썹이 올라간다), 입술을 단단히 다문다(놀람에서는 입을 크게 벌린다). 다른 모든 감정표현에서 감정이 극단적일 때 근육의 긴장이 더 세지지만, 표정 그 자체는 부드러운 감정을 느낄 때와 기본적으로 변화가 없다. 격노fury는 분노anger보다, 공포terror는 두려움fear보다 강렬한 표현이다. 깜짝 놀랐을 때의 표정과 놀랐을 때의 표정의 차이는, 깜짝 놀람이 단순히 더 강렬하게 놀란 상태는 아니라는 점을 암시하고 있다.

깜짝 놀람은 놀람과 그 이외에 세 가지 면에서 다르다. 첫째, 깜짝 놀람의 시간은 놀람보다도 훨씬 짧다. 언제나 1/4초 만에 나타나며 1/2초 내로 끝난다. 그 표정은 아주 빨리 지나가기 때문에, 눈 한 번 깜빡하면 다른 사람이 깜짝 놀란 표정을 놓치고 말 것이다. 어떤 다른 감정도 어느 정도 지속될지 딱 정해져 있지는 않다. 둘째, 커다란 소음으로 깜짝 놀랄 것이라고 사전에 알더라도 거의 대부분의 사람의 반응은 약해지더라도 사라지지는 않는다. 만일 무슨 일이 일어날지 안다면 당신은 놀라지는 않을 것이다. 셋째, 커다란 소음이 정확히 언제 발생할지 가르쳐준다고 해도, 깜짝 놀라는 반응을 막을 수 있는 사람은 아무도 없다. 대부분의 사람은 아주 미세한 감정의 신호 외에는 억제할 수 있다. 미리 준비가 되어 있다면 특히 더 그렇다. 깜짝 놀람은 감정이라기보다는 신체의 반사운동이다.

타고난 두려움 유인

옆 페이지의 놀라운 사진에 붙은 설명은 다음과 같다. "5월에 100명 이상의 젊은이를 태운 군용 트럭이 자바 섬 동부의 수라바야에서 무게를 이기지 못하고 전복되었다. 승객은 이 지역 축구팀 페르세바야의 응원단으로, 집으로 돌아가기 위해 트럭을 공짜로 타고 팀의 승리를 축하하며 깃발을 흔들고 있었다. 그 트럭은 군사령관이 준비한 24대 중 한 대인데 1킬로미터밖에 못 가고 전복되었다. 승객 대부분은 무사히 빠져나왔지만, 12명은 경상으로 병원에 실려 갔다." 젊은이들의 얼굴에는 두려움이 보인다. 운전사의 얼굴에서 가장 선명하다. 만일 사진이 바로 이전

순간에 찍혔다면, 트럭이 천천히 옆으로 쓰러지지 않은 이상 그들의 얼굴에는 놀람의 표정이 나타났을 것이다.

다른 감정보다 두려움에 관한 연구가 많은 것은, 대개 쥐를 포함해서 거의 모든 동물에게 두려움을 유발하기가 쉽기 때문이다(쥐는 비용이 적게 들고 관리하기가 손쉬워 연구자들이 가장 선호하는 종이다). 신체적으로 또는 심리적으로 해를 가하겠다는 위협은 모든 두려움의 유발요인들 즉 테마와 변형이 된다. 두려움의 테마는 신체적 위해에 대한 위험이다. 그리고 변형은 어떠한 방법으로든 우리에게 신체적이거나 심리적인 위협을 가할 것 같다고 배운 모든 것이다. 신체적인 구속이 생득적인 분노 유인인 것과 마찬가지로 생득적인 두려움 유인도 있다. 예를 들어, 재빨리 우리를 향해서 날아와 몸을 낮추지 않으면 칠 것 같은 물건이나, (발밑의) 지지대가 갑자기 꺼져서 우리가 떨어지는 것이다. 신체적인 고통의 위협은 생득적인 두려움 유인이다. 하지만 통증을 느끼고 있는 순간은 두려움을 느끼지 않을 수도 있다.

뱀의 모습 또한 또 다른 생득적인 보편 유인이 될 수 있다. 1장에서 서술했던 심리학자 오만의 연구를 떠올려보자. 우리가 총이나 칼보다는 파충류의 모습을 더 무서워하도록 생물학적으로 준비되어 있음을 보이는 연구였다. 그렇지만 뱀을 무서워하지 않는 사람도 상당히 있는 것 같다. 그들은 오히려 독을 가진 뱀과도 신체 접촉을 하고 싶어한다. 나는 한 발짝만 잘못 디디면 추락할 것만 같은 높은 곳에 있는 것도 생득적인 두려움 유인이라고 주장하고 싶다. 나는 언제나 그런 상황을 아주 두려워해왔지만 그런 상황이 두려움의 유인이 되지 않는 사람도 상당히 많다.

모든 사람에게 해당하는 선천적인 두려움 유인은 없을지도 모른다. 대부분의 사람에게 감정을 유발하는 자극이나 가장 흔한 감정적 반응은 존재한다. 하지만 그런 자극이나 반응을 보이지 않는 소수의 사람도 있다. 거의 모든 측면의 인간 행동에서 개개인마다 차이를 보이는데, 감정도 예외는 아니다.

우리는 거의 모든 것에 대해 두려움을 느끼도록 학습할 수 있다. 어린이들이 어둠을 두려워하듯 어떤 사람들은 실제 위험이 없어도 분명히 두려움을 느낀다. 아이들만이 아니라 성인도 근거 없는 두려움을 느끼는 일이 있다. 예를 들어서 심전도 측정을 위해서 가슴에 전극을 부착하면, 그것이 단순히 기록만 하는 장치여서 아무런 전류도 흐르지 않는다는 것을 알지 못하는 사람은 두려워할 수 있다. 감전될지도 모른다고 생각한 사람은 근거 없는 실질적인 두려움을 경험하게 되리라. 우리가 두려워하지 않는 것을 두려워하는 사람이 있다면, 그 사람을 존중하고 동정심을 느끼며 참을성을 가지고 안심시키기 위해서는 고도의 측은지

심 능력이 있어야 한다. 하지만 대부분의 사람은 그런 두려움을 무시하고 만다. 타인의 두려움을 인정하고, 타인이 그 두려움에 대처하도록 돕기 위해서 우리가 타인의 두려움을 느낄 필요는 없다. 탁월한 간호사는 환자의 두려움을 이해한다. 환자의 입장에서 바라보고 환자를 안심시킬 수 있다.

대처할 방법이 없을 때 느끼는 두려움

두려움을 느낄 때 우리는 거의 무엇이든 할 수도 있고 아무것도 못할 수도 있다. 그것은 같은 상황에서 우리를 보호하기 위해서 과거에 어떤 것을 배웠는가에 달려 있다. 사람 이외의 동물 연구 그리고 사람이 두려움을 느낄 때 신체적으로 어떻게 대비하는지에 대한 연구는 진화가 서로 대비되는 두 가지 행동을 선호해왔음을 시사하는데, 그것은 바로 숨기와 도망가기다. 두려움을 느끼는 동안 혈액이 다리의 큰 근육으로 흘러들어가서 도망갈 준비를 한다.[2] 실제로 우리가 도망간다는 뜻은 아니다. 다만 인류 진화의 역사를 볼 때 가장 적합했던 행동을 하도록 대비하는 것이다.

많은 동물은 천적과 같은 위험에 맞닥뜨렸을 때 우선 꼼짝없이 얼어붙는다. 아마 그렇게 하면 눈에 띌 가능성이 줄어들기 때문일 것이다. 내가 커다란 철창에 갇힌 원숭이 무리에 접근했을 때 이런 행동 패턴을 목격했다. 내가 접근하자 대부분의 원숭이는 눈에 띄지 않기 위해서 그 자리에서 완전히 동작을 멈췄다. 더 가까이 가서 내 시선의 방향이 어느 원숭이를 보는지 분명해지자 그 원숭이는 달아났다.

만일 우리의 몸이 얼어붙지도 않고 도주하지도 않는다면, 그 다음에 있을 수 있는 반응은 자신을 위협하는 대상에게 분노를 드러내는 일이다.[3] 두려움과 분노를 재빨리 번갈아가며 느끼는 것은 드문 현상이 아니다. 두 개의 감정을 동시에 느낄 수 있는지의 여부에 대해 확실한 과학적 증거는 없지만, 실제로 그것이 문제가 될 것은 없다. 두려움과 분노(혹은 다른 감정) 사이를 아주 빠르게 왔다갔다하다가 두 개의 느낌이 하나로 합쳐질 수도 있다. 만일 우리를 협박하는 인물이 우리보다 강할 것 같으면, 분노가 아니라 두려움을 느낄지도 모른다. 그렇지만 때때로 혹은 도주한 다음, 위해를 가할 것이라고 위협하는 인물에 대해 분노를 느낄 수도 있다. 만일 두려움을 느끼지 않고 그 상황에 훨씬 잘 대처할 수 있었어야 했다고 생각한다면, 두려움을 느낀 스스로에 대해 화를 낼지도 모른다. 같은 이유로 자기 자신에 대해 혐오감을 느낄 수도 있다.

때로는 커다란 위해에 직면해 있지만 아무것도 할 수 없는 경우도 있다. 수라바야 사진에 나오는 트럭 운전사가 바로 그런 상황에 빠져 있다. 트럭 위에 앉아서 뛰어내릴 기회를 노리고 있는 사람들과 달리, 운전사는 아무것도 할 수 없다. 그럼에도 자신에게 해를 줄 것 같은 위협은 아주 크다. 그렇지만 트럭 위에 앉아 있는 사람들의 상황처럼 임박해온 심각한 위해에 우리가 대처 '가능할' 때에는, 아주 흥미로운 일이 일어난다. 두려움의 특징인 불쾌한 감정이나 생각은 없어지고, 대신 위협에 대처하기 위해서 당장 해야 할 일에 의식을 집중할 수도 있을 것이다.

한 가지 예를 들어보자. 1967년 내가 처음 파푸아뉴기니를 방문했을 때, 여정의 막바지에 선교사가 사용하고 있는 임시 활주로까지 가는데 단발의 소형 비행기를 전세 낼 수밖에 없었다. 거기에서 거주하려던 마을까지 걸어가도록 되어 있었다. 그때까지 여러 번 비행기를 타고 세계의 여러 지역을 방문했지만, 비행기를 타는 것이 조금 무섭다는 생각은 좀처럼 사라지지 않았다. 그 때문에 장시간의 비행에도 편히 쉴 수도 잘 수도 없었다. 단발의 소형 비행기를 타야 하는 것이 걱정되었지만 다른 수가 없었다. 목적지까지 가는 도로가 없었기 때문이다. 비행기가 이륙하자 2인승 비행기에서 내 옆자리에 앉아 있던 18세의 변경 지대 조종사는 비행기가 이륙할 때 바퀴가 떨어졌다는 무선 연락이 지상에서 왔다고 말했다. 그는 되돌아가야 하며, 활주로 옆에 있는 흙 위에 착륙하지 않으면 안 된다고 덧붙였다. 그때 충격으로 비행기에 불이 날 수 있으므로 뛰어내릴 준비를 해둬야 한다고 말했다. 그는 나에게 문을 조금 열어두라고 지시했다. 불시착의 충격으로 문이 움직이지 않으면 바깥으로 나갈 수 없기 때문이었다. 그런데 문을 완전히 열어두면 몸이 밖으로 날아갈 수 있으므로 조심하라고도 말했다. 안전띠가 없었다는 사실은 말할 것도 없다.

착륙을 준비하며 비행기가 비행장 상공을 선회할 때, 나는 기분 나쁜 감각이 전혀 없었다. 혹시 죽을지 모른다는 두려운 생각도 없었다. 오히려 이틀 이상 걸쳐서 이렇게 멀리까지 와서 목적지까지 채 한 시간도 남아 있지 않았는데도 갈 수 없다는 사실이 기가 막혔다. 불시착하기 직전 두렵기보다는 터무니없다는 생각이 들었다. 소방대가 우리의 복귀를 위해서 활주로에서 대기하고 있는 것이 보였다. 비행기가 흙을 날리며 착륙하는 사이 나는 문고리를 단단히 붙잡고, 조금 열린 채로 두었다. 착륙은 무사히 끝났다. 불도 나지 않았고 죽음이나 부상도 피했다. 15분 이내에 우리는 심하게 손상된 비행기로부터 내 화물을 내려서 다른 비행기에 실었고 이륙했다. 갑작스럽게도, 나는 같은 장면이 반복되어 이번에야말로 성공하지 못하는 것이 아닐까 하는 걱정이 되었다.

이 불시착 경험 이후, 나는 아주 위험한 상황에서도 불쾌한 감각이나 불쾌한 생각을 품지 않았던 사람들과 인터뷰했다. 그들의 경험과 나의 경험을, 두려움을 느꼈던 위험한 상황과 구별해주는 것은, 위험에 대처하기 위해서 할 수 있는 일이 있는지의 여부다. 만일 뭔가 할 수 있는 일이 있다면 두려움을 느끼지 않을지 모른다. 만일 아무것도 할 수 있는 일 없이 그저 살아남기를 기다릴 수밖에 없다면, 사람들은 공포를 느낄 것이다. 나의 경우, 비행기의 문이 반쯤 열려 있는 것에 주의를 집중하고, 긴장하고, 뛰어내릴 준비를 할 필요가 없었다면, 불시착을 할 때 두려움에 휩싸였을 것이라고 생각한다. 사람이 압도적인 두려움을 가장 느끼기 쉬운 때는 목전의 위협에 대처하는 데 전념하고 있을 때가 아니라 아무것도 할 수 없을 때다.

두려움을 일으키는 3가지 요인

최근의 연구에서 위협이 목전에 있는지 다가오고 있는지에 따라서, 두려움이 세 가지 방식으로 서로 다르다는 점이 밝혀졌다.* 첫째, 위협의 종류에 따라 행동 패턴이 변한다. 목전의 위협은 이것에 대처하는 행동(꼼짝 않고 있든지, 도주하든지)을 일으키는 것이 보통이지만, 다가오는 위협에 대한 걱정worry은 경계심을 증가시키고 근육을 경직시킨다. 둘째, 목전의 위협은 진통의 효과가 있어서 고통의 감각을 완화시키지만, 다

---

* 불안anxiety이라는 말을 다가오고 있는 위해에 대한 반응, 개인의 성격특성, 또는 정서장애를 언급할 때 사용하는 연구자도 있지만, 나는 불안을 하나의 기분을 설명하는 단어로 사용하고 있다.

가오는 위협에 대한 걱정은 고통을 증가시킨다. 마지막으로, 목전의 위협과 다가오는 위협이 제각기 뇌의 다른 활동영역을 가지고 있음을 보여주는 증거가 있다.[4]

패닉은 목전의 위협에 대한 반응과는 대조적인 반응이다. 이 장을 집필하고 있는 도중, 나는 대장의 일부를 절제하는 복부 수술을 받아야 해서, 집필을 중단할 수밖에 없었다. 수술 일정이 결정될 때까지 두려움은 전혀 없었다. 그런데 일정이 결정되고 난 다음부터 수술 당일까지의 5일간 연이은 패닉에 빠졌다. 극도의 두려움을 느끼고, 호흡이 가빠지고, 한기를 느끼고, 끔찍한 수술의 일로 머리가 꽉 차게 되었다. 5장에서 서술했듯이, 나는 30년 전에 대수술을 받았을 때 의사의 실수 때문에 처치할 수 없는 극도의 고통을 경험했다. 그 때문에 다시 수술실로 들어가는 것을 아주 두려워할 만한 이유가 있었다. 이런 패닉 발작은 10분에서 몇 시간이나 지속되었다. 그러나 수술 당일 병원에 갔을 때는 패닉이나 어떤 두려움도 느끼지 않았다. 패닉이나 두려움을 주었던 것에 대해 이제 내가 뭔가를 하고 있었기 때문이다.

두려움의 경험군은 3개의 요인에 따라서 구분할 수 있다.

- 강도: 위협을 느끼게 하는 위해가 어느 정도로 심한가?
- 타이밍: 위해가 목전에 있는가 다가오고 있는가?
- 대처법: 위협을 완화하거나 제거할 수 있는 수단이 있는가?

유감이지만, 3개의 요인을 모두 동시에 고려한 연구는 아직 없어서, 어떤 유형의 두려움 경험을 조사했는지를 정확히 알기는 어렵다. 두려움을 촬영한 보도사진들은 몇 개의 실마리를 제공하는데, 위협의 강도,

위협이 목전에 있는지 다가오고 있는지, 그에 대처할 수 있는 가능성은 있는지를 종종 밝혀준다. 트럭 사진을 보면 운전사가 공포를 느끼고 있음을 추측할 수 있다. 위험이 아주 심각한데도, 그는 트럭 안에 갇혀서 마음대로 뛰어내릴 수 없는 속수무책의 상황이다. 운전사의 얼굴표정은 내가 만인 공통의 것으로 인정한 두려움의 표정 바로 그것이다. 위협에 대처하고 있는 다른 사람들, 즉 뛰어내리고 있거나 뛰어내리려고 하는 사람들은 두려움의 표정은 없고 주의를 집중하는 표정을 보이고 있다. 그것은 목전의 위협에 대처하고 있는 사람에게 흔히 나타나는 표정이라고 생각한다. 위협을 예감하고 있는 사람의 사진은 트럭 운전사의 공포와 비슷한 표정을 보이지만 운전사만큼 강렬하지는 않다.

어떤 유형의 두려움이든, 두려움을 느끼고 있다고 의식하게 되면 당분간 다른 것은 느끼기도 생각하기도 어렵다. 마음이나 주의도 그 위협에 집중하게 된다. 위협이 목전에 있는 경우, 우리는 그것을 제거할 때까지 거기에 집중한다. 제거하기가 불가능하다는 것을 알게 되면 우리의 느낌은 공포로 변한다. 해를 끼칠 위협을 미리 걱정하며 오랫동안 의식을 장악당할 수도 있다. 생체검사의 결과를 기다리고 있을 때 내가 그랬던 것처럼, 두려움의 느낌이 수시로 엄습해오고 다른 일을 생각하는 것을 방해하기도 한다. 공황발작은 언제나 산발적이다. 그것이 수일 동안 약해지지 않고 계속되면, 그 경험은 공황 상태에 빠진 사람을 탈진시켜 죽음에 이르게 할 수도 있다.

위해를 가하려는 목전의 위협은 우리의 주의를 집중시켜서 그 위험에 대비시킨다. 만일 우리가 다가오는 위협을 감지하면, 무슨 일이 일어날지에 대한 우려가 스스로를 보호하고, 스스로에게 경고를 보내 경계심을 강화할 수 있다. 위해가 다가올 때 얼굴에 떠오르는 불안의 표정이

나 위협이 심한 경우 생기는 두려움의 표정은 위협이 잠재해 있다는 것을 타인에게 알리고, 위해를 피하도록 타인에게 경고한다. 우리의 그런 표정을 보고 도와주어야겠다고 생각하는 사람도 있다. 누군가가 우리를 공격하거나 공격하려고 할 때 우리가 걱정하거나 공포에 휩싸이면, 그 때문에 공격자는 우리가 더 이상 도발적인 행위를 하지 않으리라 깔보면서 공격을 멈출 수도 있다. (물론 항상 그런 결과에 이르는 것은 아니다. 손쉬운 희생자를 찾는 공격자는 두려워하는 표정을 보고, 우리가 반격하지 않을 것이고 간단히 해치울 수 있다는 신호로 해석할 수도 있다.) 우리가 패닉을 일으키는 것을 본 사람은 우리를 도와주거나 안심시키려고 할 것이다.

신체적인 또는 심리적인 통증이 두려움의 핵이 될 수도 있지만, 통증 자체를 감정으로 간주하는 감정 이론가나 연구자는 없다. 왜 통증은 감정이 아닌가 하고 물을 수도 있으리라. 확실히 통증은 주의를 뺏는 아주 강한 느낌일 수 있다. 이 의문에 대한 실번 톰킨스의 대답은 40년 전에 내놓은 것이지만 여전히 유효하다. 그에 따르면, "통증은 감정이기에는 너무 구체적이다." 수많은 통증의 경우 어디가 아픈지 정확히 안다. 그러나 분노, 두려움, 불안, 위협, 슬픔/고통은 신체의 어떤 부분에 위치하는지를 확인할 수 없다. 성적인 느낌과 마찬가지로, 우리는 통증을 느낄 때 항상 어디가 아픈지 알고 있다(연관통*은 예외다). 성적으로 흥분했을 때 신체의 어느 부분을 자극하고 싶은가는 누구라도 알 수 있듯이, 칼로 손가락을 베었는데 통증을 완화하기 위해서 팔꿈치를 문지르는 사람은 없다. 통증과 섹스 양쪽 모두 우리에게는 매우 중요하며, 이 두 가지와 관련하여 우리는 많은 감정을 느끼지만, 그것들 자체로는 감정이 아니다.

---

* 실제의 환부와 떨어진 자리에 느껴지는 통증.(옮긴이)

두려움을 즐기는 사람들

이번 장의 앞부분에서 놀람을 논하면서 어떤 사람은 놀라는 것을 즐긴다는 사실을 언급한 바 있다. 소위 부정적 감정이라고 해도, 어떤 사람들은 그것을 경험하는 것을 즐긴다는 의미에서 긍정적일 수도 있다. (이 때문에 나는 많은 감정 이론가들이 감정을 긍정적인 것과 부정적인 것으로만 구분하는 것이 혼란을 일으킬 수 있다고 생각한다.)

실제로 어떤 사람들은 두려움의 감정을 즐기는 것처럼 보인다. 공포 소설과 공포 영화는 인기가 매우 높다. 나는 영화관에서 스크린을 보지 않고 돌아앉아서 관객의 얼굴을 본 적이 있다. 관객의 얼굴에는 즐거워하는 표정과 함께, 걱정스러운 표정, 때로는 두려움의 표정까지 떠올랐다. 우리의 연구에서 피험자들을 한 사람씩 방 안에 앉히고 무서운 영화를 보여주면서 몰래카메라로 그들의 표정을 촬영한 적도 있었다. 그것으로 알아낸 것은 두려워하는 얼굴을 보인 사람들은 표정만이 아니라 생리적으로도 두려움의 증상—심박수의 상승, 다리 근육으로 유입되는 혈액—을 보인다는 것이었다.[5]

이들이 실제로 위험에 처한 것도 아니고, 그들 스스로도 해를 입지 않을 것임을 알고 있다고 우리는 주장할 수도 있으리라. 그러나 의사경험이 아니라 실제로 공포스러운 경험을 추구하는 사람, 자신이 추구하는 스포츠로 죽음의 위험을 무릅쓰는 것을 즐기는 사람조차 있다. 그들이 즐기는 것이 두려움인지, 그런 위험을 무릅쓸 때 종종 느끼는 흥분인지, 아니면 성취 이후에 그들이 느끼는 안도감이나 자부심인지는 나는 알 수 없다.

이들과는 정반대인 사람들도 있다. 이런 사람들은 두려움을 지극히 유해하게 여겨 두려움을 느끼지 않으려고 비상한 노력을 기울인다. 어떤 감정에도 그것을 즐기는 사람이 있고, 반대로 그런 감정을 느끼는 것을 견디지 못하는 사람도 있다. 또한 그 감정의 경험을 일부러 추구하지는 않더라도 대체로 특별히 해가 되지는 않는다고 여기는 사람도 많다.

지금까지 논해온 개별 감정은 더 긴 시간 지속되는 기분에서 특별한 역할을 담당한다. 오랜 시간 슬프면 우리는 우울한 기분에 빠진다. 우리가 쉽게 분노하고 화낼 대상을 찾는다면, 짜증난 기분이 든다. 걱정되지만 왜 그렇게 느끼고 있는지 알 수 없는 기분을 가리키기 위해서, 나는 '불안'이라는 말을 사용한다. 우리가 유인을 특정할 수 없다는 뜻이다. 우리가 위험에 빠져 있는 것처럼 느낀다고 해도, 무엇이 자신을 위협하고 있는지를 특정할 수 없으니 우리는 어찌할 바를 모른다.

우울한 기분과 울적한 성격 그리고 우울증이 슬픔/고통과 관련되어 있고, 짜증난 기분과 적의에 찬 성격 그리고 병적인 폭력이 분노와 관련되어 있듯이, 두려움은 불안한 기분과 수줍어하고 소심한 성격 그리고 이제부터 설명하는 갖가지 장애와 관련되어 있다. 예를 들어, 극단적으로 수줍어하는 사람은 인구의 약 15퍼센트를 차지한다고 알려져 있다.[6] 그런 사람은 다른 사람들과 만나는 여러 사회적 상황에 잘 대응하지 못하면 어쩌지 하는 고민에 몰두하고 있다. 그 때문에 사람과의 접촉을 피하고, 자존감이 낮고, 스트레스 호르몬 양이 오르고 심박수도 잦다. 심장병이 될 위험이 높다.[7] 저명한 연구자 제롬 케이건Jerome Kagan에 따르면, 보통 부모들은 두려움에 관련된 성질을 세 범주로 구별한다. 사람을 피하는 자녀는 수줍어하는 아이라 하고, 낯선 상황을 피하는 자녀는 소심하다 하고, 낯선 음식을 피하는 자녀는 까다롭다고 말한다.[8] 많은 연구자는 수줍음을 셋이 아니라 다음 두 개의 유형으로 나눈다. 낯선 사람과 낯선 상황에 접근해야 할 것인지의 여부를 고민하는 자의식이 강한 수줍음과, 낯선 사람과 낯선 상황을 피하는 두려움이 강한 수줍음이다.[9]

두려움이 중요한 역할을 하는 정서장애가 여럿 있다.[10] 그중에서 공포증phobias이 가장 알기 쉽고, 아마도 가장 잘 알려져 있을 것이다. 공포증은 대인관계에서 일어난 사건 또는 그런 상황에 대한 두려움, 죽음·상해·질병·출혈·동물에 대한 두려움 그리고 군중과 밀실 같은 장소 등에 대한 두려움에 의해서 야기된다. 외상후스트레스장애PTSD는 극단적인 위험 속에 있던 결과로 간주된다. 극단적인 위험에는 그런 트라우마적 사건이 끈질기게 재발되고 그 트라우마와 결부된 사건을 피하려고 한다. PTSD는 수면장애와 집중력의 결핍만이 아니라 돌발적인 분노발작을 동반하는 것이 보통이다. 공황발작은 반복해서 일어나며 걱정과 두려움을 수반하는 정서장애로서, 특별한 이유도 없이 자주 나타나고 사람을 무기력하게 만든다. 병적인 불안도 정서장애의 일종으로서 통상적인 불안한 기분과는 달리 더 자주 재발하고, 집요하고 강렬하며, 일이나 수면 같은 기초적인 일상생활에 지장을 준다.

자신의 두려움 인식하기

슬픔을 다룬 장에서, 베티 셜리의 사진을 보는 것만으로도 슬픈 느낌이 일어날지도 모른다고 말한 적이 있다. 그러나 화난 사람의 얼굴을 보고 화가 난다고는 나는 생각하지 않는다. 두려움을 느끼는 사람의 얼굴을 본 경우에도 그렇다. 그렇지만 한번 시도해보자. 트럭 운전사의 표정을 보고 그것이 어떤 감각을 낳기 시작한다면, 그 감각이 자라도록 해보자.

만일 그것이 잘 되지 않는다면, 자신이 그 운전사의 처지에 있다고 상상해보자. 그래서 감각이 생기기 시작하면 그 감각이 자라도록 하자.

사진으로 잘 되지 않는다면, 당신의 인생에서 목전에 커다란 위험이 임박해 있었음에도 그 위협을 줄이는 수단이 없었던 때를 기억해보라. 예를 들어, 비행기를 타고 가는데 악천후로 비행기가 에어 포켓에 들어가 급강하를 경험했던 일이 있을 것이다. 그런 경험을 기억해서 생기는 그 감각을 키워보자.

과거의 장면이 떠오르지 않는다면, 다음에 적힌 대로 연습해보자.

두려움을 느낄 때의 얼굴 움직임을 따라한다. (근육을 제대로 움직이는지의 여부를 확인하기 위해서 거울을 이용할 필요가 있을 수도 있다.)

- 위쪽 눈꺼풀을 최대한 높이 들어올린다. 할 수 있다면 아래쪽 눈꺼풀을 약간 긴장시킨다. 만일 아래 눈꺼풀을 긴장시켜서 위쪽 눈꺼풀을 들어올리는 것이 어렵다면, 위쪽 눈꺼풀을 올리는 데만 전념한다.
- 턱은 내리고 입은 벌리고, 위아래 입술은 귀 쪽으로 수평 방향으로 당긴다. 그렇게 했을 때 당신 입이 트럭 운전사의 입과 같은 모양이 되어야 한다.
- 몇 번 해보아도 이것을 할 수 없다면, 턱은 내리고 입만 크게 벌려보라. 입술은 수평으로 당기지 않아도 좋다.
- 위쪽 눈꺼풀을 최대한 높이 들어올리고, 정면을 응시하고, 눈썹을 최대한 높이 올린다. 이렇게 올린 그대로, 좌우 눈썹을 한가운데로 모을 수 있는지 해보라. 두 동작을 동시에 할 수 없다면, 위쪽 눈꺼풀과 눈썹을 올리는 동작만 취한다.

얼굴, 배, 손과 다리에 생기는 느낌에 주의한다. 호흡의 변화. 얼굴과 손이 차갑게 느껴지는지, 따뜻하게 느껴지는지 확인하라.

당신은 손이 차가워지는 것을 그리고 호흡이 깊고 빨라지기 시작하는 것을 알 수 있다. 땀이 나기 시작하고, 아마도 수족의 근육이 떨리거나 경직되는 것도 알 수 있을 것이다. 의자에 앉아 있었다면 얼굴이나 신체가 뒤로 물러나는 것도 느낄 수 있다.

두려움을 느낄 때 사람은 그것을 인지하는 것이 보통이지만, 위협이 아직 미래에 있어서 심각하지 않을 때 느끼는 약한 걱정에 동반하는 감각에는 그 정도로 익숙하지 않을지도 모른다. (그 감각은 공포와 비슷하지만 훨씬 약한 것이다. 그러나 걱정과 공포가 다른 주관적 경험과 연결되어 있는지의 여부를 조사하는 연구는 아직 이뤄지지 않았다.)

그렇다면 당신이 걱정하고 있을 때 느끼는 감각을 환기해보자. 대참사까지는 아니라고 해도, 피하고 싶은 해로운 일이 일어날 것 같은 예감이 생기는 상황을 상기해보자. 사랑니를 뽑을 때, 결장 내시경 검사를 할 때 당신은 걱정할 것이다. 자신의 리포트가 원하는 대로 높은 평가를 받을지 여부에 대해 걱정할 수도 있다. 수학 기말 시험에 대해 걱정할 수도 있다. 그런 상황을 마음에 둘 때, 그것이 미래의 사건이긴 하지만, 예상되는 위해를 피할 방법이 현재 없다고 생각해보라. 그렇게 생각하면서 얼굴이나 신체에 어떤 감각이 일어나는지 주의해보라. 그것은 틀림없이 아주 약한 두려움(공포)의 느낌일 것이다.

타인의 두려움 인식하기

아래 사진이 1973년《라이프》지에 게재되었을 때 표제는 다음과 같았다. "뉴욕에서 위신 추락. 눈은 튀어나오고, 여덟 바퀴와 열 손가락을 공중에 띄우고 허우적대다. 샌프란시스코 베이보머 팀의 찰리 오코넬이 목숨을 건 롤러 게임 선수 누구라도 가장 무서워할 자세를 취하고 있다. 지난 5월 셰이 스타디움에서 열린 세계선수권 대회에서, 그는 뉴욕 치프 팀의 빌 그롤과 요란하게 부딪치며 넘어졌다. 오코넬과 그의 팀은 참패로 마감했다."

오코넬은 트럭 운전사와 같은 공포의 표정을 보였지만, 오코넬의 사진이 훨씬 선명하다. 위쪽 눈꺼풀이 최대한 올라갔고, 눈썹은 위로 올라

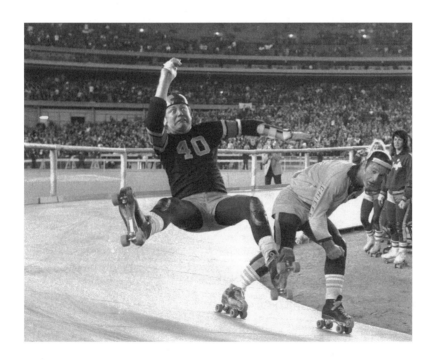

가 가운데로 당겨졌다. 입술은 귀를 향해서 수평으로 뻗어 있으며 턱은 뒤로 당겨져 있다.

옆 페이지의 사진이《라이프》지에 게재되었을 때 표제는 다음과 같았다. "달라스, 1963년 11월 24일. 잭 루비가 케네디 암살범 리 하비 오스왈드를 총으로 저격한 역사적 복수의 순간을 포착하다."

왼쪽에 있는 남자, 형사 J. R. 리벨은 방금 총소리를 들었다. 그의 표정에는 두려움과 분노가 나타나 있다. 양쪽 눈썹이 아래로 당겨져 있어서 위로 올라간 눈꺼풀을 짓누르고 있는데, 6장에서 '노려봄'(214쪽)이라고 내가 명명한, 명확한 분노의 표정을 짓고 있다. 얼굴 하반부와 머리의 위치는 두려움을 표현한다. 입술은 수평으로 뒤로 당겨져 있고, 턱은 뒤로 당겨져 있으며, 머리는 총격을 피하려는 듯이 뒤로 기울어져 있다. 손으로 얼굴 하반부를 가려서 보면, 상반부에 분노가 나타나 있음을 볼 수 있다. 반대로 상반부를 가려서 보면, 하반부에 두려움이 나타나 있음을 알 수 있다.

그가 총을 보고 다음에는 자신에게 향해질지 모른다고 생각했을 때, 순간적인 두려움, 아마도 공포마저 느끼는 것은 당연하다. (오스왈드의 얼굴에 나타난 고통의 표정을 보면, 우리는 이미 총이 발사되었음을 그리고 그 커다란 총성에 리벨이 깜짝 놀란 반응을 보였을 것임을 알 수 있다.) 형사 리벨은 암살자 루비에게 분노도 느끼고 있는 것 같다. 왜냐하면 리벨의 임무는 이런 공격으로부터 오스왈드를 보호하는 것이었기 때문이다. 앞서 우리가 위협을 당할 때, 분노와 두려움을 동시에 느끼는 것이 드물지 않다고 말했는데, 여기에서 바로 그런 일이 일어난 것이다.

그렇다면 두려움이나 놀람의 미세한 신호를 보여주는 얼굴 사진들을 보도록 하자.

　놀람과 두려움의 표정을 확인하거나 양자를 구별할 때 두 눈은 중요
한 역할을 한다. 다음 페이지의 사진 A를 표정이 없는 사진 B의 얼굴과
비교해보면, 위쪽 눈꺼풀이 약간 올라가 있다. 이것은 놀람의 신호일 수
도 있지만, 단순히 주의나 흥미의 신호일 가능성이 높다. 사진 C에서는
위쪽 눈꺼풀이 좀 더 위로 올라가 있으므로, 이것은 놀람, 걱정 또는 경
악을 나타내고 있을 가능성이 높다. 그중 어떤 것인지는 얼굴의 나머지
부분의 모습에 달려 있다. (이브의 이 사진들에서 공포는 보이지 않는다. 그것의
극단적인 표정은 트럭 기사와 롤러 게임의 선수에서 보인다.)

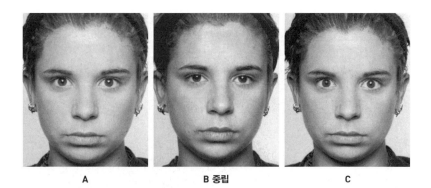

| A | B 중립 | C |

사진 C처럼 표정이 눈에만 나타나 있는 경우, 무슨 감정을 보이고 있
는가는 그 지속시간에 따라서 다르다. 만일 사진 C의 얼굴에 보이는 크
게 뜬 눈이 1~2초밖에 지속되지 않는다면, 걱정이나 경악보다는 놀람을
표현하고 있을 가능성이 크다.

이제 아래 사진을 보면 첫눈에 이브의 눈에 두려움이 있음을 알 수 있
다. 눈의 표정에 대해 종종 이야기하지만, 보통 우리가 이야기하고 있는
것은 안구 자체가 아니라 눈꺼풀의 변화에 의해서 안구가 어떻게 보이
는가다. 이 사진들이 놀람이나 주의가 아니라 두려움을 보이고 있다는
단서는 아래 눈꺼풀에 있다. 아래 눈꺼풀은 긴장하고 위 눈꺼풀은 추켜
올라가고, 나머지 얼굴 부분이 무표정이라면, 그것은 거의 언제나 두려

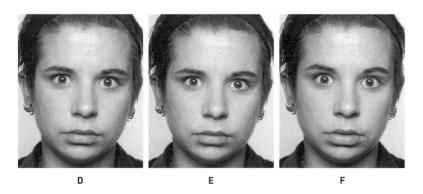

| D | E | F |

움의 신호다. 사진 D에서 사진 F까지 연달아서 보면, 두려움의 강도가 증가한다. 위 눈꺼풀의 위치가 더 높아졌기 때문이다. 사진 F에서는 이 브가 의도적으로 할 수 있는 최대한 눈꺼풀을 높였다. 이것은 섬뜩함이나 걱정이 아닌 공포의 표정이지만, 그중에서도 자신의 느낌을 드러내지 않으려고 무척 노력하는 극도로 억제된 공포의 표정일 것이다.

이제 눈썹이 어떻게 놀람과 두려움을 표현하는지 살펴보자. 사진 G에서처럼 눈썹만 올라갔을 때는 무슨 신호인지 애매하다. 많은 경우 이 움직임은 강조의 신호이고, 자신이 하고 있는 말을 강조한다. 그 경

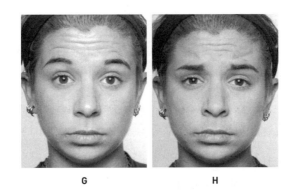

G   H

우, 강조하는 말을 내는 목소리도 커질 것이다. 사진 G의 얼굴표정은 질문의 거의 끝부분에 삽입되어 의문부호의 역할을 하는 경우도 있다. 231쪽의 사진 D에 보이듯이,* 눈썹을 내리고 가운데로 모이게 하는 움직임도 역시 의문부호로서 사용되는 일이 있다고 앞 장에서 말한 것을 상기하길 바란다. 우리의 연구에 따르면, 만일 자신이 질문의 대답을 알고 있는 상태에서 눈썹을 움직인다면, 사진 G와 같은 움직임이 될 가능

---

* 원서에는 268쪽의 사진 D라고 되어 있으나, 이는 231쪽의 오기로 보인다(옮긴이).

성이 높다. 만일 스스로 던지는 질문의 답을 모른다면, 6장에 실은 사진처럼 눈썹을 아래로 움직이고 가운데로 모으는 움직임이 되기 쉽다. 사진 G의 표정은 감탄이나 불신의 신호일 수도 있다. 화자의 말을 듣고 있는 상대가 그런 표정을 짓는 경우에는 특히 그렇다. 눈꺼풀은 위로 올리지 않고, 눈썹만 추켜올린 표정이 놀람의 신호인 경우는 거의 없다.

하지만 사진 H의 표정은 걱정과 경악의 신호일 가능성이 매우 높다. 그런 표정을 본다면, 두려움을 느끼고 있다고 생각해도 거의 틀림이 없다. 그러나 어떤 감정을 느낄 때 반드시 얼굴에 한 가지 표정이 나타나야 하는 것은 아니다. 예를 들어, 두려움을 느낀다고 해도 사진 H에 보이는 것 같은 눈썹을 찌푸려 가운데로 모으는 움직임이 나타나지 않을 수도 있다. 물론 본인이 억제하고자 노력하기 때문에 그런 표정이 나타나지 않을 수도 있다. 그러나 감정을 억제하려고 하지 않을 때에도 모든 사람이 감정의 모든 신호를 전부 얼굴에 나타내지는 않는다. 현재로서 우리는 왜 그런지 아직 설명할 수 없다. 두려움을 얼굴에 드러내지 않는 사람이 다른 감정도 얼굴에 나타내지 않는지 여부도 우리는 모른다. 내가 현재 풀려고 노력하는 것이 바로 이 문제다. 하지만 사진 H와 같은 표정을 짓고도, 두려움을 느끼지 '않는' 일은 드물 것 같다.

사진 J에서처럼 보통 위 눈꺼풀이 올라가고 아래 눈꺼풀이 경직되면, 두려움을 느낄 때 나타나는 눈썹의 움직임을 동반한다. 사진 I를 사진 J와 비교해보자. 사진 J에서는 사진 G만큼은 아니지만 눈썹이 살짝 올라갔고, 위 눈꺼풀이 올라가서 눈이 커져 있다. 이 양자를 비교해서 알 수 있는 것은 두려움과 놀람을 구별하는 데는 눈꺼풀과 눈썹이 중요하다는 것이다. 사진 I가 두려움이 아니라 놀람을 보이는 것은 아래 눈꺼풀이 경직되지 않았고, 두 눈썹이 위로 올라가 있지만 중앙으로 몰리지 않았

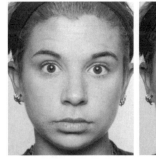
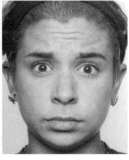

I   J

기 때문이다. 사진 J에서는 이 두 움직임이 분명하다.

다음으로, 얼굴 하단부에서는 놀람과 두려움이 어떻게 나타나는지 살펴보자. 놀라면 사진 K에서처럼 턱이 뚝 떨어지지만, 두려움을 느끼는 경우에는 사진 L에서처럼 입술이 눈의 방향으로 뒤로 팽팽해진다. (L에서 합성사진을 사용할 수밖에 없었음을 지적해둔다. 이브가 아래 눈꺼풀에 힘을 주지 않고서는, 두려움을 느낄 때의 입술의 움직임을 만들기 힘들어했기 때문이다.)

앞에서 눈썹과 눈꺼풀의 움직임만으로도, 사진 J와 같은 두려움이나 사진 I와 같은 놀람을 알려줄 수 있음을 보았다. 눈꺼풀의 움직임에 입의 움직임만 더해지면, 눈썹의 움직임이 없더라도, 이 두 가지 감정을 나타낼 수 있다. 사진 M은 놀람을, 사진 N은 걱정이나 섬뜩함을 나타내

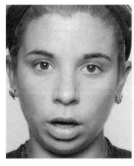

K   L

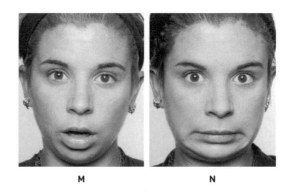

M   N

고 있지만, 두 경우 모두 눈썹의 움직임은 없다.

사진 O는 두려움을 알리는 데 올라간 위 눈꺼풀이 얼마나 중요한가를 보여준다. 눈썹과 입은 놀랄 때 흔히 보이는 모습이고 아래 눈꺼풀이 긴장하고 있지도 않지만, 이 사진에서 위 눈꺼풀이 상당히 높이 올라갔기 때문에 두려워하고 있다는 인상을 낳는다. (이것도 합성사진으로, 사진 G의 눈썹을 다른 사진 위에 겹친 것이다.)

두려움과 놀람은 서로 흔히 혼동을 일으키는데, 옆의 두 사진(P, Q)은 얼굴 전체에서 표현되는 이 두 감정의 차이가 잘 대조되고 있다. 사진 P는 놀람을, 사진 Q는 두려움을 나타낸다.

O

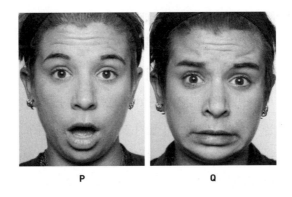

P   Q

두려움의 표정 정보 이용하는 법

타인이 보여주는 두려움의 표정에서 얻은 정보를 어떻게 이용하면 좋은 가를 생각해보자. (놀람은 다루지 않을 것이다. 왜냐하면 거의 대부분의 경우, 타인의 놀람에 어떻게 대처해야 할 것인가가 큰 문제가 될 일은 거의 없다고 생각하기 때문이다. 다만 내가 앞에서 언급했던 것처럼, 이미 알고 있어야 할 일, 혹은 알고 있다고 주장하는 일로 놀라는 사람에 대처하는 경우는 예외다.)[11] 두려워하는 사람에 대해, 슬퍼하거나 분노하는 사람과는 다른 대처법을 사용한다는 것을 강조하기 위해서 앞의 여러 장에서 다뤄왔던 것과 같은 상황을 대부분 사용할 것이다.

5장과 6장에서 나는 무엇이 감정표현을 일으켰는지를 우리가 안다고 상정하지 않도록 주의해야 할 필요가 있음을 역설했다. 감정표현은 그 원인을 우리에게 말해주지 않는다. 반드시 그렇다고 말할 수는 없지만, 보통의 경우 감정표현이 나온 상황의 맥락으로부터 원인을 짐작할 수는 있다. 4장에서 나는 오셀로의 오류*라고 명명한 것을 설명했다. 그 오류는 아주 다른 원인이 있을 수도 있다는 가능성을 생각하지 않고 감정의 원인을 안다고 상정하는 것이다. 타인의 감정의 원인을 생각할 때에는 우리 자신의 감정 상태나 태도, 기대, 우리가 믿고 싶은 것, 심지어 믿고 싶지 않은 것이 모두 표정에 대한 우리의 해석을, 더 구체적으로 말한다면 그 표정을 낳았다고 우리가 생각하는 것을 왜곡할 가능성이 있다는 것을 염두에 두어야 한다. 감정표현이 나오는 상황을 고려하는 것이 왜곡의 가능성을 줄이는 데 도움이 될지 모르지만, 그렇다고 해서 확실하다고 말할 수는 없다. 그것은 오셀로에게 도움이 되지 못했다. 감정표현은 그 원인을 드러내지 않는다는 것, 당신이 예상하는 원인과는 다른 원인이 있을 수도 있음을 명심한다면, 오셀로의 실수를 피할 수 있을 것이다.

사진 D, E, F, H, I, L, N에 나타나 있는 표정을 다시 보자. 전부 다 걱정의 신호가 될 수 있다. 하지만 위협이 목전에 있는지 다가오고 있는지는 그 표정으로부터 알 수가 없다. 두려움이 얼마나 강렬한지도 모를 것이다. 왜냐하면 이들 표정은 감정이 상대적으로 약할 때에도 또는 더 강하게 느껴진 감정을 억제하려고 할 때에도 나타날 가능성이 있기 때문이다.

상사인 당신이 부하에게 그가 이번에 승진하지 못했으며, 그 대신 다른 인물이 승진했다는 나쁜 소식을 전하게 되었다고 생각해보자. 만일 당신이 말하기 전에 부하가 이런 표정 중 하나를 보였다면, 실패를 예상하고 있음을 암시한다. 만일 말하는 도중에 또는 후에 그런 표정을 보였다면, 그것은 이 일이 자신의 장래에 어떤 영향을 줄지 걱정하고 있음을 나타낸다. 그의 두려움을 당신이 알아차렸다고 직접 이야기하라고 제안

* 독자는 기억하겠지만 오셀로가 자신의 아내를 죽인 것은 남편의 불신을 두려워하는 아내의 표정이, 부정을 들켜서 벌을 받는 것을 두려워하는 표정과 동일하다는 사실을 이해하지 못했기 때문이다. 오셀로가 이런 실수를 한 것은 질투심 때문이었다.

하는 것은 아니다. 다만 그의 장래가 위험하지 않다면 그의 두려움을 인지하는 것이 조직 내부에서 그의 장래에 대해 안심시켜줄 기회가 될 수도 있고, 그가 자신의 장래 계획에 대해 어떻게 생각하고 있는지 물어도 좋을 것이다. 그러나 그의 두려움이 승진 실패와는 아무 관계가 없고, 자신에게 불리한 어떤 것을 당신이 알게 될까봐 두려워하는 것일 수도 있다. 가령 병가를 내고 휴가를 보냈는데, 그것을 당신에게 발각당할까봐 두려워하는 것일 수도 있다. 어쩌면 회사 돈을 횡령했을 수도 있다. 혹은 곧 닥쳐올 의사와의 약속이 걱정이 되어서, 그의 마음이 그곳으로 잠시 흘러갔을 수도 있다. 이럴 때 당신에게 가장 무난한 대응책은, "이 상황에 대해 나와 더 의논하고 싶은 부분이 있나?"라고 말하는 것이다. 한 걸음 더 나아가서 다음과 같이 말할 수도 있으리라. "이것에 대해 우리가 의논할 것이 더 있을 것 같은데."

입장을 바꿔보자. 당신이 부하이고 상사가 당신이 승진하지 못했다는 것을 알려주기 전에 한순간 걱정이나 경악의 표정을 보였다고 해보자. 상사는 당신의 반응을 걱정하고 있는 것일까? 아니면 당신의 감정에 대해 공감하고 당신이 장래에 대해 걱정할 수도 있다는 점에 대해 이해를 보이는 것일까? 또는 전혀 다른 것을 그 순간 기억해냈던 것은 아닐까? 표정 자체로부터는 알 수 없다. 하지만 이와 같은 여러 가능성을 염두에 둔다면, 상사가 당신을 거부하는 것이 아님을 알 수 있을 것이다. 만일 거부하려고 했다면 경멸의 표정(다음 장에서 다룰 것이다)이 떠올랐거나 당신에 대해 화를 냈을 수 있다.

만일 오늘 학교에서 어땠는지 물었을 때 열두 살 난 딸이 이런 표정을 보이든지, 요새 어떻게 지내느냐고 친구에게 물었을 때 그가 이런 표정을 짓는다면, 더 친한 관계이므로 더 직접적으로 대해도 좋으리라. 딸이

나 친구의 두려움이 당신에 대한 반응인지, 아니면 당신이 모르는 걱정거리가 생겼거나 생길 것이기 때문인지, 당신은 알 수 없을 것이다. 그런 때는 "뭔가 걱정거리가 있는 것 같은데, 도와줄 일은 없어?"라고 말하라고 제안하고 싶다.

　오후에 직장에서 집에 전화했는데 아내가 외출했다고 해보자. 어디에 갔었느냐고 물을 때 아내가 걱정하는 표정을 짓더라도 아내가 나쁜 짓을 했다고 성급하게 결론을 내려서는 안 된다. 잠시 그렇게 생각했다면 당신이 지나치게 의심 많은 사람인지도 모른다. (과거에 여러 차례 부정을 범했다면 예외다. 만약 그렇다면 당신은 왜 아직도 함께 있는가?) 아내는 당신이 질투하거나 이유 없이 비난을 퍼붓지 않을까 하고 두려워하는지 모른다. 또는 아내가 진료를 받았는데, 아직 결과는 모르지만 뭔가 걱정할 이유가 있기 때문일 수도 있다. 앞에서 서술했듯이, 감정은 그 유인을 당신에게 말해주지 않는다. 표정이 현재의 상황이나 발언에 어울리지 않는 경우, 무슨 일이 일어나고 있는지, 그것이 당신이 당연히 알아야 할 것인지를 검토하는 것은 당연하다. 자녀에 대한 대처 방식이나 배우자에게 걱정거리가 있는지 물을 때, 내가 제안한 충고를 따르는 것이 가장 현명하리라.

포레족이 거주하는 파푸아뉴기니 고지의 외딴 마을에 들어올 때 나는 미국에서 통조림을 가지고 왔다. 그 안에 든 음식을 먹고 있을 때였다. 포레족의 한 남자가 내 쪽을 바라보며 혐오의 표정을 떠올렸기에 나는 포크를 놓고 항상 목에 걸고 있던 사진기를 들어올렸다. 그때 촬영한 것이 다음 페이지의 사진이다. (다행히도 포레족 사람들은 아직 사진기가 뭐 하는 물건인지 몰랐지만 내가 특별한 이유 없이 이 기묘한 물건으로 눈앞을 가리는 모습에 익숙했다. 그 때문에 이 남성은 사진 찍기 전 의식하지 않았고 고개를 돌리지도 않았다.) 이 사진은 전형적인 혐오의 표정을 보이고 있지만, 그것과는 별도로 역겨운 것을 먹는 것이 혐오를 일으키는 데 중요한 역할을 한다는 점을 잘 보여준다. 그는 그 음식을 먹지도 않았다. 다만 내가 먹고 있는 것을 보는 것만으로도 혐오를 느꼈다.*

30년 전, 나는 혐오에 대해 다음과 같이 설명했다.

…… 아주 싫은 느낌. 내뱉어버리고 싶은 맛, 아니 역겨운 것을 먹는다는 생각만으로도 혐오를 느낄 수 있다. 코를 틀어막거나 도망치고 싶은

---

* 수십 년 동안 나는 다른 감정을 보여주는 보도사진들을 수십 장 수집했지만, 혐오를 보여주는 사진은 한 장도 없었다. 내가 고용한 한 광고사진 리서치 회사조차도, 혐오 사진은 연기한 것들밖에 구하지 못했다. 다른 감정들에 대한 보도사진들을 구하는 데는 아무런 문제가 없었지만 말이다. 이는 당연한 일이다. 혐오를 보이는 장면은 매력적이지 않기 때문이다. 신문사와 잡지사의 편집자들이나 광고주들은 상품을 파는 데 혐오의 사진은 사용할 수 없을 것이라고 판단했음에 틀림없다.

냄새도 혐오를 낳는다. 코로 들어
오는 것을 막고 싶은 냄새, 물러나
고 싶은 냄새도 혐오를 낳는다. 불
쾌한 맛이나 냄새라고 생각되는
것을 보는 것조차 혐오를 유발할
수 있다. 불쾌한 사건과 연관된 소
리도 혐오를 유발할 가능성이 있
다. 그리고 끈적끈적한 물체와 같
은 뭔가 불쾌한 것에 대한 촉감이
나 느낌도 혐오를 유발할 수 있다.
혐오를 낳는 것은 맛, 냄새, 촉감,
생각, 보는 것, 소리만이 아니다. 행동, 사람의 모습 또는 사고조차도 혐
오를 낳을 수 있다. 외견상 타인에게 불쾌감을 일으키는 사람이 있다.
그런 사람을 보면 싫어질 수도 있다. 신체가 부자유한 불구의 사람이
나 추한 사람을 보면 혐오를 느끼는 사람도 있다. 부상을 당해서 상처
가 드러난 사람을 보고 혐오를 느끼는 사람도 있고, 출혈이나 외과수술
을 목격해서 그런 감정을 품는 사람도 있다. 사람이 하는 어떤 행동도
혐오스러운데, 누군가가 하는 행동을 보고 반감을 느낄 수도 있다. 개
나 고양이를 학대하는 사람은 혐오의 대상이 될 수 있다. 다른 사람이
보기에 성적 도착과 같은 행위에 빠져 있는 사람도 혐오스러울 수 있
다. 타인을 업신여기는 철학이나 타인을 업신여기는 방식도 사람들에
게 혐오를 품게 할 수 있다.[1]

내가 이렇게 관찰했던 것을 혐오 연구에 전념해온 거의 유일한 과학

자가 지지해주었고 발전시켰다. 아주 맛있는 음식을 좋아하는 심리학자 폴 로진Paul Rozin은 혐오의 핵심에, 불쾌하고 더럽다고 생각되는 것을 입 안으로 넣는 감각이 포함되어 있다고 확신한다. 나의 용어로 표현한다면, 그것이 혐오의 테마이리라. 그러나 어떤 음식을 불쾌하다고 생각하는가는 문화에 따라서 아주 다르다. 뉴기니 남자의 사진은 그 점을 증명하고 있다. 나는 식욕을 돋운다고 생각하는 음식인데, 그는 그것을 보고 냄새를 맡는 것만으로 혐오를 느낀 것이다. 같은 문화권에 속하는 사람 사이에도 차이는 있다. 내 아내는 생굴을 아주 좋아하지만, 나는 혐오를 느낀다. 중국의 몇몇 지역에서는 개고기를 진미로 여기지만, 서양인 대다수는 개고기를 먹는다는 생각만으로 혐오를 느낀다. 그러나 혐오를 유발하는 것에는 보편적인 것도 존재한다.

만국 공통의 혐오 유인

로진은 가장 보편적 유발요인이 몸에서 나오는 것(대변, 토사물, 소변, 체액, 혈액)임을 발견했다. 1955년 미국의 위대한 심리학자인 고든 올포트 Gordon Allport는 혐오 '사고실험'을 제안했다. 올포트가 말하는 것이 실제로 일어나는지의 여부를 확인하기 위해서 한번 마음속으로 실험을 해보자. "먼저 입속의 침을 삼키는 것을 상상한다! 실제로 삼켜도 좋다. 다음으로 그 침을 컵 속에 뱉고 그것을 먹는 것을 상상한다. 입안에 있을 때에는 자연적인 것, '내 것'이라고 생각된 것이 돌연 혐오해야 할 이물질이 되었다."[2] 로진은 실제로 이 실험을 수행했다. 피험자에게 컵 안에 있는 물에 침을 뱉게 하고 그것을 마시도록 했는데, 결과는 올포트가 말한

대로였다. 침은 좀 전까지 자신의 입안에 있었는데, 누구도 자신의 침이 들어간 물을 마시려고 하지 않았다. 로진은 말한다. 일단 신체에서 떨어져 나온 것은 사람에게 혐오스러운 것이 된다고.

혐오는 네 살에서 여덟 살 정도 될 때까지 독립된 감정으로 나타나지 않는다. 맛없는 것을 싫어하고 거부하지만 혐오하지는 않는다. 로진은 개똥 모양을 한 초콜릿을 만지거나 먹도록 아이들과 성인에게 부탁했다. 네 살에서 일곱 살 이하의 아이들은 신경 쓰지 않았지만, 대부분의 성인은 만지지도 먹지도 않았다. 마찬가지로 소독한 메뚜기를 우유나 주스에 넣어도 네 살 이하의 아이들은 기쁘게 마셨다.*

어린이와 청소년은 혐오를 일으키는 것에 매혹된다. 로진은 장난감 가게에서 실물과 똑같이 생긴 토사물, 분비물, 점액, 대변의 장난감을 판매한다고 우리에게 상기시켜준다. 주로 어린 남자아이들이 그런 장난감을 산다고 한다. 혐오를 둘러싼 농담은 아주 풍부하다. TV 프로그램인 〈비비스와 버트헤드〉는 어린 십대 아이들에게 아주 인기가 있었다. 더 어린 아이들을 위한 〈캡틴 언더팬츠〉와 〈쓰레기통 아이들Garbage Pail Kids〉 시리즈는 혐오를 일으키는 상황을 강조한다.

---

* 로진은 성인과 아이의 차이에 대해, 일정 연령 이하의 어린이에게는 혐오에 필수적인 인식 능력—예를 들어 개똥 모양을 한 초콜릿처럼, 외견과 실재가 다르다는 것을 인식하는 능력—이 없다는 가설을 세웠다. 이것은 다른 동물들은 혐오를 느끼지 않는다는 그의 견해와도 일치한다. 내 생각에 이런 세계에 대한 기본적인 반응 방식을 인간만의 것으로 보는 것은 이상해 보였으므로, 동물행동학의 전문가인 프란스 드 발Frans de Waal에게 질문지를 보냈다. 그는 다음과 같은 답장을 보내왔다. "그 감정(혐오)은 다른 영장류에게도 반드시 일어납니다. 혐오는 원래 음식 거부와 관계가 있을 것입니다. 그리고 영장류는 물론 그런 능력을 가지고 있습니다. 구체적인 표현에 대해서는 대답하기가 더 어렵습니다." 지금으로서는 이 문제가 미해결의 것으로 보인다. 왜냐하면 음식을 거부할 때의 독특한 표정이 다른 영장류에서도 나타나는지의 여부, 만일 나타난다면 사회적인 위반에 대해서도 그런 표정이 나타나는지 등에 대해 전문으로 연구하고 있는 사람은 아무도 없기 때문이다.

법학 교수 윌리엄 밀러William Miller는 매우 흥미로운 저서 《혐오의 해부학》에서, 어린이만이 역겨운 것에 이끌리는 것은 아니라고 지적하고 있다. "[혐오는]…… 매혹이나 매력을 가지고 있다. 이런 매혹이나 매력은 피투성이의 사건에서 눈을 떼지 못하게 하는 것…… 혹은 공포영화에 이끌리는 것에 분명히 나타난다.[3] …… 콧물, 대변, 소변은 자기 것이라도 불결하고 역겹다. [그러나 우리는]…… 거기에 이끌리며 호기심을 느낀다. …… 우리는 자기 몸에서 나온 것을 스스로 인정하는 것 이상으로 자주 본다. …… 사람들이 코 푼 다음에 휴지나 손수건을 바로 확인하는 것은 또 얼마나 흔한 일인가."[4] 〈메리에게는 뭔가 특별한 것이 있다〉와 같은 지저분한 영화는 큰 성공을 거두었는데 그 성공은 십대 관객만으로 가능했던 것은 아니다.

대인관계에서 비롯하는 혐오

로진은 그가 대인관계 혐오라고 부른 것과 혐오의 핵심을 구분한다.[5] 그는 학습된 대인관계 혐오의 유인을 네 그룹으로 나누고 있다. 즉 낯선 사람, 병든 사람, 불행한 사람, 도덕적으로 타락한 사람이다. 나는 모린 오설리반Maureen O'Sullivan과 함께한 연구에서 로진의 주장을 뒷받침하는 몇 가지 근거를 찾아냈다. 대학생들에게 사람들이 지금까지 체험한 것 중 가장 강하게 혐오를 일으킨 경험이 무엇이라고 생각하는지 써내도록 했다. 로진이 말한 '입안에 더러운 것을 넣는다'라는 테마(예를 들어, 타인이 구토한 것을 먹도록 강요당하는 경우 등)를 언급하는 학생도 있었지만, 전체의 11퍼센트에 불과했다. 극단적인 혐오의 유인으로 가장 빈번하게 언급된 것은(62퍼센트) 도덕적으로 추잡한 행동이었다. 예를 들어, 미군 병사가 나치의 강제수용소에서 일어났던 잔혹 행위를 발견했을 때 느꼈던 것과 같은 것이다. 학생들이 언급했던 도덕적으로 추잡한 행위의 거의 절반은, 누군가가 어린아이와 섹스하고 있는 것을 보는 것 같은 성적으로 불쾌한 것이었다. 응답자의 18퍼센트가 제시했던 마지막 사례는 먹는 것과 관계없는 신체적 혐오인데, 예를 들어 구더기가 기어 나오는 사체를 목격하는 것이었다.[6] 우리의 조사로 알게 된 사실은 다음과 같다. 성인이 가장 혐오스럽다고 '생각하는' 것은 입으로 더러운 것을 받아들인다는 혐오의 핵심이 아니라 대인관계적 사건, 특히 도덕적으로 불쾌한 사건이었다.

나는 앞에서 로진이 생각하는 혐오의 핵심은 감정적인 테마였다고 서술했다. 만일 네 가지 대인관계적 혐오의 형태—낯선 사람, 병든 사람, 불행한 사람, 도덕적으로 타락한 사람—가 후천적으로 학습되는 것이라는 로진의 생각이 옳다면, 이 네 가지는 혐오 테마의 변형일 것이다. 하지만 나는 이들 네 가지 대인관계적 혐오의 형태가 모든 문화에서 발견되는 테마일 수도 있다고 생각한다. 다만 세부적인 사항만이 개인, 사회집단, 문화에 따라 달라지는 학습에 의해서 채워진 것이다. 예를 들어, 모든 사람이 부도덕한 사람에게 혐오를 느낄 수 있지만 부도덕하다고 생각되는 것은 여러 가지다. 무엇이 낯설고 친숙한지, 불행이란 어떤 것인지는 상황에 따라 다르지만, 질병은 그렇지 않을 것이다. 심하게 추한 얼굴을 한 사람, 출혈하는 상처가 있는 사람 등은 어느 문화권에서나 혐오스러운 것으로 여길 것이다.

밀러의 지적에 따르면 문화는 특정한 사물이나 행위를 혐오의 대상에서 배제하기보다는 받아들이는 쪽으로 더 재량권을 발휘해왔다. 이런 지적은 2장, 3장, 4장에서 내가 논했던 생각과 정확히 일치한다. 거기에서 나는 사람의 감정 환기 데이터베이스가 닫혀 있지 않으며 열려 있다고 논했다. 이런 데이터베이스는 갖가지 감정에 대한 우리의 반응을 이끌어주는 프로그램과 함께 태어났을 때 텅 비어 있지 않았다. 진화는 우리가 반응하는 방식에 대한 지시를 그리고 우리가 반응을 보이는 대상에 대한 민감성을 기입해왔기 때문이다. 밀러의 지적대로, 지시와 대상은 쉽게 변하지 않지만 열려 있으므로 새로운 유인과 감정적 반응을 배울 수 있다.

일본인과 미국인 모두 노폐물과 입으로 삼키는 것을 혐오하지만, 사회적 혐오에서는 차이가 있음을 로진은 발견했다. 일본인은 사회의 규율에 따르지 않는 사람이나 부당하게 타인을 비판하는 사람을 혐오한다. 하지만 미국인은 잔혹한 행동을 하는 사람이나 인종차별주의자를 혐오한다. 그렇지만 모든 사회적 혐오가 문화에 따라서 다른 것은 아니다. 로진은 많은 문화에서 사람들이 정치가를 혐오하는 것을 발견했다.

심리학자 존 고트먼, 에리카 우딘Erica Woodin, 로버트 레번슨의 연구는 로진이 말하는 네 종류의 대인관계적 혐오에 보태서 다른 종류의 혐오가 있음을 발견했다. 내가 '지긋지긋함에 의한 혐오fed-up disgust'라고 부르는 것이다. 그들의 연구가 주목할 만한 가치가 있는 이유는 인생에서 가장 심한 감정의 기복을 동반하면서도 가장 중요한 사회적 교류 중 하나인 부부간의 교류에서 일어나는 감정표현을 정확하게 측정한 유일한 과학자들이기 때문이다.*

놀랍게도, 부부가 언쟁할 때 아내가 남편에게 내뱉는 혐오 표현은 이후 4년 동안 두 사람이 헤어져 지낼 시간의 길이를 예측했다.[7] 고트먼은 보통 아내의 혐오 표현이 아내의 기분에 맞춰주려고 하지 않는 남편의

'뒤로 물러남'(6장에서 말한 '담쌓기')에 대한 반응으로서 행해진다는 것을 알아냈다. 쉽게 말해 아내는 참을 만큼 참았으며 이제 질렸다fed up는 것이다. 먹는다는 비유가 정확하게 들어맞는다는 사실에 주목하자. 배우자로부터 거절을 당한다면 미래가 암울하리라는 것은 당연하다. (이 장의 후반에서 경멸에 대해 다룰 때 또 한 번 고트만의 연구 성과를 접하게 될 것이다.)

밀러는 친밀함이 증가하면 그때까지 혐오를 느끼고 있는 것에 혐오를 느끼지 않게 된다는 아주 흥미로운 지적을 하고 있다. 대표적인 예가 "기저귀를 교체하거나 게워낸 음식을 닦아주고, 그게 아니면 병들고 허약한 친족을 돌보는 것이다. …… 부모는 자식을 돌보기 위해서라면 무엇이든 하며 손과 옷이 더럽혀지는 것도 상관하지 않고 배설물을 치운다. 오물 세례도 감내한다. …… 불결한 물질에 대한 내재된 혐오를 극복하는 것이 아이들을 양육하는 부모의 무조건적 사랑의 상징이다."[8]

성적으로 친밀해진 사이끼리도 역시 혐오가 사라진다. 다시 밀러의 말을 인용해보자. "당신의 입안에 다른 사람의 혀가 들어오는 것을 허락하는 것은 친밀함의 신호가 될 수 있다. 그것은 상대에 따라서 혐오를 일으키는 공격이 될 수도 있기 때문이다. …… 합의에 의한 섹스란 보통 혐오로 방어하는 경계를 서로 함께 위반한다는 것을 의미한다. …… 신체적으로 나체가 되는 것을 포함하는 섹스는 그런 월경 행위의 하나에 불과하다. 그것 이외에도 장기간 지속되는 강력한 친밀함을 구축하는 토대가 되는 다른 종류의 옷 벗기기, 노출, 지식도 존재한다. 의혹, 걱정, 근심, 흥미를 드러내고 공유하고, 야심을 인정하고, 결점과 실패를 고백

* 감정을 연구하는 대부분의 과학자들은 사람들의 실제 삶의 모습이 아니라 혼자 있는 사람, 혹은 사소하고 단편적인 상황에 처한 사람들을 관찰하며 피험자에게 그들이 상상하는 것, 기억하는 감정에 관해 질문을 던지고 답변을 받아낸다.

하고, 허물과 약점과 결핍을 드러내는 것이 그렇다. …… 친구나 친밀한 사이를 서로 징징거리는 것을 허용하는 사람이라고 정의해보자. 이때 쌍방은 모두 징징거림을 친밀함의 특권으로 이해한다. 만일 그런 특권이 없다면 우리는 품위, 혐오의 감정에 방해받아서 징징거리지 못할 것이다. 사랑 없이는 수치스럽고 상대가 혐오를 느낄 만한 상황에서도* 사랑은 상대방이 우리를 그렇게 보지 않도록 하는 특권과 같은 역할을 한다."⁹

혐오의 사회적 역할

밀러는 비범한 통찰력으로, 쉽게 포착되지 않는 혐오의 사회적 역할을 분명히 밝히고 있다. 혐오의 일시적인 중지는 친밀감을 낳고, 인간적인 관계가 깊어진다는 신호가 된다. 다른 사람이라면 수치스러워할 수도 있는 것을 이렇게 받아들이는 것, 결국 다른 모든 사람이 혐오를 느낄 것 같은 행동—섹스만이 아니다. 사랑하는 사람의 구토물이 아니라 낯선 자의 토사물을 치우는 것을 생각해보자—에 참여하는 것은 단순한 사랑의 신호라기보다는 사랑을 강화하는 수단이 될 수도 있을 것이다.

혐오가 가진 지극히 중요한 또 다른 역할은 반감을 느끼게 하는 것으

---

* 이 책의 편집자[로빈 데니스]는 부모의 혐오 중지와 연인의 혐오 중지 사이에는 차이가 있다고 지적한다. 내가 아는 한, 아기의 기저귀는 아무리 자기 아이의 것이라도 언제나 혐오스럽다. 자식을 사랑하는 부모는 아이를 돌보기 위해 이 혐오를 극복하지만 여전히 혐오를 느낀다. 하지만 섹스는 다르다. 사랑하는 사람의 혀를 자신의 입속으로 받아들이는 것은 전혀 역겹지 않다. 오히려 그 반대다. 따라서 부모의 경우에는 혐오는 극복되거나 중지되지만, 연인 사이에는 혐오가 전혀 다른 것으로 전환된다.

로부터 우리를 멀어지게 하는 일이다. 부패한 음식을 먹지 않는 것이 우리에게 유익한 것은 말할 것도 없다. 마찬가지로 사회적 혐오는 불유쾌한 것으로부터 우리를 멀어지게 한다. 밀러의 말에 따르면, 우리가 혐오스러운 사람이나 혐오스러운 행동과 도저히 타협할 수 없다는 것은 하나의 도덕적 판단이다. 법학자 마사 누스바움Martha Nussbaum은 "대부분의 사회는 특정 집단에 속하는 사람들을 신체적으로 혐오스럽다고 기피하도록 가르친다"[10]고 쓰고 있다. 불행히도 혐오는 위험한 감정이 될 수 있다. 왜냐하면 우리가 혐오스럽다고 생각한 사람들의 인간성을 말살하고, 그렇게 함으로써 그들을 인간으로 취급하지 않아도 좋다고 생각하게 만들기 때문이다.

아동 포르노나 외설 행위처럼 공중도덕을 위반하기(즉 공중이 혐오하기) 때문에 위법으로 간주되는 행위도 있다. 누스바움은 법률이 누군가에 의해 혐오스러운 것으로 간주된 것에 기초해서는 안 된다고 믿고, 법적 판단의 토대가 혐오가 아니라 분개outrage여야 한다고 제안한다. "[분개는]…… 법적 판단에서 혐오보다 훨씬 적절하고 훨씬 신뢰할 수 있는 도덕적 정서다. 분개는 사회적으로 공유될 수 있는 논증을 포함하고 있다. 분개는 범죄자를 벌레나 달팽이와 같이 취급해서 도덕적 공동체에서 쫓아내는 것과 같은 의심스런 행동을 취하지 않는다. 대신 범죄자를 도덕적 공동체의 일원으로 확고하게 수용하고, 그의 범죄행위를 도덕적 기준에 따라서 판단한다."[11]

누스바움은 범죄행위를 다룰 때 범죄자의 감정 상태를 정상 참작 요인의 하나로 고려해도 좋지만, 혐오에 의해서 범죄자를 판단해서는 안 된다고 주장한다. "어떤 살인이 다른 살인보다 더 혐오스럽다고 해서 더 악질이라고 말해서는 안 된다……."[12] 누스바움은 말한다. "혐오에 대한 적절한 대처법은 혐오를 일으키는 인물(예를 들어, 동성애자)을 죽이지 않도록 그 자리를 떠나는 것이다. 누군가에 대해 불결하고 '징그럽다'는 느낌이 드는 것만으로는 결코 그 인물에게 폭력을 가해도 좋다는 충분한 이유가 되지 못한다."[13]

타인을 지독히 폄하하는 행위를 정당화하는 사람은 희생자를 흔히 동물(귀여운 동물이 아닌)로 지칭한다. 때로는 오물이나 쓰레기와 같은 불쾌한 물질로 부르기도 한다. 나는 의분이나 분개가 학살과 고문조차 정당화하지 않을까 하고 두려워한다. 그러나 의분이나 분개가 나와 타인 사이에 혐오의 벽을 쌓는 것은 아닐 것이다. (누스바움은 물론 합법적 행동이든 아니든 행위를 정당화하기 위해서가 아니라, 법률을 정당화하기 위해서 감정을 이용하는 것에 주목했다.) 폭력을 지연시킬 수 있는 장벽 또는 억지책의 하나로서 희생자가 겪는 고통의 모습이나 소리, 비명, 출혈을 생각할 수 있다. 그러나 그것이 반드시 그렇게 된다고는 할 수 없다. 그 이유는 아마 고통의 증거가 혐오를 유발하기 때문일지 모른다. 처음에는 혐오스럽다고 생각하지 않더라도 부상이나 고문의 결과로 그 인물의 출혈이나 신체의 기형을 눈으로 본다면, 우려보다는 혐오를 일으킬 수 있다.

여러 문화 간 표정 연구를 하던 초기에, 고통스러워하는 인물의 영상, 즉 원주민 부족의 할례 의식을 찍은 영상과 눈의 외과수술 영상을 일본과 미국 대학생들에게 보여주었는데, 대부분이 혐오의 표정을 일으킨다는 것을 발견했다. 그 이외에도 의과대 연수용 필름들을 편집했던 일이 있다. 하나는 수술로 신체를 절개했을 때 다량으로 출혈하는 장면을 찍은 영상, 또 하나는 3도 화상으로 불에 탄 피부가 떨어진 남성을 찍은 영상이었다. 이 두 영상을 볼 때에도 거의 모든 사람이 혐오의 표정을 지었고 혐오스럽다고 증언했다. 이 영상은 둘 다 같은 감정을 일으켰으므로 서로 바꾸어가며 사용이 가능했다. 이 영상들은 감정에 자극을 주는 연구 자료로서 아주 빈번하게 사용된다.

하지만 그런 영상 안에서 사람이 고통스러워하는 것을 보고, 전혀 다른 반응을 보인 사람들도 다소(약 20퍼센트) 있었다. 그런 사람들은 혐오의 표정을 보여주는 대신, 흡사 자신도 희생자인 것처럼 슬픔과 고통스런 표정을 보였다.

우리는 타인의 몸 안을 보면 속이 뒤집히도록 자연에 의해서 프로그램되어 있는 것 같다. 특히 출혈이 있는 경우에는 그렇다. 출혈하는 자가 모르는 사람이 아니라 아는 사람이나 친족일 때는 그런 혐오의 반응이 정지된다. 그런 경우, 우리는 거기에서 도망가는 것이 아니라 그 고통을 감소시키도록 움직인다. 신체적 고통의 신호나 병의 신호에 혐오를 느끼는 것이 병의 감염률을 떨어뜨리는 데 큰 기여를 담당해왔음은 쉽게 상상할 수 있다. 그러나 그것은 공동체를 구축하는 데 지극히 유효한 공감이나 연민 능력을 감소시키는 대가를 치르고 실현되는 것이다.

공감이나 연민은 감정이 아니다. 그것들은 타인의 감정에 대한 우리의 반응을 가리킨다. '인지적' 공감cognitive empathy에서 사람은 타인이 느끼고 있는 것을 인식한다. '감정적' 공감emotional empathy에서는 타인이 느끼고 있는 것을 실제로 느낀다. '연민 어린' 공감compassionate empathy에서 우리는 타인이 처해 있는 상황이나 감정에 대처하는 것을 도와주고 싶어진다. 감정적 공감이나 연민 어린 공감을 실행하기 위해서는 인지적 공감이 반드시 있어야 한다. 하지만 연민 어린 공감을 가지기 위해서 감정적 공감을 가질 필요는 없다.*14

혐오와 경멸의 차이

경멸은 혐오와 관련이 있지만 다른 감정이다. 경멸을 보여주는 보도사진은 찾을 수가 없었다. 혐오와 마찬가지로 신문이나 잡지에 자주 등장하지 않는다. 이번 장 뒷부분에 게재된 사진 H(297쪽)는 그 한 예다.

여러 해 전에 나는 아래의 방법으로 혐오와 경멸을 구별했다.

경멸은 사람이나 사람의 행위에 대해서만 일어나고, 맛이나 냄새 혹은 촉감에 대해서는 일어나지 않는다. 개똥을 밟으면 혐오는 생길 수 있지만, 경멸의 감정은 결코 생기지 않는다. 송아지의 뇌를 먹는다는 생각은 혐오를 느끼게 할 수 있지만 경멸은 일으키지 않을 것이다. 하지만 그렇게 혐오스러운 것을 먹는 사람들에 대해서는 경멸을 느낄 수 있다. 경멸에는 그 대상을 낮추어 보는 심리가 들어 있기 때문이다. 어떤 인물이나 그 사람의 행동을 싫어하고 경멸하면, 그 사람에 대해 (대개는 도덕적인) 우월감을 느낀다. 그들의 행위는 몹시 품위가 없지만, 혐오를 느낄 때처럼 반드시 그 자리를 떠날 필요는 없다.[15]

---

* 티베트 불교에서는 이 세 용어를 다른 의미로 사용하지만 서로 관련되어 있다. 달라이 라마는 그들이 공감 능력을 가리키기 위해서 사용하는 단어를, "타인의 고통을 보는 것을 참지 못하는 능력"이라고 번역한다. 그것은 타인의 고통으로부터 눈을 돌리는 것이 아니라 오히려 정반대다. "그것은 타인에게 가해진 위해를 보고 진저리치며, 타인의 고통에 직면하면 고통스러워하는 능력이다." 불교도가 사용하는 '연민(자비심compassion)'이란 단어에는, 우리가 영어에서 이 단어로 의미하려고 하는 것 이상의 것이 포함되어 있다. 그것을 설명하자면, 혐오라는 테마에서 아주 크게 벗어나게 될 것이다. 하지만 공감이나 연민이 드러나기 위해서는 그것들이 습득되는 것이 아니라, 길러야 할 필요가 있는 능력이라고 불교도가 간주한다는 것을 지적하는 것은 가치가 있다. 나는 이것을 다음과 같이 해석한다. 만일 우리가 인류 전체를 형제로 간주하고 유혈이 있는 고통의 표시나 질병의 장애를 보고도 혐오를 억제하기 위해서는, 노력을 하지 않으면 안 된다. 자연은 그렇게 하는 것을 쉽게 만들어주지 않았기 때문이다.

불행하게도, 경멸이라는 감정에는 혐오를 연구한 폴 로진 같은 존재가 없다. 이 감정에 연구의 초점을 둔 인물은 아무도 없다. 밀러는 아주 흥미로운 관찰을 했다. 우리는 경멸하는 상대에 대해 우월감을 느끼는데, 아랫사람이 윗사람에게 경멸감을 품는 일이 있다는 것이다. "십대 청소년들이 성인에게, 여성이 남성에게, 하인이 주인에게, 종업원이 고용주에게…… 흑인이 백인에게, 무학인 사람이 교육받은 사람에게 품고 있는 경멸심을 생각해보라.[16] 윗사람에 대한 경멸은…… 아랫사람으로 하여금 특정한 점에서 우월감을 주장할 수 있게 한다. …… 아랫사람은 제3자의 눈에는 자신들이 아래에 있음을 알고 있다. 그래서 어떤 의미에서 그들에게 경멸당하고 있음을 알고 있다……."[17]

고트먼과 그의 동료는 결혼한 부부의 관계를 연구하고 놀랄 만한 사실을 발견했다. 경멸이라는 감정의 중요성을 이해하는 데 도움이 되므로 다루고 싶다. 남편에게 경멸을 당한 아내는

- 감정적이 되었다.
- 자신들의 문제를 해결할 수 없다고 믿었다.
- 부부 문제가 심각하다고 믿었다.
- 그 후 4년 동안 자주 앓아누웠다.

남편의 혐오나 분노의 표현이 이런 결과를 내지 않았다는 사실을 보면, 경멸을 독립된 감정으로 간주하는 것이 중요하다는 점을 알 수 있다. (감정을 연구하는 모든 학자가 이런 구별을 인정하는 것은 아니다).

지금까지 검토해온 혐오를 비롯한 다른 모든 감정과 마찬가지로, 경멸은 강도 또는 격렬함의 정도가 다양하다. 그렇지만 혐오의 최고치가

경멸의 최고치보다 훨씬 높은 것 같다. 즉 강도에서 최대의 경멸은 최대의 혐오에 미치지 못한다.

혐오는 분명히 부정적인 감정이다. 즐거운 감정은 아니다. 그러나 앞에서 언급했듯이, 느낌이 좋지 않은 감정에 통상 예상되는 것 이상으로 우리는 혐오스러운 것에 더 매료된다. 혐오가 격렬해질 때에는 분명히 불쾌한 감각이 되고, 토할 기분을 느끼기까지 한다. 경멸이 부정적인 감정인지는 분명하지 않다. 실제로, 다른 사람에 대한 경멸은 대다수의 사람에게 좋은 느낌이라고 나는 믿고 있다. 경멸을 느낀 것을 나중에 부끄러워할 수도 있지만, 경멸의 느낌은 불쾌하기보다는 유쾌한 것이다. 그렇다고 해서, 그것이 타인에게 이로운 감정이라고 말하는 것은 아니다. 고트먼의 연구 결과는 그렇지 않다는 것을 보여준다. 그러나 경멸을 경험할 때의 감각은 원래 불쾌한 것은 아니다. 경멸이라는 감정의 기능에 대해 말할 수 있는 것은 우월감을 알리거나 어울릴 필요가 없음을 알리는 것 정도가 아닐까 싶다. 경멸은 힘이나 지위를 과시한다. 자신의 지위에 대해 불안을 느끼는 사람은 타인에 대한 자신의 우월성을 주장하기 위해서 경멸을 드러내기 쉽다고 말할 수도 있을 것이다.

경멸을 느낄 때는 종종 분노(짜증 같은 온건한 분노)를 동반하지만, 전혀 분노를 동반하지 않는 경우도 있다. 분노는 혐오와 번갈아 나타날 수도 있다. 혐오의 대상이 되는 인물이 혐오의 대상이 된다는 사실에 대해 분노를 느낄 때가 그렇다.

우리는 혐오나 경멸과 관련된 기분을 묘사할 단어가 없지만, 그런 기분을 경험하지 않는 것이 아니라 다만 그것을 표현할 간단한 수단이 없을 뿐이다. 나의 직감으로는 그런 기분이 확실히 존재하는 것 같다. 하지만 내가 아는 한, 그것을 연구대상으로 삼거나 이론화하려는 사람은 없다.

여기서 혐오나 경멸과 관련있는 정서장애가 존재하는지 생각해보자. 〈혐오—정신의학에서 잊혀진 감정〉이라는 제목의 논문에서 정신과 의사인 메리 L. 필립스Mary L. Phillips, 칼 시니어Carl Senior, 톰 페이Tom Fahy, A. S. 데이비드A. S. David는 다음과 같이 제안한다. "혐오는 정신장애에서 중요하다고 인정된 적은 없지만, 그런 문제들에서 중요한 역할을 담당한다."[18] 혐오장애는 강박장애에서 상당한 역할을 담당하는데, 이 강박장애는 쓰레기나 오염에 대한 강박적인 사고와 손을 씻어야 한다는 강박적인 필요성으로 나타난다. 동물공포증도 혐오가 바탕이 되어 있고, 수치를 당할 것을 두려워하는 사회공포증도 자기혐오가 관여하고 있을 가능성이 있다. 혈액공포증에도 혐오장애가 관여하고 있다. 거식증이나 과식증과 같은 섭식장애가 있는 사람은 자기 신체의 일부, 성, 특정 음식물 등에 강한 혐오의 느낌을 가지고 있다. 오늘날까지 경멸과 관련된 어떤 정신장애를 주장한 사람은 없다.

자신의 혐오와 경멸 인식하기

그렇다면 혐오와 경멸을 경험할 때의 내적인 감각에 대해 생각해보자. 입을 통한 오염 테마나 도덕적으로 혐오스러운 행동을 떠올린다면, 간단히 혐오의 느낌을 경험할 수 있을 것이다. 그때 목 안에서의 느낌이나 미세한 메스꺼움에 대해 주의를 기울여보자. 윗입술과 콧구멍의 감각이 민감해질 것이다. 흡사 얼굴에서 그 부분의 감수성이 높아져서 감각을 더 많이 느낄 수 있는 것처럼 말이다. 일단 긴장을 푼 후 다시 한 번 혐오를 느끼도록 노력해보자. 이번에는 가능한 한 미세한 혐오를 느껴보고, 목과 콧구멍, 윗입술에서 느껴지는 감각에 주의를 집중한다.

경멸과 연결된 감각을 식별하는 것은 훨씬 어렵다. 당신의 속을 뒤집을 정도는 아니지만 경멸을 일으키는 사람의 행동을 떠올려보자. 예를 들어, 새치기하는 사람, 표절하는 사람, 유명인의 이름을 들먹거리는 사람 등이 있을 것이다. 분노나 혐오는 느끼지 않고, 반드시 경멸만을 느껴야 한다. 마치 누군가를 깔보는 것처럼 자기도 모르게 턱을 올리게 된다는 점에 주목하자. 그러면서 한쪽 입가가 경직되어 있는지를 느껴보자.

타인의 혐오와 경멸 인식하기

혐오와 경멸이 얼굴에 어떻게 나타나는가를 생각해보자. 이 장의 앞으로 돌아가서 뉴기니 남자의 표정(280쪽)을 다시 보자. 윗입술이 최대한 올라가 있다. 아랫입술도 위로 올라가면서 약간 앞으로 튀어나왔다. 콧구멍 위에서 입술의 양끝으로 깊은 주름이 새겨졌는데, U자를 거꾸로 뒤집어놓은 모양을 하고 있다. 양쪽 콧방울이 위로 올라가고, 콧마루와 양미간에는 주름이 생겨난다. 위로 올라간 뺨과 아래로 처진 눈썹은 까마귀의 족적과 같은 주름을 낳는다. 전부 극단적인 혐오를 드러내는 신호다.

이브의 사진들은 더 미세한 혐오와 경멸을 보여준다. 혐오를 나타내는 얼굴표정에는 두 개의 전혀 다른 신호가 있다. 코의 주름과 위로 올라간 윗입술로서, 종종 이 둘은 동시에 나타난다. 사진 A는 표정이 없는 사진으로, 비교하기 위해서 실은 것이다.

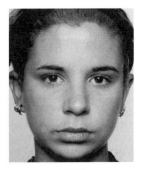

A 중립

먼저 코의 주름 신호부터 보자. 사진 B는 코에 주름이 아주 살짝 잡힌 표정을 보여준다. 사진 C는 주름이 조금 더 강해진 단계, 사진 D는 강한 코주름을 보여준다. 사진 D처럼 격렬한 표정이 되면, 눈썹도 밑으로 내려가 사람에 따라서는 분노를 보이고 있다고 생각할지도 모른다. 그러나 자세히 들여다보면, 위 눈꺼풀이 위로 올라가지 않고 눈썹도 가운데로 모이지 않았음을 알 수 있다(비교를 위해서, 6장에 나오는 사진 E를 보라). 이것은 분노가 아니라 혐오의 표정이다. 이런 혐오를 보인 사진들에서는, 양쪽 뺨이 올라가 있고 아래 눈꺼풀도 위로 올라가 있지만, 중요한 것은 눈 주위의 변화가 아니라 코, 입, 뺨의 변화다. 눈꺼풀의 근육은 긴장되기보다는 이완된다.

다음으로 위로 올라간 윗입술로 드러내는 혐오를 살펴보자. 사진 E는 윗입술이 약간 올라간 표정이고, 사진 F에서는 더 많이 올라가 있다. 사진 G는 같은 움직임을 보이고 있지만, 얼굴의 한쪽에서만 나타난다. 이 사진에서처럼 좌우 대칭이 깨진 표정은 혐오의 신호일 수도 있고 경멸의 신호일 수도 있다.

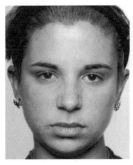

B

C

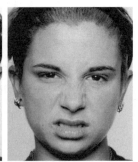

D

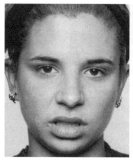
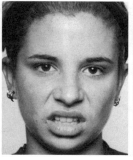
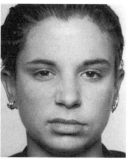

E   F   G

사진 G와 경멸을 나타내는 사진 H를 비교해보자. 사진 H에서도 움직임이 얼굴 한쪽 면에만 있으나, 그 움직임은 전혀 다르다. 입술의 끝이 당겨져 있고 살짝 올라가 있다. 이것은 분명한 경멸의 표정이다. 사진 I는 사진 G와 같은 얼굴 움직임을 보이고 있지만 더 강렬하고, 입술의 한쪽이 약간 벌어져 있다. 사진 I는 사진 G와 마찬가지로 혐오의 표정일 수도 있고 경멸의 표정일 수도 있다.

사진 J는 두 감정이 혼합되거나 합해져서 하나의 표정으로 나타난 것이다. 코의 주름은 혐오의 신호, 눈썹이 내려와 가운데로 몰린 데다 위 눈꺼풀이 올라간 것은 분노의 표정이다. 눈썹이 상당히 내려와 있으므로, 위 눈꺼풀이 올라가 있는 것은 그다지 뚜렷하지 않다. 사진 J를 무표

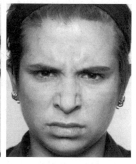

H   I   J

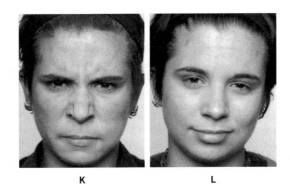

K   L

정의 사진 A 또는 눈썹, 뺨, 코에만 변화가 보이는 사진 C와 대조해보라. 그러면 위 눈꺼풀이 올라가고, 아래 눈꺼풀이 경직되어 있으므로 분노의 표정이라는 것이 분명할 것이다.

또 하나의 분노 신호인 앙다문 입술은, 사진 J에 보이는 표정을 종종 동반한다. 그렇게 앙다문 입술은 사진 J에 보이는 표정에 보태진 합성사진 K에도 보인다. 경멸과 즐거움이라는 또 하나의 가능한 감정 혼합이 사진 L에 보인다. 이 표정은 경직된 입술 끝과 약한 웃음을 겹친, 의기양양한 경멸의 표정을 짓고 있다.

혐오와 경멸의 표정 정보 이용하는 법

우리는 다른 사람이 혐오나 경멸을 느끼고 있다는 정보를 어떻게 활용해야 할까? 그것을 살펴보기 전에 다음 사항을 기억해두면 좋겠다. 즉 혐오를 보이는 사람은 당신을 혐오하는 것이 아니라, 자기 자신을 향한 것일 수도 있고, 과거의 어떤 혐오스러운 경험을 기억해내고 있는 것일 수도 있다. 경멸을 보이는 사람도 자신의 행위나 생각에 대해 경멸을 느낄 수 있겠지만, 나는 아직 그런 경우를 본 적이 없다.

분노는 혐오와 가장 흔히 혼동되는 경우가 많을 뿐만 아니라 시간이 지나면 혐오로 바뀌기도 하므로, 나는 혐오나 경멸의 표정을 읽어낸 경우 어떻게 반응할지에 대해서 분노와 비교해서 그 차이를 조명하고 싶다. 당신이 부하에게 승진하지 못하게 되었다는 소식을 전했다고 가정해보자. 부하는 사진 D와 같은 분명한 혐오를 보이든가, 사진 H처럼 확연한 경멸의 표정을 짓거나, 아니면 6장에서 보였던 확연한 분노 표정을 지을 수 있다. 반갑지 않은 뉴스를 전달한 사람은 당신이므로, 부하의 혐오, 경멸 혹은 분노는 당신을 향한 것일 수 있다. 그러나 그가 다른 것에 대해 반응하고 있을 가능성도 고려해야 한다.

만일 부하가 혐오를 보였다면, 그것은 아마도 당신이나 직장 상황에 대한 것이리라. 그것은 화가 난 경우보다 승진을 목표로 할 의욕이 다시는 없음을 보이고 있을 공산이 크다. 부하직원은 당신의 결정이 틀렸을 뿐 아니라, 실수 이상을 범한 것이라고, 자신을 승진시키지 않음으로써 부도덕한 행동을 했다고, 이 모든 상황이 역겹다고 생각하고 있는지도 모른다. 만일 그가 경멸을 보였다면, 어떤 면에서는 자신이 당신보다 낫다고 생각하고 있으리라. 그는 아마도 자기가 당신보다 우월하다고 느낄 것이다. 직무나 회사 그리고 업무에 대해 당신보다 더 잘 알고, 옷도 당신보다 더 잘 입는다고 느끼고 있으리라. 혹은 그의 우월감이 직장과는 관계없는 것과 관련되어 있을 가능성도 있다.

나는 분노를 다룬 6장에서 이런 제안을 했다. 이런 상황에서 직접 분노에 직면하는 것을 원치 않는다면 다음과 같이 말해보라고. "내 결정 때문에 화를 내는 것도 무리는 아니야. 유감이네. 내가 도움을 줄 수 있는 일이 있다면 말해주게." 만일 상대가 혐오의 표정을 보인다면, 다른 대응을 시도해볼 수 있다. "내 결정이 자네 맘을 상하게 한 것 같군. 내가 더 설명해줄 사항이나 자네의 장래와 관련해서 우리가 상의해야 할 다른 문제가 있나?" 내 생각에, 그가 당신에게 거절당했다고 느낄지 모른다는 점을 당신이 직접 언급하는 것은 좋지 않다. 비록 자신이 그렇게 느끼고 있다는 사실을 안다고 해도, 그것을 인정하는 것은 대부분의 사람에게 어려운 일이기 때문이다. 그렇지만 그에게 자신의 느낌에 대해 이야기할 기회를 주는 것은 좋다. 특히 당신이 그를 회사에 붙들어 두기를 원하는 경우는 그렇다. 그의 경멸은 내가 앞에서 서술한 '윗사람에 대한 경멸'(지위가 낮은 사람이 자신은 무력하지도 열등하지도 않음을 주장하려는 시도)인지도 모른다. 그런 경우에는 장래의 선택에 관해서 이야기할 기회를 따로 갖고 싶다고 전하고, 부하를 혼자 두는 것이 더 현명할지 모른다.

만일 같은 상황에서 얼굴표정이 더 미묘하여, 사진 D가 아니라 B의 표정, 사진 I가 아니라 G의 표정을 보이고 있고, 그것이 나쁜 소식을 전할 때의 최초 반응이라면, 당신은 다소 여유를 가지고 대응할 수 있다. 표정이 그 정도로 약한 경우라면, 감정이 억제되어 있든지 이제 막 시작되고 있든지, 둘 중 하나다. 만일 그것이 나쁜 소식을 들은 직후에 나타난 것이라면, 감정적 반응은 이제 막 시작되었을 뿐일 가능성이 높으므로, 그 문제에 대해 더 직접적으로 접근하는 것이 좋을지 모른다. 예를 들어, 이런 식으로 말해도 좋으리라. "이 사실을 받아들이기가 어려울 거라 생각하네. 어떤 의미에서 부당하다고 느낄 수도 있으니까. 그 점에 대해서 이야기해볼까?" 당신은 아무 말도 하지 않고 기다리면서, 부하의 혐오감이 점차 강해질지 알고 싶어할 수도 있고, 그 느낌을 약화시키기 위해서 당신이 할 수 있는 말이 있을지 궁금해할 수도 있다. 연구는 아직 행해지고 있지 않지만, 부부 관계의 조사를 통해서 고트먼 그룹이 발견한 것은 여기에도 적용될 것이라고 생각한다. 상대적으로 아래에 있는 인물이 윗사람에 대해 혐오나 경멸의 표정을 보이기 시작한다면, 그 직장관계는 틀림없이 오래가지 않을 것이다.

6장에서 논의했던 또 하나의 상황에 대해 생각해보자. 당신이 급하게 결정된 이웃 모임에 남편과 함께 참석해야 하므로, 오늘 저녁 친구 집에 가기로 했던 십대 딸에게 남동생을 돌봐야 해서 외출하는 것은 안 된다고 말했을 때, 그녀가 같은 표정을 보이는 상황이다. 분노를 다룬 장에서, 승진할 수 없다는 것을 알게 된 부하의 분노보다도 딸의 분노에 더 잘 대처할 수 있는 이유가 있다고 나는 서술했다. 딸의 분노를 지적하거나, 딸이 분노하는 정당성에 이의를 제기해야 한다고 말하는 것은 아니다. 그것과는 정반대로, 딸의 낙담에 공감하고, 왜 그 모임이 그토록 중요하고 그녀에게 일을 떠맡길 수밖에 없는지 이유를 설명하는 편이 좋을 것이다.

만약 딸이 혐오감을 보인다고 해도, 그것을 무시해서는 안 된다고 나는 믿는다. 딸은 지긋지긋하다고 느끼는 것일까? 아니면 당신 행동이 얼마간 부도덕하다고 느끼는 것일까? 우선 지금이 대화하기에 적절한 때인지 아닌지, 당신 자신의 느낌이 누그러지는 것을 기다리는 것이 좋을지를 생각해야 한다. 기다리기로 결정했다면, 대처하고 싶지 않다는 유혹에 지지 않도록 유의하라. 딸의 혐오에 대응하는 매우 직접적인 방법은 "내 행동이 너한테 공정하지 않다고 느끼니?" "나를 상대하는 게 싫니?"라고 말하는 것이다. 가능하면 당신은 자기변호를 하지 말고, 딸이 자신의 느낌을 충분히 설명하도록 허락하자. 그런 다음, 말로 쏘아붙이지 말고 조용하게 당신의 느낌이나 행동을 설명해보자.

만일 당신이 모임에 가는 동안 딸이 친구의 파티에 갈 수 없다는 것을
알고 경멸의 표정을 보인다면, 그대로 두는 것이 좋을지도 모른다. 그것
은 윗사람에 대한 경멸, 즉 부모와 대등하거나 부모보다 우월하다는 청
소년의 주장에 불과할 가능성이 있다. 당신은 거기에 대처하고 싶을 때
도 있겠지만, 꼭 그럴 필요는 없다.

지금까지 딸에 대한 모든 사례에서 나는 표정이 분명한 것(가령 사진 B
가 아니라 D)을 전제로 했다. 만일 그것이 미세한 혐오나 경멸 혹은 분노
라면, 딸은 자신이 무엇을 느끼는가를 모르거나, 감정이 이제 막 시작된
경우일 가능성이 있다. 당신이 마음을 열고 무엇이든 받아들일 수 있는
자세라면, 지금까지의 제안을 따르기가 쉬울 것이다. 다만 딸을 몰아붙
여서 방어적이 되지 않도록 유의해야 한다. 딸이 그런 감정을 품은 이유
를 당신이 인정하고 있다는 점, 딸이 그런 느낌을 자주 갖지 않도록 하
기 위해서 두 사람이 함께 할 수 있는 일을 찾고자 그런 느낌에 대해 이
야기하고 싶다는 점을 설명하고 이해시키자.

지금까지의 대본에서는 부모를 착한 사람으로 설정했다는 점을 유의
해야 한다. 회의가 갑자기 소집되었기 때문에 당신에게는 다른 대책을
강구할 시간이 없었다. 딸에게 희생을 요구하는 것은 당신이 쾌락을 추
구하고 싶어서가 아니었다. 물론, 항상 그런 경우만은 아닐 것이다. 그리
고 아이가 분노, 혐오, 경멸과 같은 반응을 보인다면, 그것을 보고 당신
자신이 공정한지, 무신경한지, 이기적인지를 검토할 수도 있다. 만일 당
신이 이기적으로 행동했다는 점을 자각하고 인정할 수 있다면, 그 일을
딸에게 설명하고 고맙다고 말하자. 그렇다면 혐오나 분노라는 부정적인
감정을 긍정적으로 활용하는 방법을 딸에게 가르치는 좋은 기회가 될
것이다.

로레타 스텀과 그녀의 자녀들은 트래비스 공군 기지의 활주로 옆에서 미국으로 귀환한 공군 일행이 비행기에서 내려오는 것을 참을성 있게 기다리고 있었다. 북베트남 포로수용소에서 막 석방된 로버트 스텀 중령은 고위 장교였기 때문에 가족과 재회하기 전에 짤막한 연설을 한 차례 해야 했고, 그 사이 가족은 다시 기다렸다. 아래 사진으로 퓰리처상을 받은 사진가 살 베더Sal Veder는 이렇게 썼다. "연설을 마친 그는 주위를 돌아보다가 가족들이 팔을 활짝 벌리고 만면에 환한 기쁨의 웃음을 띠고 자기 쪽으로 달려오는 것을 보았다."[1]

이 사진에 나타난 감정에 적합한 단어는 '즐거움enjoyment'보다 '기쁨

joy'이 더 어울린다. 기쁨이 즐거움이나 행복보다 강렬한 감정을 표시하기 때문이다. 하지만 기쁨이라는 단어는 즐거움이나 행복이란 단어와 마찬가지로 어떤 종류의 즐거운 감정enjoyable emotions을 느꼈는지는 정확하게 가르쳐주지 않는다.

나는 10여 개 이상의 서로 다른 즐거운 감정들이 있다고 본다. 제각기 보편적이면서도 슬픔, 분노, 두려움, 혐오, 경멸이 서로 다른 것처럼, 그것들 또한 서로 구분된다. 보통 우리들이 느껴서 즐겁지 않다고 생각하는 일련의 감정이 있듯이, 느끼는 것이 즐거운 일련의 감정이 있다. '즐거움'과 '행복'이란 단어의 문제점은 그것들이 그다지 구체적이지 않고 단일한 마음이나 느낌을 의미한다는 것이다. '동요upset'나 '부정적'이라는 말이 슬픈 것인지, 화가 나 있는지, 무서워하는지, 혐오하고 있는지를 분명하게 드러내지 않는 것과 마찬가지다. 이 장에서 내가 다룰 즐거운 감정들을 나타내는 단어가 영어에 없는 경우도 있다. 그 때문에 나는 우리가 느끼는 중요한 즐거운 감정 중에서 일부를 나타내기 위해 다른 언어로부터 단어를 차용했다.

우리는 대부분의 즐거운 감정에 대해 아직 아는 것이 별로 없다. 이렇게 말하는 것은 내 연구를 포함해 감정 연구의 거의 대부분이 기분 나쁜 감정에 초점을 맞추어왔기 때문이다. 타인이나 나 자신에게 문제가 되는 감정에 주목해왔던 것이다. 그 결과 우리는 정신건강보다도 정신장애에 대해 더 많이 알게 되었다. 최근에는 이런 상황도 변해가고 있고, 이른바 긍정적인 감정을 새롭게 강조하게 되었다.[2] 즐거운 감정에 대해 더 많은 것을 알고 이해하는 것은 아주 유익할 것이라 믿는다. 왜냐하면 그런 감정은 우리 인생에 동기를 부여하는 데 없어서는 안 될 것이기 때문이다.

오감에 의한 쾌감

우선 '오감에 의한 쾌감sensory pleasures'부터 살펴보자. 만지면 기분이 좋은 것이 있다. 누군가가 우리를 만져줄 때 기분이 좋을 수 있다. 특히 사랑하는 사람이 정답게 혹은 관능적으로 만져줄 때 그렇다. 아름다운 석양처럼 보아서 즐거운 광경도 있다. 바다의 파도 소리, 시냇물이 바위 위를 흘러가는 소리, 숲속 바람 소리, 여러 가지 음악 등 들어서 유쾌한 소리가 있다. 맛과 냄새에 대해서는 혐오를 다룰 때 조금 언급했다. 단맛은 대부분의 사람들이 맛있다고 느낀다. 하지만 신맛이나 쓴맛, 매운맛을 즐기는 능력도 시간이 지나면 획득되는 것 같다. 대부분의 사람은 썩은 냄새를 좋아하지 않지만 사람들이 아주 좋아하는 치즈 중에는 대부분의 사람이 끔찍하다고 여길 만한 향을 풍기는 것도 있다. 나는 눈, 귀, 코, 혀, 피부의 오감으로 느끼는 쾌감에도 보편적 테마와 학습되는 다양한 변형이 있을 것이라고 생각한다.

오감에 의한 쾌감은 같은 감정경험에 이르는 다른 회로이기 때문에 하나의 감정으로 간주해야 할지, 아니면 다섯 개의 서로 다른 감정 즉 시각, 촉각, 후각, 청각, 미각의 쾌감으로 간주해야 할지는 아직 해결되지 않았다. 개별 감각적 쾌감의 주관적인 감각, 타인에게 보이는 신호 그리고 각 감각 특유의 생리적 변화가 다른지 여부가 장차 연구에 의해서 결정된다면 이 문제는 해결될 것이다. 지금으로서 나는 그것들을 다섯 개의 다른 감정들로 다룰 생각이다. 왜냐하면 그것들은 관련된 감각 기관이 다를 뿐만 아니라, 나의 직감상 [본질적으로] 다르다는 점이 연구에 의해서 증명될 것 같기 때문이다.

나의 스승 실번 톰킨스는 오감으로 얻는 쾌감을 감정이라고 간주하지 않았다. 그의 주장에 따르면 감정은 거의 모든 것에 의해 촉발될 수 있는데, 오감으로 인한 쾌감 하나하나는 단일 감각기관에 국한되어 있기 때문이다. 나는 이 의견을 납득할 수 없다. 예를 들어, 소리와 같은 하나의 감각 원천에도 다양한 유발요인이 있기 때문이다. 일부 유인들은 보편적인 것이지만 다른 여러 유인들은 그렇지 않다. 실로 다양한 여러 가지 다른 맛들, 풍광, 냄새, 촉감, 소리들이 한 문화권 내에서 그리고 여러 문화권에 걸쳐 쾌감을 낳기 때문이다.

심리학자 바버라 프레드릭슨Barbara Fredrickson과 크리스틴 브래니건 Christine Brannigan 역시 오감에 의한 쾌감을 감정으로 간주해서는 안 된다고 주장했지만, 톰킨스와는 다른 이론을 주창했다.[3] 감각적인 쾌감은 평가 없이 그냥 생기며, 평가가 없으므로 감정도 아니라고 주장한다. 하지만 나는 거기에 동의하지 않는다. 당연하다고 여겨지는 부정적인 감정 중 많은 것이 즉각적인 감각적 사건에 의해서 일어나기 때문이다. 석양을 바라볼 때 거의 모든 사람이 느끼는 자동적인 쾌감은 앉아 있는 의자가 넘어질 때, 길을 건널 때 차가 자신의 방향으로 갑자기 빠르게 다가올 때 대부분의 사람이 느끼는 자동적인 두려움만큼 평가가 관여하지 않는다고 말할 수 있을까? 나는 그렇게 생각하지 않는다. 더욱이 시각, 청각, 미각, 후각, 촉각(다른 감각에 비하면 평가하는 정도는 낮지만) 중 어느 감각을 통해서든 우리에게 감각적 쾌감을 가져오는 것의 대부분은 학습된 유인이며 폭넓은 가치평가를 포함하고 있는 경우가 많다. 예를 들어, 피카소의 추상화를 보고 느끼는 쾌감에 평가과정이 없는 것은 아니다. 감각적 쾌감은 즐거운 것이고, 그것들을 감정으로 간주하지 말아야 할 어떤 이유도 없다.

재미와 흥분에서 안도감과 경이감까지

즐거운 감정 중에 가장 단순한 것은 '재미amusement'다. 우리 중 대부분은 우스운 일을 통해서 재미를 느끼는 것을 좋아한다. 사람들 중 끊임없는 농담으로 우리를 재미있게 하는 사람도 있다. 오락 산업의 큰 부분은 이 감정을 유발하기 위해 부심하고 있으므로 우리는 재미있는 시간을 보내고 싶을 때면 언제든 손쉽게 선택할 수 있다. 재미는 잔잔한 것에서부터 폭소나 눈물까지 동반하는 매우 강렬한 것까지 다양하다.[4]

세상의 모든 것이 좋아 보이고 아무것도 할 필요가 없다고 느낄 때* 우리는 만족한다. 더 격의 없는 말로 하면 그런 순간 느긋해진다. '만족contentment'에 대한 특정한 얼굴 표정이 있는지는 잘 모르겠다. 대개 얼굴 근육이 편안하게 이완될 것이다. 만족은 목소리에서 나오는 경우가 많다. 이러한 즐거운 감정들의 차이가 얼굴이 아니라 목소리에 의해 전해지는 방식은 뒤에 설명하겠다.

반면 '흥분excitement'은 신기한 것 또는 도전을 불러일으키는 것에 대한 반응으로 일어난다. 흥분은 흥미interest라는 감정의 가장 강한 형태라고 톰킨스는 생각했지만, 흥미는 대체로 지적인 것이고 감정보다도 사고하는 상태에 해당한다. 하지만 처음에는 단순히 흥미로운 것이 흥분시키는 것이 되는 것이 사실이다. 특히 어떤 변화가 급하게 일어나고 도전적이고 예상외로 전개되고 신기하다면, 흥미로운 것은 흥분시키는 것으로 변할 것이다. 보편적인 흥분의 유발요인이나 테마를 특정하기란

---

* 여기서 내가 말하는 것은 기분이 아니다. 기분과 감정의 차이는 96~98쪽에서 이미 설명했다. 오랜 시간 지속되는 편안하고 느긋하고 안락한 기분이 만족감은 아니다.

쉽지 않다. 스키의 활강이나 별똥별 같은 것은 일부 사람에게는 끔찍한 일이 될 것이다. 나는 흥분과 두려움 사이에 많은 경우 밀접한 관계가 있다고 생각한다. 비록 그 두려움이 타인의 경험을 자신의 것처럼 대리로 느끼고 있을 뿐, 실제로 위험에 빠지지 않더라도 그렇다. 흥분은 다른 모든 즐거운 감정과는 다른 특유의 맛이 있다. 흥분은 단독으로 느껴지는 경우도 있지만, 다른 한 가지 이상의 감정과 종종 섞인다. 흥분이 분노의 폭발과 하나가 되면 격노가 되고, 두려움과 하나가 되어 공포가 되는 일도 있다.

'안도감relief'은 종종 한숨이나 깊은 들숨과 날숨을 동반하는데, 우리의 감정을 강하게 일으켰던 무언가가 진정되었을 때 느끼는 감정이다. 암 검사가 음성으로 판명된 것, 쇼핑가서 잠시 미아가 된 아이를 찾는 것, 엉망으로 쳤다고 생각했던 어려운 시험에 통과하는 것, 이런 일에 우리는 안도감을 느낀다. 긍정적으로 평가한 경험 이후에 안도감을 느끼는 일도 있다. 예를 들어, 오르가즘 이후 성적인 긴장과 흥분으로부터 해방되었을 때 느끼는 안도감이 있는데, 이것은 때로 걱정했던 성행위가 잘 되어갔을 때 느끼는 안도감과 섞이기도 한다. 두려움이 안도감의 전조일 경우가 자주 있지만 항상 그런 것은 아니다. 우리를 위협했던 것이 무엇이든 그것이 완전히 해소된 것은 아닐 수도 있기 때문이다. 상실감으로 괴로워하고 있을 때 누군가가 우리를 안심시키고 위로해주어서 안도하는 일도 있고, 강렬한 쾌락의 다음에 안도감을 느끼는 일도 있다. 안도감은 단독으로는 성립하지 않는다는 점이 특이하다. 즉 다른 감정들과는 달리, 반드시 뭔가 다른 감정이 선행하고 그 직후에 온다.

'경이감wonder'도 즐거운 감정의 하나다.* 우리는 경이감에 대해 별로 아는 바가 없지만 나는 15년 전쯤 강렬한 경이감을 경험한 뒤 그것을 독립적인 감정으로 간주하게 되었다.[5] 뉴욕대 연극과 교수 리처드 셰크너 Richard Schechner와 만난 지 5분도 지나지 않아 우리 두 사람의 인생에 이해하기 어려울 정도로 많은 우연의 일치가 있음을 발견했던 것이다. 우리 두 사람 다 뉴저지 뉴워크에서 자랐다. 두 사람 다 같은 초등학교에 다녔지만, 리처드가 한 학년 아래였기 때문에 만난 적은 없었다. 두 사람 다 같은 교외 지역, 심지어 같은 도로 주소지로 이사했다. 지금 이 글을 쓰면서도 그때 느꼈던 경이감이 되살아난다. 나의 모친이 돌아가신 후 리처드의 부모님은 나의 아버지로부터 우리 집을 샀다. 리처드의 방이 바로 나의 침실이었다!

경이감의 특징은 그것이 오직 드물게만 경험된다는 것, 이해할 수 없는 것에 압도되는 감정이라는 것이다. 경이감과 두려움을 함께 말하는 사람이 많지만 나는 둘을 구별하는 것이 중요하다고 생각한다. 이 두 감정은 뭔가 압도적인 것, 완전히 이해하거나 파악하기 어려운 것에 의해 위협을 당했을 때 겹쳐질 수 있다. 하지만 경이감은 본질적으로 강렬하고 즐거운 상태다. 믿기 어려운 것, 이해할 수 없는 것, 마음을 매료하는 것이면 거의 모든 것이 경이감의 원천이 될 수 있다. 우리는 경이감이 무엇인지, 어떻게 해서 그것이 일어나는지 이해할 수 없다. 그러나 우리의 안전을 위협하지 않는 한 그것 때문에 겁을 먹지는 않는다. 그러나 몸의 안전에 위협을 받으면 두려움도 함께 느낀다. 대커 켈트너Dacher Keltner와 조너선 하이트Jonathan Haidt는 '경외감awe'에 관한 최근 논문(켈트너와 하이트를 비롯한 여러 학자는 경이감과 두려움이 뒤섞인 감정을 경외감이라

---

* 예전에 나는 '경외감'을 '경이감'의 의미로 사용했다. 하지만 작가 클라우디아 소스비Claudia Sorsby는 《옥스퍼드 영어사전》에 경외감에는 경이감과는 달리 두려움과 공포라는 강한 요소가 있다고 적혀 있다고 지적한다. 이에 따라 나는 경외감과 경이감을 구분하여 사용하게 되었다.

고 칭했다)에서, 경외감이란 "마음이 파악하기 어려운 대상"[6]을 가리키는 말이라고 했다. 경이감은 사람들이 지금만큼 자신들의 주변 세계에 대해 이해하지 못했던 옛날 시대에는 드문 감정이 아니었을지도 모른다. 경이감에 관한 과학적 연구는 실질적으로 전혀 이루어지지 않고 있다. 면밀한 측정이 가능한 실험실에서 경이감을 의도적으로 유발시키는 것이 얼마나 어려울지 생각해보라.

다윈은 경이감을 느낄 때 소름이 돋는다고 쓰고 있다. 이것은 경이감이라는 감정과 결합되어 있는 가장 강한 신체적 감각 중 하나다. 나의 개인적 경험으로는 경이감이 일어나면 어깨와 목덜미가 오싹오싹하는 것처럼 느껴진다. 호흡도 변한다. 안도했을 때의 한숨과는 달리, 깊이 숨을 들이마시고 내뱉게 된다. 믿을 수 없어서 고개를 가로젓는 현상도 일어날 수 있다. 경이로울 때 얼굴과 목소리, 신체의 움직임에 어떠한 고유의 신호가 나오는지 아직 아는 사람은 없다.

어떤 사람을 깊이 존경하거나, 영감을 주거나 카리스마가 있는 사람을 만났을 때 경이감과 유사한 느낌이 생기지만 나는 이 역시 경이감과는 다르다고 생각한다. 존경admiration은 경이감을 느낄 때와 같은 신체감각 즉 소름, 호흡의 변화, 한숨, 고개를 젓는 것과 같은 현상이 일어나지 않는다. 영감을 주는 사람을 만나면 추종하고 싶어지고 그들에게 매력을 느끼지만, 경이감을 느낄 때는 행동으로 내몰리는 것이 아니라 그 자리에 정지한다. 영화 〈미지와의 조우〉에서 우주선의 빛을 보았을 때 사람들의 반응을 생각해보라.

'엑스터시'(황홀감) 즉 지복bliss(환희)도 즐거운 감정의 하나로 간주할 수 있다. 그것은 자기를 초월하는 황홀의 상태로서 어떤 사람은 명상을 통해, 또 어떤 사람은 자연 속 경험을 통해 그리고 또 어떤 사람은 정말로 사랑하는 사람과의 성적 결합을 통해 달성한다. 흥분이나 경이감과 마찬가지로 엑스터시는 강렬한 것이며 약간만, 가볍게 경험할 수 있는 것은 아니다.[7]

피에로와 나헤스

아래 사진은 제니퍼 카프리아티Jennifer Capriati가 프랑스 오픈 테니스 결승에서 승리한 순간의 모습이다. 그녀는 정말로 대단하고 어려운 일을 성취해냈다. 특히 개인적인 사정으로 몇 년 동안 프로 테니스를 떠나 있다가 이룬 성취가 아닌가! 그걸 무슨 말로 표현할 수 있을까? 굉장하다, 기쁘다, 행복하다는 말로 묘사할 수도 있겠지만, 이들 단어는 다른 수많은 즐거운 감정을 포괄하고 있

다. 그녀는 도전에 맞섰고 정말로 잘했다. 그것은 만족감이라는 말로는 충분하지 않다. 자부심일 수도 있지만 이 말 역시 너무 포괄적이다. 이 감정은 그녀가 전력을 다해 어려운 일을 성취했으며 그 느낌이 대단히 즐겁고 상당히 독특하다는 것을 지칭한다. 이는 타인에게 당신의 성취에 대해 알려줄 필요 없이 자기 자신에 도취된 상태다. 이탈리아

심리학자 이사벨라 포지Isabella Poggi는 이 감정을 '피에로fiero'(뿌듯함)라는 어휘로 설명했다.[8]

카프리아티가 취하고 있는 포즈는 아주 어려운 시합에서 승리한 운동선수들이 자주 보여주는 것인데, 운동경기만이 피에로의 유발요인은 아닐 것이다. 나는 어려운 지적 문제를 해결하면 피에로를 느낀다. 나는 청중의 찬사를 구하지 않는다. 피에로는 어려운 도전과 더불어 성취의 순간에 경험하는 스스로에 대한 매우 좋은 느낌을 함께 갖추어야 한다. '승리의 기쁨'은 이 감정을 묘사하는 적절한 말이 아니다. 왜냐하면 그렇게 묘사하는 것은 시합에서 승리하는 것을 의미하고, 이는 피에로를 느낄 수 있는 하나의 상황에 지나지 않기 때문이다.

나는 피에로 감정이 다른 것과 구분되는 독특한 것이라고 믿는다. 오감에 의한 쾌감과 다르고, 안도감이나 재미와도 다르다. 뭔가 어려운 일에 도전하려고 할 때처럼 흥분이 피에로에 선행할 수도 있지만 피에로는 흥분도 아니다. 그것은 독자적인 감정이다. 전통적으로 오만pride을 일곱 가지 대죄 중 첫 번째로 꼽아왔지만, 피에로를 경험하고 싶다는 욕구는 위대한 노력과 위대한 업적을 이루도록 동기를 부여한다는 점에서 인간의 역사에서 없어서는 안 될 것이었다.[9]*

당신의 자녀가 일류대학으로부터 입학 허가를 받았을 때, 독주회에서 멋진 연주를 했을 때, 보이스카우트에서 상을 받았을 때, 또는 그 외에 중요한 어떤 일을 성취했다는 소식을 들었을 때 당신은 어떤 느낌일까? 자랑스럽다고 말할 수 있겠지만 그것은 자녀가 뭔가 중요한 일, 어쩌면

---

*심리학자 마이클 루이스Michael Lewis는 내가 피에로라고 부르는 감정을 '자부심pride'이라 부르며 오만hubris과는 구분하고 있다. 하지만 그는 많은 학자들이 피에로 타입의 자부심을 오만한 자부심, 만족감, 효능감과 구분하지 못한다는 점을 지적한다.

부모조차 뛰어넘는 어떤 일을 달성했을 때 부모가 느끼는 신체적 감각의 패턴을 드러내는 데는 부족하다. 하지만 이디시어(유대 언어)에는 그런 경험을 담아낸 '나헤스naches'라는 특별한 단어가 있다. 작가 레오 로스텐Leo Rosten은 나헤스를 "자식만이 부모에게 줄 수 있는 기쁨과 자랑이 섞인 강렬한 감정"으로 정의하면서, '나는 그런 나헤스를 가졌다'라는 식으로 쓴다고 말했다.[10] 그것과 관련된 이디시어에 '크벨kvell'(가슴 벅참)이란 단어가 있는데 로스텐은 그것을 이렇게 정의한다. "자녀나 손주의 성취로 인하여 강렬한 자랑스러움과 기쁨을 느끼고 얼굴이 환하게 빛나는 것. 너무 자랑스럽고 행복해서 가슴이 벅차 앞 단추가 떨어져 나갈 듯하다고 느끼는 것."[11] 결국 나헤스는 기쁨과 자랑스러움이 섞여 있는 감정이고, 크벨은 그 표현이다. 내 딸 이브는 자녀도 부모의 성취에 대해 나헤스를 느낄 수 있다고 말했다. 이브의 통찰은 나에게 나헤스를 주고, 나는 지금 크벨을 느낀다.

나헤스는 자녀의 성장과 성취를 촉진하기 위해서 부모가 투자하는 원동력이 된다. 유감스럽게도 자식이 부모가 이룬 성공을 능가하는 일을 했을 때 나헤스를 느끼지 않는 부모도 있다. 그렇게 시기하는 부모는 종종 자식과 경쟁하며 부모와 자식 모두에게 파괴적인 작용을 할 수 있다. 학계에 있는 스승과 제자 사이에서도 이런 경쟁이 벌어지는 것을 한 번 이상 목격했다. 예를 들어, 어떤 학회의 주최자를 향해 "왜 저 여성을 학회에 초청했습니까? 내가 전문가이고 그녀는 내 학생이었다고요."라는 소리를 들은 적이 있다. 제자가 피에로를 느낄 만큼 공부하고, 자신의 스승이 가슴 벅차하리라(크벨) 기대하며, 피에로를 동기로 삼아 더 위대한 성취를 이루었다면, 스승도 부모처럼 나헤스를 느껴야 마땅할 것이다. 이런 사례는 사람에 따라 전혀 느끼지 못하는 즐거운 감정이 존재할

수도 있다는 가능성을 제기한다. 신체적인 핸디캡을 가지고 있는 사람
은 감각적인 쾌감의 일부가 차단당하기도 한다. 마찬가지로 즐거운 감
정의 일부를 느낄 수 없게 하는 심리적인 핸디캡도 있을 것 같다.

감사함과 샤덴프로이데

인류학자 조너선 하이트는 자신이 '고양감elevation'이라고 부른 것도 즐
거운 감정의 하나일 것으로 제안했다. 고양감이란 "사람의 선함, 친절함,
연민에서 우러난 뜻밖의 행위를 보았을 때 경험하는 따뜻하고 고양시키
는 느낌"[12]이라고 그는 설명한다. 우리는 고양감을 느끼면 더 착한 사람
이 되고 싶어하고 이타적인 행위를 하고 싶어한다. 나는 하이트가 확인
하고 명명한 것이 존재한다는 점에 대해서는 거의 의심하지 않는다. 하
지만 그것이 감정임을 내세울 수 있는 기준을 모두 충족시키는지는 잘
모르겠다. 사람이 경험하는 모든 것이 감정은 아니기 때문이다. 예를 들
어 사고, 태도, 가치관이란 것도 있다.

리처드 라자루스와 버니스 라자루스는 '감사함gratitude'을 "이익을 주
는 이타적 선물에 대한 고마움"[13]이라고 설명한다. 누군가가 우리를 위
해 뭔가 근사한 일을 해주고, 그 일이 그 사람 자신의 이익을 위한 것이
아닌 이타적인 행위였을 때 우리는 감사함을 느끼기 쉽다고 말한다. 하
지만 스스로만 너무 주목을 받아서 당혹감을 느낄 수도 있으며, 우리를
너무 불쌍하게 여겨 뭔가를 해준 것이라고 느끼는 경우에는 부담을 느
껴서 적개심을 느끼기도 하고 심지어 분노를 느끼기도 한다.

실제로 감사는 복잡한 감정이다. 언제 그것이 일어날지 알기 어렵기

때문이다. 감사를 느끼는 사회적인 상황은 문화마다 크게 다를 것이라고 생각한다. (예를 들어, 언제 팁을 주어야 할지에 대해 미국과 일본에서는 답이 서로 아주 다르다). 미국에서는 사람들이 단순히 자신의 일을 하고 있을 때 감사 인사를 기대하지 않는다고 흔히 말한다. 예를 들어, 간호사가 간호사로서의 임무를 수행하고 중병환자에게 간호를 정말로 잘했다고 해도 감사 인사를 기대하지 않으며 감사 표시가 필요하지도 않다고들 말한다. 그러나 내 경험은 전혀 반대다. 그런 상황에서도 감사를 표시하면 종종 고맙게 받아들인다.

감사를 표시하는 보편적인 신호가 있을 것이라고는 생각하지 않는다. 유일하게 내가 생각할 수 있는 것은 고개를 살짝 숙이는 것이지만, 이 동작은 승인을 포함해서 다른 많은 것의 신호로도 사용될 수 있다. 감사 특유의 고유한 생리적 패턴이 존재할 것 같지도 않다. 나는 감사의 감정이 존재한다는 점은 의심하지 않지만 이 감정을 재미, 안도감, 여타의 감각적 쾌감 등과 동류로 취급해야 할 것인지에 대해서는 의문을 갖고 있다.

자신의 숙적이 고통을 당했다는 것을 알게 될 때, 당신이 느끼는 느낌 역시 즐거운 것일 수 있다. 그것은 지금까지 고찰한 즐거움과는 다른 것이다. 독일어로 이 감정을 '샤덴프로이데schadenfreude'(남의 불행을 고소해하는 마음)라고 부른다. 다른 즐거운 감정들과는 달리 샤덴프로이데는 적어도 일부 서양권에서는 탐탁지 않게 여겨진다(이 감정에 대한 비서양권 사회의 태도는 모르겠다).[14] 우리는 자신의 성공에 의기양양해하거나 경쟁상대의 불행을 즐겨서는 안 된다고 배운다. 의기양양을 특이한 즐거운 감정으로 간주해야 할까? 아마도 아닐 것이다. 이 감정은 다른 사람들 앞에서 표현될 때는 피에로(뿌듯함)와 너무 비슷하다.

삶의 동력이 되는 즐거운 감정

즐거운 감정은 정말 16가지인가? 오감에 의한 쾌감들, 재미, 만족, 흥분, 안도감, 경이감, 엑스터시(황홀), 피에로(뿌듯함), 나헤스, 고양감, 감사함, 샤덴프로이데, 이것들 전부가 개별적으로 감정이 될 만한 자격이 있는가? 이런 질문들에 대답하자면 그 감정이 언제 일어나는지, 어떻게 표현되고, 내적으로 무엇이 일어나는지를 연구해야만 한다. 현재로서는 하나하나 조사해가는 길밖에 없을 것이다.

해당하는 단어가 없다면 감정일 수 없다고 주장하는 사람도 있을 수 있다. 그것이 영어가 아니면 안 된다고 주장하는 것 같은 협소한 견해를 가져서는 안 될 것이다! 나는 감정이라면 최소한 하나의 언어에는 해당 어휘가 있어야 한다고 생각하지는 않는다. 다만 감정들이 최소한 어떤 언어에는 이름을 가지고 있을 것이라고 기대는 하지만 말이다. 말이란 감정이 아니며 감정을 표현하고 있을 뿐이다. 말이 감정을 곡해하지 않도록 유의해야 한다. 우리가 단어를 사용하는 방법은 때로 혼란을 초래하기도 한다. 나는 뭔가 재미있는 것에서, 주로 농담이나 유머러스한 다른 것에서 느끼는 즐거운 감정을 표현하기 위해 '재미'라는 단어를 사용해왔다. 그렇다면 우리가 놀이공원amusement park에서 느끼는 감정을 생각해보자. 보통 많은 농담이 오고가지는 않지만, 만약 코미디언이 거기에서 퍼포먼스를 한다면 우리는 재미를 느낄 수 있다. 유령의 집이나 롤러코스터는 재미보다는 흥분과 두려움, 안도감이라는 감정을 일으키기 쉽다. 뭔가 도전적인 일을 했을 때는 피에로를 느낄 수도 있다. 사격장에서 병을 쓰러트리고 좋은 점수를 딸 때 피에로를 느낄 수도 있다. 만일 내 자식이 그런 게임에서 승리했다면 우리는 나헤스를 느끼리라. 그런 경험에는 뭔가 감각적 쾌감을 동반할지도 모른다. 그렇게 생각한다면 인조이먼트 파크enjoyment park라고 부르는 것이 적합할지도 모르겠다.

즐거운 감정은 우리 삶에 자극을 준다. 우리는 그런 감정을 느끼기 위해서 자신에게 대체로 좋은 일을 한다. 즐거운 감정에 고무되어 우리는 인류라는 종의 생존에 필요한 활동—성관계와 자녀 양육—에 힘쓰게 된다. 이것은 쾌락주의hedonism와는 거리가 멀다. 이타적 행위, 선행, 놀라운 것을 창조하는 행위는 피에로, 흥분, 재미, 감각적인 쾌감 등 실질적으로 거의 모든 즐거운 감정들의 학습된 유인일 수 있기 때문이다. 즐거움을 추구하는 행위는 혼자 해야 할 필요도, 이기적일 필요도 없다. 실제로는 그 반대라고 나는 믿는다. 즉 우정이 없다면, 성취가 없다면, 감각적 쾌감을 가져다주는 타인과의 접촉이 없다면 인생은 지극히 무미건조해질 것이다.

톰킨스처럼 나도 즐거움의 추구가 인생의 주된 동기라고 믿는다. 그러나 어떤 즐거움을 가장 많이 추구할까? 사람은 누구라도 감각이 마비되지 않은 한 이런 모든 감정을 경험할 수 있겠지만, 대부분의 사람은 특정한 취향을 가지고 있고, 한 감정을 다른 감정보다 더 강하게 갈구한다. 사람들은 이런 즐거움 중 일부를 최대한 맛볼 수 있도록 생활을 조정한다. 나의 경우는 피에로나 나헤스 그리고 몇몇 감각적 쾌감을 맛보는 일에 노력을 기울이는 경향이 있다. 젊은 시절 나는 나헤스보다 흥분에 더 주목했다(아직 자식이 없었기 때문이다). 나는 우리가 인생을 살아가면서 강조점이 여러 차례 변한다고 생각하지만, 이런 부분도 아직 연구되지 않은 상태다.

나는 만족을 추구하는 일에 그다지 열심이지 않았지만, 내 친구 중에는 그것을 주요 목표로 삼고 있는 사람도 있다. 그들은 평온calmness과

평정equanimity의 순간을 추구한다. 그런가 하면 일부러 위험한 상황에 뛰어들어 경계심을 곤두세우면서 흥분과 피에로, 안도감을 경험하는 친구도 있다. 또 스스로 재미있어 하고 다른 사람에게도 재미를 주는 것을 인생의 목표로 삼는 사람들도 있다. 해비타트 운동(사랑의 집짓기 운동)이나 평화봉사단 같은 조직에서 활동하기 좋아하는 이타적인 사람들은 고양감, 감사함 그리고 아마 피에로도 추구하고 있을지 모른다.

사랑은 감정인가?

앞으로 돌아가서, 스텀 일가의 재회 사진(305쪽)을 다시 한 번 보자. 아버지를 포옹하려고 두 팔을 벌리고 달려오는 딸이 어떤 즐거운 감정을 느끼고 있는지 생각해보자. 아빠를 껴안고 아빠의 친숙한 촉감과 냄새를 다시 경험하게 되자마자 느끼게 될 감각적 쾌감에 대한 기대뿐 아니라 흥분도 있을 것이다. 그보다 좀 전에는 부친이 전쟁에서 부상당하지 않고 정말로 돌아온 것을 보았을 때 안도감도 느꼈으리라. 이 어린 여성의 삶에서는 길었을 5년이라는 부재 끝에 부친의 귀환이라는 불가해한 상황에 경이감을 느끼는 순간도 있었을 것이다.

강한 애착을 느끼는 상대와의 재회는 즐거운 감정을 일으키는 보편적 테마일 수 있다. 뉴기니에서 나는 친한 촌락 출신의 이웃과의 재회가 자연스러운 즐거움을 촬영할 수 있는 최고의 상황임을 발견했다. 길가 한쪽 덤불 뒤에 숨다시피 앉아서 카메라를 준비하고, 친구들이 만나는 순간을 기다리곤 했다. 재회는 사람들 사이에 유대를 강화시켜준다. 떨어져 있을 때 정말로 상대가 한층 더 애틋해지고, 그래서 아끼는 사람을 다시 만나는 것은 즐거운 일이다.

성관계도 보편적인 테마의 하나이고 거기에서 다양한 즐거운 감정을 느낄 수 있다. 수많은 감각적 쾌감을 가져올 뿐 아니라 초반에는 흥분감을, 절정 뒤에는 안도감을 느낀다. 정욕과 성욕은 에로틱한 기대, 감각적 쾌감에 대한 기대, 욕망 대상을 예상하는 데서 오는 흥분으로 가득 차 있다.

지금까지 이 세상에서 사람들이 경험한 것 중 가장 행복한 사건은 무엇이라고 생각하는지 남녀 대학생에게 물어본 (미출간된) 조사에서 예상 외로 많았던 답변은 원하던 아기의 탄생이었다. 이에 가장 깊이 연관된 즐거운 감정으로는 흥분, 경이감, 안도감, 피에로(뿌듯함), 어쩌면 감사함도 있을 것이다.

사랑하는 이의 곁에 있는 것도 보편적 테마 중 하나다. 자식에 대한 부모의 사랑과 로맨틱한 사랑은 특정인에 대한 장기간에 걸친 관계나 강한 애착을 동반하고 있다. 둘 다 그 자체로는 감정이 아니다. 감정은 아주 짧을 수 있지만 사랑은 오래 지속된다. 로맨틱한 사랑은 일평생 지속될 수도 있지만 그렇지 않은 경우도 많다. 그에 비해서 부모의 사랑은 평생 지속되는 것이 보통이지만 자식과의 연을 끊는 예외도 있다. 사랑에는 또 다른 의미도 있는데, 사랑하는 사람과의 짧고 순간적인 극도의 쾌락과 그 관계를 가리키는 경우도 있다.[15] 내가 앞에서 엑스터시 또는 황홀이라고 불렀던 것으로, 이것은 하나의 감정으로 간주할 수 있다.

사랑하는 가족과의 관계에서는 여러 가지 즐거운 감정을 자주 경험하지만 때로는 즐겁지 않은 감정을 느끼기도 한다. 사랑하는 사람에 대해 화내고 혐오하고 실망할 수도 있고, 사랑하는 사람이 심하게 다치거나 죽기라도 하면 절망과 고통을 느낀다. 부모라면 특히 자식이 아직 어릴 때는 자식의 안전과 행복을 한순간도 빠짐없이 걱정한다고 나는 믿고 있다. 자녀와의 접촉은 실제의 접촉이건 기억에서건 상상의 것이건 모두 다양한 즐거운 감정을 유발한다. 그것은 감각적 쾌감, 나헤스, 만족이나 흥분의 순간, 자식이 위기를 모면했을 때의 안도감 그리고 때로는 재미일 수 있다.

로맨틱한 사랑에서도 온갖 종류의 즐겁지 않은 감정을 느낄 수 있지만, 두 사람은 가능한 한 자주 즐거운 감정을 느끼고 싶어할 것이다. 혐오와 경멸을 느끼는 일은 드물다. 만일 그런 감정을 느낀다면 두 사람의 관계에 문제가 생겼다는 신호다. 로맨틱한 관계마다 어떤 즐거운 감정을 가장 자주 느끼는가가 다르다.[16] 이를테면 어떤 커플은 함께 노력하거나 상대방의 성취에서 특별한 만족감을 느끼며 피에로를 추구한다. 그런가 하면 흥분이나 만족을 더 중시하는 커플도 있다.

지금까지 서술해온 테마들은 보편적인 것들이라고 생각하지만 그것들은 우리의 경험에 의해서 더 정교해진다. 또 이들 테마에 부수되어 많은 변형이 학습되고, 여러 가지 즐거운 감정의 주요 원천이 된다.

흥분, 만족, 재미처럼 몇 가지의 즐거운 감정과 연관된 기분이 존재한다. 이런 느낌들은 장기간, 몇 시간도 지속될 수 있으며 이런 상태가 되면 그 기분과 결합된 감정들을 아주 쉽게 느낄 수 있다.

행복, 외향성, 낙관주의

이 장의 첫 부분에서 나는 '행복'이라는 말 자체가 어떤 종류의 행복이 일어나고 있는지는 알려주지 않는다고 말했다. 더욱이 행복이라는 말은 개인이 '전반적으로 느끼는 주관적 안녕감overall sense of subjective well-being'
이라는 전혀 다른 의미를 가질 수 있기 때문에 더욱 애매해진다. 주관
적 안녕감 연구 분야의 일인자인 심리학자 에드 디너Ed Diener는 그것
을 자신의 인생에 대한 평가로 정의한다. 그것은 주로 "내 인생은 대체
로 내 이상에 가까운가?" 또는 "지금까지 살아오면서 인생에서 내가 원
했던 중요한 것들을 얻었는가?"라는 질문에 대한 대답에 따라서 판단될
수 있다. 안녕감에는 여러 가지 요인이 들어가는 것 같다. 예를 들어, 직
장 등 특정 환경에서의 만족감 그리고 즐겁지 않은 감정보다 즐거운 감
정을 얼마나 더 자주 경험하는가 하는 것이다.

주관적인 안녕감에 관해서는 세계 곳곳에서 질문지에 답하는 형식
으로 광범위한 조사가 행해졌다. 본 주제에서 너무 벗어나지 않도록 연
구 결과의 일부만 다루고자 하는데, 일반적으로 나타나는 결과는 안녕
감이 구매력 즉 소득과 양의 상관관계를 가진다는 것이다. 자아 존중감
self-respect에는 문화적인 차이가 있었다. 비서양문화권에 비해 서양문화
권에서는 자아 존중감이 주관적 안녕감과 더 긴밀하게 연관되어 있다.
친밀한 인간관계를 가지는 것은 어느 문화에서나 안녕감과 결합되어 있
다.[17]

성격특성도 즐거운 감정과 결합되어 있다. 성격검사에서 외향성과 감
정의 안정성 점수가 높은 사람은 더 큰 행복을 느낀다고 한다.[18] 이 같은
성격특성이 어떻게 더 큰 행복으로 이어지는지 조사한 연구는, 내가 지
금까지 설명해온 여러 유형의 즐거움을 고려하지는 않았지만, 외향적인
것이 어떻게 사람을 더 행복하게 만들 수 있는지 제시한다. 외향적인 사
람은 거절당하거나 처벌을 받는 것에 덜 민감하게 반응하거나, 자신과
타인을 비교할 때 스스로를 더 긍정적으로 보는 경향이 강할 수도 있다.

또는 미국 문화가 내향적인 사람보다도 외향적인 사람이 생활하는 데 더 좋을 수도 있다.[19]

사람마다 평소에 낙관적이거나 명랑한 정도가 다르다. 이런 성질은 특정 상황이나 사건에 대한 반응이라기보다는 지속적인 특성으로 보인다. 이 분야의 전문가 중 한 사람인 크리스토퍼 피터슨Christopher Peterson 은 다음과 같이 주장한다. "낙관주의는 즐거운 감정을 경험할 가능성에 대한 태도다."[20]

모든 사람이 다 낙관적이지는 않지만, 그런 태도를 견지하는 것이 당신에게 이롭다. 인생을 더 많이 즐기는 사람, 인내력이 강한 사람, 화려한 업적을 거두고 있는 사람 중에는 낙관적인 사람이 많다. 놀랍게도 낙관적인 사람이 더 건강하고 실제로 더 장수한다는 사실을 여러 연구가 제시하고 있다.[21] 피터슨은 낙관적인 인생관이 "생물학적으로 타고난 성향이면서 거기에다 문화에 의해 사회적으로 용인되는 내용이 보태진 것인데, 낙관주의가 바람직한 결과를 낳는 이유는 그것이 원기와 활력으로 가득한 상태를 낳기 때문"[22]이라고 주장한다. 피터슨은 또한 이렇게 묻는다. "낙관주의란 어떤 느낌인가? 행복, 기쁨, 경조증輕躁症[고양된 기분이 되는 정서장애] 혹은 단순한 만족감인가?"[23]

앞선 장에서 기분 나쁜 감정들, 예를 들어 두려움, 분노, 슬픔 등이 과잉이 되는 것은 정서장애의 징후라고 서술했다. 즐거운 감정이 완전히 결여된 상태, 즉 피에로, 나헤스, 감각적인 쾌감 등이 느껴지지 않는 상태는 무쾌감증anhedonia이라는 정서장애로 분류된다. 황홀이나 피에로와 혼합되어 있는 과도한, 참을 수 없는 흥분은 조증이라는 정서장애의 증상에 해당한다.

타인의 즐거운 감정 인식하기

이번 장에 실려 있는 지금까지의 사진들을 얼핏 훑어보더라도 웃음이 즐거운 감정의 표정이라는 점은 명백하다. 재미, 피에로, 나헤스, 만족감, 흥분, 감각적 쾌감, 안도감, 경이감, 샤덴프로이데, 엑스터시 그리고 어쩌면 고양감과 감사함까지도 모두 웃음을 포함하고 있다. 그런 웃음은 그 강도, 얼마나 빨리 얼굴에 나타나는지, 얼마나 오래 지속되는지, 어느 정도 있다가 사라지는지 등에서 차이가 난다.

만일 이런 갖가지 즐거운 감정이 모두 웃는 표정을 가지고 있다면, 타인이 무슨 감정을 느끼고 있는지 알기 위해 어떻게 하면 좋을까? 4장에서 언급했던 최근 연구는, 즐거운 감정을 서로 구분하는 실마리를 제공해주는 것은 얼굴이 아니라 목소리라는 나의 직관을 지지해주었다.[24] 영국의 심리학자 소피 스콧Sophie Scott과 앤드루 콜더Andrew Calder는 만족, 안도감, 촉감에서 오는 쾌감 그리고 피에로의 개별 소리 신호를 확인했다. 그들은 이들 감정이 목소리로 표시된다는 사실을 밝혔다. 개별 감정을 담은 목소리를 내게 해서 사람들에게 들려주고, 그것을 들은 사람들이 어느 목소리가 어떤 감정을 나타내고 있는지를 식별하는 데 아무 문제가 없음을 발견했다. 그들은 아직 목소리 속에 있는 무엇이 구체적으로 즐거운 감정 하나하나를 나타내는지는 설명하지 않았다. 나는 그들이 다른 즐거운 감정을 전하는 목소리 신호도 발견하리라 기대한다.

웃음은 혼동을 초래할 수 있다. 웃음은 즐거운 감정에서 나타날 뿐만 아니라 즐거운 감정을 전혀 느끼지 않을 때에도, 예를 들어 예의상 짓는 웃음으로도 나타나기 때문이다. 하나의 차이점이 즐거운 웃음과 그렇지 않은 웃음을 구별한다. 그것은 미세한 차이여서, 심리학자 마크 프랭크

Mark Frank와 공동으로 행한 우리의 연구에서 거의 대부분의 사람들이 이를 놓치고 있음을 밝혀냈다.[25] 만일 어느 부분을 살펴봐야 할지 모른다면 오해하거나 혼란에 빠질 수도 있고, 웃음은 그다지 신뢰할 수 없다는 결론에 이를지도 모른다. 그러나 그렇지 않다. 비록 미묘하지만 확실하게 웃음은 즐거움에서 우러난 것인지 아닌지를 틀림없이 가르쳐준다.

100년도 전에 위대한 프랑스의 신경학자 뒤센 드 불로뉴Duchenne de Boulogne는 진정으로 즐거운 웃음과 그렇지 않은 웃음이 어떻게 다른지를 발견했다.[26] 그는 얼굴의 여러 부분을 전기로 자극하고 그것에 의해 일어나는 근육의 수축을 사진으로 찍음으로써, 각각의 안면근육이 얼굴 모습을 어떻게 변화시키는지 연구했다. (얼굴에 통증을 느끼지 않는 사람을 대상으로 실험을 했으므로, 그는 실험 절차에 대해서는 염려하지 않았다.)

이른바 대협골근大頰骨筋(협골[광대뼈]에서 입술의 양끝으로 이어져 있는 근육으로서 웃으면 입술 양끝을 위로 들어올린다)을 자극함으로써 만들어낸 웃

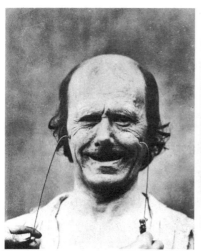

뒤센 웃음

는 얼굴의 사진을 보고, 뒤셴은 이 남성이 정말로 행복해 보이지는 않는다는 것을 알았다. 탁월한 실험가였던 뒤셴은 농담을 던진 뒤 그의 반응을 사진으로 찍었다. 두 사진을 비교해보고, 농담에 반응해서 진심으로 즐거워했을 때는 그저 웃는 것만이 아니라 눈 주위의 근육도 움직이고 있다는 것을 알았다. 전기자극에 의해서 만들어진 왼쪽의 웃는 얼굴과 농담에 반응해서 (전기자극 없이) 웃고 있는 오른쪽의 얼굴을 여러분이 직접 비교해보라.

뒤셴은 이렇게 썼다.

"정직한 기쁨의 감정은 대협골근과 눈둘레근(안륜근)이 함께 수축하는 표정이 되어서 얼굴에 나타난다. 전자는 의지에 따르지만 후자는 달콤한 감정을 느낀 영혼에 의해서만 움직인다[뒤셴이 이 글을 쓴 것은 1862년이었음을 기억하라]. 가짜 기쁨, 거짓 웃음은 눈둘레근의 수축을 야기하지 못한다. …… 눈둘레근은 의지에 복종하지 않는다. 진실한 감정이나 즐거운 감정에 의해서만 움직인다. 웃을 때 그 부분이 움직이지 않으면 거짓 친구의 가면을 벗기게 된다."[27]

우리의 연구[28]는 의도적으로 눈둘레근을 수축시킬 수 있는 사람은 없다("의지에 복종하지 않는다")는 뒤셴의 주장을 확증했다. 그러나 의도적으로 수축시키기 힘든 것은 눈둘레근의 일부만이었다. 이 근육은 두 부분으로 이루어져 있다. 눈꺼풀과 그 바로 아래의 피부를 수축시키는 내측 부분과 안와(눈구멍) 주위를 관장하는 외측 부분이다. 즉 눈썹과 눈썹 밑 피부를 아래로 내리고, 눈 밑 피부를 들어올리고, 뺨을 늘어올리는 외측 부분이다. 뒤셴의 주장은 외측 눈둘레근에 관해서는 옳았다. 이 부위의 근육을 의도적으로 수축할 수 있는 사람은 거의 없다(연구 대상자의 10퍼센트만이 가능했다).

눈꺼풀을 닫는 역할을 하는 내측 근육은 누구라도 의도적으로 수축할 수가 있다. 따라서 이 근육이 움직이지 않는다고 해서 "거짓 친구의 가면을 벗기게" 되지는 못한다. 정말로 즐거워하고 있는 것처럼 보이는 배우는 눈둘레근의 외측 부분을 의도적으로 수축할 수 있는 소수에 해당하든지, 그 감정을 유발하는 기억을 되살려서 자연스런 표정을 낳을 수 있는 인물이든지 둘 중에 하나일 것이다. 후자일 확률이 높다.

찰스 다윈은 뒤셴을 인용하고 웃음들 사이의 차이를 보여주는 그의 사진을 일부 이용했지만, 그 후 100년 이상 동안 얼굴표정을 연구한 학자들은 뒤셴의 발견을 무시했다.[29] 나는 동료들과 함께 20년 전에 뒤셴의 발견을 재도입했다.[30] 이후 우리는 다른 연구자들과 함께 뒤셴의 연구의 중요성을 밝혀왔다. 예를 들어, 생후 10개월 된 아기는 낯선 사람이 다가가면 웃지만 눈둘레근은 움직이지 않는다. 하지만 어머니가 다가갈 때는 눈둘레근도 반응한다.[31]* 행복한 부부가 저녁때 퇴근해서 만나서 서로 웃는 얼굴을 보일 때에도 눈둘레근은 반응한다. 하지만 사이가 좋지 않은 부부의 경우에는 반응하지 않는다.[32] 최근에 배우자를 잃은 일에 대해 이야기하면서 눈둘레근이 움직이는 웃음을 지을 수 있었던 사람은 2년이 지난 후에는 슬픔이 줄어들었다고 한다.[33] (그들이 배우자의 죽음을 기뻐한다는 것이 아니다. 즐거운 경험을 기억해내 이야기하면서 순간적으로 그 즐거움을 재경험한다는 것이다.) 대학 졸업앨범 사진에서 눈둘레근이 움직인 웃음을 지었던 여성들은 30년 후 덜 괴로운 삶을 살 뿐만 아니라, 전반적으로 감정적·신체적 안녕감이 더 높다고 보고되었다.[34] 일반

---

* 나는 생후 10개월 된 아기가 '비非뒤셴 웃음'을 지은 것이 거짓 웃음이라고는 보지 않는다. 사람이 평생에 걸쳐 낯선 사람을 처음 만났을 때 짓게 될 그 사교적 웃음을 생후 10개월이면 지을 줄 알게 된다.

적으로 눈둘레근의 움직임을 동반하는 웃음을 자주 보이는 사람은 행복을 느끼기 쉽고, 혈압이 낮고, 그 배우자와 친구들도 그들을 행복한 사람으로 본다고 보고했다.[35] 더욱이 우리 연구에 의해, 눈둘레근의 움직임과 입술의 움직임 모두를 동반하는 웃음은 자연적인 즐거움을 느낄 때 반응하는 뇌의 부분(좌측두엽과 전측두엽)을 활성화시키지만, 입술만 움직이는 웃음은 그렇지 않다는 것이 판명되었다.[36]

나는 뒤센에게 경의를 표하는 의미로 눈 주위를 둘러싼 외측 근육의 움직임을 동반하는 진정한 즐거움의 웃음을 '뒤센 웃음'이라 부를 것을 제안했다.

첫눈에 보면, 아래의 두 사진 간 유일한 차이점은 사진 B 쪽의 눈이 더 가늘어 보인다는 것일지 모른다. 그러나 주의 깊게 비교해보면 많은 차이점이 보일 것이다. 뒤센 웃음을 지으며 진심으로 즐거워하는 사진 B에서는 양쪽 뺨이 높아졌고, 뺨의 윤곽도 변해 있다. 눈썹도 약간 아래

A

B

로 내려왔다. 이것들은 모두 눈둘레근 외측의 움직임에 의한 것이다.

큰 웃음의 경우, 즐거운 웃음과 즐겁지 않은 웃음을 구별할 수 있는 단서는 하나뿐이다. 사진 C와 같이 큰 웃음에서는 양쪽 뺨이 위로 올라가고, 눈 밑 피부에 주름이 잡히고, 눈이 찌푸려지고, 까마귀의 족적과 같은 눈가 주름까지 생긴다. 이 모든 것에는 눈둘레근이 전혀 관여하지

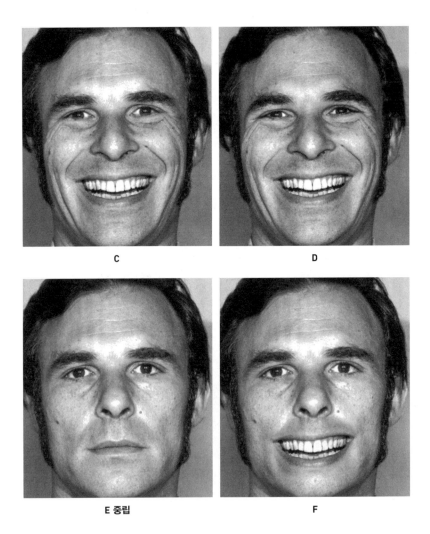

C

D

E 중립

F

않는다.

이에 비해서 사진 D는 눈썹과 눈두덩이(눈꺼풀과 눈썹 사이의 피부)가 눈둘레근에 의해서 밑으로 당겨진 것을 보여준다. 사진 D는 즐거워하는 만면의 웃음인 반면에, 사진 C는 즐거워하지 않는 만면의 웃음이다. 사진 C는 사진 D의 아래 눈꺼풀 이하의 부분을 표정이 없는 사진 E의 얼굴에 붙인 합성사진이다. 사진 F도 합성사진으로, 사진 D의 웃는 입술을 사진 E의 무표정한 얼굴에 붙인 것이다. 사람은 사진 F와 같은 표정을 지을 수 없다. 그런 표정을 보면 틀림없이 기이하다고 느낄 것이다. 왜냐하면 이 정도로 활짝 웃으면, 사진 D처럼 뺨과 눈에 보이는 모든 변화가 나타나는 것이 보통이기 때문이다. 내가 이 합성사진을 만든 이유는 만면의 웃음에는 입술만이 아니라, 뺨과 눈 밑의 피부의 모양까지 변한다는 사실을 강조하기 위해서다.

즐겁지 않은 웃음도 여러 종류가 있다. 예의상 웃는 것처럼 입술만의 웃음도 있다. 대화 도중에 청자가 화자가 이야기하는 내용에 동의하거나 이해하고 있음을 보이기 위해서 짓는 웃음도 입술만의 웃음이다. 즐겁지 않은 웃음 중 일부는 입술 웃음만이 아니라 다른 얼굴표정도 필요하다.

다음 페이지 사진의 뉴기니 남성은 마을에서 존경받는 장로다. 그의 망설이는 혹은 신중한 웃음은 위해를 가할 생각은 없지만 다음에 무엇이 일어날지는 아직 잘 모르겠다는 신호다. 이 마을 사람들에게 나는 성냥으로 불을 켜고, 손전등으로 빛을 비추고, 상자에서 음악이 나오게 만드는 등 놀랍고도 이상한 짓을 하는 전혀 불가해한 인물이었다. 그는 이런 경이로운 일에 직면하고 놀람, 흥분, 재미의 원천인 나에게 끌리고는 있었지만, 내가 언제 그를 깜짝 놀라게 하고 두렵게 할지를 알 수 없었

망설이는 웃음

다. 팔짱뿐 아니라 약간 벌린 입술 웃음이 그의 망설임을 표현하고 있다.

하루 종일 가시 돋친 말이 난무했다. 로널드 레이건 대통령은 전미유색인지위향상협회NAACP에서 연설을 끝낼 수는 있었지만, 마거릿 부시 윌슨 의장은 그를 소개하면서 그가 대통령 선거 유세 기간 동안 그 단체의 대회에 모습을 드러내지 않았음을 지적하고 수차례 그를 비판했다. 그녀가 다음과 같은 견해를 피력했을 때 대표단은 크게 환호했다. "전미유색인지위향상협회는 대통령이 지금부터 표명하려는 견해에 반드시 동의하는 것은 아닙니다." 연설이 끝나고 레이건 대통령은 윌슨과 포옹했지만 그것은 괴로워하는 웃음 혹은 '쓴웃음grin-and-bear-it smile'이라 불릴 만한 것을 보여주는 최고의 명장면이었다.[37] 이 웃음은 즐겁지 않은 감정을 인정하고 있다. 즉 자신이 비판을 당하고도 웃을 수 있는 대범한 사람이라는 뜻이다. 이것은 감정을 숨기려는 시도가 아니라 괴로워하고 있다는 것을 시각적으로 호소하는 표현이다. 그런 웃음을 보이고 있는 사람은 적어도 그 순간만큼은 자신의 비참함에 대해 항의할 생각이 없음을 의미한다.

레이건 전 대통령이 활짝 웃으면서 입술을 꽉 다물고 있는 것에 주목하라. 뺨의 주름으로부터, 그가 아랫입술을 위쪽으로 올리고 있다는 것도 알 수 있다. 눈둘레근이 움직였는지의 여부는 사진으로는 알 수 없다. 레이건은 이 곤경을 즐기고 있었을지도 모른다. 쓴웃음은 보통 진정한 즐거움이 없을 때 생기는 것이지만, 이 사례처럼 즐길 수도 있다.

쓴웃음

리처드 닉슨 전 대통령은 사임 후 백악관을 떠나기 직전, 마지막으로 임기 동안 그를 위해서 일했던 사람들에게 눈물 어린 작별을 고하면서 아래 사진과 같은 표정을 지었다. 이 순간 닉슨이 불행을 느낀다는 것은 누구도 의심하지 않겠지만 이 약한 웃음은 그가 완전히 무너지지는 않았다는 것, 후회와 어쩌면 절망감을 잘 추스를 수 있으리라는 것을 보여준다. 입술이 약간 아래로 처진 것은 슬픔의 신호다. 만일 그가 웃으려고 노력하지 않았더라면 훨씬 강한 표정이 되었을 것이다. 눈둘레근의 활동으로 생기는 즐거운 웃음에서는 종종 눈이 반짝이기도 하는데, 그의 웃는 얼굴에는 그것이 없다. 그가 감정을 억제하려고 했기 때문에 입술에도 약간 힘을 주고 있다.

웃음으로 감정을 감출 때의 표정

이제 마지막으로 즐거움과 다른 감정이 혼합되어 있는 것을

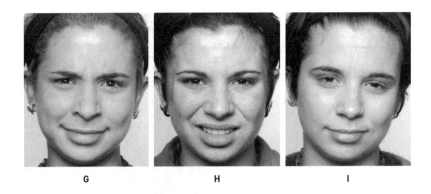

G   H   I

보여주는 사진을 보도록 하자.

위에 일렬로 나열한 사진은 제각기 여러 감정이 뒤섞인 웃음을 보이고 있다. 사진 G처럼, 아래로 내려간 눈썹과 웃음이 결합된 표정은 좀처럼 보기 힘들다. 입술이 팽팽하게 가늘어지지 않았고, 위 눈꺼풀이 위로 올라가지 않았기 때문에 화난 웃음은 아니다. 그것이 무엇을 전하고 있는지 나는 잘 모르겠다. 왜냐하면 지금까지의 조사연구에서 이런 표정을 본 적이 없기 때문이다. 사진 H의 표정은 이해하기 쉽다. 윗입술이 올라가 있으므로 그것은 혐오를 보이고 있음이 분명하다. 웃음은 그 표정에 약간의 망설임을 보태고 있는데, 자신이 혐오를 품고 있음을 실제로 즐기고 있는 사람의 표정은 아니다. 사진 I에서는, 즐거움과 경멸이 섞여서 잘난 체하는 표정을 짓고 있다. 이 사진은 혐오와 경멸을 다룬 앞 장에서 보았던 것이다.

즐거운 표정 정보 이용하는 법

앞의 여러 장에서 미세한 얼굴표정으로부터 얻은 정보를 다양한 인간관계에서 어떻게 활용하면 좋은지 논의했다. 그러나 여기서 그것을 논의할 생각은 없다. 타인이 즐거워하고 있다는 것을 아는 것은 그것이 어떤 즐거움이든 문제가 될 여지가 거의 없기 때문이다. 상대가 뒤센 웃음을 짓고 진실한 즐거움을 느끼고 있는지, 아니면 예의상 웃음, 심지어 거짓 웃음을 짓고 있는지가 문제가 되는 경우는 별로 없다. 만일 상사가 별로 재미없는 농담을 한다고 해도, 당신은 여전히 웃을 것이다. 그때 상사가 자신의 농담을 정말로 좋아한 것인지 아닌지를 알기 위해 당신의 표정을 주의 깊게 살펴보는 일은 없으리라. 중요한 것은 당신이 스스로 즐거워하는 것처럼 보이도록 노력을 했다는 사실이다. 그렇지만 때로는 상대가 정말로 즐거운지 여부를 신경 써야 할 때가 있을 수 있다. 당신은 그때 보아야 할 곳이 눈썹 바로 아래에 있는 눈두덩이라는 점을 이제는 알게 되었다.

진실성을 판단하는 데 감정이 어떻게 유용하게 쓰일지 알아보자는 것은 나 자신의 아이디어는 아니었다. 그 질문이 나온 것은 거의 40년 전, 내가 처음 대학에서 정신과 수련의들을 가르칠 때였다. 그들은 감정표현이 보편적임을 시사하는 내 연구(1장에서 설명했다)에 매우 흥미를 가졌지만, 그들이 정말로 원했던 것은 자신들이 병원에서 직면하는 중요한 결정과 관련된 지침이었다. 극심한 우울증으로 병원에 입원해 있던 환자가 자신의 기분이 훨씬 나아졌고 더 이상 자살에 대한 생각을 하지 않는다고 주장하며 하룻밤 귀가하기를 원할 때, 그 환자가 진실을 말하는지 어떻게 알 수 있을까? 그 환자가 병원의 감독을 벗어나 자살하기 위해 거짓말을 할 수도 있지 않은가? 실제로 그런 일들이 있었다. 만약 그 환자가 진실을 말하고 있으며 정말 상태가 호전되었다면, 집에서 하루 외박하는 것은 정상적인 삶으로 돌아가기 위한 중요한 단계일 수도 있다.

나는 어떻게 대답해야 할지 몰랐다. 감정을 꾸며냈고 그것이 사실이 아니라는 것을 알려주는 신호가 얼굴표정이나 몸짓에 있을까? 숙련된 배우가 아닌 일반인이 겉으로만 진실해 보이는 감정표현을 의도적으로 만들 수 있을까? 진짜 느낌, 특히 그 감정이 매우 강렬하게 느껴질 때, 그 진실한 감성신호를 다른 사람이 보지 못하도록 일부러 억제할 수 있을까? 거짓된 가면 아래 있는 진짜 감정을 식별할 수 있는 방법이 있을까?

나는 내 영상자료실의 많은 필름들(이때는 비디오가 나오기 이전으로 유성영화 필름만이 표정과 몸짓을 기록할 수 있는 유일한 매체였다) 중 하나를 면밀

히 검토하는 일에서부터 시작했다. 나는 전년도에 정신질환 환자들이
처음 병원에 입원했을 때, 또 직원이 그들의 상태가 눈에 띄게 호전되었
다고 생각했을 때 그리고 마지막으로 그 환자들이 퇴원하기 일주일 전
의 인터뷰들을 촬영한 바 있었다. 그 직원은 환자 중 한 여성이 입원 도
중 이루어진 중간 인터뷰에서 거짓말을 했다고 고백했다는 사실을 내
게 알려주었다. 그 환자는 더 이상 우울증에 시달리고 있지 않다고 주장
하며 주말 외박을 신청했다. 정해진 외박 며칠 전 그녀는 병원을 나가면
자살하려고 한다는 사실을 털어놓았다. 나는 운 좋게도 그녀가 거짓말
했던 그 인터뷰 영상을 가지고 있었다.

미표정의 발견

메리(가명)는 마흔 살의 여성으로서 입원하기 전 자살을 세 차례 시도했
고 거의 성공할 뻔했다. 그녀의 중간 인터뷰 영상을 처음 봤을 때, 나는
그녀가 자신의 감정에 대해 거짓말을 하고 있다는 어떠한 증거도 보지
못했다. 그녀는 자주 웃었고 긍정적으로 말했으며 쾌활해 보였다. 나는
그녀를 믿었을 것이고 담당 의사도 실제로 그녀를 믿었다.

그래서 공동연구자인 윌리 프리센과 나는 다중 고속 모션 프로젝터를
설치해서 모든 얼굴표정과 몸짓 하나하나를 프레임별로, 아주 느린 화
면으로 보거나 더 빠르게 보면서 검토해나갔다. 12분짜리 영상을 분석
하는 데 100시간 이상이 걸렸지만 그럴 가치가 충분했다.

인터뷰 중간에 의사는 메리에게 그녀의 장래 계획에 대해 물었다. 그
질문에 대답하기 직전 한순간 멈칫하면서 그녀의 얼굴에 엄청난 고통

이 섬광처럼 스쳐 지나가는 것을 보았다. 그것은 24장의 프레임 중 단 두 장뿐이었고 1/12초 사이에 지나갔으며 금방 웃음으로 덮였다. 우리는 그것을 반복해서 보았고, 그것이 무엇을 드러내는지는 의심의 여지가 없었다. 정지된 프레임에서 그녀의 진정한 감정은 매우 분명했지만 곧 의도적으로 숨겨졌다. 우리는 느린 화면으로 그 영상을 검토하면서 찾고 있던 것을 한 번 발견하고 나자, 그 필름에서 아주 재빨리 지나가는 고뇌의 표정을 두 번 더 찾아냈다.

프리센과 나는 1/25초에서 1/5초 동안 지속되는, 이런 매우 빠른 얼굴 움직임을 미표정微表情, micro expression이라고 명명하고, 그것이 사람들의 진짜 느낌을 비언어적으로 '누설'한다는 것을 알게 되었다.[1] 이후 심리학자인 어니스트 해거드Ernest Haggard와 케네스 아이작스Kenneth Isaacs가 우리보다 3년 먼저 미표정을 발견했다는 것을 알았다. 하지만 그들은 미표정이 실시간으로는 육안으로 확인할 수 없으며 억압된 감정repressed emotion의 신호이지, 의도적으로 억제된 감정suppressed emotion의 신호는 아니라고 주장했다.[2] 우리는 만일 우리가 무엇을 찾아야 하는지 알고 있다면, 슬로모션 없이도 미표정을 알아볼 수 있다는 것을 발견했다. 하지만 사람들에게 미표정을 식별하는 법을 가르쳐주는 것이 얼마나 쉬운지는 아직 몰랐다.

우리는 일부러 숨긴 감정과 억압된 감정에 대한 연구를 더 진행했다.[3] 지난 20여 년 동안 이뤄낸 연구 업적은 다음과 같은 사실을 밝혔다. 즉 미표정은 메리의 경우와 같이 의도적인 은폐일 때나, 또는 자신이 어떤 감정을 느끼는지 알지 못할 때 즉 해거드와 아이작스가 발견했듯이 감정이 억압된 상태일 때 발생할 수 있다. 미표정이 억제된 감정의 결과든 억압된 감정의 결과든 상관없이 똑같아 보인다는 점을 강조하고 싶다.

미표정 자체는 둘 중 어느 쪽인지 말해주지 않는다. 그래서 어느 쪽인지 결정하려면 미표정이 발생하는 맥락을 분석해야 하고 종종 더 많은 질문도 던져야 한다.

여기에서 내가 말하는 '맥락'이 무엇인지 설명하고자 한다. 같은 미표정이라도 맥락이 다르면 완전히 다른 의미를 지닐 수 있다.

가장 넓은 의미의 맥락은 '대화의 성격'이다. 첫 만남인가, 일상 대화인가, 공식 인터뷰인가, 아니면 상대가 비행을 저질렀다는 혐의를 받고 있다는 사실을 스스로 인지하는 상태에서 이루어지는 심문인가?

두 번째 맥락은 두 사람 간 '관계의 내력'이다. 이 대화에 앞서 무슨 일이 일어났는가? 피평가자와 평가자 사이의 이전 만남의 성격은 어땠는가? 그리고 각자 앞으로 관계가 어떻게 되기를 기대하고 원하는가?

세 번째 맥락은 '화자의 순서'다. 피평가자가 말하거나 경청할 때, 그의 얼굴에 미표정이 드러나는가?

마지막으로 네 번째 맥락은 '일치'다. 미표정에서 드러나는 감정이 그 순간 피평가자가 말하고 있는 내용, 목소리, 몸짓, 자세와 일치하는가 모순되는가? 만약 미표정이 피평가자가 듣고 있을 때 나타난다면, 그 표정이 평가자가 말하고 있는 내용 그리고 피평가자가 다음 순간에 말하는 내용과 일치하는가?

감정을 드러내는 일반적인 얼굴표정 즉 매크로 표정macro expression을 평가할 때에도 이 네 가지의 맥락을 고려해야 하지만, 이것은 특히 미표정 연구를 할 때 많은 것을 알려준다. 목소리와 자세에 그리고 상대의 거짓을 알리는 다른 인지적 단서들 속에 드러난 감정신호를 평가할 때 맥락은 당연히 고려되어야 한다.

대화 도중 미표정이 발생할 때 대부분의 사람들은 그 미표정에 주의를 기울이는 대신, 단어들과 목소리의 톤 그리고 몸짓에 관심을 쏟기 때문에 미표정을 식별하지 못한다. 또한 우리는 대화할 때 상대의 미표정을 면밀히 보기보다 다음 순간 무슨 말을 할지에 대한 생각으로 종종 주의를 빼앗겨서 미표정을 놓치기도 한다. 심지어 내가 사람들에게 맥락 없이—소리를 끄고 답변에 대해 생각할 필요 없이—미표정을 보여주었을 때도 대부분의 훈련을 받지 않은 사람들은 여러 미표정을 보지 못했다고 보고했다. 우리는 우리 자신의 미표정도 제대로 관찰하지 못한다. 그런데도 내가 사람들에게 처음 미표정을 탐지하는 방법을 가르쳤을 때, 그들의 습득 속도는 놀라웠다. 한 시간의 교육만으로도 사람들은 미표정을 탐지하는 능력을 상당히 향상시킬 수 있었다. 그들이 빠르게 배울 수 있도록 했던 필수적 요소들은 판단이 옳은지 여부에 대한 즉각적인 피드백, 반복 학습 그리고 가장 흔히 혼동하는 감정표현(특히 분노와 혐오, 두려움과 놀람)을 시각적으로 대조하는 훈련이었다.

거짓말의 핫스팟

하지만 속임수를 알려주는 모든 행동 단서가 감정적인 것은 아니다. 단서는 사고(인지)와 느낌 양쪽에 의해서 발생할 수 있다. 이 책은 감정에 관한 책이므로 느낌의 역할을 더욱 상술했지만, 진실성을 평가하는 방식에 대한 완전한 그림을 완성하기 위해서는 사고의 역할을 아는 것도 중요하다. 감정은 사고에 영향을 주고(두려움과 같은 강력한 감정은 명료하게 사고하는 것을 어렵게 한다), 사고도 감정에 영향을 준다(결국 붙잡히거나 불신당하리라는 생각은 두려움을 강화한다).

사람들이 자신이 했거나 또는 계획하고 있는 일에 대해 설명할 때, 그 설명이 거짓일 가능성을 알려주는 가장 명백한 인지적 단서는 설명 속에 나타나는 '모순'이다. 하지만 모순은 진실한 진술에도 나타나기 때문에 모순에 기초하여 그 사람의 진실성을 평가할 때는 조심해야 한다. 사람들이 복잡한 설명을 할 때 정확하게 동일한 방식으로 하는 일은 드물다. 사람들이 진술을 거듭하게 되면, 처음에 잊고 있었거나 다시 이야기하며 잊은 세부 사항을 더하거나 빼는 탓에 모순과 같은 것을 만들기도 한다.

또 다른 명백하고 유익한 단서, 하지만 잘못 사용될 수도 있는 단서는 '망설임'이다. 만일 그 사람이 진실하다면 당신의 질문에 재빨리 대답할 것이라고 예상했는데, 그때 나타나는 망설임이다. 예를 들어, 만약 내 아내가 어제 오후 2시 세인트 레지스 호텔 앞에 내 차가 주차되어 있는 것을 보았는데 거기서 무엇을 하고 있었느냐고 묻는다면, 나는 즉각 대답을 해야 한다. 망설이게 되면 다음과 같은 의혹을 낳는다. 내가 뭔가 나쁜 짓을 하고 있었거나, 발각될 줄 몰랐거나, 미리 변명을 준비하지 못한 것이라고. 반면 누군가 나에게 2년 후 누가 대통령에 출마할지 묻는다면 나는 꽤나 망설이게 될 것이다. 왜냐하면 나는 정치 전문가가 아니고, 그 질문에 대한 답변을 별로 생각해본 적이 없기 때문이다. 이런 망설임은 의혹을 일으키지 않는다.

거짓일 수 있는 행동을 분석하기 전에 망설임을 포함해서 두 가지 다른 문제를 고려해야 한다. 첫째는 '행동 변화', 특히 논의 중인 주제가 바뀌었을 때 일어나는 행동 변화다. 예를 들어, 내가 말을 할 때나 과거를 회상할 때마다 항상 망설인다면, 대화의 서두에 나타났던 망설임과 크게 다르지 않은 이상 그것이 거짓을 알려주는 단서라고 생각할 수는 없다. 만약 망설임이 눈에 띄게 늘어난다면 그것은 내가 뭔가를 감추기 위해서 즉석에서 이야기를 지어낸다는 것을 나타낼 수도 있다. 반대로 망설임이 눈에 띄게 준다면 미리 답변을 준비했다는 것을 가리킬 수도 있다. 둘째, 쉬운 답변이 예상되는 질문에 대해 눈에 띄게 망설이더라도 그것은 어디까지나 완전히 결백하기 때문일 수도 있다는 것이다. 나는 부적절한 행동을 하지 않았지만 아내가 의심을 하고 있는지, 그 이유가 무엇인지 생각하며 망설일 수 있다. 심지어 그것에 대해 그녀가 어떤 생각을 하는지 물어볼지 말지를 결정하느라 망설일 수도 있다.

모순과 망설임은 속이는 것과는 무관한 무언가에 대해 생각하는 것일 수도 있기 때문에, 나는 이런 모든 행동 신호를 거짓말의 신호라고 부르는 대신 '핫스팟hot spot'이라고 부른다. 그것은 더 많은 정보를 찾을 필요가 있는 순간을 가리킨다. 그 사람의 행동이 발생한 이유를 다 고려하고 난 다음에야 비로소 그 행동 변화가 거짓말의 증거라고 결론을 내릴 수 있다.

거짓말을 할 때마다 확실한 신호가 나타나는 것은 피노키오밖에 없다. 피노키오를 제외한 우리는 기껏해야 핫스팟을 가지고 있을 뿐이다. 아내가 세인트 레지스 호텔 밖 주차에 대해 물어보았을 때, 내 얼굴에 두려움의 미표정이 나타났다고 해도 그것은 핫스팟일 뿐이다. 나는 아내가 나를 믿지 않을까봐 두려워할 수도 있고, 또는 그녀가 나를 그런 식으로 의심한다면 우리의 결혼생활이 어찌될지 걱정할 수도 있다. 비록 내가 그녀에게 거리낄 만한 어떤 행위도 하지 않았더라도, 내가 우리의 결혼생활에 대해 그러한 의구심을 가졌다는 것을 그녀가 모르기를 원했으므로 나는 내 두려움을 숨길 수도 있다. 간통이 들통날까봐 두려워 그녀가 알지 못하게 내 두려움을 숨기려 한다는 것은 여러 가능성 중

하나일 뿐이다. 그것은 하나의 핫스팟일 뿐이기 때문에 그녀로서는 그 숨겨진 감정을 무엇이 유발했는지 분명히 하기 위해 더 많이 묻고 더 많은 정보를 찾아내는 것이 현명한 처사일 것이다.

순간적인 충동으로 일어나는 생각의 수많은 신호가 목소리와 몸짓에 드러난다. 사람들이 진실을 말하고 있다면 보통 잊어버리지 않는 기억들이 있다. 그런데 오히려 거짓말을 할 때 매우 사소한 부분까지 기억하는 경우가 실제로 있다. 닉슨 시절 대통령 법률고문이었던 존 딘John Dean은 그의 책에서 워터게이트 사건에 대해 얼마나 세심하게 매우 상세한 설명을 준비했는지에 대해 묘사하고 있다. 세부적인 내용을 많이 포함하면 더 신뢰받을 것이라 생각했기 때문이다.[4] 만약 청문회에서 그의 증언을 들은 사람들이 기억에 대한 연구를 알고 있었다면, 정반대의 반응을 보였을 것이다. 당시에 기록하지 않은 사건에 대한 고도로 상세한 기억은 매우 이례적인 것이기 때문이다.

나의 책 《거짓말하기Telling Lies》에서 나는 이러한 핫스팟을 설명하고 사람들이 왜 거짓말을 하는지 그리고 행동거지를 통해 진실성을 평가하기 가장 좋은 때와 가장 나쁜 때가 언제인지 같은 물음들을 다루었다.[5] 나의 동료인 존 율리John Yuille는 인지 기반 핫스팟에 대해 인상적인 연구를 수행했다.[6]

감정을 숨기고 표정을 꾸미는 방법

만약 자신의 정신 상태에 대한 메리의 거짓말처럼 그 사람의 순간적인 느낌에 관한 거짓말이라면 두 가지 요소 중 하나로 이루어지는데, 바로 숨겨진 감정과 꾸며낸 표정(즉 '가면')이다. 가면은 두 가지 이유로 나타난다. 감정을 숨기는 데는 텅빈 감정 없는 얼굴보다는 어떤 표정을 지으며 숨기는 것이 더 쉽기 때문이다. 더욱이 거짓말을 유발하는 상황은 감정의 은폐concealment(예를 들어, 메리의 고뇌)만이 아니라 꾸밈fabrication(메리의 쾌활했던 거짓 표정)을 요구하는 경우도 아주 많다. 웃음은 가장 흔히 사용되는 가면이다. 왜냐하면 대부분의 사회적 상황에서 불쾌한 느낌을 은폐하고 긍정적으로 행동하는 것이 요구되기 때문이다. 하지만 어떠한 감정이라도 다른 감정으로 덮어씌울 수 있다. 예를 들어 6장에서 언급했듯이, 두려움을 숨기기 위해 분노라는 가면을 쓸 수도 있다.

얼굴표정은 꾸며낸 표정을 다양한 방법으로 드러낼 수 있다. 그중 하나는 '비대칭'이다. 꾸며낸 표정은 자연스런 진실한 표정보다 더 비대칭적이다. 다만 그 차이가 일반적으로 미묘하여 훈련 없이는 탐지하는 것이 쉽지 않다. 이러한 비대칭은 FACS로 측정할 수 있다.

9장에서 언급했던 바와 같이 프랑스의 위대한 신경학자 뒤셴 드 불로뉴는 처음으로, 대부분의 사람들이 의도적으로 수행할 수 없는 감정 기반 근육 운동의 부재가 "거짓 친구의 가면을 벗긴다"[7]고 제안했다. '자연적[불수의involuntary] 운동의 부재'는 그 표정이 진실하기보다 꾸며낸 것임을 나타낸다. 웃을 때 눈둘레근의 외측 부분(라틴어로 orbicularis oculi pars lateralis, FACS 용어로는 AU6)이 움직이지 않는 것을 통해 진실한 웃음과 꾸며낸 웃음을 구별한다. 만약 웃음이 옅거나 중간 정도라면, 눈가 주름이 없고 눈 개구開口를 가늘게 하는 근육의 움직임에 의해서 뺨이 올라가지 않기 때문에, 이 근육 운동의 부재를 식별하기가 쉽다(329쪽의 사진 A와 B를 다시 비교해보라). 반면에 의도적으로 활짝 웃을 때는 이런 신호가 모두 나타나기 때문에 꾸며낸 웃음을 식별하기가 더 어렵다. 그래서 더 미세한 단서들, 즉 눈썹이 약간 처진다는 것과 눈썹과 위 눈꺼풀 사이의 피부(눈두덩이)를 찾아야 한다(330쪽의 사진 C와 D의 차이점을 다시 보라). 이 차이는 알아보기가 매우 어렵다. 대부분의 경우 꾸며낸 큰 웃음에 쉽게 속는다. 바로 이 점 때문에 활짝 웃는 웃음이 가장 흔하게 쓰이는 가면일 수도 있다.

다른 감정들에도 의도적으로 만들어내기가 어려운 특징적인 근육 운동들이 있다. 꾸며낸 슬픔이나 고뇌는 눈썹의 내측 구석이 올라가지 않기 때문에 식별할 수 있다(177쪽의 사진 I와 J에서 나타난다). 꾸며낸 두려움에는 (269쪽의 사진 H에서 보인 대로) 올라가고 가운데로 모인 눈썹이 나타나지 않는다. 꾸며낸 분노에는 입술에서 긴장된 붉은 부분이 나타나지 않는 경향이 있다(233쪽의 사진 L과 M). 하지만 혐오나 경멸을 의도적으로 표현하는 데 수행하기 어려운 얼굴 움직임은 없다. 따라서 혐오나 경멸의 얼굴표정에서 부재한다고 해서 의혹을 살 만한 그런 특징은 없다.

감정을 꾸며내는 세 번째 방식으로 종종 드러나는 것이 '표정의 타이밍'이다. 갑자기 나타나거나 사라지는 감정표현은 그런 빠른 감정의 변화가 대화의 문맥에 어울리지 않는다면 의혹을 불러일으킬 것이다. 마찬가지로, 순차적으로 나타나 천천히 사라지는 표정을 신뢰할 수 있으려면 대화의 흐름과 맞아야 한다(이는 앞서 언급한 맥락적 일치와 관련된 부분이다).

감정에 대한 거짓말은 꾸며낸 표정을 식별하는 것 이외에도 숨기고자 하는 감정이 드러나는 미표정을 만들거나, 가면 사이로 느끼고 있는 감정이 새어 나와 드러나게 만든다. 예를 들어, 웃음은 위 눈꺼풀과 눈썹 그리고 이마에는 아무런 영향을 주지 않기 때문에, 웃음으로 위장된 감정은 얼굴의 윗부분에서 여전히 드러날 수도 있다. 얼굴의 윗부분에 드러난 미표정을 두려움(271쪽의 사진 J), 분노(231쪽의 사진 E), 놀람(271쪽의 사진 I) 그리고 슬픔(180쪽의 사진 S)에서 볼 수 있다.

거짓말을 할 때 생기는 감정들

지금까지 나는 숨기거나 꾸미는 감정들을 어떻게 탐지할 수 있는지에 대해 주목해왔다. 물론 많은 거짓말은 느낌과 관련된 것이 아니라 행동이나 계획, 생각 또는 가치와 관련된 것이다. 그런데 이런 거짓말조차도 자신이 거짓말을 한다는 사실에 대해 감정을 가질 경우 타인이 탐지할 수 있는 감정적 핫스팟을 만들어낼 수 있다. 거짓말을 하는 사람이 가장 자주 경험하는 세 가지 감정은 두려움, 죄책감 그리고 좀 놀랍게도 쾌감이다.

발각에 대한 두려움은 거짓말을 할 때 가장 흔히 느끼는 감정이다. 하지만 두려움은 거짓말에 많은 것이 걸려 있을 경우에만 발생한다. 즉 거짓말을 하는 사람이 거짓말을 통해서 얻을 수 있는 보상이나 피해야 할 처벌이 크다고 믿는 경우에만 발생한다. 심지어 이런 경우에도 모든 거짓말쟁이가 들킬 것을 두려워하지는 않는다. 만약 상대가 쉽게 속는 것으로 유명하거나, 과거에 비슷한 거짓말을 해서 반복해서 성공한 경우 또는 상대와 아주 유사한 사람의 경우, 거짓말쟁이가 두려움을 느끼거나 표현할 가능성은 낮다.

죄책감은 특정한 거짓말을 하면서 경험할 수 있는 또 다른 감정이다. 잠복수사를 하고 있는 경찰, 다른 나라가 심어둔 스파이, 상품을 과대 선전하도록 노골적으로 격려를 받은 판매원이 하는 거짓말처럼 거짓말이 인가를 받은 경우에는 죄책감을 느끼지 않을 수도 있다. 인가받지 않았거나 진실해야 할 의무가 있는지 여부가 애매할 때 거짓말에 대한 죄책감이 생길 것이다. 특히 거짓말의 대상이 비열하지도 불공정하지도 않은 경우, 거짓말을 하는 사람과 그 상대가 여러 가치를 공유하며 앞으로도 지속적인 관계를 유지해야 할 경우에는 죄책감을 느끼게 된다.

거짓말을 할 때 생기는 또 다른 감정은 내가 '속이는 쾌감duping delight' 이라고 명명한 것이다. 이것은 타인을 통제한다는 위험이나 도전을 감행할 때 얻어지는 순수한 쾌락이다. 경멸과 흥분 그리고 즐거움, 이 셋이 하나가 되어 속이는 쾌감이 될 가능성이 대단히 높다. 속이는 쾌감은 억누르기가 어려워서 (거짓말쟁이로 하여금) 허풍을 떨게 하는 경우가 많아 거짓말을 드러내고 만다. 이런 일은 거짓말을 한 상대가 평소 잘 속지 않는 사람으로 간주될 때 그리고 거짓말을 하고 있는 것을 알고 있는 동조자들과 함께 있을 때 주로 발생한다.

거짓말쟁이와 그 상대에게 중요한 영향을 미치는 심각한 거짓말을 할 때 느끼는 감정은 이것들만이 아니다. 거짓말을 하는 당사자는 여러 가지 이유로 상대에게 화가 나 있을 수도 있지만, 거짓말에 성공하기 위해 분노를 감출 필요가 있다고 믿고 있을 수도 있다. 마찬가지로 상대에게 혐오를 느낄 수도 있다. 혹은 거짓말을 하는 사람이 거짓말을 했다는 사실에 대해 자기 자신에게 이런 감정 중 한 가지를 느낄 수도 있다.

거짓 판단의 세 가지 주의사항

더 나아가기 전, 세 가지 중요한 주의사항이 있다. 앞에서 거짓말 자체에 대한 신호는 없으며 오직 핫스팟만이 있다고 언급한 바 있다. 맥락에 맞지 않는 감정은 핫스팟이 될 수 있지만, 거짓말이 아닌 다른 여러 이유에 의해 그런 감정이 일어날 수도 있다. 107쪽에서 나는 감정신호가 우리에게 무엇 때문에 그 신호가 발생했는지 알려주지 않는다는 점을 강조했다. 우리는 오셀로의 오류를 범해서, 눈에 보이는 감정을 유발할 수도 있는 다른 요소들을 고려하지 않고 그 감정이 거짓말 때문이라고 성급하게 결론 내릴 위험이 있다. 이런 식으로 판단하는 것이 아무리 유혹적이라 할지라도, 더 많은 정보를 모아서 그 핫스팟이 다른 유인이 아닌 거짓말 때문이라고 확신할 수 있을 때까지는 반드시 그 애매한 상태를 견뎌내야 한다.

실제로 피평가자가 자신이 평가받고 있다는 사실을 알고 있을 때, 평가자는 피평가자로 하여금 거짓말을 하면 발각될 것이라는 두려움을 드러내도록 할 가능성을 높일 수 있다. 또 평가자는 진실한 사람이 스스로 의심받는 것에 대해 두려워할 가능성을 줄여줄 수도 있다. 나의 동료 마크 프랭크와 내가 진행한 한 실험에서 바로 이것을 시험해보았는데, 피험자에게 그들의 정치적 신념 혹은 남의 돈을 훔쳤는지 여부에 대해 거짓이나 진실을 말하게 했다.[8] 피험자들과 인터뷰를 하기 전에 나는 내가 지은 《거짓말하기》라는 책을 보여주면서 내가 이 책의 저자임을 밝혔다. 나는 전문가이며, 그들이 거짓말을 하는 것도 잡아낼 수 있고(거짓말을 하려는 사람들에게 발각될 수도 있다는 두려움을 높이기 위해서), 그들이 진실을 말하는 것도 알 수 있다고(진실을 말하려는 사람들에게 의심받을 수도 있다는 두려움을 줄여주기 위해서) 말했다. 당신이 전문가가 아니더라도 다음과 같은 내용을 강조해서 말하면, 결백한 사람이 의심을 받을지 모른다는 두려움을 줄여줄 수 있다. 즉 당신이 열린 마음을 가질 것이고 미리 속단하지 않을 것이며 그들이 말하는 모든 것과 알 수 있는 모든 정보를 세심하고 철저하게 평가할 것임을 강조하는 것이다.

오셀로의 오류는 두려운 상황에 처한 경우 이해하기가 가장 쉬운데, 결백한 사람이라 하더라도 흔히 의심받는 것을 두려워하기 때문이며 이러한 두려움은 종종 정당한 것이기도 하다. 하지만 오셀로의 오류는 다른 감정에도 적용될 수 있다. 죄책감은 죄책감을 쉽게 느끼는 진실한 사람에게 나타날 수 있는데, 혐의를 받는다는 바로 그 이유만으로 죄책감을 드러낼 수 있기 때문이다. 죄책감은 논의 중인 사안과 관련된 거짓말 때문이 아니라도, 그 이슈와 관련된 어떤 다른 것이 유발요인이 되어 나타날 수도 있다. 한 육군하사의 예를 살펴보자. 그는 옆집에 사는 다른 하사의 아름다운 부인이 나체로 죽어 있는 시신을 발견한 첫 목격자였다. 심문에서 그는 살인 혐의를 부인했지만, 거짓말탐지기 검사를 세 차례나 통과하지 못했다. 물적 증거가 진짜 살인자로 하여금 살인을 고백하게 했을 때 비로소 그는 범죄에서 벗어날 수 있었다. 그렇다면 그 하사가 거짓말탐지기 검사에서 실패한 이유는 무엇일까? 그는 항상 그 여성에 대해 성적 환상을 품고 있었기 때문에 비록 죽어 있었지만 그녀의 나체를 보고 성적 흥분을 느꼈다. 그는 그러한 느낌에 대해 크게 죄책감을 느꼈다. 그녀의 죽음이나 시신 발견에 대해 질문을 받을 때마다 죄책감이 생겼으며 그 감정 때문에 그는 거짓말탐지기 검사에 실패했던 것이다. 죄책감도 다른 감정들과 마찬가지로 여러 가지 원인이 있을 수 있다.

나는 무고한 사람은 의심을 받더라도 속이는 쾌감을 보일 가능성은 높지 않을 것이라고 예상한다. 하지만 그런 일이 일어날 수도 있다. 최근 외국 경찰의 자문으로 한 사건에 참여한 적이 있는데, 십대 청소년이 전 여자친구를 살해한 혐의를 받고 있었다. 녹화된 인터뷰에서, 그는 수

많은 경멸의 표정과 그 밖에 속이는 쾌감을 드러내는 다른 신호들을 보였다. 그러나 그가 거짓말을 하고 있다는 다른 어떠한 신호도 없었고, 나는 그와의 인터뷰에 나타난 감정적 신호들이 확정적이지 않다고 판단했다. 그는 반문화적이고 마약을 하는 청년으로서 경찰에 대한 경멸과 우월감을 표현하고 싶어했고, 자신이 유죄인지 무죄인지를 수사관과 벌이는 놀이처럼 즐겼을 뿐이다.

이러한 모든 상황에서 감정은 그 원인을 알려주지 않으며, 핫스팟이 거짓말의 증거는 아니다. 미표정에서 숨겨진 감정이나, 그 사람의 말, 목소리, 행동과는 모순된 정상적인 표정은 우리에게 더 많은 정보가 필요하다는 사실을 나타낼 뿐이다. 이 부분은 여러 번 반복할 만한 가치가 있다. 바로 핫스팟은 진실성 여부에 대해 정확한 평가를 내리기 위해서는 더 많은 정보를 찾아야만 하는 그 시점을 나타낸다는 것이다.

미표정은 매우 빠르게—말콤 글래드웰Malcolm Gladwell이 자신의 매우 흥미로운 저서에서 새롭게 대중화한 용어를 빌리자면 눈 깜빡할 사이에—일어나기 때문에 놓칠 수도 있다. 《블링크》에서 글래드웰은 매우 짧은 한순간의 행동을 기반으로 하여 인상과 판단이 어떻게 즉각적으로 만들어지는지에 대한 많은 예를 보여주는데, 그중 한 가지 예시가 바로 미표정이다.[9] 하지만 매우 빠른 미표정을 식별하는 훈련을 받지 않는 한 대부분의 사람들은 식별하지 못한다. 여기에 상황을 더욱 복잡하게 만드는 점은, 바로 감정을 숨기고 있다는 것을 안다 해도 그것이 무엇을 의미하는지를 이해하는 데는 부족하다는 것이다. 특히 그 사람이 속이는지 진실한지에 대해 정확한 판단을 내리기에는 부족한 점이 많다. 그런 판단을 내리기 위해서는 맥락을 알려주는 더 길게 이어지는 행동을 분석할 필요가 있다.

마지막 주의사항은 다음과 같다. 감정을 억제하거나 억압하는 모든 사람이 그 감정과 관련된 미표정을 보이지는 않는다는 것이다. 우리 연구에서 우리는 고의적으로 거짓말을 하는 사람들 중 대략 절반 정도에게서 미표정을 발견했다. 미표정이 나타나는 것은 무언가(감정이 존재하지만 숨겨져 있다는 것)를 의미하지만, 미표정의 부재가 그 사람이 감정을 숨기고 있는지 그렇지 않은지를 말해주지는 않는다. 어째서 일부의 사람만이 감정을 숨길 때 미표정을 만드는지에 대해 우리는 여전히 알지 못한다. 더 일반적으로 말하자면, 우리는 거짓말을 하는 모든 사람에게서 항상 일어나는 행동의 변화는 찾지 '못했다.' 그렇기 때문에 거짓말을 탐지하는 사람은 행동의 모든 측면에 유의하기를 배워야 한다. 중요한 정보가 어떤 식으로 나올지 미리 알 수 없기 때문이다. 내가 확실한 거짓에 대한 명백한 행동 단서를 알려줄 수 없다고 말하면, TV 인터뷰 진행자들과 인쇄매체 기자들은 항상 실망한다. 하지만 그런 단서는 존재하지 않는다. 누군가가 거짓말을 하고 있다는 사실을 알 수 있는 절대적이고 믿을 만한 신호가 있다고 말하는 사람은 잘못 알고 있거나 사기꾼일 것이다.

가장 중요한 점은 대부분의 거짓말이 미표정이나 감정적 행동의 다른 신호에 의해 탐지된다는 인상을 내가 주고 싶지 않다는 점이다. 거짓말을 탐지하는 일은 때때로 거짓말을 하는 사람의 행동과는 전혀 무관한 경우가 있다. 신뢰할 수 있는 목격자나 물적 증거와 같은, 다른 출처에서 나온 명백한 증거에 의해 거짓말은 폭로될 수 있다. 때때로 거짓말을 한 사람이 떠벌리고 싶은 욕구를 참지 못하고 자신의 비밀을 신뢰하기 어려운 사람에게 털어놓고, 그 사람이 고발을 하는 경우도 있다. 악명 높은 스파이였던 존 워커는 미국 핵 잠수함에 사용된 무소음 프로펠러 제조법을 소련에 팔아넘겼다. 그의 교활한 스파이 행위 이전에 무소음 프로펠러는 미국에게 엄청난 전술적 이득을 주었다. 소련은 미국의 잠수함이 숨은 장소를 알 수 없었지만, 소련 잠수함의 시끄러운 프로펠러는 미국 해군에게 그 위치를 알려주었다. 워커는 거짓말탐지기에도, 기민한 수사관에게도 걸리지 않았다. 그는 아내에게 자신이 소련으로부터 얼마나 많은 돈을 받았는지에 대해 떠벌렸다. 그는 그때 그녀가 전처라는 점 그리고 그녀에게 주어야 할 이혼 수당이 밀려 있었다는 점을 전혀 염두에 두지 않았다! 그녀는 그를 고발해버렸다.

어떤 때에는 모든 것이 행동거지에 대한 평가에 달려 있기도 하다. 예를 들어, 유무죄를 지지할 명백한 증거가 없을 때, 형사기소는 (사전형량조정제도를 통해서 해결되는 것이 아니라) 재판으로 간다. 배심원들이 진실성에 대한 결정을 내릴 때 그들은 증인들의 말과 그 말을 하는 방식에 근거해 어느 쪽 증인이 진실을 말하는지 생각해서 결정한다. 배심원들은 일반적으로 증인들과 지속적인 관계를 유지하지도 않고, 주제가 변할 때마다 그들의 행동이 어떻게 변하는지에 대해 충분히 관찰할 시간도 없다. 배심원은 핫스팟을 발견한다고 해도 추가로 질문을 할 기회가 거의 없다. 그 기회는 이제 변호사와 판사에게 넘어간다. 그리고 증인들은 그들의 증언이 진실성 평가를 받고 있고, 때로는 대단히 위태로울 수도 있다는 점을 알고 있다.

진실성 평가법 훈련하기

하지만 거짓말의 감정적 핫스팟을 인지하는 훈련을 받은 사람이 꼭 필요한 상황이 존재한다. 9/11 테러의 납치범들은 쌍둥이 빌딩과 미 국방부에 비행기를 추락시키기 전에 비자 면접관, 출입국 관리관, 공항 직원들로부터 수차례 반복해서 질문을 받았다. 만약 그들 중 누군가가 그들의 거짓말의 일부라도 탐지했다면 9/11 재앙의 일부(전부는 아닐지라도)는 미리 방지할 수 있었을지도 모른다. 거의 비슷한 일이 일어날 뻔했다. 공항 보안검색 요원 중 한 사람이 나중에 보고하길, 납치범 중 한 사람이 수상한 행동을 하는 것 같아서 의심스러웠다고 했다. 하지만 그가 받았던 훈련은 자신의 의심에 따라 조치를 취할 수 있을 만한 자신감을 주지 못했고, 그는 그 납치범을 억류해서 더 많은 검사와 신원 조사를 하지 않았다.

법을 집행하는 사람들과 국가보안기관 요원의 대부분은 면담을 진행하는 방법에 대해 아무것도 배우지 못하거나, 거짓말을 하는 사람을 탐지하는 확실한 증거가 존재한다는 잘못된 생각을 배우고 있다. 더 나쁜 것은, 그들이 신뢰할 수 없는 단서에 의존할 때 오판했다는 것을 알게 해주는 피드백을 거의 받지 못하거나, 오판을 알게 된다 하더라도 보통은 너무 늦어서 무엇이 그들에게 부정확한 판단을 내리게 했는지 기억할 수 없었다.

진실성 평가법을 훈련받은 대부분의 사람들은 과학적 증거에 기초를 두지 않은 정보, 혹은 과학적 연구가 오류라고 확인한 잘못된 정보를 얻는다. 한 실험에서 어느 독립적인 연구기관이 최근 경찰을 훈련시켰던 회사—실제로 이 회사는 미국의 다른 어떠한 기관들보다 많은 경찰을 훈련시키고 있다—가 가르쳐준 단서들을 통해서 사람들을 훈련시켰는데, 그렇게 훈련받은 사람들의 진실성 평가 정확성이 오히려 '떨어졌다'는 사실이 발견되었다.[10]

심리학자인 마크 프랭크와 존 율리(나에게 표정과 몸짓이 중요하듯이, 율리에게는 말과 기억이 중요했다) 그리고 은퇴한 강력계 형사이자 프로파일러인 존 야르브로John Yarbrough와 함께, 나는 사람들에게 과학적 증거와 현장 경험을 바탕으로 진실성을 판정하는 방법을 훈련하는 새로운 방식을 개발했다. 우리는 과학적 연구와 실험(대부분은 우리 실험실에서 행해졌다)에서 입증되거나, 실제 법집행 경험(우리와 함께 실제 현장에서 교육과정을 개발한 경찰관들에 의해서 관찰된 것)에 의해 제공된 정보만을 가르쳤다. 우리는 충분한 연습과 피드백을 할 수 있도록 일주일에 3일을 훈련하기를 원했으나, 우리가 가르치는 많은 사람들의 직책이 힘이 들어서 3일을 훈련에 사용하기에는 어려움이 있었기 때문에 긴 이틀로 압축했다. 우리는 미국과 영국, 캐나다의 수사관을 가르쳤다. 경찰관들은 학자가 실용적인 정보를 제공할 것이라는 점에 본능적으로 회의적이었으므로, 이를 피하기 위해서 다년간의 법집행 경험이 있는 사람과, 행동과 거짓말에 관해 연구해온 과학자가 항상 공동으로 진실성 평가 강좌를 가르치게 했다. 그들은 이 훈련 과정을 통해 그들이 이전에는 이해하지 못했거나 잘못 해석했던 행동들을 이해하게 되었다.

과거에 진실성 평가를 가장 못했던 사람과 가장 잘했던 사람 중 누가 가장 잘 배우는지, 아니면 모두의 실력이 향상되는지에 대해 우리는 아직 모른다. 또한 이 향상이 얼마나 오래 지속될지에 대해서나 재교육이 필요한지도 알 수 없다. 다행히도 미국 정부에서 이런 질문들에 대한 해답을 얻기 위한 연구에 자금을 지원할 것 같다.

우리는 또한 군 정보부대와 방첩부대의 요원들에게도 훈련을 제공했다. 군 정보요원들은 이라크와 같은 곳에서 군 활동 중 마주치는 자들과, 미국에 해를 끼친다고 의심할 만한 자들을 심문한다. 심문 과정에서 비인간적이고 잔인하고 폭력적인 방법이 사용되었다는 점에 대해 많은 언론의 조명이 있었다. 하지만 우리가 군 정보요원의 한 그룹에게 진실성을 판정하기 위한 비강압적인 방법을 가르쳤다는 것을 아는 사람은 거의 없었다. 아부 그라이브 교도소에서 논란이 많았던 수사 방식이 알려진 이후 그 요원들이 그 교도소로 투입되었다. 그런 매우 긴장된 상황에서 우리의 훈련이 유용했다는 것을 보고해왔다.

방첩부대는 전혀 다른 사항인데, 알고 하든 모르고 하든 외국 정부에 정보를 제공하는 사람들을 색출하는 것을 목표로 한다. 감시 대상이 되는 대부분의 사람들은 자신이 평가당하고 있다는 사실을 '모른다.' 체포당하거나 강제 추방이라는 결정이 내려진 후에야, 용의자는 자신이 판정 대상이었다는 사실을 알게 된다. 스파이라고 의심하는 어떤 사람들에게는 잘못된 정보를 주기도 하고, 몇 년 동안 그들을 지켜보기만 하는 경우도 있다. 방첩부대의 요원들은 자신의 신원을 밝히지 않는다. 하지만 용의자와 비공식적이지만 때로는 지속적인 대화를 이어가는 방법을 찾아낸다. 이런 상황에서 우리는 평가자들에게 그들의 신분이나 의도를 위장하는 방법(자신들의 핫스팟을 은폐하는 방법 등)이 아니라, 용의자를 평가하기 위해 우리의 정보를 진실성 평가에 이용하는 방법을 가르쳐준다.

몇 년 전, 우리는 미 국무부의 영사담당국FSI을 도와서 신규 직원을 훈련해 달라는 요청을 받았다. 이들 직원의 첫 과제는 미국을 방문하려는 외국인들과 비자 발급을 위한 인터뷰를 하는 일이었다. 한 가지 목표는 거짓말하는 사람을 찾아내는 일이다. 즉 실제로는 불법 노동자로서 체류할 생각이면서도 방문 목적이 휴가를 보내기 위해서라거나 단기 체류를 위해 방문할 계획이라고 거짓말하는 사람을 색출하는 일이다. 다른 더 심각한 목적은 마약이나 돈을 밀수입하거나 테러에 가담하려는 사람들을 색출해내는 것이다.

영사담당국을 위한 프로그램을 개발하기 위해 우리는 과학자와 법집행관 두 명으로 구성된 팀들을 토론토와 카이로 그리고 멕시코시티로 보내서, 신규 국무부 직원들이 비자 인터뷰를 진행하는 것을 관찰하게 했다. 그들이 평가해야 하는 인원이 많기 때문에 인터뷰 당 3분 이내로 입국 허가, 입국 거절 또는 심층 인터뷰 진행 여부를 결정해야 한다. 내가 방문했던 멕시코시티에서 직원들은 매일 1000회 가량의 비자 인터뷰를 하고 있었다.

인터뷰 시간이 3분밖에 안 된다는 것을 들었을 때, 나는 처음에 영사담당국 직원들에게 그렇게 짧은 시간 동안에 유용하게 활용할 수 있는 어떤 것도 가르칠 수 없다고 생각했다. 하지만 멕시코시티에서 인터뷰를 지켜보고, 토론토의 인터뷰 비디오를 검토하면서, 우리의 연구를 적용할 수 있음이 아주 분명해졌다. 단순히 '예' '아니오'의 대답을 요구하는 질문이 아닌 예리한 질문이라면 그리고 평가자가 핫스팟에 주의를 기울인다면 3분 안에 많은 것을 알 수 있다.

영사담당국은 우리 훈련을 다음과 같은 경우에 핫스팟을 식별하는 데도 적용했다. 즉 미국인들이 대사관이나 영사관에 와서 상담을 구하는 경우, 여권을 갱신하거나 입양아를 데리고 갈 준비를 하는 등의 경우였다. 예를 들어, 우리에게 훈련을 받은 외교관 한 사람은 해외에 체류하는 미국인과의 인터뷰에서 그 사람이 고향이라고 말한 장소에 대해 묻자, "비자 지원자의 얼굴에 아주 짧은 순간이지만 전형적인 혐오의 미표정이 나타나는 것을 알아차렸다. 이는 부영사의 의심을 일으키기에 충분했고 그는 더 자세한 조사를 통해, 그 지원자가 사용한 신분증의 진짜 주인은 플로리다의 감옥에 수감 중이라는 사실을 발견했다. 그 지원자는 미국 시민이었지만 외국에서 강도와 강간 혐의로 수배 중이었다. 그는 몇 년 동안 도주 중이었고, 전에도 가짜 신분으로 여권을 발급받은 적이 있었다. 네덜란드 경찰은 그를 체포했다."

공항 보안은 위해를 가하거나 범죄행위를 하려는 사람들을 색출하기가 더욱 어려운 상황이다. '기본 발생률' 즉 문제를 일으키는 사람의 수가 극소수에 불과하기 때문이다. 매일 200만 명의 사람들이 미국 공항을 방문하고 99퍼센트 이상의 사람들은 아무 문제가 없다. 그들 사이에서 테러리스트를 찾는 것은 건초더미에서 바늘 찾기라는 속담과도 같지만, 그 바늘을 잃어버린다면 엄청난 피해를 낳을 수도 있다. 미국 공항을 방문하는 모든 사람을 인터뷰하는 것은 사실상 불가능하다. 이스라엘 국내에 있는 유일한 국제공항에는 하루에 5만 명밖에 거쳐 가지 않아 이스라엘 보안부서는 이런 접근이 가능하지만, 미국에서 매일 200만 명의 여행객 전부를 인터뷰할 수는 없다.

행동관찰은 항공권 검사, 수하물 스캔, 수배자 명단 이름 비교와 더불어 새롭게 추가된 공항 보안의 새로운 단계다. 미국 교통안전청TSA에서 개발한 프로그램에는 '관찰기술에 의한 승객검색SPOT: Screening Passengers by Observational Techniques'이라 불리는 우리의 진실성 평가 훈련이 포함되어 있다(우리는 영국의 공항을 위해서도 유사 프로그램을 만들고 있다). SPOT 요원들은 핸드백을 뒤지지도 않고 신발을 벗으라고 요구하지도 않는다. 그들은 한쪽에 떨어져 서서 사람 하나하나를 바라보며 무언가 잘못된 점이 없는지를 관찰하며, 줄을 서서 기다리는 대부분의 사람과 상당히 다르게 행동하는 사람을 찾는다. 그것은 미표정일 수도 있고, 체크리스트에 있는 많은 행동 중에 하나일 수도 있다. 만약 의심 가는 신호가 일정한 개수 이상 보인다면 SPOT 요원은 줄을 서 있는 그 사람에게 접근해서 몇몇 질문을 던진다. 수많은 사례에서, 그들은 그 사람이 특이 행동을 보인 무고한 원인을 알아낸다. 예를 들어, 어떤 사람이 보이는 여러 걱정의 신호들은 외출하기 전 난로를 껐는지를 기억해내려는 것일 수도 있다. 어떤 경우에는 추가 인터뷰를 위해 사람들을 구금하기도 하는데, 이러한 경우 높은 확률로 그 사람이 수배 중인 범죄자이거나 마약이나 돈을 밀수하려는 밀수업자, 불법 이민자 또는 테러리스트로 판명난다.

진실성 평가는 기업 보안에도 중요한데, 회사에 피해를 주는 산업 스파이를 색출하기 위해서다. 이 영역에도 우리의 훈련을 적용하기 시작했다.

의료 서비스를 제공하는 의사와 간호사들을 돕는 데도 적용되고 있다. 예를 들어, 의료전문가들은 환자들이 산업재해 보상을 받기 위해서 꾀병을 부리거나, 그들이나 그들의 자식들에게 존재하지 않는 병에 대한 수술을 받으려는지(특이한 뮌하우젠증후군Munchausen Syndrome*과 대리인에 의한 뮌하우젠증후군)에 대해 더 잘 평가할 수 있다. 더 일반적으로는 환자가 악의는 없지만 자신의 두려움을 숨기고 처방이나 의료진의 능력에 대해 의심하기도 하는데, 이는 치료를 거절당할 것에 대한 당혹감이나 두려움에서 온다. 환자들은 죄책감을 느낄 수도 있고, 처방된 치료와 투약을 따르고 있는지의 여부를 의도적으로 속일 수도 있다. 그리고 병을

---

* 실제로는 앓고 있는 병이 없는데도 아프다고 거짓말을 일삼거나 자해를 하여 타인의 관심을 끌려는 정신질환을 지칭한다. 주로 어린 시절 과보호로 인해 자립 능력이 떨어지는 사람들이 어려운 상황에서 상황 회피를 위해, 또는 어린 시절의 정신적인 상처로 타인의 관심을 끄는 것에 집착하는 사람들에게서 나타난다. 대리인에 의한 뮌하우젠증후군은 자신의 자녀나 주변인이 아무런 병이 없이 건강한데도 병이 있다고 하며 병원이나 의사를 찾아가 가짜 증상을 이야기하는 것이다.(옮긴이)

앓는 데서 오는 수치심 때문에 그리고 고통에서 오는 자립성 상실에서 오는 수치심 때문에 자신의 심각한 증상을 숨길 수도 있다. 마요 클리닉 의과대학의 의료진들을 포함해서 다른 의료진들은 지금까지 감정 이해에 대한 훈련만을 찾았지만, 언젠가 우리의 진실성 평가 연구도 이용할 수 있을 것이다.

대부분의 독자들은 우리의 진실성 평가 교육과정을 원하지 않을 것이고 수강할 수도 없겠지만 교육과정 없이도 일부는 배울 수 있다. 내가 가르쳤던 사람들이 미표정을 식별하는 법을 빠르게 획득할 수 있다는 사실을 알게 된 후로, 나는 독학을 위한 미표정훈련도구METT: Micro Expression Training tool를 만들었다. 한 시간 정도 사용하면, METT는 사람들의 미표정 식별 능력을 크게 향상시킨다. METT는 미표정을 식별할 수 있도록 스스로 훈련할 수 있는 가장 신뢰할 수 있고 증명된 방법이다. (더 자세한 내용은 나의 웹사이트https://www.paulekman.com/micro-expressions-training-tools에서 확인할 수 있다.)

미표정 정보 이용하는 법

미표정은 항상 은폐의 결과물이기 때문에―의도적이든 억압의 결과이든 간에―당신에게 주어지지 않은 정보를 이용하고 있다는 점을 명심해야 한다. 그렇기 때문에 그 지식이 당신이나 타인에게 파괴적이지 않은 범위 내에서 그것을 어떻게 이용할지에 대해 조심스럽게 고려해야 한다. 식별해낸 그 감정을 무엇이 유발했는지 안다고 상정해서는 안 된다. 분노의 미표정은 그 사람이 당신에게 화났다는 것을 의미하지는 않는다. 그 사람은 자신에게 화가 나 있을 수도 있고, 화를 느꼈던 이전의 사건을 기억하는 중일 수도 있다. 제일 먼저 생각해야 할 점은 누구에게 그 감정이 향하고 있는가다.

5~8장에서 가정, 직장 그리고 친구 관계에서 개별 감정에 대한 미표정과 미세 표정subtle expression으로부터 얻은 정보를 이용하는 방법에 대해 무엇을 고려해야 할지에 대한 예시를 들었다. 당신이 미세 표정 또는 미표정에서 얻어낸 감정 정보에 적용할 수 있는 일반 지침은 다음과 같다.

종종 가장 좋은 방법은 당신이 본 것에 대해 아무 말도 하지 않는 것이다. 대신 여러 가능성에 유의하라. 또는 "당신이 지금 어떤 느낌인지 나에게 더 말하고 싶은 것이 있습니까?"라고 물을 수도 있다. 한 단계 더 나아가면 "당신이 말한 것 이상으로 무언가를 더 느끼고 있다는 인상을 받았습니다"라고 말하는 것이다. 더 구체적으로 들어가서 식별한 감정에 대해 질문할 수도 있다. 당신이 어떻게 반응할지는 관계의 성격, 관계의 내력과 앞으로 생각하고 있는 미래 그리고 그 사람에 대한 당신의 지식에 달려 있다.

당신이 간파한 감정에 대해, 설령 아무리 애매하게라도 언급할 권리가 항상 있는 것은 아니다. 나는 사람들이 상대방의 감정을 이해하고 인정할 때 일반적으로 더 좋은 관계를 형성한다고 믿지만 항상 그런 것은 아니다. 상대가 프라이버시가 없다고 느끼지 않도록 주의하라.

감정과 함께 살아가기

우리는 모두 같은 감정을 경험하지만 경험하는 방식은 사람마다 다르다. 예컨대 내가 분노를 경험하는 방식은 내 아내가 분노를 경험하는 방식과 모든 점에서 다 같지는 않다. 우리는 20년 넘게 함께 살면서 그것을 알게 되었지만, 그 차이를 기술하는 것은 쉽지 않다. 거의 대부분의 사람들처럼 우리 부부도 우리의 경험이 어떻게 같고 다른지 검토하는 특별한 체계를 갖고 있지는 않다. 우리는 서로를 화나게 만드는 구체적인 유인이 항상 같지는 않다는 것을 알고 있다. 우리는 내가 아내보다 훨씬 빨리 화를 낸다는 것도 알고 있다. 하지만 그 이상은 잘 모른다. 우리 둘 중 누군가가 또는 둘 다 화가 나서 서로의 차이에 직면할 때 각자 분노의 순간에 사로잡힌 나머지, 상대가 자신과 다르게 화를 경험하는 방식을 인정할 수 없게 된다. 하지만 분노할 때 몇몇 공통점도 역시 존재한다. 우리는 보통 자신이 하고 있는 일을 방해받으면 화를 낸다. 분노의 표정은 상당히 비슷하다. 목소리가 똑같이 앙칼지게 되고, 심장 박동은 빨라지고, 손은 따뜻해진다. 보편적인 감정적 측면에 더해서 개인적인 차이가 있는 것이다.

이 책의 마지막 장에서 감정경험의 개인적인 차이에 대해 서술하는 것이 적절할 것 같다. 왜냐하면 그것이 내가 친구이자 동료인 로버트 레번슨과 함께 지난 10년의 대부분에 걸쳐서 해왔으며 지금도 수행하고 있는 연구에 근거하고 있기 때문이다. 가장 널리 알려진 내 연구는 감정의 보편적인 요소에 대한 것이지만 현재는 정반대의 것 즉 개개인의 감정경험이 어떻게 독특한지를 연구하고 있다. 감정의 보편적인 요소를 조사한 내 연구에서도 개인적인 차이는 언급한 바가 있고 대부분의 감정 연구에서도 다뤄지고 있다. 그렇지만 보편성을 보이는 증거가 아주 강했기 때문에 개인적인 차이는 옆으로 제쳐둘 수 있었다.

내가 줄곧 감정의 보편성 문제에 흥미를 느껴온 이유는 저명한 인물들 간에 감정의 보편성이 있다는 점에 대해 논란이 존재해왔다는 뚜렷한 역사가 있었기 때문이다. 그 논쟁에 종지부를 찍은 일에 대해 만족했던 나는 나 자신의 인생, 가족과 친구의 인생에 대한 이해를 깊이 있게 하기 위한 하나의 수단으로서, 개개인이 다르다는 연구에 매력을 느끼게 되었다.

나는 감정의 경험 방식이 왜 다른가를 알아내려고 하지 않는다. 우선 필요한 것은 그 차이를 확인하고, 그 차이가 무엇인지를 알아내고, 개별 감정을 경험하는 각자의 독특한 감정 프로필의 기반을 구축하는 것이다. 개개인의 감정경험이 어떻게 다른지를 묻는 가장 근본적인 질문 중 몇몇이 아직 제기된 적조차 없다는 사실은 내게 놀라운 일이다. 그러한 질문에 대한 답이 없었다는 것은 말할 것도 없다.

우리는 사람들이 개별 감정을 경험하는 강도가 대체로 서로 다르다는 것을 알고 있다. 어떤 사람은 일반적으로 매우 강렬한 분노의 반응을 보이는 반면 적당하거나 온건한 분노를 드러내는 사람도 있다(일부러 분노를 억제하려고 하지 않는데도 그렇다). 금방 화를 내는 사람도 있고 그렇지 않은 사람도 있다. 어떤 사람의 분노는 대체로 오래 지속되는 반면 순간적으로 분노를 폭발시키는 사람도 있다. 분노가 일단 가라앉기 시작하면 급속하게 사라지는 경우도 있고, 천천히 잦아드는 경우도 있다. 감정을 경험할 때의 이와 같은 네 가지 차이점, 즉 감정이 끓어오르는 속도, 감정적 반응의 강도, 지속시간, 가라앉아서 보통으로 돌아가기까지의 시간을 생각하더라도 많은 흥미로운 의문이 생길 것이다. 화를 빨리 내는 사람은 누구든 화가 빨리 가라앉을까? 빨리 화를 내어도 가라앉는 데는 오래 걸리는 사람이 있을까? 화가 빨리 끓어오르면 매우 강한 분노의 반응을 보이는 것일까? 아니면 화가 빨리 끓어오르지만 약하거나 낮은 강도의 분노를 보일 수 있을까? 만일 분노가 아주 강한 경우, 그것은 보통 단기간밖에 지속되지 않는다는(아주 짧은 분노의 폭발) 뜻일까? 아니면 장시간 지속되는 것도 있을 수 있을까?

나는 이들 질문 중에서 몇 개의 대답은 얻었는데, 이제 막 분석을 끝낸 자료도 있다. 그것을 근거로 해서 지금 과학적인 출판물을 준비하고 있다. 놀랍게도 일어날 수 있는 모든 일이 실제로 일어났다. 반응의 강도와 반응 속도의 관계를 보자. 반응이 빠른 사람은 보통 강하게 반응하는 사람일 것이라 예상했지만, 약하게 반응하는 사람인 경우도 절반 정도였다. 그리고 반응이 느린 사람도 강도가 높은 사람과 낮은 사람이 반반이었다. 반응 지속시간(하나의 감정이 지속되는 시간)과 반응 강도의 관계도 마찬가지였다. 반응이 강하다면 가라앉는 데도 오래 걸릴 것이라고 예상했지만, 그렇지 않았다. 강한 반응을 보였던 사람 중에는 지속시간이 긴 사람과 짧은 사람이 반반이었다. 약한 반응을 보였던 사람 중에서도 마찬가지였다. 우리는 지금도 이 연구를 하고 있고, 개인의 차이에 대한 다른 질문도 제기하고 있다.

감정적 사건의 빈도 역시 한 개인의 '감정 프로필'을 이해하는 데 중요한 특징이다. 당신은 화나는 데 시간이 오래 걸리고, 결코 격노하지 않으며, 화가 꽤 오래 지속되다가 갑자기 사라지는 사람일지 모른다. 당신은 화내는 경우가 1년에 몇 차례밖에 되지 않을 수도 있고, 일주일에 몇 차례나 화를 낼 수도 있다. 우리가 감정적이 되었을 때 말하거나 행동하는 것 또는 느끼는 것을 얼마나 잘 억제하는가도 개개인의 감정 프로필에서 중요한 요소다. 우리가 느끼는 감정을 타인에게 얼마나 분명히 표현하는지 역시 프로필의 또 다른 요소다. 어떤 사람은 굳이 자신의 감정을 억제하려고 노력하지 않는데도 감정신호가 아주 미세한 경우가 있다. 또 어떤 사람은 감정을 억제하려고 해도 얼굴과 목소리에 분명하고 강하게 감정이 드러나는 사람도 있다. 그리고 최후의 요소는 우리의 개별 감정의 유발요인이 어떤 사건인가 하는 것이다.

우리가 분노와 같은 감정에 대해 발견한 모든 것이 두려움이나 슬픔에도 적용되는 것일까? 사람은 분노, 두려움, 슬픔에 대해 같은 프로필─신속한 반응, 적절한 강도, 긴 지속시간, 신속한 회복, 빈번한 발생, 선명한 신호로 표현되고 억제하기 쉬움─을 가지는 것일까? 또 다른 차원에서 다음과 같이 물을 수도 있다. 얼굴이나 목소리에 강한 감정신호를 가지는 사람은 자율신경계에도 강한 변화가 나타날까? 아니면 이 두 개의 감정 반응 체계, 즉 감정표현과 자율신경계는 분리되어 있는 것일까? 적어도 우리가 지금까지 검토할 수 있었던 감정 프로필의 측면에서 보면 이들 질문에 대한 대답은 '그렇다'일 것 같다. 즉 반응 강도는 분노, 두려움, 슬픔, 혐오에 걸쳐 유사한 수준이고, 감정표현에 드러난 강도는 자율신경계가 반응하는 강도와 유사하다. 이런 발견 사항을 반복하기 위해서 그리고 감정 프로필의 다른 면모를 검토하기 위해서 더 많은 연구가 필요하다.[1]

만일 당신이 자신의 감정 프로필이나 가까운 사람의 감정 프로필을 작성하는 일에 흥미가 있다면, 나의 웹사이트paulekman.com를 방문해보

라. 거기에서 도움이 되는 도구를 찾을 수 있을 것이다.

이제 여러 감정이 가진 공통적인 특성들을 설명해보자. 내가 앞서 여러 장에 걸쳐서 설명했던 생각을 종합하면 감정은 다음과 같은 특징을 가지고 있다.

- 우리가 경험하고 종종 자각하는 하나의 느낌, 일련의 감각들이 존재한다.
- 감정적 사건은 때로는 수초라는 짧은 시간밖에 지속되지 않는 것도 있고 훨씬 길게 지속되는 것도 있다. 몇 시간 동안 지속된다면 감정이 아니라 기분이다.
- 감정은 그 사람에게 중요한 것에 관한 것이다.
- 우리는 감정을 선택한 것이 아니라 일어난 것으로 경험한다.
- 우리는 평가 프로세스 중에 끊임없이 환경을 스캔하고 중요한 일이 일어나는지 아닌지를 살펴보고 있다. 그래서 그 프로세스는 보통 의식 없이 자동적으로 일어나고, 평가에 긴 시간이 걸리는 경우에만 의식한다.
- 불응기는 기억에 축적된 정보나 지식을 초반에 걸러내어 우리가 느끼고 있는 감정을 부추기는 내용에만 접근하게 만든다. 불응기는 수초 정도밖에 지속되지 않는 경우도 있고, 훨씬 길게 지속되는 경우도 있다.
- 초기의 평가가 완료되고 감정이 일단 시작되면, 우리는 감정적이 되는 것을 자각하게 된다. 감정에 붙들려 있다는 것을 의식하게 되면 그 상황을 재평가할 수 있다.
- 우리 진화의 역사를 반영하는 보편적인 감정 테마라는 것이 있다.

그것에 더해서, 개인의 경험을 반영하는 문화적으로 습득된 많은 변형이 있다. 즉 우리는 조상에게 의미가 있던 문제에 대해서만 감정적으로 되는 것이 아니라, 우리 자신의 삶에서 중요한 의미를 가진 문제를 발견했을 때도 감정적으로 반응한다.

• 감정을 경험하고 싶다는 욕구나 그러고 싶지 않다는 욕구는 우리 행동의 많은 것의 동기가 된다.

• 효과적인(선명하고 신속하고 보편적인) 신호는 감정적이 되는 사람이 어떻게 느끼는가를 타인에게 알려준다.

• 꾸며낸 감정표현은 어렵지만 탐지될 수 있다. 더 커진 좌우 얼굴의 비대칭, 진실한 표정에서는 전형적이지만 의도적으로 행하기는 어려운 특정 근육 운동의 부재 그리고 현재 진행되고 있는 말과 표현의 타이밍 상의 간극 등이 탐지 대상이다.

• 웃음이라는 가면을 쓴 감정은 여전히 위 눈꺼풀, 눈썹, 이마에서 느껴진 감정을 누설할 수 있다.

이 책을 마무리 짓기 전에, 아직 다루지 않은 몇 가지 감정에 대해 좀 더 언급하고 싶다. 즉 죄책감, 수치심, 당혹감embarrassment이라는 감정이다.[2*] 이들 감정은 서로 구별할 수 있는 고유의 얼굴표정이 없다. 죄책감과 수치심은 그러한 감정을 느낄 때 고개를 돌린다는 가능성을 제외하면, 슬픔과 구별하기가 어렵다. 그렇지만 죄책감과 수치심에 대한 고유의 얼굴표정이 없는 것은 납득 가능한데, 그런 감정들을 느낄 때 사람

---

* 1872년 찰스 다윈은 다음과 같이 주장했다. "자신, 특히 자신의 용모에 사람들의 눈길이 쏠리는 경우에 당혹감이 일어나며, 칭찬을 받더라도 비난을 받더라도 똑같은 당혹감을 느낀다." 나는 이 말이 옳다고 믿는다.

은 자신이 느끼고 있는 것을 타인에게 알리고 싶지 않기 때문이다. 그래서 신호가 발달하지 않았던 것이리라. 당혹감은 더 문제가 된다. 홍조는 당혹감의 신호라고 볼 수 없다. 왜냐하면 피부색이 검은 사람에게는 잘 보이지 않기 때문이다. 분노, 두려움, 혐오, 경멸, 슬픔, 즐거움은 단독으로 순간적으로 표현되지만, 당혹감은 단독으로는 표현되지 않는다고 대커 켈트너는 주장한다. 당혹감은 일련의 표정들이 차례로 나타나면서 표현된다.³ 당혹감은 아마도 진화 역사에서 늦게 등장했을 것이다. 그래서 유효한 신호가 발달할 충분한 시간이 없었던 것이리라.

부러움(선망envy)은 특정 신호가 없어 보인다는 점 이외에는 위에 열거한 특징 중 대부분을 충족시키는 감정이다.⁴ 나는 질투를 감정으로 인정하지 않는다. 다만 세 인물이 등장하는 감정적 장면이나 이야기를 생각할 수 있다. 이 이야기에는 상대의 관심을 잃을지도 모른다는 두려움을 느끼는 사람, 또 다른 한 사람 그리고 라이벌이 등장한다. 이 이야기에서 각자가 느낄 감정에 대해 뭔가를 말할 수는 있다. 하지만 감정이 고정되어 있지는 않다. 라이벌은 상황에 따라 죄책감이나 수치심 혹은 두려움, 분노, 경멸감을 느낄 수 있다. 상대방의 관심을 잃을까봐 애태우는 사람은 분노, 두려움, 슬픔 혹은 혐오를 느낄지도 모른다. 그리고 관심을 받고 있는 그 사람도 다양한 감정을 느낄 수 있다.

당혹감, 죄책감, 수치심, 부러움 등의 감정은 선명하고 효과적인 신호는 없으나, 나는 이것들이 감정이라고 믿어 의심치 않는다. 그것들에 대해 장을 할애하지 않은 것은 이들 감정에 관해 내가 아직 직접 연구한 바가 없기 때문이다.

지금까지 우리의 인생을 채우는 많은 감정을 다루고 개별 감정의 일반적인 유발요인 그리고 감정이 언제, 왜 우리에게 유익한지를 설명했다. 그리고 타인의 가장 미세한 감정을 읽어내는 방법과, 미세한 표정에서 얻어낸 감정 정보를 직장, 가정생활, 친구와의 교제에서 어떻게 활용하면 좋은가를 논의했다.

나는 앞의 여러 장에서 우리 대부분이 감정생활에서 경험하는 가장 어려운 두 개의 문제를 다루었다. 하나는 우리를 감정적으로 만드는 것을 변화시키는 것이 왜 그렇게 어려운가 하는 것이다. 그 변화는 불가능한 것이 아니라 어려울 뿐이다. 필요한 것은 자신을 감정적으로 만드는 강력한 유인들을 확인하고, 그것들의 영향력을 줄일 수 있는 결정적인 요인이 무엇인가를 이해하는 것이다. 감정적이 되었을 때의 행동방식을 바꿔서 타인이나 나에게 해를 끼치지 않도록 하는 것도 어렵기는 하지만 불가능하지는 않다. 여기서 열쇠가 되는 것은 내가 '주의 집중'이라고 부른 일종의 자각을 개발하는 것이다. 그래서 자각을 가지게 된다면 감정이 끓어오를 때 많은 시간이 흐르기 전에 언제 자신이 감정적이 되는가를 알게 된다. 감정에 주의를 집중하기 위해서는 감정을 느낄 때 우리가 경험하는 신체감각에 대한 자각을 고양시킬 필요가 있으므로, 그것을 위한 연습 방법도 이 책에 소개했다. 그 밖에 내가 언급한 다른 방법들도 도움이 될 것이다.

내가 수십 년 전 감정 연구를 시작했을 때, 그런 연구를 하고 있는 사람은 세계를 통틀어 소수였다. 지금은 분명히 수천 명은 될 것이다. 내가 최근 출판한 감정 핸드북은 40여 장章으로 되어 있고 각 장이 감정들, 기분, 감정적 특질에 대한 다른 연구 결과물과 질문들을 설명하고 있다.[5] 이 책에 지금까지 발견된 것을 모두 망라하려고 하지는 않았으며, 우리가 감정생활을 이해하고 개선하는 데 가장 큰 의미가 있으리라 생각되는 것 그리고 내가 가장 잘 아는 내용을 골라서 언급했다. 앞으로 10년 안에 새로운 발견이 많이 나오고, 내가 지금까지 써온 것에 추가될 것이다.

이 책 앞머리에서 윤곽을 제시했던 감정 관련 기술들 중 한 가지에 대해 몇 가지 생각을 독자 여러분과 나누고자 한다. 그것은 자신이 감정적이 되었을 때 주의를 집중하는 것 즉 자각하는 능력이다.

자연은 감정이 일어나는 첫 순간을 우리가 쉽게 의식적으로 자각할 수 있도록 해주지 않았다. 자연은 우리의 감정을 만들어내는 주변 세계를 우리가 어떻게 자동적으로 평가하는지도 알려주지 않는다. 대부분의 사람들에게 어떤 감정적 사건을 시작시키는 자동평가 과정을 자각하기란 거의 불가능하다. 댄 골먼은 이를 '평가 자각'[1]이라고 불렀다. 그러나 힘겨운 노력을 통해 자연이 주지 않은 능력, 습득하기 쉽지 않은 능력을 양성함으로써 우리는 '충동 자각'을 획득해서 행동으로 옮기기 전에 감정이 추동하는 충동을 자각할 수 있다. 우리의 감정이 이 충동 자각을 촉진하는 방향으로 진화했다고는 믿지 않는다. 그것은 마치 감정 체계가 우리의 의식적인 마음이 이 사안에 간섭하기를 원하지 않는 것과 같다.

45년도 더 된 일인데, 심리치료 분야의 조언자였던 프랭크 고먼Frank Gorman은 나에게 다음과 같이 말했다. 내 목표가 환자들의 충동과 행동의 간극을 넓히는 데 도움이 되는 것이어야 한다고. 불교도들은 불길flame(감정을 실행에 옮기는 감정적 행동을 뜻한다)이 일어나기 전에 불꽃spark(감정을 일으키는 요소)을 인지해야 한다고 가르친다. 그들은 불꽃을 발생시키는 평가를 인식하라고는 가르치지 않는다. 그러나 서양의 견해와 불교도의 견해가 이 문제를 바라보는 관점은 같다.

'충동 자각'은 높은 기준이다. 나는 누구든 여기에 도달할 수 있다고 믿지 않는다. 이 기준에 도달한다고 해도 항상 충동을 자각하는 것도 아니다.[2] 그러나 충동 자각을 키우기 위하여 우리가 거쳐야 하는 작업은 거의 대부분의 사람이 획득할 수 있는, '감정적 행동 자각' 즉 우리의 언동으로 일단 표현되기 시작한 감정 상태를 인식하게 해준다. 감정이 당신의 행동을 움직이기 시작한 것을 자각할 수 있다면 감정적 반응이 당신이 처해 있는 상황에 적절한지 그리고 그 반응이 적절한 경우 당신의 반응 강도가 적절하며 가장 건설적인 방식으로 표현된 것인지를 의식적으로 고려할 수 있다.

이것은 매우 중요한 문제이므로, 여기서 '감정적 행동 자각'을 높일 수 있는 방법과 '충동 자각'(모든 사람이 획득할 수는 없고, 항상 발휘할 수 있는 능력도 아니지만)을 높일 수 있는 방법을 다시 한 번 요약하고 싶다.

- 감정이 일어났을 때 몸 안에서 일어나는 신체 변화에 대한 자각을 고양시킬 수 있는 훈련을 하자. 그렇게 하면 그 훈련이 당신이 감정적이 되었다는 것을 알려주는 신호를 당신에게 보낼 수 있을 것이다. (이 연습 방법은 5, 6, 7, 8장 중간에 나와 있다.)
- 후회스러운 감정적 사건 일지를 기록함으로써 자신이 감정적으로 반응할 것 같은 순간, 특히 나중에 후회할 방식으로 감정적이 될 것 같은 순간을 확인하자. 이런 기록은 강렬한 반응을 일으키는 유인에 맞닥뜨리기 전에 대비할 수 있게 해주며, 과거의 감정적 경험에서 가져온 대본을 투영하고 있는지 아닌지를 고려함으로써 그 유인을 진정시킬 수 있다. (더 자세한 것은 이 책 83~98쪽을 보라.)

- 사람들과 대화하는 동안 상대방의 감정적 반응을 식별하는 능력을 키움으로써, 상대방의 반응을 당신의 고조된 감정에 대한 경고로 이용하자.

나는 아울러 여기에 보완이 될 수 있는 방법으로 '알아차림 명상'을 언급하고 싶다. 나는 이 책에서는 이 방법을 자세히 다루지 않았는데, 명상이 실제로 감정생활을 개선시킨다는 증거는 이제 막 축적되기 시작하고 있기 때문이다. 결과는 밝다. 그러나 무슨 향상이 일어나는지 그리고 그것이 모든 사람에게 유익한지, 이익이 얼마나 오래 지속되는지에 대해 확신하기에는 너무 이르다. 그리고 호흡에 자각을 집중시키는 것이 감정생활에 무슨 도움이 된다는 것인지, 나는 예전에는 이해할 수 없었다.

그런데 이 후기를 쓰기 바로 몇 주 전에 번개처럼 갑자기 설명이 떠올랐다. 의식적인 모니터링이 전혀 필요 없는 자동적인 과정에 주의를 집중하는 훈련은 다른 자동적인 과정에 주의를 집중할 수 있는 능력도 함께 키워준다. 우리는 호흡할 때 생각하지도 않고 들숨과 날숨이라는 방향에 대한 의식도 없다. 자연은 호흡에 주의를 기울일 것을 요구하지 않는다. 그래서 사람들은 매 호흡에 주의를 기울이려고 하면, 잡념 없이는 1분 넘게 주의를 기울이기가 아주 어렵다는 것을 알게 된다.

호흡에 주의를 기울이는 훈련은 매일 해야 하며 그렇게 하다 보면 새로운 신경회로가 발달해서 호흡에 주의를 집중할 수 있게 된다. 그리고 중요한 것은 이 기술이 다른 자동 과정으로 전이된다는 것이다. 즉 '감정적 행동 자각'이 높아지며, 결과적으로 어떤 사람에게는 '충동 자각'에 도움을 주기도 한다. 나는 내 설명이 맞는지 확인하기 위해서, 명상으로

유명한 전문가와 감정과 뇌의 전문가들에게 자문을 구했는데 그들은 설득력 있다고 생각했다.[3]

나는 알아차림 명상이 여러분에게 도움이 되는지 한번 시도하기를 권한다. 앞에서도 말했지만 결코 쉽지 않을 것이며, 꾸준히 규칙적으로 하지 않는 한 감정생활에 큰 도움은 되지 않을 것이다. 모든 큰 도시의 전화번호부는 명상 센터의 전화번호를 싣고 있고 무료로 배울 수 있는 센터도 종종 있다. 명상에도 여러 가지 종류가 있지만, 당신이 찾아야 할 곳은 알아차림 명상이다. 혼자서 배울 수 있는 안내서도 많이 나와 있다.[4]

이제 타인이 느끼는 감정에 대한 자각을 높이는 문제로 가보자.

10장에서 나는 숨겨진 감정을 드러낼 수 있는 미표정을 설명했지만, 5장부터 8장까지에서 설명한 '미세한' 변화 즉 얼굴표정에 일어난 미세한 변화에 대해서는 아무 말도 하지 않았다. 당신이 무엇을 살펴봐야 하는지 안다면 때로는 미세한 표정을 보인 상대방이 자신이 감정적이 되는 것을 자각하기도 전에 그 사람의 감정을 알 수 있을 것이다. 때때로 미세한 표정을 보이는 사람들은 자신이 어떤 감정을 느끼는지 정확하게 알지만 그 감정을 내보이고 싶어하지 않는다. 하지만 그 표정을 검열하려는 시도를 벗어나 새어 나오는 모든 것이 미세한 표정이고, 나는 그것을 '누설'이라고 불렀다.[5]

부록에 있는 테스트 그리고 5장에서 8장까지에 있는 이브의 사진은 내가 발견한 미세한 표정 전부를 보여주고 있다. 내가 만들어낸 미세표정훈련도구SETT: Subtle Expression Training tool라는 새로운 방법에 의해서 당신 눈앞에 제시된 이 사진들은 생생해질 것이다. 그것으로 연습을 거듭할수록 당신은 더 나아질 것이다.

내가 개발한 미표정훈련도구METT와 미세표정훈련도구SETT는 수많은 직업군에서 수천 명의 사람들에 의해서 이용되고 있다. 이 두 가지 도구의 향상된 버전을 지금 막 완성했다(추가 정보는 나의 웹사이트https://www.paulekman.com/micro-expressions-training-tools를 보라). METT2는 84명의 사람을 보여주고 있는데, 절반은 남성이고 절반은 여성으로서 6가지 인종으로 구성되어 있다. SETT2는 이 책에 등장하는 수많은 사진에 추가해서 6가지 다른 인종으로 구성된 남녀 사진을 포함하고 있다.

감정생활을 향상시키기 위한 기술은 습득하기가 어렵다. 그중에 어떤 기술은 유지하기 위해서 지속적인 훈련이 요구된다. 내가 방금 설명했던 자각 기술이 그런 사례다. 기술의 일부는 자전거 타는 법을 배우는 것과 같다. 일단 배우면 그것은 계속 유지되고 당신은 계속 훈련할 필요가 없다. METT와 SETT에서 배우는 것은 자전거 타기를 배우는 것과 비슷해 보인다. 실천은 잠시 도움을 주고 점점 힘을 잃게 되지만, 그런 다음에는 자기 것이 되어 있다. 당신의 눈은 이제 배워서 알고 있다.

그러나 지식 없는 기술은 충분하지 않다. 감정생활을 향상시키기 위해서는 각 감정을 이해해야 한다. 즉 각 감정에 관련된 사연, 감정을 유발하는 보편적 테마, 그런 테마 위에 생기는 일상적인 변형, 감정의 기능(감정이 우리를 위해서 무엇을 하는가?), 감정이 기분과 무슨 관계에 있는지 그리고 각 감정이 언제 어떤 정서장애를 일으키는지를 알아야 한다. 나는 이것을 5장에서 9장까지에 걸쳐서 설명했다. 앞으로 수년 내, 감정 연구가 지속적으로 신속하게 성장하면 더 많은 사실이 밝혀지리라 확신한다. 계속해서 관심을 갖자.

부록

표정 읽기 테스트

이 책을 읽기 전에, 5장에서 9장에 걸쳐 있는 사진을 보기 전에 이 테스트를 해볼 것을 권한다. 그리고 그 사진들을 공부한 다음에 또 한 번 해볼 것을 제안한다. 이것이 당신의 첫 테스트라면 그리고 특히 당신이 이 책에 깊이 들어가기 전이라면, 이 테스트를 가장 잘 활용하는 방법이 무엇인지에 대한 이 도입부분을 읽기 전에 다음 페이지에 실려 있는 사진들을 보지 않도록 하라.

당신은 왜 이런 테스트가 필요한가? 표정을 읽는 법은 누구나 이미 알고 있는 것이 아닌가? 내 연구는 이미 그것이 선천적인 능력이라는 사실을 밝히지 않았는가? 나는 우리가 감정의 표정을 짓는 법을 배울 필요가 없다는 점을 확신한다. (표정은 진화과정을 통해서 미리 설정되어 있고, 감정이 일어날 때 자연스럽게 생긴다.) 하지만 그런 신호를 인식하는 능력이 진화를 통해서 미리 설정된 지시에 따라서 작동되는 것인지, 아니면 인생의 초기에 학습되는 것인지는 그리 분명하지 않다. 어쩌면 중간 지대가 있을 수도 있는데, 즉 미리 설정된 지시가 심각하게 교란에 빠진 초년의 경험에 의해서 손상되거나 파괴될 수 있다. 그런 결함이 왜 생겨나는지는 우리가 알 수 없지만, 보살핌을 잘 받은 어린이들보다 방치되거나 학대받은 어린이들은 감정의 여러 표정 차이를 인식하는 능력이 떨어진다.[1]

다행스럽게도 대부분의 사람들은 어린 시절에 방치되거나 학대당하

378

지 않았으며, 따라서 상대방의 목소리와 얼굴에 표정이 강하고 그 표정을 보이는 사람이 신호를 줄이거나 숨기려고 시도하지 않을 때 감정적 표정을 인식할 수 있다. 물론 그렇지 못한 경우도 종종 있다. 내 연구[2]에서는 대부분의 사람들이 이 책에서 설명한 더 미세한 표정에 담긴 정보를 충분히 이용하지 못하는 것으로 드러났다. 많은 대화에서 확실하고 강한 표정보다는 미세 표정이 훨씬 자주 나타나고, 종종 가장 중요하다. 미세 표정이야말로 아직 말로 하지 않은 것, 어쩌면 영원히 말로 하지 않을 것을 우리에게 가르쳐줄 수 있기 때문이다.

감정을 막 경험하기 시작할 때는 강하지 않은 표정으로 나타날지도 모른다. 그것은 근육이 거의 수축하지 않은, 아주 '약한' 표정으로 나타날 수도 있다. 또는 얼굴 전체에 나타나는 '완전한' 표정이 아니라, 얼굴 일부에만 나타나는 '부분' 표정이 된다. (모든 감정이 최초에는 약한 강도라고 할 수는 없다는 점을 유의해야 한다. 처음부터 강한 감정으로 나타날 수도 있다.) 자신에게 일어나는 표정의 신호를 약화시키기 위해서 감정표현을 조절하려고 할 때에도, 약한 표정 또는 부분 표정이 될 수 있다. 우리는 약한 표정이나 부분 표정을 볼 때 그것이 이제 막 시작되었거나, 현재 조절되어서 약하게 나타난다고 상정할 수 있다.

만일 감정신호를 모두 제거하려고 한다면, 그것은 '미표정'이 될 가능성이 있다. 그 경우, 표현된 시간은 아주 짧아서 통상 1/5초 이하다. 미표정은 자신이 어떻게 느끼는가의 신호 전부를 감추려고 의식적으로 노력할 때 생긴다. (당사자는 자신이 이렇게 느끼고 있는가를 알고 있지만, 타인에게는 알리고 싶어하지 않는다.) 자신이 어떻게 느끼는지 의식하고 있지 않아도 무의식중에, 표현을 금지하려고 할 때에도 미표정이 생긴다.

미표정은 아주 짧지만 완전한 표정일 수도 있고, 아주 짧으면서 부분

표정이나 약한 표정으로 드러날 수도 있다. 미(아주 짧은)표정과 부분(얼굴의 일부에만 드러나는) 표정과 약한(근육의 수축이 작은) 표정, 이 셋이 결합된 표현은 읽어내기가 가장 어렵다. 그러나 훈련한다면 가능한 일이다.

테스트 순서

선이 그어진 종이를 한 장 준비한다. 그리고 각 줄에 1번에서 14번까지 번호를 매긴다. 1번 줄 위에 분노, 두려움, 슬픔, 혐오, 경멸, 놀람, 즐거움이라는 단어를 적는다. 이 단어들은 다음 여러 페이지에 실린 14개의 사진 하나하나의 표정에 대한 가능한 선택지들이다. 만일 어디에도 해당하지 않는다고 생각할 때는 스스로 적당한 말을 기입할 수 있다. 책갈피로 쓸 만한 쪽지도 함께 준비하라.

개별 사진을 보는 시간은 몇 분의 1초로 제한한다. 그렇게 하면 미표정을 볼 때와 비슷할 것이다. 나중에 더 긴 시간 동안 보고 더 잘 하는지 알아볼 것이다.

당신이 보는 사진의 얼굴 사이즈는 실물 크기, 즉 정상적인 사람의 얼굴 크기여야 한다. 사진의 얼굴 크기가 작기 때문에, 팔을 뻗어서 사진을 들어야 한다. 그렇게 되면 당신의 망막에서의 사진 크기는 보통 앉아서 대화할 때 상대의 얼굴 정도의 크기처럼 보일 것이다.

중요한 것은 한 번에 사진 한 장만 봐야 한다는 것이다. 가능한 한 짧게 보고 곧바로 책을 덮어라. (그때 책갈피를 꽂아둔다면, 곧 그 페이지로 돌아갈 수 있을 것이다.) 사진이 어떤 감정을 나타내는지 모르는 경우가 종종 있을 테지만, 결코 다시 보아서는 안 된다. 직감을 이용하고, 직관을 옴

직여서, 필요하다면 추측도 해보라. 왜냐하면 자기가 자각하지 못하는 사이에 표정을 알았을 수도 있기 때문이다. 이들 표정은 보편적인 것으로, 당신에게 깊이 각인되어 있음을 기억하라. 1번 줄 위에 나열된 단어에서 하나를 골라서 기입하라. 또는 더 맞다고 생각하는 다른 단어를 기입하라. 이러한 순서를 14장의 사진 전부를 볼 때까지 반복하라.

이제 사진들을 두 번째로 볼 시간인데 좀 더 오랫동안 볼 것이다. 시작하기 전에 몇 분 동안 휴식을 취하고, 각 사진에 대한 첫인상이 기억나지 않도록 새로운 종이를 사용하는 것이 좋다. 준비가 되면 팔을 뻗어서 책을 들고 한 번에 한 장의 사진을 1초 동안만('하나 둘 셋'이라고 천천히 말하면 1초일 것이다) 본다. 그래서 그 얼굴에 대한 당신의 해석을 적어둔다. 왜 1초만 보라고 하는지에 대해 의문이 생길 수도 있으리라. 표정은 분명히 종종 그것보다 오래 지속되는 것이 아닌가. 대화할 때 거의 대부분의 표정이 0.5초에서 2.5초 동안 지속하는 것을 우리는 발견했다. 대부분의 표정은 1초 이상 지속되지만, 대화할 때 당신은 상대의 표정만이 아니라 말, 목소리, 몸짓에 주의를 빼앗긴다. 그리고 다른 분산 요인으로, 말할 것도 없이 그 사람의 언동에 대한 당신의 생각에도 주의를 빼앗기기 때문이다.

두 번째의 테스트가 끝난 뒤, 아직 인내심이 있다면 다시 한 번 테스트를 하면 좋을 것이다. 이번에는 표정을 해석할 때까지 오래 볼 수 있다.

해답을 볼 준비가 되면, 396페이지를 보라. 직관으로 얼마나 맞혔는지, 연습으로 얼마나 맞혔는지 점수를 매겨본다.

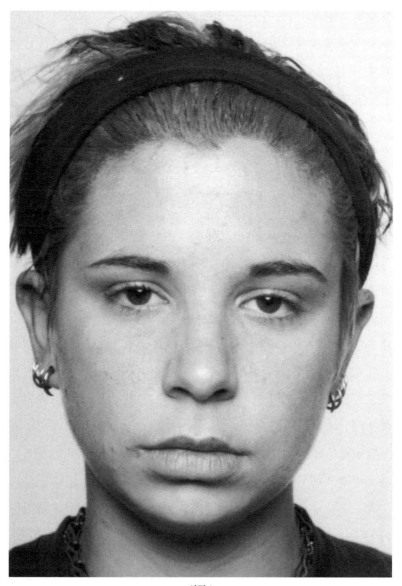

사진 1

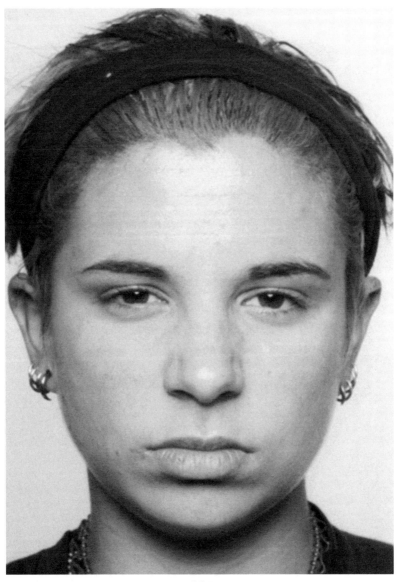

사진 2

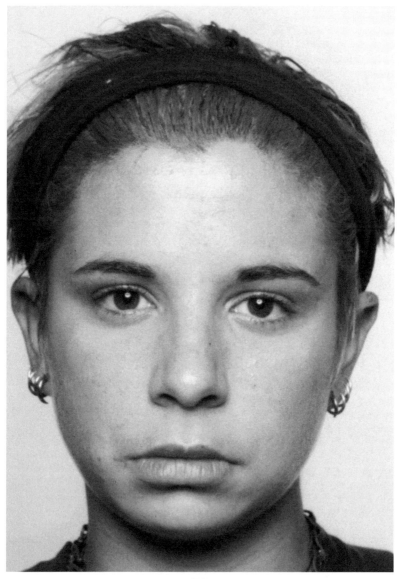

사진 3

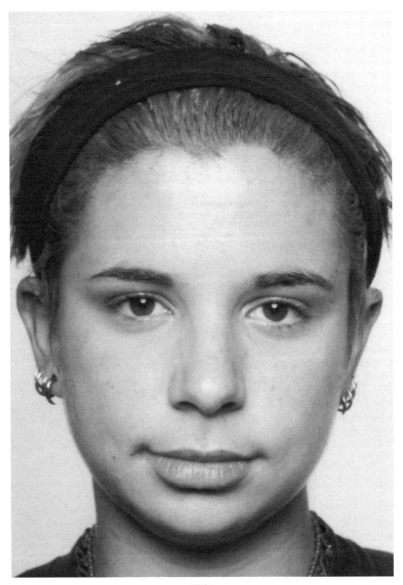
사진 4

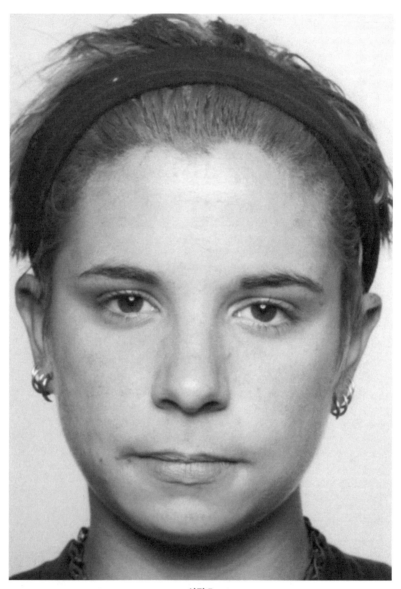

사진 5

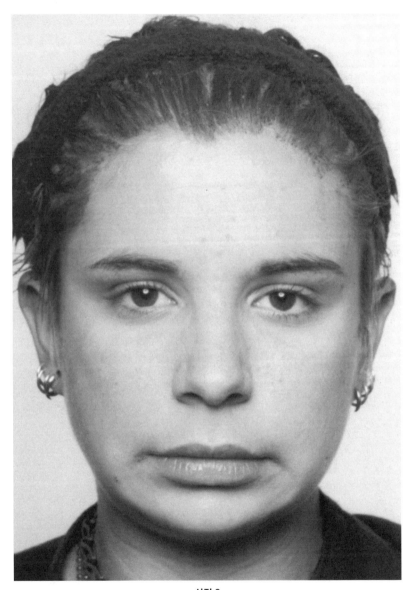

사진 6

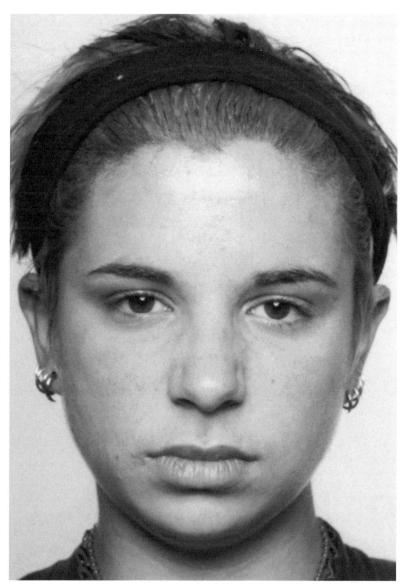

사진 7

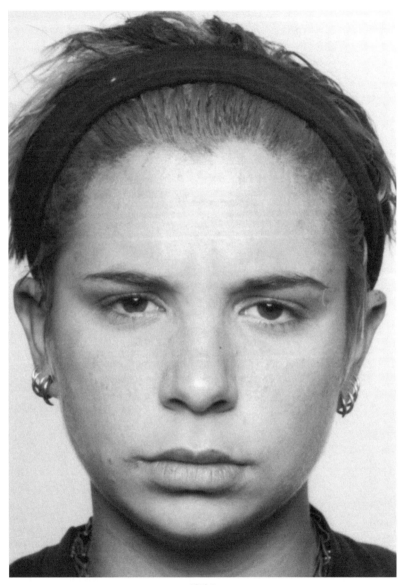

사진 8

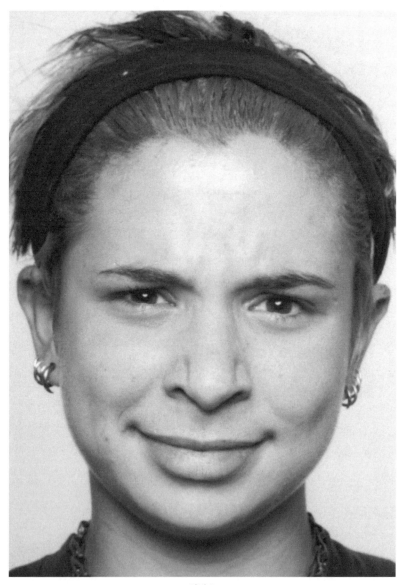

사진 9

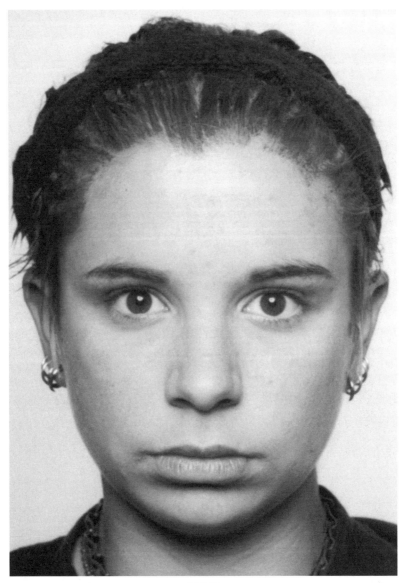

사진 10

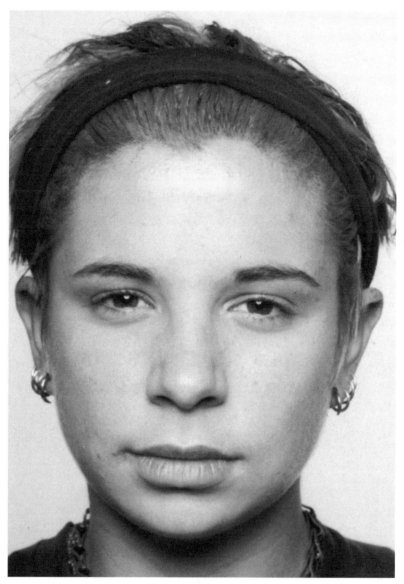

사진 11

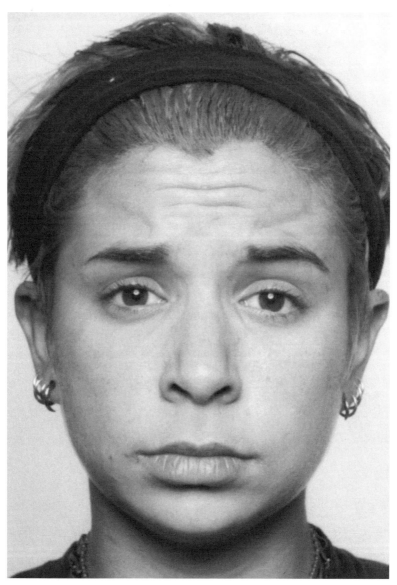

사진 12

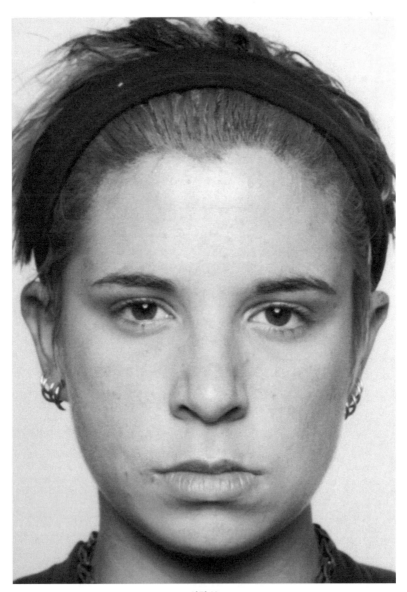

사진 13

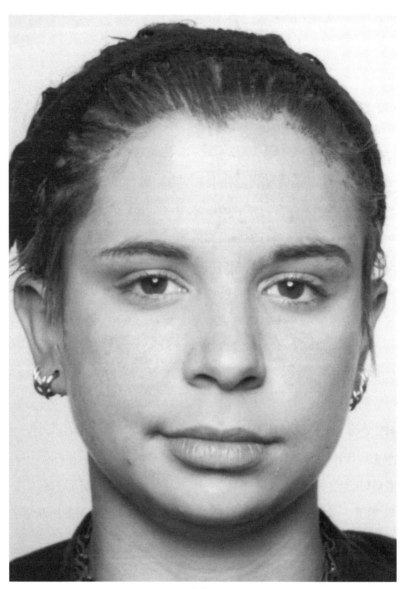

사진 14

사진 1

약한 슬픔. '울적하다' '의기소침하다' '우울하다' 등과 같은 슬픔과 연관된 단어를 생각했다면 그것도 정답이 될 수 있다. 이 사진에서는 위 눈꺼풀이 처져 있는 표정이 보인다. '피곤하다'나 '졸리다'도 정답이 될 수 있다. 그것은 슬픔과 관련된 단어여서가 아니라, 처진 눈꺼풀은 슬플 때만이 아니라 피곤할 때도 나타날 수 있기 때문이다. 하지만 피곤해서 위 눈꺼풀이 처진 경우에는 눈의 초점도 흐려질 것이며, 때로는 하품이나 고개를 흔드는 동작도 함께 나타날지 모른다. 슬픔의 신호에 대한 것은 5장을 보라.

사진 2

혐오. 이번에도 이 감정과 관련된 어휘는 정답이 될 수 있다. 하지만 '짜증나다' 같은 분노 계열의 어휘는 안 된다. 단서는 코의 잔주름과 두 눈의 간격을 좁히는 약한 근육 수축이다. 분노와 혐오를 구분하는 방법은 8장에 있다.

사진 3

이 표정도 약한 슬픔이다. 이번에는 양끝을 약간 내린 입술로 그것을 표현하고 있다. 이 사진의 입술 위치와 사진 1의 이완된 입술 위치를 비교해보라. 5장에서 서술한 것처럼 슬픔은 입술이나 눈꺼풀 또는 둘 다를 통해 표현될 수 있다.

사진 4

약한 즐거움. '기쁘다' '괜찮다' '기분 좋다' 등의 단어면 모두 정답이다. 이 사진의 입술과 사진 1의 이완된 입술을 비교해보라. 9장 즐거움의 표정에서 설명한다.

사진 5

상당히 억제된 혹은 매우 약한 분노(짜증), 또는 결의도 될 수 있다. 유일한 단서가 입술을 약간 다물어 좁아져 있는 것이라면 단정하기는 어렵다. 애매하더라도 이 단서를 놓쳐서는 안 된다. 왜냐하면 그런 신호를 실생활에서 식별한다면, 그것이 나타난 타이밍이나 당신과 상대가 주고받은 대화의 내용으로부터, 그것이 분노의 신호일지 결의의 신호일지 알아낼 수 있을 것이기 때문이다. 이 표정은 분노의 아주 초기 단계일 가능성이 있고, 문제가 되돌릴 수 없을 정도로 악화되기 전 당신에게 경고하는 것일 수 있다. 때로는 상대방 자신이 화가 나 있음을 자각하기도 전에 이 신호가 나타나기도 한다. 분노의 신호에 대한 상세한 설명은 6장에서 더 다룬다.

사진 6

약한 두려움 또는 상당히 억제된 두려움. 가장 일반적인 실수는 이것을 혐오의 표정으로 해석하는 것이다. 두려움의 단서가 되는 것은 약간 펴진 입술이다. 실제 그 순간 두려움을 느끼고 있지는 않지만, 두려웠던 순간의 일을 말하거나 생각하고 있을 때에도 이러한 미세한 두려움의 표정을 보이는 일이 있다. 두려움은 7장에서 설명한다.

사진 7

이것도 혐오다. 이번에는 눈이나 코가 아니라 약간 위로 올라간 윗입술에 그것이 나타난다. 사람을 경멸할 때 이 표정이 나오기도 한다. 혐오에 대한 더 많은 설명은 8장에 나온다.

사진 8

기분 나쁨, 불행, 비참함, 곤혹…… 모두가 정답일 가능성이 있다. 그것들은 모두 목표의 달성을 방해받는다는 분노의 테마를 가리키고 있다. 고도로 억제된 분노일 가능성도 있다. 내려온 눈썹과 경직된 아래 눈꺼풀은 분노의 신호다. 더 상세한 사항 그리고 어느 감정인지 알아내는 방법에 대해서는 6장을 참조하라.

사진 9

분노를 위장한 표정. 이 사람이 기뻐 보이는 이유는 입술이 웃고 있기 때문이다. 그러나 즐거운 감정을 느낄 때는 눈썹이 이렇게 되지 않는다. 이것은 웃음으로 분노(눈썹에 보이는 감정)를 위장하려는 시도, 즉 분노와 즐거움이 혼합된 표정, 아니면 곤혹스럽거나 어리둥절한 상태를 즐기는 표정 둘 중 하나일 것이다. 이 사진의 눈썹은 사진 8의 눈썹과 같은 모양이지만 눈썹의 움직임은 이 사진이 더 강하다. 분노에 대해서는 6장에서 상세히 다룬다.

사진 10

두려움 혹은 놀람, 혹은 무언가에 골몰한 표정이다. 올라간 위 눈꺼풀밖에 단서가 없을 때는 특정하기가 어렵다. 만일 두려움이나 놀람이라면, 약하게 느끼고 있든지, 강한 느낌들을 상당히 잘 억제하고 있든지 둘 중에 하나다. 두려움과 놀람은 7장에서 설명할 것이다.

사진 11

억제된 분노, 이제 막 시작된 아주 약한 짜증이 난 표정이거나 (문자 그대로 혹은 비유적으로) 무언가에 집중할 수 없을 때도 이런 표정이 나온다. 단서가 긴장한 눈꺼풀이므로, 앞뒤 상황을 참고해야 정확한 감정을 제대로 확인할 수 있다. 분노에 관해서는 6장에서 상세히 설명한다.

사진 12

걱정이나 불안, 혹은 억제된 두려움. 눈썹의 모양은 이런 감정들을 드러내는 가장 신뢰할 수 있는 신호의 하나다. 7장에서 이 눈썹 모양과 놀랄 때의 눈썹 모양의 차이를 분명히 할 것이다.

사진 13

억제된 분노, 혹은 짜증. 단서는 턱인데 앞으로 돌출되어 있다. 아래 눈꺼풀도 약간 경직되어 있다. 분노의 표정에 관해서는 6장에서 폭넓게 다룬다.

사진 14

경멸, 잘난 체, 모멸. 한쪽 입술의 끝이 경직된 표정은 이 계통의 감정을 의미한다. 경멸에 대한 상세한 정보와 경멸이 혐오와 어떻게 다른가 하는 점은 8장에서 다룬다.

많이 틀리더라도 걱정할 필요는 없다. 이들 사진을 한순간 보고 5개 이상의 정답을 맞힌 사람은 거의 없다. 오래 본 경우에도 대부분은 겨우 10개 정도다. 맞히기가 어려운 이유는 부분 표정이든지 약한 표정이기 때문이다. 그 가운데는 두 가지 감정이 혼합되어 있는 것도 있다. 개별 감정이 얼굴에 어떻게 나타나는지 설명을 읽고, 미세한 표정의 얼굴 사진을 더 많이 보고, 얼굴 신호를 더 많이 알게 된다면 얼굴에 나타난 감정을 파악하는 일이 훨씬 용이하게 되리라.

이 장을 시작할 때 미세 표정에는 세 종류가 있음을 지적했다. 부분 표정, 약한 표정, 미표정이 그것이다. 비록 당신이 이 테스트의 얼굴 사진에 나오는 것 같은 부분 표정이나 약한 표정, 더욱이 얼굴에 일순 스쳐 지나가는 미표정을 파악했다고 해서, 왜 감정이 그런 식으로 나타났는지는 알 수 없다는 사실을 마음에 새겨두어야 한다.

가능성은 몇 가지가 있다.

약한 표정

- 감정의 시작
- 약한 감정
- 약화된 감정
- 숨길 수 없었던 감정

부분 표정

- 약한 감정

- 약화된 감정

- 숨길 수 없었던 감정

미표정

- 의도적인 감정 억제

- 무의식적인 감정 억제

가능성이 너무 많아서, 이 정보를 효과적으로 활용할 수 없겠다고 생각할 수도 있을 것이다. 그러나 사람들이 어떤 감정을 느끼고 있는가를 의식적으로 아는 것은 의사소통의 질을 높인다. 경우에 따라서는 맥락이나 부분 표정 또는 약한 표정에 근거해서 상대의 감정이 이제 막 시작되었다는 것을 알 수 있을지 모른다. 내가 3장에서 논의했던, 상대방이 불응기에 빠져 있는 동안 당신이 보여주는 반응이 차이를 만들 수도 있다. 때로는 상대방이 자신의 감정 상태를 깨닫기 전에 우리가 먼저 알 수도 있는데, 특히 그 신호가 감정을 억제한 결과로 나타난 미표정이라면 더욱 그렇다. 또 상대방이 표정을 약하게 하거나 숨기려 하는 것을 알아차릴 수도 있다. 그것을 알아차리면 상대방의 언동에 대한 당신의 반응에 영향을 미칠 수도 있다. 5장에서 9장까지 설명했던 각 감정군에 대해 더 잘 알게 되고 약한 표정과 부분 표정을 읽어내는 연습을 한다면, 이 강력한 정보를 친구와의 관계, 직장과 가정 생활에도 적용할 수 있을 것이다.

이 책에 소개된 모든 미세 표정의 인지를 연습하기 위해서는 나의 웹 사이트www.paulekman.com를 방문하라. 그 웹사이트에서는 아주 짧은 미표 정을 인지하는 방법도 배울 수 있는 온라인 도구들을 제공한다.

책 앞에 헌사를 바친 미국 국립정신건강연구소NIMH의 몇몇 분들은 내가 1955년 대학원생 생활을 시작할 때 나의 진로에 관심을 보여주었다. 다른 분들은 이후 다년간에 걸쳐서 내 연구에 참여해주었다. 1955년에서 2002년에 이르는 놀라운 기간 동안 이들은 격려와 충고 그리고 경력 초기에도 상당한 신뢰를 보내주었다. 그들의 도움이 없었다면 나는 실험심리학자이자 대학교수가 될 수 없었을 것이며, 내가 쓰고 있는 내용에 대해 배울 수도 없었을 것이다. 이 책의 집필은 선임과학자상 K05M-H06092의 지원을 받았다.

나는 이 책을 두 외삼촌, 리오 시걸Leo Siegel과 고 로버트 세머Robert Semer에게 헌정한다. 열여덟의 경험 없던 시절 처음으로 이 세상에 홀로 서기를 시작했을 때 그들은 내가 공부를 계속할 수 있도록 해주었다. 그들은 내 인생에 없어선 안 될 분들이셨다.

월리 프리센과 나는 25년 동안 함께 일해왔다. 내가 글로 쓴 거의 모든 연구는 그와 함께 한 것이다. 그의 도움과 우정에 감사한다. 데이비드 리츠쉬와거David Littschwager는 이 책 5~9장에 실은 이브의 사진들의 구성에 대해 유익한 충고를 해주었다. 내 딸 이브는 이 책에 등장하는 표정을 짓고 그 외에도 수천 장이 넘는 사진을 찍을 수 있도록 인내심과 재능을 보여주었다. 완다 마츠바야시Wanda Matsubayashi는 25년 이상 내 조교였는데, 본문과 참고문헌을 구성해주었다. 데이비드 로저스David

Rogers는 포토샵 이미지를 조정해주었고, 상업용 사진에 대한 사용허가를 얻은 데 큰 도움을 주었다.

심리학자 리처드 라자루스와 필리프 셰이버Philip Shaver는 이 책 전반부 초고에 도움이 되는 피드백을 주었다. 필은 상세하고 통찰력 있는 편집을 해주었으며 내 사고에 도움이 되는 여러 가지 문제 제기를 해주었다. 철학자 헬레나 크로닌은 나를 격려하면서도 내 생각의 많은 부분에 이의를 제기했다. 정신과 의사인 밥 라이너어슨Bob Rynearson과 심리학자 낸시 엣코프Nancy Etcoff와 베릴 쉬프Beryl Schiff는 초고에 도움이 되는 충고를 주었다. 나에게 피드백을 준 학생들 중에서 특히 제니 비어스Jenny Beers와 그레첸 로바스Gretchen Lovas는 그들의 시간을 조금도 아끼지 않았다. 내 친구 빌 윌리엄스Bill Williams와 폴 카우프만Paul Kaufman은 나에게 유용한 제안과 비판을 해주었다.

현재 애틀랜틱 프레스 런던의 발행인인 토비 문디Toby Mundy는 내 책의 초기 모습을 보고 노력의 범위를 확장해보고 2장에서 4장까지 다룬 이슈와 씨름해보라고 격려해주었다. 클라우디아 소르스비Claudia Sorsby는 초기 원고에 대해 비판, 제안, 편집상의 도움을 제공했다. 타임스 북스의 내 편집자 로빈 데니스Robin Dennis는 내가 때로 소홀히 다루는 이슈를 검토하도록 독려하며 도움을 주었고 세심하게 편집을 해주었다. 내 에이전트 로버트 레셔Robert Lescher는 격려와 충고의 훌륭한 원천이었다.

이 책은 감정과 얼굴표정 연구 분야에서 세계적인 권위자 폴 에크먼이 수십 년에 걸쳐 이룬 연구 성과를 정리한 것이다. 저자는 이 책의 목표가 "독자들이 감정생활을 더 잘 이해하고 향상시키는 데 도움을 주는 것", 더 구체적으로는 감정과 관련된 네 가지의 핵심 기술을 향상시키는 데 도움을 주는 것이라고 말하고 있다. 감정적이 되는 순간을 말이나 행동으로 이어지기 전에 자각하게 하는 일과, 우리가 감정적일 때 행동을 선택할 수 있게 해서 타인에게 해를 끼치지 않으면서도 우리의 목표를 달성하는 일 등이다.

이 책은 문화나 사회와 관계없이 모든 사람이 경험하는 보편적인 감정을 다루고 있다. 저자는 보편적 표정을 분명히 드러내는 감정으로서 슬픔, 분노, 놀람과 두려움, 혐오와 경멸이라는 여섯 감정을 집중적으로 다루고 있다. 당혹감, 죄의식, 수치, 부러움이 보편적 감정임을 부인하지는 않지만 표정의 명확성에 대해 다소 의심을 가지고 있는 것 같다.

저자는 여섯 감정을 논한 다음 모두 16가지의 즐거운 감정을 설명한다. 즐거운 감정은 16가지인가? 이것들 전부가 개별적인 감정이 될 만한 자격이 있는가? 이 같은 물음에 대해서는 연구가 더 필요하다고 말한다.

그런데 저자가 사용해왔던 '기본감정basic emotions'이라는 용어가 적어도 이 책 본문에서는 사라졌다. 이 개념에 대한 여러 비판을 감안했을 수 있다. 놀람과 두려움의 표정들이 서로 얼마나 잘 구별될 수 있을까 하는 의혹을 저자 스스로도 품고 있다(248쪽). 그런데도 저자는 감정과 표정의 보편성에 대한 주장은 분명히 견지한다. 동시에 이 책 여러 군데에서 개인 간 차이, 개개인의 '감정 프로필'에 대해서도 깊은 관심을 드러내고 있다.

불교와 비교철학 전공자로서 역자(허우성)는 저자가 달라이 라마를 만난 일 그리고 그 만남이 저자의 감정 연구에 영향을 준 일에 유독 관심이 컸다. 저자는 이 책을 집필하는 동안 달라이 라마를 인도의 다람살라에서 만났다(2000년). 만남에 대한 자세한 과정은 《비언어적 메시지: 코드 깨기, 나의 인생역정Nonverbal Messages: Cracking the Code, My Life's Pursuit》(2016)의 24장에 잘 나타나 있다. 천성적으로 활동적인 그의 딸 이브가 중요한 연결고리가 되었다. 이브는 정치적으로 불행한 티베트인들의 처지에 강한 관심을 가졌고, 미국에서 가장 큰 규모의 '자유 티베트'고교 클럽을 창설했다. 이 일로 이브는 다른 아이들과 함께 달라이 라마를 친견할 수 있도록 다람살라로 초청받았고, 초청을 받은 사람은 한 사람을 동반할 수 있었다. 당시 저자는 불교나 달라이 라마에 대해 큰 관심이 없었지만, 딸과 함께 인도로 가서 달라이 라마를 만나게 되었다. 1950년 중국의 티베트 침공과 점령, 1959년 달라이 라마의 인도 망명, 티베트 불교의 세계화 등 일련의 역사적·정치적 사건이 동·서양의 두 인물을 만나게 해준 셈이다.

저자는 이 책에서도 이 만남에 대해 비교적 상세히 적고 있다(40쪽). 이런 만남이 저자에게 끼친 영향 중 특히 역자의 시선을 끈 것은 '반성적 자각'에 대한 저자의 깊은 관심과 논의였다. 저자 자신도 그전부터 감정이나 감정적 행위를 자제할 수 있어야 한다는 믿음은 가지고 있었던 듯하지만, 불교의 '알아차림mindfulness, 正念'을 알게 되면서 그런 믿음이 더 강화되었을 것이라는 인상을 지울 수 없었다. 우리가 감정을 느낄 때 다른 유형의 감정적 의식, 한 걸음 뒤로 물러서는 능력이 필요하다고 본 저자는 이런 의식이나 능력이 불교 사상가들의 '알아차림'에 가깝다고 말한다(132쪽).

'알아차림'은 저자 자신이 말하는 반성적 평가나 반성적 자각과 유사하다. 저자에게 "감정은 하나의 과정으로, 인류 진화에서의 과거와 개인의 과거에 영향을 받는 특수한 자동평가의 일종이다."(37쪽) 자동평가를 그대로 따라가는 것이 긍정적인 경우도 물론 있다. 특히 우리가 공포의 순간을 경험하고 이에 대해 무의식적으로 대응해야 할 경우가 그러하다. 예를 들면, 차를 운전하고 있을 때 갑자기 저편에서 다른 차가 빠른 속도로 달려와 당신의 차와 거의 충돌할 뻔한 경우를 떠올려보자. "자동평가는 반성적 평가에 필요한 시간을 줄임으로써 우리를 종종 재앙에서 구해줄 수 있고 실제로 구해주기도 한다."(67쪽)

하지만 자동평가가 아닌 반성적 평가가 필요한 때도 있다. 특히 분노와 같은 파괴적인 감정의 경우다. "반성적 평가의 긍정적인 면은 반성의 결과로서 감정이 일어날 때 벌어지는 상황에 영향을 미칠 기회가 있다는 것이다."(67쪽) 이 구절에 달린 각주에서 저자는 달라이 라마의 견해를 소개하고 있다.

달라이 라마가 말하는 '파괴적 감정'과 그것으로부터 자유로워시기 위한 불교 수행에 대해 들으면서, 나는 달라이 라마를 비롯한 불교 수행자들이 성취한 것이 자동평가를 반성적 평가로 대체하는 것이라는 인상을 받았다. 다년간 수행을 거듭하면 대부분의 경우 감정적이 되지 않도록 할 수 있게 되는 것이다. 설령 감정적일 때라도 타인에게 해가 되지 않도록 행동하고 말하는 것이 가능해지는 것 같다. 나는 장차 이러한 능력이 어떻게 성취되는 것인지 그리고 단기간에 그 능력을 성취할 다른 방법이 있는지 연구할 수 있기를 바란다(67쪽).

저자는 비슷한 취지로 요가 수행자가 자동평가를 취소하는 방식, 즉 '시간을 늘리는' 방식에 대해 언급하기도 한다. "달라이 라마와 만났을 때, 그는 일부 요가 수행자들은 시간을 늘릴 수 있다고 말했다. 그들은 자동평가가 일어나는 극미極微의 찰나를 연장해서 평가과정을 의식적으로 수정하거나 취소할 수도 있다고 한다." 자동평가가 일어나는 순간이라는 극미의 찰나를 연장해서 평가과정을 수정하거나 취소하게 하는 것이 바로 '평가 자각appraisal awareness'이다. 그러나 이런 자각은 자신에게도 쉽지 않은 일이라는 달라이 라마의 말을 저자는 덧붙였다(134쪽). 평가 자각이 불교의 정도正道였다면 인도의 붓다에게는 가능했을 것 같다.

자동평가가 평가 자각 없이 순식간에 일어났다고 해보자. 자동평가 이후 감정적 행동 이전에 우리는 무엇을 해야 하는가? 저자는 '머릿속에 일어나는 일'을 자각하는 일이라고 말하고 있다. 머릿속에 일어나는 일은 바로 특정 언동에 대한 충동을 가리킨다. 이제 막 일어난 충동을 자각하는 것이므로, 저자는 이를 '충동 자각'이라고 부른다. 우리가 만일 그런 '충동 자각'을 성취할 수 있다면, 그 충동을 실행으로 옮길지 말지를 결정할 수 있으리라. 불교도들은 자신들이 충동 자각을 얻을 수 있다고 믿지만, 그것은 수년에 걸친 명상 수행을 필요로 한다.

그 대신 저자가 제안하는 것은 감정이 일어나는 바로 그 순간 경험하고 있는 것을 자각하는 의식, 일종의 메타의식이다. 저자는 이런 유형의 의식을 '느끼는 감정을 주의 깊게 관찰함', 더 줄여서 '주의 집중'이라고 명명했다. 이렇게 "자신의 감정에 '주의를 집중하게' 되면 어떤 감정적 사건에서도 우리 자신을 관찰할 수 있다. …… 그렇게 한다면 스스로가 감정적이라는 사실을 알아차리고 자신의 반응이 올바른 것인지 생각할 수 있고, 사건을 재검토하고 재평가할 수 있다."라고 그는 말한다(135쪽).

주의 집중! 이것도 대부분의 사람에게 어렵다. 하지만 저자는 그 가능성은 믿고 있다. 그런 방법으로, 그는 5장에서 9장에서 다루고 있는 개별 감정의 원인들에 대한 지식을 활용해 감정의 유발요인을 아는 것, 감정에 있는 특유의 감각과 신체의 느낌에 대해 더 알게 되는 것(불교 명상 포함), 우리와 관계있는 타인의 감정적 느낌을 잘 관찰하는 것 등을 제시하고 있다. 이 책의 후기에서도 저자는 알아차림 명상과 호흡 명상을 적극 권유하고 있다.

저자는 분노 조절의 중요성에 대해 거듭 언급하고 있다. 분노에 대한 달라이 라마의 태도를 소개한 곳도 흥미롭다. 저자는 누군가가 자식을 살해하려고 협박할 때, 다른 방법이 없을 경우에는 우리가 분노하여 그를 해치더라도 정당화된다고 보고 달라이 라마에게 의견을 구했다. 이에 달라이 라마는 조금 망설이며 이 점에 동의했다고 한다(103쪽). 달라이 라마는 이런 폭력이 정당하다고 보면서도(201쪽) 그에게 망설임이 여전히 남아 있다는 것이 보통 사람과는 달라 보인다.

이 책의 목표는 '감정에 대한 주의 집중' 또는 감정적 자각을 얻어서, "우리 자신을 더 잘 이해하는 것"(144쪽)이다. 저자는 이런 방향으로 더 나아가서 달라이 라마와의 대담집인 《감정적 자각: 심리적 균형과 자비의 방해물 뛰어넘기Emotional Awareness: Overcoming The Obstacle To Psychological

Balance and Compassion》(2008)를 출판하게 되었다.

저자가 보여주는 과학자로서의 겸손함도 돋보인다. 그는 20년 이상 살아온 부부도 상대가 화내는 원인을 속속들이 알 수는 없다고 고백하고 있다. 자신이 부인에 대해 아는 것은 서로 분노의 유발요인이 다르다는 점, 자신이 부인보다 화를 빨리 낸다는 점 정도라는 것이다. 감정과 표정 연구의 대가인 저자가 자신의 아내에 대해 이 정도라면, 우리는 배우자나 다른 사람을 얼마나 안다고 할 수 있을까?

이 역서는 심리학 박사과정을 밟고 있는 딸과의 공역이다. 두 사람은 번역 과정에서 의문이 생길 때마다 충분히 협의하려고 노력했다. 어떤 경우 딸이 젊은 감각으로 다른 의견을 제시한 경우도 있지만 나는 설득했고 그는 따라주었다. 그 반대 방향이 더 옳았을까? 기존의 한글역과 일역(顔は口ほどに嘘をつく, 스가 야스히코菅 靖彦 訳, 河出書房新社, 2006年 初版, 2016年 11刷)을 참조하기도 했다. 독자들의 편의를 위해 원서에는 없는 소제목을 달기도 했다. 이런저런 이유로 불완전한 곳이 있을 수 있다고 생각한다.

바다출판사의 김은수 편집자를 비롯한 편집팀에게도 깊은 고마움을 표한다. 그 분들의 이해와 협력이 없었다면 이런 책은 나오기 어렵다고 느낀다.

독자들이 자신과 타인의 감정을 잘 이해해서 화를 줄이고 부드러운 인간관계를 이뤄 행복하게 살아가는 데 이 책이 도움이 되길 바랄 뿐이다.

허우성

1. 문화를 초월한 감정

1 Ekman, P. & Friesen, W. V. 1969. "The repertoire of nonverbal behavior: Categories, origins, usage, and coding." *Semiotica*, 1: 49-98. Ekman, P. & Friesen, W. V. 1974. "Nonverbal behavior and psychopathology." In R. J. Friedman & M. N. Katz (eds.), *The Psychology of Depression: Contemporary Theory and Research*. Washington, D.C.: J. Winston. 203-32쪽을 보라.

2 나의 작업은 동일한 주제에 관심을 갖고 있는 학자들에게 일일이 만날 것을 제안하는 편지를 보냈던 캐럴 에먼스(Carrol Emmons)에게 신세진 바 있다.

3 Ekman, P., Sorenson, E. R. & Friesen, W. V. 1969. "Pan-cultural elements in facial displays of emotions." *Science*, 164(3875): 86-88.

4 Izard, C. 1971. *The Face of Emotion*. New York: Appleton-Century-Crofts.

5 Birdwhistell, R. L. 1970. *Kinesics and Context*. Philadelphia: University of Pennsylvania Press.

6 내가 W. V. 프리센과 함께 표시규칙에 대해 쓴 것은 *Semiotica*에 발표한 논문 "The repertoire of nonverbal behavior"(1969)에서였다. 표시규칙에 대해서는 내가 쓰기 전에 내 논문보다는 덜 상세했지만, 오토 클라인버그(Otto Klineberg)나 다른 연구자의 저작에 언급되어 있다. 다만, 내가 그 규칙에 대해 썼을 때는 그것을 알지 못했다. Kleinberg, O. 1940. *Social Psychology*, New York: Holt.

7 Ekman, P. 1972. "Universals and cultural differences in facial expressions of emotion." In J. Cole (ed.), *Nebraska Symposium on Motivation, 1971*. Lincoln, Neb.: University of Nebraska Press. 207-83쪽을 보라.

8   Johnson, H. G., Ekman, P. & Friesen, W. V. 1975. "Communicative body movements:
    American emblems." *Semiotica*, 15(4): 335 – 53.

9   이 연구에 합류한 사람은 동료 월리 프리센, 당시의 아내 다이애너 러셀(Diana Russell),
    네빌 호프먼(Neville Hoffman) 부부였다. 1967년 내가 뉴기니로 첫 여행을 갔을 때, 네빌
    은 마을사람들이 중병일 경우에 찾아오는 지역 병원에서 오스트레일리아인 의사로서
    2년간의 근무를 막 마친 참이었다. 네빌은 마을 사람들에게 인기도 있었고 잘 알려져
    있었다. 네빌 부부는 피진어도 잘 알았다.

10 Ekman, P., Friesen, W. V., O'Sullivan, M., Chan, A., Diacoyanni – Tarlatzis, I.,
    Heider, K., Krause, R., LeCompte, W. A., Pitcairn, T., Ricci – Bitti, P. E., Scherer, K. R.,
    Tomita, M. & Tzavaras, A. 1987. "Universal and cultural differences in the judgments
    of facial expressions of emotion." *Journal of Personality and Social Psychology*, 53: 712 –
    17. Ekman, P. 1999. "Facial expressions." In T. Dalgleish & T. Power (eds.), *The Hand-
    book of Cognition and Emotion*. Sussex, U.K.: John Wiley & Sons. 301 – 20쪽을 보라.

11 당시 칼은 나의 아내였던 다이애나의 옛 룸메이트(Eleanor Rosch)와 결혼한 상태였다.
    내 아내가 그의 아내에게 내가 발견한 내용을 말했고, 그의 아내가 그에게 그 내용을
    전했다.

12 Ekman, "Universals and cultural differences in facial expressions of emotion."

13 Wierzbicka, A. 1999. *Emotions Across Languages and Cultures: Diversity and Universals*.
    Paris: Cambridge University Press.

14 Thompson, J. 1941. "Development of facial expression of emotion in blind and seeing
    children." *Archives of Psychology*, 37. Fulcher, J. S. 1942. "'Voluntary' facial expression
    in blind and seeing children." *Archives of Psychology*, 38. Eibl – Eibesfeldt, I. 1970.
    Ethology, the Biology of Behavior. New York: Holt, Reinhart and Winston. Galati,
    D., Scherer, K. R. & Ricci-Bitti, P. E. 1997. "Voluntary facial expression of emotion:
    Comparing congenitally blind with normally sighted encoders." *Journal of Personality
    and Social Psychology*, 73: 1363 – 79.

15 Ekman, P. & Friesen, W. V. 1978. *Facial Action Coding System: A Technique for the
    Measurement of Facial Movement*. Palo Alto, Calif.: Consulting Psychologists Press. 전
    자북 2판은 2002년에 출판되었다. Ekman, P. & Rosenberg, E. L. 1997. *What the Face
    Reveals: Basic and Applied Studies of Spontaneous Expression Using the Facial Action*

Coding System(FACS). New York: Oxford University Press. Cohn, J. F., Zlochower, A., Lein, J. & Kanade, T. 1999. "Automated face analysis by feature point tracking has high concurrent validity with manual FACS coding." *Psychophysiology*, 36: 35 – 43. Bartlett, M. S., Viola, P. A., Sejnowski, T. J., Golomb, B. A., Larsen, J., Hager, J. C. & Ekman, P. 1996. "Classifying facial action." In D. Touretzky, M. Mozer, & M. Hasselmo (eds.), *Advances in Neural Information Processing Systems 8*. Cambridge, Mass.: MIT Press. 823 – 29쪽을 보라.

16 참고가 되는 문헌이나 책을 아래에 들어둔다. Levenson, R. W., Ekman, P., Heider, K. & Friesen, W. V. 1992. "Emotion and autonomic nervous system activity in the Minangkabau of West Sumatra." *Journal of Personality and Social Psychology*, 62: 972 – 88. Levenson, R. W., Carstensen, L. L., Friesen, W. V. & Ekman, P. 1991. "Emotion, physiology, and expression in old age." *Psychology and Aging*, 6: 28 – 35. Levenson, R. W., Ekman, P. & Friesen, W. V. 1990. "Voluntary facial action generates emotion-specific autonomic nervous system activity." *Psychophysiology*, 27: 363 – 84. Ekman, P., Levenson, R. W. & Friesen, W. V. 1983. "Autonomic nervous system activity distinguishes between emotions." *Science*, 221: 1208 – 10. Ekman, P. & Davidson, R. 1994. *The Nature of Emotion: Fundamental Questions*. New York: Oxford University Press. Ekman, P. & Davidson, R. J. 1993. "Voluntary smiling changes regional brain activity." *Psychological Science*, 4: 342 – 45. Davidson, R. J., Ekman, P., Saron, C, Senulis, J. & Friesen, W. V. 1990. "Emotional expression and brain physiology I: Approach/withdrawal and cerebral asymmetry." *Journal of Personality and Social Psychology*, 58: 330 – 41. Ekman, P., Davidson, R. J. & Friesen, W. V. 1990. "Emotional expression and brain physiology II: The Duchenne smile." *Journal of Personality and Social Psychology*, 58: 342 – 53.

17 Ekman, P. 1985. *Telling Lies; Clues to Deceit in the Marketplace, Marriage, and Politics*. New York: W. W. Norton. 3판은 2002년 W. W. Norton에서 출판되었다. [한글판은 《거짓말 까발리기》, 이미숙 역, 마이너, 2003과 《텔링 라이즈》, 이민주 역, 한국경제신문, 2012가 있다. 전자는 2001년 판을 사용했다고 하며, 후자는 2009년 영문판을 사용한다고 하면서도 장 가름과 내용에서 생략된 부분이 있는 것으로 보인다.] Ecoff, N. L., Ekman, P., Mage, J. J. & Frank, M. G. 2000. "Lie detection and language loss."

Nature, 405: 139. Frank, M. G. & Ekman, P. (감수). "Appearing truthful generalizes across different deception situations." Bugental, D. B., Shennum, W., Frank, M. & Ekman, P. 2000. "'True Lies': Children's abuse history and power attributions as influences on deception detection." In V. Manusov & J. H. Harvey (eds.), *Attribution, Communication Behavior, and Close Relationships*. Cambridge: Cambridge University Press. 248 - 65쪽을 보라. Ekman, P., O'Sullivan, M. & Frank, M. 1999. "A few can catch a liar." *Psychological Science*, 10: 263 - 66. Ekman, P. 1997. "Lying and Deception." In N. L. Stein, P. A. Ornstein, B. Tversky, & C. Brainerd (eds.), *Memory for Everyday and Emotional Events*. Hillsdale, N. J.: Lawrence Erlbaum Associates. 333 - 47쪽을 보라. Frank, M.G. & Ekman, P. 1997. "The ability to detect deceit generalizes across different types of high - stake lies." *Journal of Personality and Social Psychology*, 72: 1429 - 39.

18 이 회의 참가자는 아래와 같았다. 리처드 데이빗슨, 폴 에크먼, 오웬 플래너건(Owen Flannagen), 대니얼 골먼, 마크 그린버그(Mark Greenberg), 툽텐 진바(Thupten Jinpa), 마티외 리카르(Matthieu Ricard), 진 차이(Jeanne Tsai), 프란시스코 바렐라(Francisco Varela), B. 앨런 월러스(B. Alan Wallace).

19 이 회의에 초대해준 마인드 라이프 재단(Mind Life Foundation)에 감사하며, 특히 애덤 엥글(Adam Engle), 리처드 데이빗슨, 댄 골먼에 감사하고 싶다.

20 LeDoux, J. E. 1996. *The Emotional Brain: The Mysterious Underpinnings of Emotional Life*. New York: Simon and Schuster. Pankssepp, J. 1998. *The Foundations of Human and Animal Emotions*. New York: Oxford University Press. Damasio, A. R. 1994. *Descartes' Error: Emotion, Reason and the Human Brain*. New York: Putnam. Rolls, E. T. 1999. *The Brain and Emotion*. New York: Oxford University Press.

2. 우리는 언제 감정적이 되는가?

1 다른 분야의 심리학자와는 달리, 감정을 연구하는 심리학자들은 자동적인 프로세스의 중요성을 인정한다. 다만 몇 사람의 감정이론가들은 여전히 우리가 감정적이 될 때를 의식적으로 결정한다는 생각에 매달려 있다.

2 Goldie, P. 2000. *The Emotions*. Oxford: Oxford University Press. 47쪽을 보라.

3 Boucher, J. D. & Brandt, M. E. 1981. "Judgment of emotion: American and Malay antecedents." *Journal of Cross-Cultural Psychology*, 12: 272-83.

4 Scherer, K. R., Wallbott, H.G. & Summerfield, A. B. (eds.) 1986. *Experiencing Emotion: A Cross-cultural Study*. Cambridge: Cambridge University Press.

5 Richardson, P. J. & Boyd, R. 2002. "Culture is part of human biology: Why the super-organic concept serves the human sciences badly." In M. Goodman & A. S. Morrat (eds.), *Probing Human Origins*. Cambridge, Mass: American Academy of Arts and Sciences.

6 Ekman, P. & Friesen, W. V. 1975. *Unmasking the Face: A Guide to Recognizing Emotions from Facial Clues*. Upper Saddle River, N. J.: Prentice Hall.

7 Lazarus, R. 1991. *Emotion and Adaptation*. New York: Oxford.

8 이 표현은 마그다 아놀드(Magda Arnold)의 것이다. Arnold, M. (ed.) 1970. *Feelings and Emotions*. New York: Academic Press. 12장을 보라.

9 Levenson, R. W., Ekman, P., Heider, K. & Friesen, W. V. 1992. "Emotion and autonomic nervous system activity in the Minangkabau of West Sumatra." *Journal of Personality and Social Psychology*, 62: 972-88. Levenson, R. W., Carstensen, L. L., Friesen, W. V. & Ekman, P. 1991. "Emotion, physiology, and expression in old age." *Psychology and Aging*, 6: 28-35. Levenson, R. W., Ekman, P. & Friesen, W. V. 1990. "Voluntary facial action generates emotion-specific autonomic nervous system activity." *Psychophysiology*, 27: 363-84. Ekman, P., Levenson, R. W. & Friesen, W. V. 1983. "Autonomic nervous system activity distinguishes between emotions." *Science*, 221: 1208-10. Ax, A. F. 1953. "The physiological differentiation between fear and anger in humans." *Psychosomatic Medicine*, 15: 433-42.

10 프리다, 라자루스, 셰러, 세 학자 모두 이 관점에 동의한다. 다음 책을 보라. Scherer, K. R., Schoor, A. & Johnstone, T., 2001, *Appraisal Processes in Emotion*, New York: Oxford University Press.

11 Ohman, A. 1993. "Fear and anxiety as emotional phenomena: Clinical phenomenology, evolutionary perspectives, and information processing." M. Lewis & J. Haviland (eds.), *The Handbook of Emotions*. New York: The Guilford Press. 511-36쪽을 보라.

12 모든 학자가 오만의 연구 성과에 대한 그의 해석을 수용하지는 않는다는 점에 유의하자. 다른 해석에 대한 좋은 평을 알고 싶다면, 다음 책을 참조하라. Mineka, S. & Cook, M., 1993, "Mechanisms involved in the observational conditioning of fear". *Journal of Experimental Psychology*, 122: 3-38.

13 Darwin, C. 1998. *The Expression of the Emotions in Man and Animals*. 3판. New York: Oxford University Press. 43쪽을 보라. [한글판:《사람과 동물의 감정표현에 대하여》, 최원재 옮김, 서해문집, 1997)]

14 이 점을 강조하고 있는 토비와 코스미데스의 감정 관련 글에 감사한다. Cosmides, L. & Tooby J. 2000. "Evolutionary psychology and the emotions." In M. Lewis and J. M. Haviland-Jones (eds.), *The Handbook of Emotions*. (2판). New York: The Guilford Press. 91-115쪽을 보라.

15 마그다 아놀드의 '정서적 기억(affective memory)'과 그것이 어떻게 작동하는지에 대한 생각은 나의 생각과 아주 비슷하지만, 축적된 것의 일부가 주어진 것이지 학습된 것이 아니라는 점을 그녀는 강조하지 않았다.

16 Mayr, E. 1974. "Behavior programs and evolutionary strategies." *American Scientist*, 62: 650-59.

17 Frijda, N. H. 1986. *The Emotions*. Cambridge: Cambridge University Press. 277쪽을 보라.

18 필 셰이버는 톰 셰프가 자신의 책에서 이 문제를 상세하게 다루었다는 점을 나에게 환기시켜주었다. Scheff, T. 1979. *Catharsis in Healing, Ritual, and Drama*. Berkeley, Calif.: University of California Press.

19 이 점을 일깨워준 니코 프리다에게 감사한다.

20 Ekman, P. & Friesen, W. V. 1978. *Facial Action Coding System: A Technique for the Measurement of Facial Movement*. Palo Alto, Calif.: Consulting Psychologists Press.

21 Levenson et al., "Emotion and autonomic nervous system activity in the Minangkabau of West Sumatra." Levenson et al., "Emotion, physiology, and expression in old age." Levenson, Ekman & Friesen, "Voluntary facial action generates emotion-specific autonomic nervous system activity." Ekman, Levenson & Friesen, "Autonomic nervous system activity distinguishes between emotions."

22 Ekman, P. & Davidson, R. 1994. *The Nature of Emotion: Fundamental Questions*. New

York: Oxford University Press. 더 자세한 설명을 위해서는 다음 논문을 보라: Ekman, P. & Davidson, R. J. 1993. "Voluntary smiling changes regional brain activity." *Psychological Science*, 4: 342-45. Davidson, R. J., Ekman, P., Saron, C., Senulis, J. & Friesen, W. V. 1990. "Emotional expression and brain physiology I: Approach/withdrawal and cerebral asymmetry." *Journal of Personality and Social Psychology*, 58: 330-41. Ekman, P., Davidson, R. J. & Friesen, W. V. (1990). "Emotional expression and brain physiology II: The Duchenne smile." *Journal of Personality and Social Psychology*, 58: 342-53.

3. 어떻게 하면 감정적이 되지 않을까?

1 데이비드 흄이 들었던 이 사례에 주목하게 해준 피터 골디에게 감사한다.

2 이 문제에 대한 나의 생각은 2000년 3월에 열린 회의에서 달라이 라마 승하와 파괴적 감정에 대하여 논의하면서 상당히 정리되었다. 이 회의에 대해서는 대니얼 골먼의 최근 저서 *Destructive Emotions: How Can We Overcome Them?*. New York: Bantam Books를 참조하라. 나의 초기 견해에 대해 여러 가지 문제를 제기했던 앨런 월러스에게 특히 감사한다.

3 LeDoux, J. E. 1996. *The Emotional Brain: The Mysterious Underpinnings of Emotional Life*. New York: Simon and Schuster. 204쪽을 보라. [한글판:《감정적인 뇌》, 최준식 역, 학지사, 2006]

4 같은 책. 146쪽을 보라.

5 르두는 이 용어를 도널드 헵이 *The Organization of Behavior*(1949. New York: John Wiley & Sons)에 처음 사용했다고 썼다.

6 Davidson, R. J. Forthcoming. "Affective style, psychopathology and resilience: Brain mechanisms and plasticity."

7 Ekman, P. & Davidson, R. (eds.). 1994. *The Nature of Emotion: Fundamental Questions*. New York: Oxford University Press.

8 Lazarus, R. 1991. *Emotion and Adaptation*. New York: Oxford University Press. Gross, J. J. 1998. "Antecedent- and response-focused emotion regulation: Divergent consequences for experience, expression and physiology." *Journal of Personality and*

Social Psychology, 74: 224-37. Gross, J. J. 1998. "The emerging field of emotion regulation: An integrative review." *Review of General Psychology*, 2: 271-99.

9 이 테크닉에 대해 상세히 알고 싶으면 그로스의 "The emerging field of emotion regulation"을 보라.

10 Segal, Z. V., Williams, J. M. G. & Teasdale, J. D. 2002. *Mindfulness-based Cognitive Therapy for Depression: A New Approach to Preventing Relapse*. New York: The Guilford Press.

11 기분과 감정에 관한 다양한 견해는 다음 책의 2장을 보라. Ekman, P. and Davidson, R. J. (eds.). 1994. *The Nature of Emotion*.

12 이 점을 생각하게 해준 제니 비어스에게 감사한다.

4. 감정적 행동 다스리기

1 이 화제에 대한 논의는 피터 골디의 저작 *The Emotions*, 2000. New York: Oxford University Press에 힘입은 바 크다. 113쪽을 보라.

2 Ekman, P. 1985. *Telling Lies: Clues to Deceit in the Marketplace, Marriage, and Politics*. New York: W. W. Norton. 3판은 2002년 W. W. Norton에서 출판되었다.

3 Gottman J. M. & Levenson R. W. 1999. "How stable is marital interaction over time?" *Family Processes*, 38: 159-65.

4 거짓말을 의심하는 맥락에서의 오셀로의 오류에 관한 논의는 나의 책 *Telling Lies*를 참조하라.

5 Scherer, K., Johnstone, T. & Klasmeyer G. Forthcoming. "Vocal Expression of Emotion." In R. Davidson, H. Goldsmith & K. R. Scherer (eds.), *Handbook of Affective Science*. New York: Oxford University Press.

6 Ekman, P., O'Sullivan, M. & Frank, M. 1999. "A few can catch a liar." *Psychological Science*, 10: 263-66. Ekman, P. & O'Sullivan, M. 1991. "Who can catch a liar?" *American Psychologist*, 46: 913-20.

7 Banse, R. & Scherer, K. R. 1996. "Acoustic profiles in vocal emotion expression." *Journal of Personality and Social Psychology*, 70: 614-36.

418

8 각 감정의 특징적인 행동에 대한 프리다의 설명은 내가 여기에서 서술한 것 이상의 것을 상당히 포함하고 있다. 우리 안에 내장되어 있고 자동적이며 보편적인 것은 이 기초적인 최초의 움직임(postural moves)뿐이라고 나는 믿고 있다.

9 Levenson, R. W., Ekman, P., Heider, K. & Friesen, W. V. 1992. "Emotion and autonomic nervous system activity in the Minangkabau of West Sumatra." *Journal of Personality and Social Psychology*, 62: 972-88. Levenson, R.W., Carstensen, L. L., Friesen, W. V. & Ekman, P. 1991. "Emotion, physiology, and expression in old age." *Psychology and Aging*, 6: 28-35. Levenson, R. W., Ekman, P. & Friesen, W. V. 1990. "Voluntary facial action generates emotion-specific autonomic nervous system activity." *Psychophysiology*, 27: 363-84. Ekman, P., Levenson, R. W. & Friesen, W. V. 1983. "Autonomic nervous system activity distinguishes between emotions." *Science*, 221: 1208-10.

10 Stein, N. L., Ornstein, P. A., Tversky, B. & Brainerd, C. (eds.) 1997. *Memory for Everyday and Emotional Events*. Mahwah, N. J.: Lawrence Erlbaum Associates.

11 Davidson, R. J., Jackson, D. C. & Kalin, N. H. 2000. "Emotion, plasticity, context and regulations. Perspectives from affective neuroscience." *Psychological Bulletin*, 126: 890-906.

12 그로스는 초기 단계의 조절에 대해 서술하고 있지만, 데이빗슨이 서술하고 있는 이 무의식의 거의 순간적인 조절에 주목하지 않는다. 오히려 그는 일어나고 있는 것을 재해석하는 더 의도적 시도에 주목하고 있다. Gross, J. J. 1998. "Antecedent- and response-focused emotion regulation: Divergent consequences for experience, expression and physiology." *Journal of Personality and Social Psychology*, 74: 224-37. Gross, J. J. 1998. "The emerging field of emotion regulation: An integrative review." *Review of General Psychology*, 2: 271-99.

13 Greenberg, M. T. & Snell, J. L. 1997. "Brain development and emotional development: The role of teaching in organizing the frontal lobe." In P. Salovey & D. J. Sluyter (eds.), *Emotional Development and Emotional Intelligence*. New York: Basic Books.

14 Zajonc, R. B. 2001. "Emotion." D. T. Gilbert, S. T. Fisk, & G. Lindzey (eds.), *The Handbook of Social Psychology*. Vol. 1. 4판. Boston: McGraw-Hill. 591-632쪽을 보라.

15 오늘날에는 결합모델(connectionist models, 모든 심리 작용이 생득적 또는 습득적 자극과 반응 간의 작용에 의해서 일어난다는 학설-옮긴이)을 사용하는 것이 인기가 있다. 나는 따로 반대

하지는 않지만, 그것들은 이해하기 어렵다. 여기서 나의 목적을 위해서는 컴퓨터 프로그램과 명령의 비유가 더 유용하다고 믿는다.

16 Mayr, E. 1974. "Behavior programs and evolutionary strategies." *American Scientist*, 62: 650-59.

17 태어나자마자 이것이 모두 분명하게 된다고 믿기는 어렵다. 그러나 유아가 성장함에 따라서 서서히 나타난다고 말하는 린다 캠라스와 해리엇 오스터의 발견에는 동의한다. Camras, L., Oster, H., Campos, J., Miyake, K. & Bradshaw, D. 1992. "Japanese and American infants' responses to arm restraint." *Developmental Psychology*, 28: 578-82. Rosenstein, D. & Oster, H. 1988. "Differential facial responses to four basic tastes in newborns." *Child Development*, 59: 1555-68.

18 Heim, C., Newport, D. J., Heit, S., Graham, Y. P., Wilcox, M., Bonsall, R., Miller, A. H. & Nemeroff, C. B. 2000. "Pituitary-adrenal and autonomic responses to stress in women after sexual and physical abuses in childhood." *Journal of the American Medical Association*, 284: 592-97.

19 Wallace, A. 1993. *Tibetan Buddhism, from the Ground Up*. Boston: Wisdom Publications. 103쪽을 보라.

20 같은 책 132쪽을 보라.

21 Nigro, G. & Neisser, U. 1983. "Point of view in personal memories." *Cognitive Psychology*. 15: 467-82.

22 Langer, E. 2002. "Well-Being, Mindfulness versus Positive Evaluation." In C. R. Snyder & S. J. Lopez (eds.), *The Handbook of Positive Psychology*. New York: Oxford University Press.

23 Wyner, H. (미발표). "The Defining Characteristics of the Healthy Human Mind."

24 이에 대한 나의 생각을 분명히 하기 위해서 이 용어를 사용하기를 제안해준 댄 골먼에게 감사한다.

25 Goldie, *The Emotions*. 65쪽을 보라.

26 Schooler, J. W. 2001. "Discovering memories of abuse in light of meta-awareness." *Journal of Aggression, Maltreatment and Trauma*, 4: 105-36.

5. 슬픔과 고통

1 우리는 고통(agony) 대신 '괴로움(distress)'이라는 말을 사용했지만, 이후의 연구에서 괴
로움이 고통보다 광범위하다는 사실이 밝혀졌다. 괴로움에는 두려움의 요소도 포함
된다. Ekman, P. & Friesen, W. V. 1975. *Unmasking the Face: A Guide to Recognizing
Emotions from Facial Clues.* Upper Saddle River, N. J: Prentice Hall.

2 Rynearson, E. K. 1981. "Suicide internalized: An existential sequestrum." *American
Journal of Psychiatry*, 138: 84-87.

3 Vingershoets, A. J. J. M., Cornelius, R. R., Van Heck, G. L. & Becht, M. C. 2000. "Adult
crying: A model and review of the literature." *Review of General Psychology*, 4: 354.

4 Ekman, P., Matsumoto, D. & Friesen, W. V. 1997. "Facial expression in affective
disorders." In P. Ekman & E. L. Rosenberg (eds.), *What the Face Reveals: Basic and
Applied Studies of Spontaneous Expression Using the Facial Action Coding System (FACS).*
New York: Oxford University Press. 나의 최초의 연구기금은 정신장애를 가진 환자의
연구에 사용되었다. 그러나 당시 나는 안면의 움직임을 측정하는 수단을 갖지 못했기
때문에 신체의 움직임에만 주목했다. 내가 이 책에서 서술하고 있는 결과를 얻은 것은
20년 후, 1장에서 소개한 표정기호화법을 개발하고 난 다음의 일이었다. 1960년대 중
반, 나는 실번 톰킨스의 영향을 받고 비교문화 연구기금을 얻고서, 정서장애가 아니라
감정 자체에 초점을 맞추기 위해 정신의학적 환자 연구를 그만두었다. 내가 정신장애
환자들을 떠날 무렵, 심각한 장애를 가진 환자들을 연구하는 데 필요한 도구도, 감정에
대한 기본적인 지식도 없었다. 다행히도, 오늘날에는 내가 개발한 표정기호화법과 환
자의 얼굴과 목소리 표현을 측정하는 다른 도구들을 이용해서 그런 연구를 하는 사람
들이 많이 나오고 있다. 이러한 여러 개의 연구 사례가 *What the Face Reveals*에서 소개
되었다.

6. 분노

1 Sternberg, C. R., & Campos, J. J. 1990. "The development of anger expressions in
infancy." In N. L. Stein, B. Leventhal, & T. Trabasso (eds.), *Psychological and Biological*

Approaches to Emotions. Hillsdale, N. J.: Lawrence Erlbaum Associates. 247-82쪽을 보라.

2 Berkowitz, L. 1969. "The frustration-aggression hypothesis revisited." In L. Berkowitz (ed.), *Roots of Aggression*. New York: Atherton Press. 1-28쪽을 보라.

3 내 딸 이브가 달라이 라마 승하에게 왜 우리는 사랑하는 사람들에게 화를 내느냐고 물었을 때, 그는 이런 설명을 해주었다.

4 분노의 대가를 진화의 시점에서 논하고 있는 재미있는 논고를 보고 싶다면, R. Plut-chik & H. Kellerman (eds.), *Emotion, Psychopathology and Psychotherapy*(1990, New York: Academic Press)의 "Anger: An evolutionary view" (McGuire, M. & Troisi, A.)를 보라.

5 Joseph Campos(UC 버클리)와 Mark Greenberg(펜실베이니아 주립대)와 2000년에 나눈 개인적 대화.

6 Holden, C. 2000. "The violence of the lambs." *Science*, 289: 580-81.

7 Konner, M. 2001. *The Tangled Wing: Biological Constraints on the Human Spirit*. (2판). New York: Henry Holt. 9장을 보라.

8 공격행동에서 유전과 환경의 역할에 관한 논의는 다음을 참조하라. Plomin, R., Nitz, K. & Rowe, D. C. 1990. "Behavioral genetics and aggressive behavior in childhood." In M. Lewis & S. Miller (eds.), *Handbook of Developmental Psychopathology*. New York: Plenum. Miles, D. R. & Carey, G. 1997. "Genetic and environmental architecture of human aggression" *Journal of Personality and Social Psychology*, 72: 207-17.

9 달라이 라마와 2001년 나눈 사적인 대화. Goleman, D. 2003. *Destructive Emotions: How Can We Overcome Them?*. New York: Bantam Books.

10 Tavris, C. 1989. *Anger: The Misunderstood Emotion*. New York: Touchstone Books.

11 같은 책 125-27쪽을 보라.

12 McGuire과 Troisi, "Anger."

13 Lemerise, E. & Dodge, K. 2000. "The development of anger and hostile interactions." In M. Lewis & J. Haviland-Jones (eds.), *Handbook of Emotions*. 2판. New York: The Guilford Press. 594-606쪽을 보라.

14 McGuire과 Troisi, "Anger."

15 Gottman, J. M. & Levenson, R. W. 1999. "How stable is marital interaction over time?" *Family Processes*, 38: 159-65.

16 Lazarus, R. 1991. *Emotion and Adaptation*. New York: Oxford University Press.

17 Goleman, *Destructive Emotions*.

18 Izard, C. 1972. *Patterns of Emotions*. San Diego, Calif.: Academic Press를 참조. 우울증과 분노에 관해서는 Harmon-Jones, E. "Individual differences in anterior brain activity and anger: Examining the roles of attitude toward anger and depression."를 참조.

19 Harmon-Jones, "Individual differences."

20 Chesney, M. A., Ekman, P., Friesen, W. V., Black, G. W. & Hecker, M. H. L. 1990. "Type A behavior pattern: Facial behavior and speech components." *Psychosomatic Medicine*, 53: 307-19.

21 Rosenberg, E. L., Ekman, P., Jiang, W., Babyak, M., Coleman, R. E., Hanson, M., O'Connor, C, Waugh, R. & Blumenthal, J. A. 2001. "Linkages between facial expressions of emotion in transient myocardial ischemia." *Emotion*, 1: 107-15. Rosenberg, E. L., Ekman, P. & Blumenthal, J. A. 1998. "Facial expression and the affective component of cynical hostility." *Health Psychology*, 17: 376-80.

22 Barefoot, J. C., Dahlstrom, W. G. & Williams, R. B. 1983. "Hostility, CHD incidence, and total mortality: A 25-year follow-up study of 255 physicians." *Psychosomatic Medicine*, 45: 59-63. Williams, R. B., Haney, L. T., Lee, K. L., Kong, Y., Blumenthal, J. & Whalen, R. 1980. "Type A behavior, hostility, and coronary atherosclerosis." *Psychosomatic Medicine*, 42: 539-49. Ironson, B., Taylor, C. B., Boltwood, M., Bartzokis, T., Dennis, C, Chesney, M., Spitzer, S. & Segall, G. M. 1992. "Effects of anger on left ventricular ejection fraction in coronary artery disease." *American Journal of Cardiology*, 70: 281-85. Mittleman, M. A., Maclure, M., Sherwood, J. B., Mulry, R. P., Toner, G. H., Jacobs, S. C, Friedman, R., Benson, H. & Muller, J. E. 1995. "Triggering of acute myocardial onset by episodes: Determinants of myocardial infarction onset study investigators." *Circulation*, 92: 1720-25. Rosenberg, "Linkages."

23 Ekman, P. 1979. "About brows: Emotional and conversational signals." M. von Cranach, K. Foppa, W. Lepenies, & D. Ploog (eds.), *Human Ethology*. New York: Cambridge University Press. 169-248쪽을 보라.

24 Helena Cronin의 훌륭한 책 *The Ant and the Peacock: Altruism and Sexual Selection from Darwin to Today*. 1991. New York: Cambridge University Press를 참조.

25 캐나다 교도소 보고서. Gayla Swihart, John Yuille, & Stephen Porter, *The Role of State-Dependent Memory in "Red-Outs."*에 인용되었다.

26 뉴햄프셔 대학 사회학 교수 머리 스트라우스의 연구에 대한 로라 헬무스의 보고서. Helmuth, L. 2000. "Has America's tide of violence receded for good?" *Science*, 289: 585.

27 Davidson, R. J., Putnam, K. M. & Larson, C. L. 2000. "Dysfunction in the neural circuitry of emotion regulation-a possible prelude to violence." *Science*, 289: 591-94.

28 Raine, A. 1970. "Antisocial behavior in psychophysiology: A biosocial perceptual and a prefrontal dysfunction hypothesis." In D. M. Stoff, J. Breiling, & J. D. Maser (eds.), *The Handbook of Antisocial Behavior*. New York: John Wiley & Sons. 289-303쪽을 보라.

29 Michael Rutter, *Genetics of Criminal and Antisocial Behavior*(1996, New York: John Wiley & Sons)의 서문에서, 다른 연구자들이 사춘기 특유의 비행에 대해 발견한 것을 루터가 논의하고 있으므로 참조하기 바란다.

30 American Psychiatric Association. 1994. "Intermittent explosive disorder." In *Diagnostic and Statistical Manual of Mental Disorders: DSM-IV*, Washington, D.C.: American Psychiatric Association. 627-30쪽을 보라.

31 이들 이슈 중에서 많은 것을 살펴보기 원한다면, 2000년 7월 28일자 *Science* 특집기사 289(28): 569-94쪽을 보라. 반사회적 행동에 대한 다양한 접근법을 다루고 있는 것으로서, Stoff, D. M., Breiling, J. & Maser, J. D. 1997. *The Handbook of Antisocial Behavior*. New York: John Wiley & Sons이 있다.

32 피터 골디의 흥미로운 논문을 보라. Goldie, "Compassion: A natural moral emotion." *Deutsche Zeitschrift fur Philosophie*(근간)에 게재되었다.

7. 놀람과 두려움

1 Ekman, P., Friesen, W. V. & Simons, R. C. 1985. "Is the startle reaction an emotion?." *Journal of Personality and Social Psychology*, 49(5): 1416-26.

2 Levenson, R. W., Ekman, P., Heider, K. & Friesen, W. V. 1992. "Emotion and auto-

nomic nervous system activity in the Minangkabau of West Sumatra." *Journal of Personality and Social Psychology*, 62: 972-88. Levenson, R. W., Carstensen, L. L., Friesen, W. V. & Ekman, P. 1991. "Emotion, physiology, and expression in old age." *Psychology and Aging*, 6: 28-35. Levenson, R. W., Ekman, P. & Friesen, W. V. 1990. "Voluntary facial action generates emotion-specific autonomic nervous system activity." *Psychophysiology*, 27: 363-84. Ekman, P., Levenson, R. W. & Friesen, W. V. 1983. "Autonomic nervous system activity distinguishes between emotions." *Science*, 221: 1208-10.

3 이것은 심리학자 레너드 버코위츠의 이론에 의해서 예측되어온 것 같다. 버코위츠는 혐오를 야기하는 상황의 영향력과 사전 학습, 유전적인 기질의 차이에 따라서 화나 두려움을 초래할 수도 있다고 주장한다. Berkowitz, L. 1999. "Disgust: The body and soul emotion." In T. Dalglish & M. J. Power (eds.), *Handbook of Cognition and Emotion*. Chichester, U.K.: John Wiley & Sons. 429-46쪽을 보라.

4 나는 여기에서 루디와 미거의 두려움과 불안 연구에 의존하고 있다. 다만 두 사람의 발견과 그들이 보고하는 다른 연구 결과를 설명할 때, 내 자신의 용어를 사용했다. Rhudy, J. L. & Meagher, M. W. 2000. "Fear and anxiety: Divergent effects on human pain thresholds." *Pain*, 84: 65-75.

5 같은 논문.

6 Schmidt, L. A. & Fox, N. A. 1999. "Conceptual, biological and behavioral distinctions among different categories of shy children." In L. A. Schmidt & J. Sculkin (eds.), *Extreme Fear, Shyness, and Social Phobia: Origins, Biological Mechanisms, and Clinical Outcomes*. New York: Oxford University Press. 47-66쪽을 보라.

7 같은 논문.

8 Kagan, J. 1999. "The concept of behavioral inhibition." 같은 책 3-13쪽을 보라.

9 Crozier, W. R. 1999. "Individual differences in childhood shyness: Distinguishing fearful and self-conscious shyness." Schmidt & Fox, "Conceptual, biological and behavioral distinctions." 14-29쪽, 47-66쪽을 보라.

10 나는 여기에서 오만의 대단히 흥미로운 논고 "Fear and anxiety: Evolutionary, cognitive, and clinical perspectives" (Ohman, A., 2000)에 크게 의존했다. M. Lewis & J. Haviland-Jones (eds.), *The Handbook of Emotions*. 2판. New York: The Guilford Press. 573-93쪽을 보라.

11 Ekman, P. 1985. *Telling Lies*(New York: W. W. Norton)에서 자세히 논했다. 3판은 2001년 W. W. Norton에서 출판되었다.

8. 혐오와 경멸

1 Ekman, P. & Friesen, W. V. 1975. *Unmasking the Face: A Guide to Recognizing Emotions from Facial Clues*. Upper Saddle River, N. J.: Prentice Hall. 66-67쪽을 보라.

2 Miller, W. I. 1997. *The Anatomy of Disgust*. Cambridge, Mass.: Harvard University Press. 97쪽에 인용되어 있다.

3 같은 책 22쪽.

4 같은 책 118쪽.

5 Rozin, P., Haidt, J. & McCauley, C. R. 1999. "Disgust: The body and soul emotion." In T. Dalglish & M. J. Power (eds.), *Handbook of Cognition and Emotion*. Chichester, U.K.: John Wiley & Sons. 435쪽을 보라.

6 총합이 100퍼센트가 되지 않는 것은 반응 가운데 특정 범주로 분류되지 않은 것도 있기 때문이다.

7 Gottman, J. M. & Levenson, R. W. 1999. "How stable is marital interaction over time?" *Family Processes*, 38: 159-65. Gottman, J., Woodin, E. & Levenson, R. 2001. "Facial expressions during marital conflict." *Journal of Family Communication*, 1: 37-57.

8 Miller, *The Anatomy of Disgust*. 133-34쪽을 보라.

9 같은 책 137-38쪽을 보라.

10 Nussbaum, M. C. 2000. "Secret sewers of vice: Disgust, bodies and the law." S. Bandes (ed.), *The Passions of Law*. New York: New York University Press. 19-62쪽을 보라.

11 같은 책 44쪽.

12 같은 책 47쪽.

13 같은 책, 같은 페이지.

14 Levenson, R. W. & Reuf, A. M. 1997. "Physiological aspects of emotional knowledge

and rapport." In W. J. Icles(ed.), *Empathic Accuracy*. New York: The Guilford Press. 44-47쪽을 보라.

15 Ekman, P. & Friesen, W. V. 1975. *Unmasking the Face*. 67쪽을 보라.

16 Miller, *The Anatomy of Disgust*. 207쪽을 보라.

17 같은 책 221쪽을 보라.

18 Phillips, M. L., Senior, C, Fahy, T. & David, A. S. 1998. "Disgust-the forgotten emotion of psychiatry." *British Journal of Psychology*, 172: 373-75.

9. 즐거운 감정들

1 Buell, H. (ed.) 1999. *Moments*. New York: Black Dog and Leventhal. 108쪽을 보라.

2 예를 들어, Synder, C. R. & Lopez, S. J. (eds.). 2002. *The Handbook of Positive Psychology*(New York: Oxford University Press)를 참조. 이 책에 대한 비판에 대해서는 근간 R. Lazarus "Does the positivity movement have legs?" *Psychological Inquiry*를 참조.

3 Fredrickson, B. L. & Branigan, C. 2001. "Positive emotions." In T. J. Mayne & G. A. Bonanno (eds.), *Emotions: Current Issues and Future Directions*. New York: The Guilford Press. 123-51쪽을 보라.

4 유머에 관한 논의는, Ruch. W. & Ekman, P. 2001. "The expressive pattern of laughter." In A. W. Kaszniak (ed.), *Emotion, Qualia, and Consciousness*. Tokyo: Word Scientific Publisher. 426-43쪽을 보라. Bachorowski, J. & Owren, M. J. 2001. "Not all laughs are alike: Voiced but not voiced laughter readily elicits positive affect." *Psychological Science*, 12: 252-57를 참조.

5 Ekman, P. 1992. "An argument for basic emotions." *Cognition and Emotion*, 6: 169-200.

6 Keltner, D. & Haidt, J. "Approaching awe, a moral, aesthetic, and spiritual emotion." *Cognition and Emotion*. (출간 예정).

7 내가 이 감정을 다루지 않았음을 일깨워준 폴 카우프만에게 감사한다.

8 나는 또 한 사람의 이탈리아의 감정 전문가, 피오 리치 비티(Pio Ricci Bitti)와도 상담했다. 그는 피에로(fiero)가 내가 설명하고 있는 감정에 가장 적절한 어휘일 것 같다고 확

인해주었지만, 비티는 아파가토(appagato, 흡족함)라는 말도 있음을 가르쳐주었다. 내가 피에로를 선택한 것은 발음이 그 경험에 더 부합하는 것처럼 들려서다. 하지만 어휘 자체가 중요한 것은 아니다. 중요한 것은 또 하나의 전혀 다른 유형의 즐거운 감정을 명확히 하는 것이다.

9 Lewis, M. 2000. "Self-conscious emotions." In M. Lewis & J. Haviland-Jones (eds.), *The Handbook of Emotions*. 2판. New York: The Guilford Press.

10 Rosten, L. 1968. *The Joys of Yiddish*. New York: Pocket Books. 257쪽.

11 같은 곳.

12 Haidt, J. 2000. "The positive emotion of elevation." *Prevention and Treatment*, 3.

13 Lazarus, R. & Lazarus, B. N. 2001. "The emotion of gratitude." 미국심리학회(캘리포니아 샌프란시스코)의 학회에서 발표된 논문.

14 Smith, R. H., Turner, T. J., Garonzik, R., Leach, C. W., Vuch-Druskat, V. & Weston, C. M. 1996. "Envy and Schadenfreude." *Personality and Social Psychology Bulletin*, 22: 158-68, Brigham, N. L., Kelso, K. A., Jackson, M. A. & Smith, R. H. 1997. "The roles of invidious comparison and deservingness in sympathy and Schadenfreude." *Basic and Applied Social Psychology*, 19: 363-80.

15 여기에 내가 주목하도록 이끌어준 제니 비어스에게 감사한다.

16 사랑에 대한 흥미로운 논고를 읽고 싶은 사람은, Solomon, R. C. 1988. *About Love*. New York: Simon & Schuster를 보라. 연애(romantic love)를 하나의 감정으로 다루는 연구에 대한 최근 고찰은 Hatfield, E. & Rapson, R. J. 2000. "Love and attachment processes"를 보라. Lewis와 Haviland-Jones, *The Handbook of Emotions*에 실려 있다.

17 다음 논문을 보라. Diener, E. 2000. "Subjective well-being: The science of happiness and a proposal for a national index." *American Psychologist*, 55: 34-43; Myer, D. G. 2000. "The funds, friends, and faith of happy people." *American Psychologist*, 55: 56-67.

18 이 테스트와 관련 연구에 대한 평가는 다음 문헌을 참고하라. Averill, J. R. & More, T. A. 2000. "Happiness." In Lewis and Haviland-Jones, *The Handbook of Emotions*. 663-76쪽을 보라.

19 같은 곳.

20 Peterson, C. 2000. "The future of optimism." *American Psychologist*, 55: 44-55.

21 최근의 새로운 발견에 대해서는, Danner, D. D., Snowdon, D. A. & Friesen, W. V. 2001.

"Positive emotions in early life and longevity: Findings from the nun study." *Journal of Personality and Social Psychology*, 80: 804-13을 참조.

22 Peterson, "The future of optimism."

23 같은 논문의 49쪽을 보라.

24 Ekman, P. 1992. "An argument for basic emotions." *Cognition and Emotion*, 6: 169-200.

25 Frank, M. G., Ekman, P. & Friesen, W. V. 1993. "Behavioral markers and recognizability of the smile of enjoyment." *Journal of Personality and Social Psychology*, 64: 83-93. Frank, M. G. & Ekman, P. 1993. "Not all smiles are created equal: The differentiation between enjoyment and non-enjoyment smiles." *Humor*, 6: 9-26.

26 Duchenne de Boulogne, G. B. 1990. *The Mechanism of Human Facial Expression*. A. Cuthbertson(번역 및 편집), New York: Cambridge University Presss. (프랑스어 원서 1862년 출판.)

27 같은 책, 72쪽.

28 Ekman, P., Roper, G. & Hager, J. C. 1980. "Deliberate facial movement." *Child Development*, 51: 886-91.

29 Darwin, C. 1998. *The Expression of the Emotions in Man and Animals*. 3판. New York: Oxford University Press.

30 Ekman, P, & Friesen, W. V. 1982. "Felt, false and miserable smiles." *Journal of Nonverbal Behavior*, 6(4): 238-52.

31 Fox, N. A. & Davidson, R. J. 1987. "Electroencephalogram asymmetry in response to the approach of a stranger and maternal separation in 10-month-old children." *Developmental Psychology*, 23: 233-40.

32 존 고트먼과 2000년 시애틀 워싱턴 대학교에서 나눈 개인적 대화.

33 Keltner, D. & Bonanno, G. A. 1997. "A study of laughter and dissociation: Distinct correlates of laughter and smiling during bereavement." *Journal of Personality and Social Psychology*, 4: 687-702s.

34 Harker, L & Keltner, D. 2001. "Expressions of positive emotion in women's college yearbook pictures and their relationship to personality and life outcome across adulthood." *Journal of Personality and Social Psychology*, 80: 112-24.

35 Konow, James D. & Earley, Joseph E., *The New York Times*, 2001년 5월 19일자 17면.

36 Ekman, P., Davidson, R. J. & Friesen, W. V. 1990. "Emotional expression and brain physiology II: The Duchenne smile." *Journal of Personality and Social Psychology*, 58: 342-53.

37 Ekman, P. 1985. *Telling Lies: Clues to Deceit in the Marketplace, Marriage, and Politics*. New York: W. W. Norton. 153쪽을 보라.

10. 거짓말과 감정

1 Ekman, P. & Friesen, W.F. "Nonverbal Leakage and Clues to Deception." *Psychiatry*, 1969, 32: 88-105.

2 Haggard, Ernest A. & Isaacs, Kenneth S. 1966. "Micro-momentary Facial Expressions as Indicators of Ego Mechanisms in Psychotherapy." In Louis A. Gottschalk & Arthur H. Auerbach (eds.), *Methods of Research in Psychotherapy*, New York: Appleton-Century-Crofts.

3 특정 감정들을 억압해온 환자들의 인터뷰를 조사할 기회를 제공한 마디 J. 호로위츠 박사에게 감사한다.

4 Dean, John. 1976. *Blind Ambition*, New York: Simon & Shuster.

5 Ekman, P. 1985. *Telling Lies: Clues to Deceit in the Marketplace, Marriage, and Politics*, New York: W. W. Norton.

6 Porter, S., Yuille, J. C., & Birt, A. 2001. "The Discrimination of Deceptive, Mistaken, and Truthful Witness Testimony." In R. Roesch, R. R. Corrado, and R. Dempster (eds.), *Psychology in the Courts: International Advances in Knowledge*. New York: Routledge.

7 Duchenne de Boulogne, G. B. 1990. *The Mechanism of Human Facial Expression*. A. Cuthbertson(번역·편집). New York: Cambridge University Press. (초판 출간은 1862년.)

8 마크 프랭크 박사는 현재 뉴욕 주립대 버팔로 커뮤니케이션학과 부교수로 있다.

9 Gladwell, Malcolm. 2005. *Blink: The Power of Thinking Without Thinking*. New York: Little, Brown.

10 Kassin, S,M. & Fong, C.T. 1999. "I'm Innocent!: Effects of Training on Judgments of

Truth and Deception in the Interrogation Room." *Law & Human Behavior*, 23: 499-516.

맺음말: 감정과 함께 살아가기

1 내가 감정 프로필이라고 부른 것에 관한 다른 연구에 대해 알고 싶다면, Hemenover, S. H. "Individual differences in mood course and mood change: Studies in affective chronometry." *Journal of Personality and Social Psychology* (게재 예정); Davidson, R. J. 1998. "Affective style and affective disorders." *Cognition and Emotion*, 12: 307-30을 참조하라.

2 수치심에 대한 연구는 Scheff, T. 2000. "Shame and the social bond" *Sociological Theory*, 18: 84-98; Smith, R. 2002. "The role of public exposure in moral and nonmoral shame and guilt." *Journal of Personality and Social Psychology*, 83(1): 138-59을 참조. 당혹감에 대해서는 Rowland, S. & Miller, I. 1992. "The nature and severity of self-reported embarrassing circumstances." *Personality and Social Psychology Bulletin*, 18(2): 190-98을 참조.

3 Keltner, D. 1995. "Signs of appeasement: Evidence for the distinct displays of embarrassment, amusement, and shame." *Journal of Personality and Social Psychology*, 68: 441-54. 나는 Ekman, P. 1997. "Conclusion: What we have learned by measuring facial behavior." 및 P. Ekman & E. L. Rosenberg (eds.), *What the Face Reveals*. New York: Oxford University Press. 469-95에서 이들의 발견에 의의를 제기하고 있다.

4 '부러움(envy)'에 대해 더 알고 싶은 사람은, Salovey, P. (ed.) 1991. *The Psychology of Jealousy and Envy*. New York: The Guilford Press를 참조하라. Ben Ze'ev, A. 2000. *The Subtlety of Emotions*. Cambridge, Mass.: MIT Press라는 흥미로운 책의 10장도 참조하라.

5 Davidson, R. J., Scherer, K. R. & Goldsmith, H. H. 2003. *Handbook of Affective Sciences*. New York: Oxford University Press.

후기

1 Goleman, D. 2003. *Destructive Emotions: How Can We Overcome Them?* New York: Bantam Books.

2 이 문제에 관한 연구는 아직 거의 없다. 이 책에서 다룬 내용은 내가 충동 자각 능력을 지닌 사람들과 나눈 사적인 대화를 토대로 했다. 그들은 자신들도 항상 충동을 자각하지는 못한다고 말한다.

3 나는 위스콘신 대학 교수 리처드 데이빗슨, 달라이 라마와 이야기를 나누었다.

4 Bennett-Goleman, T. & the Dalai Lama. 2002. *Emotional Alchemy: How the Mind Can Heal the Heart.* New York: Three Rivers Press. Wallace, A. & L. Quirolo, (eds.). 2001. *Buddhism with an Attitude.* Ithaca, N. Y.: Snow Lion Publications. Kabat-Zinn, J. 1995. *Wherever You Go There You Are: Mindfulness Meditation in Everyday Life.* New York: Hyperion.

5 Ekman, P. 1985. *Telling Lies: Clues to Deceit in the Marketplace, Marriage, and Politics.* New York: W. W. Norton. 3판은 W. W. Norton에서 2002년에 출판되었다.

6 Ekman, P. In preparation. *Reading Faces.* Princeton, N.J.: Educational Testing Servce.

부록: 표정 읽기 테스트

1 Bugental, D. B., Shennum, W., Frank, M. & Ekman, P. 2000. "'True Lies': Children's abuse history and power attributions as influences on deception detection." V. Manusov & J. H. Harvey (eds.), *Attribution, Communication Behavior, and Close Relationships.* Cambridge: Cambridge University Press. 248-65쪽을 보라.

2 Ekman, P., O'Sullivan, M. & Frank, M. 1999. "A few can catch a liar." *Psychological Science,* 10: 263-66. Ekman, P. & O'Sullivan, M. 1991. "Who can catch a liar?" *American Psychologist,* 46: 913-20.

permission of AP/Wide World Photos.

313쪽: 피에로의 감정을 보이는 제니퍼 카프리아티. Copyright ⓒ 2001 Clive Brunskill/ Allsport. Reprinted by permission of Getty Images.

326쪽: (뒤셰Duchenne)

332쪽: 《인간의 얼굴The Face of Man: Expressions of Universal Emotions in a New Guinea Village》에서 인용. Copyright ⓒ 1980 Paul Ekman.

333쪽: NAACP에서 로널드 레이건. Copyright ⓒ 1981 Associated Press. Reprinted by permission of AP/Wide World Photos.

333쪽: 작별인사하는 리처드 닉슨. Copyright ⓒ 1974 Associated Press. Reprinted by permission of AP/Wide World Photos.

그 밖의 모든 사진: Copyright ⓒ 2003 Paul Ekman.

ㄱ

가까운 이를 잃은 사람
　고인과의 대화 155
가이듀섹, 칼턴 24~25, 27, 28, 31
가족관계 320~321
간헐성폭발성장애 223
감각 12, 136
　감사함 317
　걱정 264
　경이감 312
　분노 224, 226
　슬픔 169
　오감에 의한 쾌감 307~308
　자각 371
　패턴 11
　표정이 낳는 감각 73~74
　혐오와 경멸 293~295
감사함 316~317
감정 8~14, 36~37
　감정의 시작 9, 50~51
　감추기 124~125, 235~236
　기분과의 차이 96~98
　기존의 정보나 지식 무시하기 79~81

다양한 감정별 특징 정의 342~345
다양한 문화권 19~41
부적절한 감정 45~47, 50~53, 62~63,
　65~66, 80~81, 83~84
억제 84~85, 101~103, 235~236
우리가 감정적이 될 때 45~76
짧은 순간에 연속되는 경우 126~127
첫 번째 감정과 두 번째 감정 연결 짓
　기 126~129
감정 환기 데이터베이스 64, 66, 84, 85, 87,
　90, 285
　열린 시스템 87, 128
감정 프로필 365~367
감정과 관련한 소리 151
　즐거움을 주는 소리 307~308
　혐오 280
감정과 함께 살아가기 364~372
감정을 낳는 뇌의 메커니즘 40, 121~122
감정을 유발하는 경로 48, 66~75
감정의 기록(일기) 94, 143
감정의 생리학 10
감정의 재경험 70
감정의 조절 118~119, 124
감정의 지속시간

개인차 365~366
감정이 끓어오르는 속도 365~366
감정적 경험 13, 368~369
  감정적 반응 62~65
  개별 감정 경험의 차이 364~372
  재경험하기 216~218
감정적 경험의 강도 110, 365
  개인차 365~366
  경멸 292~293
감정적 경험의 개인차 124, 364~372
감정석 공감 290
감정적 애착 193
감정적 태도 193
감정적 행동 40, 81, 87, 102~104, 116, 118,
  121~122, 128, 132~134, 138, 142, 144,
  354
  새로운 감정적 행동 126, 128
  억제 101~103, 106, 115~116, 118, 122,
  129, 138, 144, 367
  완화 102, 103, 130, 133
  조절 102, 118, 121, 138
  파괴적인 감정적 행동 130
  학습된 감정적 행동과 타고난 감정적
  행동 115~116, 129
강렬함/강도 199, 379
  경멸 292~293
  두려움 257~258, 269, 274
  웃음 325
  잘못된 강도 45
강박장애 294
강조의 신호 269

거부 150, 156
  분노와의 관계 190~191, 211, 220
거짓말 6, 15, 38, 39, 109, 247, 337~363
걱정 260, 267, 271
  감각 264
  신호 270, 274
격노 249
격앙 192
격통 214
경멸 249, 291~294
  사랑 322
  신체의 움직임 115
  업신여기는 기분 97
  자신의 경멸 인식하기 294~295
  정서장애 294
  증오 192
  타인의 경멸 인식하기 295~298
  표정 110, 275
경외감 311~312
경이감 310~312
  웃음 325
계획된 폭력 221~222
고양감 316, 318, 324, 325
고양된 기분 97
고통 149~186, 249, 259
  기분과의 관계 261
  약물치료 156~157
  낯선 사람이 겪는 고통 224
고프먼, 어빙 159
고트먼, 존 106, 206, 285, 292, 293, 301
곤란함의 근육 229

곤혹 8, 229, 230, 231, 235, 398

골디, 피터 52, 134

공감 71, 75, 167, 169, 178, 184, 198, 202,
    207, 224, 238, 275, 290~291, 301

공격적 성향 219

공포 249, 256, 258~259

    억제 269

    흥분과의 관계 310

공포의 표정 265, 269

공포증 202, 294

공황(패닉) 257~259

공황발작 257~258, 262

과거의 감정 경험 말하기 70~71, 75,
    216~218

과거의 조상 59~60, 63

관상동맥질환 213~216

구매력 323

규범 위반 72~73, 75

근육 27, 249

    얼굴 움직임 58, 73~74

    통제 115, 129

긍정적 감정 110~111, 153, 225, 306

기능적자기공명영상 fMRI 47

기대 118, 120

기분 127, 137, 144, 193, 309

    경멸과 혐오 293

    기분과 감정 8, 163~164, 212~213, 218,
    261

    기분과 감정의 차이 96~98

    즐거운 감정들 322

기쁨 29, 33, 55, 72, 97, 156, 163, 305~306,

315, 327

기억 50, 52~53, 75, 118

    감정 유인으로서의 기억 68~69

    슬픔 153, 167

    위험 263

    유형 133

    분노의 경험 224~225

    환기 120

기질 119~120, 161

까마귀 족적 같은 눈가 주름 295, 330

깜짝 놀람 249~250, 266

꾸며낸(거짓) 표정 39, 112, 347~348

ㄴ

나이서, 울리히 133

나헤스naches 315, 318, 319, 322, 324

낙관주의 324

남편과 아내의 관계

    경멸 292

    혐오 285~286

냄새 279~280, 307

노려봄 213, 266

노상 분노 90~91

놀람 31, 33, 110, 245~251

    슬픔과의 관계 180

    신체의 움직임 115

    얼굴에 나타나는 신호 268~273

    제한된/고정된 지속시간 248~250

놀림 90, 92~96, 98

뇌

　뇌에 저장된 중대한 사건들 54

뇌 활동을 이미지화하는 기술 47

뇌 활동 39, 47, 218, 221

뇌손상 124

뇌에서 일어나는 변화 39, 49~51, 168

누설 341, 376

누스바움, 마사 288~289

눈

　노려봄 213, 266

　놀람과 두려움 267~272

눈꺼풀

　두려움과 놀람 265~272

　분노 213, 217, 230~232

　슬픔 169, 171, 175~177, 181

　웃음 327~328, 331, 334

　혐오와 경멸 296~298

눈둘레근 58, 327~333, 347

눈물 156, 160, 162~163, 167, 169

눈썹

　두려움과 놀람 249, 265~265, 269~272

　분노 213, 217, 226, 228~232

　슬픔 170~178, 180

　웃음 327, 329, 331, 334

　혐오와 경멸 295~298

뉴기니 25, 27, 29~31, 35~37, 55, 150, 153,

　227, 228, 240, 248, 254, 279, 281, 295,

　320, 331

　슬픈 표정을 지은 소년 173~174

니그로, 조지아 133

닉슨, 리처드 333, 346

ㄷ

다니족 36

다윈, 찰스 21, 22, 23, 37, 62, 174, 227, 229,

　312, 328, 369

단어(어휘, 말) 36~37, 151, 305~306, 318

달라이 라마 40, 67, 103, 133~134, 201,

　207, 291, 406~409, 422, 432

달콤쌉쌀한 경험 180

담쌓기 107, 116, 206, 286

당혹감 13, 228, 316, 361, 369~370

대본 68, 83~85, 90, 94~95, 126~127, 137,

　142, 374

대인관계 혐오 283~285

대협골근 326~327

더실, 존 30

데이비드, A. S. 294

데이빗슨, 리처드 74, 118, 119

도덕적 판단

　혐오와의 관계 288

도덕적으로 혐오스러운 행동 284, 294

《도둑맞은 편지》(에드거 앨런 포) 75

도움의 요청 157, 159~160, 162, 193

독선적 분노 190

돌, 밥 163

돕고자 하는 충동 159, 161

동요 10, 306

두려움 31, 39~40, 87~88, 250~263

　고통의 핵심 259~260

　경이감 310~311

　기능 84~85

기분/장애/성격 261~262
놀람과 뒤섞인 두려움 245~246
느낌 49~50
대처하기 256~259
두려움과 안도감 310
발각당하는 두려움 349
분노 192~193, 211~212
불안한 기분과의 관계 96~97
불웅기 81~82
상해 위협 189~191
생리적 변화 117~118
슬픔 180~181
신체상의 변화 58~59
신체의 움직임 114~117
얼굴에 나타나는 신호 267~273
요인 256~259
원천 109~111
위협과 두려움의 차이 256~257
유인 55~56
자신의 두려움 인식하기 262~265
정서장애 324
지지물의 상실 테마 56~58
진화를 통해서 저장됨 60~62
타인의 두려움 인식하기 263~271
표정 32~35, 49~50, 111~112
학습된 두려움 84~87
흥분과 두려움의 관계 310
두려움 정동 프로그램 129
두려움의 지속시간 248
뒤센 드 불로뉴 326~329, 347
뒤센 웃음 326, 329, 335

디너, 에드 323

ㄹ

라이니어슨, 테드 155
라자루스, 리처드 55, 63, 206, 207, 316
라자루스, 버니스 316
랭거, 엘렌 133
레번슨, 로버트 69, 73. 106, 117, 285
레이건, 로널드 332~333
로맨틱한 사랑 321~322
로스텐, 레오 315
로젠버그, 에리카 214
로진, 폴 281~285
루비, 잭 266
르두, 조지프 86~88, 98
리벨, J. R. 266
리오타, 루 245

ㅁ

마이어, 에른스트 122
만족감 309, 313, 318, 319, 322, 323, 325
말레이시아 53
맛 279~280, 307
망설이는 웃음 331~332
맥과이어, 마이클 191
맥락 342~343
머스키, 에드먼드 162

메타의식 134~135
명상 96, 134, 138, 312, 375~376, 408~409
목소리 74, 129
    감정신호 12, 111~114, 120
    분노 204
    슬픔과 고통 157
    억제 125
    즐거운 감정들 309, 325
몸짓 21, 24, 114
무조건 자극 61
무쾌감증 324
문화 19~41, 161
문화인류학 23
미각적 쾌감 307~308
미국 22~24, 33~35, 53~54
미국 교통안전청TSA 360
미국 국방부 상급연구기획국ARPA 20
미낭카바우족 74
미드, 마거릿 21, 24, 26
미세표정훈련도구SETT 376~377
미표정 39, 340~343, 348~349, 353~354,
    360, 362~363, 376, 379~401
미표정훈련도구METT 362, 376~377
밀도 93, 96~98, 130, 160
    기분 96~98
밀러, 윌리엄 283~288, 292

ㅂ

반사회적 성격장애 222

반사회적 폭력 222~223
반성적 의식 134
반성적 평가 56, 66~68, 75
반응 58~61, 63~67, 127~129
    감정신호가 유발하는 감정 반응
    103~104
    개인차 365~369
    고통에 대한 반응 288~290
    무의식적 반응 98
    변화 45~47, 119~120
    사건/상황 89~93
    새로운 반응 학습 284~285
    속도와 강도 93
    억제 95~96
    잊어버림 129~131
    차단하기 89~90
    학습된 반응 87~88
발, 프란스 드 282
발한 50, 59, 69, 117, 125
방첩부대 357~358
방해
    분노 유발 189~191, 193, 195
버드위스텔, 레이 21, 23, 24, 26
법
    혐오와의 관계 288~289
베더, 살 305
베잇슨, 그레고리 21
변형 56, 368~369
    두려움 250~251
    분노 191~192
    슬픔 169~171

오감에 의한 쾌감 307
즐거운 감정들 322
학습된 것 버리기 86~87
학습된 변형 62~64, 87~88, 251~253
혐오 284~285
변화/변화시키기
감정을 변화시킬 수 없음 120
감정적 반응 52, 69, 79~98
어려움 371
병적인 불안 262
보복 행위 201, 202, 204, 219
보우셔, 제리 53
보편적 요소
감정신호 113, 114~115, 123
개인적인 차이 364
유인 51, 54~56, 62
표정 13, 21~23, 25, 27, 30, 36~37, 73~74
혐오 281
보편적 테마 56~60, 67, 69, 88, 91, 307, 320~322, 368, 377
복수 192, 202, 220, 266
부러움(선망) 13, 370
부루퉁함 110, 179, 192, 227
부분 표정 174, 379, 400~401
부정적 감정 13, 23, 110~111, 200, 293, 302, 308
경멸 293
분개 110, 192, 288~289
분노 39, 189~241, 259, 296, 308, 318
건설적 분노 206~209

경멸에 이어 일어나는 분노 293
고통 156
기능 85
기분 261
남편과 아내 사례 104~106, 125~127
놀람과 분노의 결합 245
대응하기 236~241
도발 202
두려움 254, 266~267
미세한 신호 230~234
분노 즐기기 212
분노의 메시지 211~212
분노의 연쇄 190
분노의 표출 204
불응기 82~84
비통 152
생리적 변화 117~118
신체 행동 114
신체의 변화 58~59
신호 107~108
억제 201~203, 229~230, 233
우울증 164~165
유용한 분노 209~210
자신의 분노 인식하기 224~226
정서장애 324
짜증난 기분 97
타인의 분노 인식하기 226~234
표정 32~34, 112, 212
행동 196
혐오 298~300
분노 반응 시스템 130~131, 194

개인차 364
분노 사건의 기록 94
분노 신호 정보 이용하기 234~241
분노 테마 90~91, 189~191
　학습된 분노 테마 58~60, 82
불교(도) 40, 67, 132~134, 291, 373~374,
　406~409
불안 256, 258~259, 261, 293
불안한 기분 97, 261~262
불응기
　긴 불응기 81~84, 90, 92~93, 97, 103,
　123, 126, 138, 239, 368, 401
　분노를 다스릴 때 208, 239
　주의 집중 140~144
브라질 19, 22, 24
브래니건, 크리스틴 308
블러멘탈, 제임스 215
비대칭 347, 369
빗나간 분노 211
뺨
　슬픔 169, 171~172, 181
　웃을 때 327, 329~331
　혐오와 경멸 295~296, 298
삐죽거림(아랫입술) 171, 179

ㅅ

사교적 웃음 328
《사람과 동물의 감정표현》(다윈) 62, 174
사랑 320~322

사회공포증 294
사회문화적 차이
　감사함 317
　감정 유인 53
　주관적 안녕감 323
　타인의 고통에 대한 반응 289~290
　혐오 284~285, 288
사회적 혐오 285, 288
사후 합리화 53
상상 70
상징적인 몸짓 24
상해 위협 254, 257~259
　두려움 54~55, 251
　목적의 위협/다가오는 위협 256~258,
　274
　분노 191, 199, 211
생각/사고 62, 105, 116, 316
생리적 변화 37, 39, 69, 74, 107, 123
　두려움을 느낄 때 260
　시각적 변화 유발 117
　오감에 의한 쾌감을 느꼈을 때 307
　자각 136
　표정을 지었을 때 168
생존의지 14
샤덴프로이데schadenfreude 316~318, 325
서양문화 53, 162
서양인의 얼굴표정 24
석기시대 문화 24~25, 55, 154
선택
　감정에 따른 행동의 선택 132~135
　감정적 행동의 선택 102, 142

분노의 통제 203
섭식장애 294
성/성관계(섹스) 14, 212, 259, 284, 286, 287,
    319, 321
성격 83, 127, 221
성격특성
    감정 억제 능력과의 관계 163~164
    분노 213, 216
    적의 216
    즐거운 감정들과의 관계 323
세포집합체 87, 89
셜리, 베티 149~152, 155, 159, 166~172,
    174, 178, 182, 202
셰러, 클라우스 53, 113
셰익스피어, 윌리엄 108
셰크너, 리처드 311
소렌슨, 리처드 31
손/다리에 혈류가 몰리는 현상 58, 117
손의 움직임 20
수단으로서의 폭력 222
수라바야 트럭 전복 사진 251
수줍음 261~262
수치심 165, 194, 362, 369~370
숨기와 도망가기 253
스콧, 소피 325
스콧 3세, 데이비드 린 196~198, 200~203
스쿨러, 조너선 134
스텀 가족 305
슬픔 29, 33, 34, 39, 69, 149~186, 235~236,
    249~250, 259~260, 306
    기능 84~85, 157~158

기분과의 관계 261~262
낯선 사람의 슬픔 224
상실 유인 53~56
신체 변화 58~59
신체의 움직임 114~115
약물치료 155~158
우울한 기분과의 관계 96~97
자신의 슬픔 인식하기 166~170
정서장애 324
타인의 슬픔 인식하기 170~181
표정 33, 34, 39, 112
슬픔의 신호 107
    도움의 요청 193
슬픔의 표정
    구성 요소 175~181
    슬픈 표정에 대한 반응 181~186
슬픔/고통의 유인 68
습관 116, 136, 137, 144
시각적 즐거움을 주는 광경 307
시각적 쾌감 307~308
시니어, 칼 294
신경 화학물질
    변화 120
신경계 87
신체적 변화
    두려움을 느낄 때 253, 264
    슬픔을 느낄 때 168
신호 49~50, 103~115, 120~121, 369~370
    감사함 317
    강도 366~367
    보편적 신호 122~124

분노 211~212
억누름 106~107
오감에 의한 쾌감 307
인식 능력 347~348
즐거운 감정들 325~326
표정으로 나타나는 신호 109~115,
120~121
실망 183, 190~191
심리치료(사) 63, 70, 84, 94, 156, 373
심리학(자) 14, 19, 22, 23, 30, 36, 53, 55, 60,
64, 74, 86, 120, 133, 203, 252, 281, 285,
308, 314, 323, 325, 357
심장 박동 49, 79, 124, 364
두려움을 느낄 때 49, 79, 261
분노를 느낄 때 214~215
심장 활동 117, 125
심장발작 203, 214~215
심장병
위험 215, 261
쓴웃음 180, 332~333

ㅇ

아기의 탄생 321
아리스토텔레스 102
아슬아슬하게 교통사고를 피한 상황 46,
48~51, 81, 88
아이들(어린이) 321~322, 378
아이들의 분노 194~195, 204
아이들과 혐오 282~283

아이베스펠트, 이레나우스 아이블 27
안녕감
웃음 328
안도감 111, 141, 155, 223, 245, 248, 260,
310, 317~318, 320~322
생리 변화 118
신체의 움직임 115
웃음 325
알아차림 132~133, 375~376, 407, 409
알아차림 명상 375~376
앙가족 27
야르브로, 존 357
약물치료 156~157, 165
약한 표정 236, 379~380, 400~401
양극성 우울증 165
앨런, 우디 178
억제된 분노 229~230
언어 36, 72
얼굴 붉힘(홍조) 118, 370
얼굴의 움직임 20, 27, 38, 73, 74, 178
업신여기는 기분 97
여러 감정이 혼합되어 있는 웃음 333~334
연민 290~291, 316
연민 어린 공감 290
예의상 웃음 325, 331, 335
오만, 아르네 60~62, 252
오설리반, 모린 283
오셀로의 오류 107~109, 273~274,
351~352
오스굿, 찰스 21
오스왈드, 리 하비 266

오코넬, 찰리 265

올포트, 고든 281~282

와이너, 헨리 133

완전한 표정 182, 379

외상후스트레스장애PTSD 123, 262

외향성 323~324

우딘, 에리카 285

우울증 164~166, 212, 218, 261

    슬픔과 고통으로 인한 164~165, 218, 261

    약물치료 156, 165

우울한 기분 96, 98, 261

우울한(울적한) 성격 164, 261

울음 157, 163, 172

웃음 166, 325~334,

    슬픔 172, 180

    연구 74

웃음과 관련된 눈 근육 326~329, 347

원한 192

월러스, 앨런 132

위로

    위로를 구할 때 182

위로하기 159

위험 48~50, 60~61, 251, 256, 258

윌슨, 마거릿 부시 332

윌슨, 에드워드 61

윗사람에 대한 경멸 292, 300~302

유아의 분노 194~195

유인 45~47, 64~65, 67~68, 136, 144~145

    개인적 유인 57

    공통 유인 46

기분과 유인 98

두려움 61~63, 251~252

문화적 유인/개인적 유인 46

보편적 유인/개인적 유인 52~56

분노 191, 364

새로 학습된 유인 284~285

생득적 유인 251~252

세포집합체와의 관계 86~89

약화시키기 90~98, 103, 140, 142

어려서 학습된 유인 63, 92

오감에 의한 쾌감 308

자동평가기제의 작용 54~62

지우기 84~85

진정시키기 70

최초의 상황과 유사함 92

학습된 유인 63, 79, 87, 88, 91, 252, 308

혐오 281~285

유전적 요소 58, 223

유형

    감정 110

율리, 존 346, 357

의문부호 신호 269

의식 132~135, 168

    신체의 느낌 136

이저드, 캐럴 22, 24

인간관계 7, 8, 12, 321~322

    분노 197, 204~207

    슬픔 185~186

    안녕감 323

    표정 정보 이용하기 275~276, 298~302, 335

인간관계를 핵심으로 하는 테마 56

인간성 말살 288

인류 보편적 학습 57~60

이지적 공감 290

일본(인) 19, 22~24, 36, 285, 289, 317

입

    두려움과 놀람을 느낄 때 271~272

    슬픔을 느낄 때 171~172, 178

입술

    공포 혹은 두려움을 느낄 때 266

    두려움과 놀람을 느낄 때 266, 271

    분노할 때 217, 226~227, 230, 232~234

    슬플 때 171~172, 179~181

    웃을 때 329~334

    혐오와 경멸을 느낄 때 295~298

입을 통한 오염 테마 283, 294

ㅈ

자각 48, 50~51, 63, 120, 127, 132~136,
    205, 368, 371, 373~376

자동평가 37, 51, 63~67, 72, 75, 116, 121,
    124, 126, 133~134, 373

    수정과 취소 133

    정동 프로그램 121~126

    평가 자각 133~134

자동평가기제(자동평가 메커니즘) 51~52,
    54~57, 60, 63~64, 66, 75, 79, 82,
    93~94, 133

    감정 유인에 대한 민감도 52

자살 339~340

자아 존중감 323

자연선택 59, 60, 62, 64, 122

자율신경계 50, 74, 117~118, 120, 123, 367

자이언스, 로버트 120

재미 309, 314, 317~320, 322, 325, 331

    슬픔을 느낄 때 153

    신체의 움직임 115

    웃음 325

    자녀와의 접촉 322

재평가 95, 96, 126, 127, 135, 138, 141, 205,
    207, 368

재회 320

적의 213

적의가 강한 성격 213, 215, 216, 261

절망감 151, 154~157, 172

정동 유형 93

정동 프로그램 121~129

정동에 대한 정동 127

정보

    놀람과 두려움 정보 이용하기 273~276

    분노 정보 이용하기 234~241

    새 정보 접수 80~82

    슬픔의 정보 이용하기 181~186

    웃음의 정보 이용하기 334~335

    자신의 감정에 위배되는 정보 80~81

    접근할 수 없는 상태 79~80, 138, 141

    혐오와 경멸 정보 이용하기 298~302

정서장애 156, 163~164, 218~220, 222,
    262, 294, 324, 377

    두려움 관련 262

분노 관련 218~220, 222
슬픔과 고통 관련 164
혐오와 경멸 관련 294
정신분석 92, 120
정신장애 164, 222, 294
《정신장애진단통계편람》DSM-4 223
정신질환 222
조울증 165
조절 패턴 119, 120, 124, 130
조증 165~166, 324
존경 312
좌절감 190~191
죄책감(죄의식) 13, 72, 165, 349~350, 352, 369~370
주관적 안녕감 323
주의 집중 135~139, 144, 237, 371, 409
화났을 때 196, 204~205
죽음
가족 202
사랑하는 사람 152, 155, 328
자녀 150, 167
중요한 사건 49, 54, 69
자동평가기제의 식별/탐지 49
진화와의 관계 60
중용을 지키는 사람 102
즐거운 감정들 305~335
즐거운 감정들을 느끼지 못하는 상태 324
사람에 따라서 경험하지 못하는 즐거운 감정들 315~316
삶의 활력 319

즐거움
경멸을 즐김 298
두려움을 즐김 260
분노를 즐김 212
슬픔을 즐김 170
신체의 움직임 115
웃음의 의미 74, 172, 334
추구 319
타인의 즐거움 인식하기 325~334
표정(사진) 32, 34
증오 192~193, 202~203
지긋지긋함에 의한 혐오 285~286
지시적 표정 217
지식
감정보다 우선할 수 없다 80~81
진화 36~37, 48~49, 57, 59~61, 79, 90~91, 98, 105, 115~116, 121, 123~124, 128, 144, 157, 220, 253, 285, 368, 378
감정적 반응 59
두려움 252~253
집중 230~231, 235
짜증 192, 209, 214, 230
짜증난 기분 96~98, 142
분노 209, 211, 261

ㅊ

청각적 쾌감 307
촉각적 쾌감 115, 307
촉감 280, 291, 308, 320, 325

최초의 감정 강도 92
충동 자각 134, 373~375, 408
충동적인 폭력 221
친밀한 관계 212, 287

ㅋ

카프리아티, 제니퍼 313~314
캐리, 짐 178
캠포스, 조 194
케니, 돈 199~202
케니, 맥신 196~203, 224, 228, 232, 234
케이건, 제롬 261
켈트너, 대커 311, 370
코
    혐오와 경멸을 느낄 때 294~298
코너, 멜빈 195
콜더, 앤드루 325
쾌감 85, 97, 115
크로닌, 헬레나 219~220
크벨kvell 315

ㅌ

타인
    도움 요청 159
    상실의 의미 154
    우리에게 어떤 일에 감정적으로 반응
    할지를 가르쳐줌 72, 75

타인의 감정 관찰하기 136~137, 145
타인의 즐거운 감정들 인식하기
325~334
타인의 분노 인식하기 226~234
타인의 슬픔 인식하기 170~181
타인의 혐오와 경멸 인식하기 295~298
타인의 감정 반응 목격 71
태브리스, 캐롤 203
턱
    두려움과 놀람을 느낄 때 266
턱의 돌기 171·-172
테마 55~64, 67~69, 144, 367~369
    두려움 251
    분노 189~192
    슬픔 169~171
    습득 과정 56~59
    오감에 의한 쾌감 307
    즐거운 감정들 306, 320~323
    지워지지 않는다 86~87
    진화 58~61
    진화된 테마 79~80, 91~92
    학습 62~64
    학습된 테마/생득적 테마 56~64
    혐오 281~285
톰킨스, 실번 13, 21, 112, 121, 127, 162,
    259, 307, 308, 309, 319
통증 252
    두려움의 핵 259
투즐라 난민 158, 162, 166, 172, 182
트로이시, 알폰소 191

ㅍ

파괴적 감정 67, 407

팔자주름(코입술주름) 181

페이, 톰 294

평가 자각 134, 373, 408

포레족 27~29, 150, 279

포지, 이사벨라 314

폭력 13, 130, 189, 195, 198, 201~203, 212,
    218~223, 249, 261, 289, 358

    분노 261

    원인 223

    유익한 목적 201

    적응적 가치 220

    정당화 219~220

    폭력적인 소질 194~195

폭언 218

표시규칙 23~24, 411

표정 38, 73, 102~104, 110, 123, 129, 213

    건설적 102

    고통 157

    극단적 감정을 느낄 때 249

    놀람과 두려움의 신호 267~273

    두려움 49, 258~259, 263~264

    메시지 161

    미세한 137, 376~377

    보편성 21~38, 58, 74

    분노 204, 224~226, 231~232

    비교문화적 연구 19~41

    사회적으로 학습되며 문화에 따라서
다른 21, 23, 26, 33, 35

    선천적이며 보편적인 21~38

    수 38

    슬픔 157, 167~181

    신호 110~115

    억제 160~161

    우울증 165

    잘못된 표정 45

    즐거운 감정들 309

    지속시간 235~236

    지우기 125

    측정 20, 27, 38, 73

    표정 변화 325~328

    표정 읽기 테스트 378~402

    표정으로 감정 일으키기 73~75

    표정지도 38

    해석 29~31, 137

    혐오의 신호 295~296

    A/B 성격 유형 213

표정 읽기 테스트 378~402

프랭크, 마크 325, 351, 357

프레드릭슨, 바버라 308

프리다, 니코 64~65, 88, 154

프리센, 월리 25, 38, 55, 73, 151, 213, 340,
    341

피부온도 59, 69, 117, 125

피에로fiero 313~314

피터슨, 크리스토퍼 324

필립스, 메리 L. 294

ㅎ

하이더, 칼 35~36, 248
하이트, 조너선 311, 316
학습 23
　실수를 통해서 배움 103, 137
　학습을 토대로 한 감정조절 119
학습된 두려움 반응 88, 128
행동과학 13, 22
행동요법 96
허혈성발작(국소빈혈) 214~216
혈압 69, 125, 215, 226, 329
혐오 39, 69, 245, 249, 279~290, 292~294,
　306
　기능 85
　두려움과 혐오 254
　사랑과 혐오 321~322
　신체의 변화 59
　신체의 움직임 115
　업신여기는 기분 97
　웃음 336
　자신의 혐오 인식하기 294~295
　정서장애와 혐오 294
　증오를 느낄 때 192
　타인의 혐오 인식하기 295~298
　표정 33, 34, 110
　학습된 혐오 284
　〈혐오-정신의학에서 잊혀진 감정〉(필립
　스, 시니어, 페이, 데이비드) 294
　혐오에 매혹됨 282~283
《혐오의 해부학》(밀러) 283

혐오의 핵심 281, 283, 284
호흡 50, 69, 81, 117, 118, 124, 125, 226,
　257, 264, 312, 375
혼합 감정 127
홀, 에드워드 21
황홀(엑스터시) 312~313, 318, 321, 324, 325
회복 시간 93
후각적 쾌감 307~308
흥미 309
흥분 85, 97, 165, 223, 259, 260, 309~310,
　314, 318~322, 324~325, 331, 350
　고양된 기분 97
　피에로 313~314

기타

9/11 테러 납치범 356
A/B 성격 유형 213~214, 231
FACS(표정기호화법) 38~39, 73, 213, 347

표정의 심리학
우리는 어떻게 감정을 드러내는가?

초판 1쇄 발행   2020년 9월 11일
초판 6쇄 발행   2024년 5월 30일

지은이   폴 에크먼
옮긴이   허우성 허주형
편집   이기홍
디자인   고영선 정진혁

펴낸곳   (주)바다출판사
주소   서울시 마포구 성지1길 30 3층
전화   322-3675(편집), 322-3575(마케팅)
팩스   322-3858
E-mail   badabooks@daum.net
홈페이지   www.badabooks.co.kr

ISBN   979-11-89932-73-2 03180

• 이 책은 2006년 출간된 폴 에크먼의 《얼굴의 심리학》 개정증보판입니다.